《史记》选本丛书　　主编　丁德科　凌朝栋

史记精华

（汉）司马迁　著
中华书局　编纂
王麦巧　整理

创于1897 商务印书馆 The Commercial Press
2015年·北京

图书在版编目(CIP)数据

史记精华/(汉)司马迁著；中华书局编纂；王麦巧整理.—北京：商务印书馆，2015.重印
(《史记》选本丛书)
ISBN 978－7－100－10034－2

Ⅰ.①史… Ⅱ.①司… ②中… ③王… Ⅲ.①中国历史－古代史－纪传体②《史记》－注释③《史记》－译文
Ⅳ.①K204.2

中国版本图书馆CIP数据核字(2013)第132623号

史记精华

(汉)司马迁 著
中华书局 编纂
王麦巧 整理

商 务 印 书 馆 出 版
(北京王府井大街36号 邮政编码 100710)
商 务 印 书 馆 发 行
三河市尚艺印装有限公司印刷
ISBN 978－7－100－10034－2

2013年11月第1版 开本 640×960 1/16
2015年2月北京第2次印刷 印张 31 1/4

定价：88.00元

中央财政支持地方高校建设资金项目
陕西省重点扶持学科渭南师范学院中国古代文学学科建设项目
陕西省哲学社会科学研究基地——秦东历史文化研究中心项目

《史记》选本丛书

“《史记》选本丛书”序言

张岂之

西汉史学家、文学家、思想家司马迁（前 145 或前 135—前 87？）所撰纪传体作品《史记》被誉为“史家之绝唱，无韵之离骚”，揭示了《史记》的历史学和文学价值，实际上，《史记》也具有重要的思想文化价值。多元性是《史记》这部经典文献的根本属性，这促使人们可以从多个角度对《史记》及《史记》学史展开广泛而深入的研究。

中国史记研究会和陕西省司马迁研究会等研究团体及学人对《史记》进行了多方面的研究，成果丰硕；《史记》及其传播影响，也引起海外学者的重视，产生了一系列的作品。这些都是中华文明传承和弘扬中可喜可贺的现象。

在历史上，《史记》产生后，历朝历代对《史记》多有注疏、索隐、编选的工作，这些工作进一步增进了《史记》作为文化典籍的影响力。特别是《史记》选文，虽然大多从文学作品角度着手，但因为选本背后隐藏着一定的历史、文学、审美及思想文化观念，某种意义上选本不仅具有文学审美的功能，也具有思想文化的功能，更可以作为把握选文者思想观念的史料之一。《史记》及《史记》选本在历史编纂学、散文史以及思想文化史上都占有重要的地位。

司马迁故里云集着一批从事《史记》及《史记》学研究的学者和研究团队。渭南师范学院《史记》研究团队就承担着国家社科基金研究项目，成员多年来一直从事《史记》选本的调研与整理工作，并在此基础上尝试探讨《史记》一百三十篇中被广泛认可的文学精华、编选原则与学术价值。

近年来,《史记》选本有的已被整理,如南宋吕祖谦撰《史记详节》(完颜绍元整理,上海古籍出版社2007年版)、清人姚苧田编选《史记菁华录》(王兴康整理,上海古籍出版社2007年版),但还有相当一部分没有被整理,也不方便读者检索阅览。

渭南师范学院《史记》研究者们尝试编选"《史记》选本丛书",用以弥补这个不足,努力为《史记》研究做些扎实细致的基础工作。他们近多年兢兢业业,四处奔波,搜集和校点整理《史记》选本文献,为推动《史记》研究的深化和细化作出了贡献。

这套"《史记》选本丛书"主要包括:明代凌稚隆《史记纂》(马雅琴教授整理)、茅坤《史记抄》(王晓红副教授整理),清代王又朴《史记七篇读法》(凌朝栋教授整理)、汤谐《史记半解》(韦爱萍教授整理)、储欣《史记选》(凌朝栋教授整理),民国时期王有宗《分段详注评点史记菁华录》(高军强讲师与凌朝栋教授整理)、中华书局1933年版《史记精华》(王麦巧副教授整理)、周宇澄《广注史记精华》(梁建邦教授、张晶讲师整理)。

凌稚隆《史记纂》,编刻于明万历年间。全书分为二十四卷,从《史记》中选文一百零二篇,附《报任少卿书》一篇。此书最大的特色是:采用节选加评点的形式,掇取《史记》精华;所选篇章节奏鲜明,条理清晰,内容集中,首尾照应,与天头批注、正文批点的形式相辅相成;编选者学习、研究《史记》,知人论世,折射出不凡的见解;全书兼容并包,博览众采,资料丰富。整理底本为凌稚隆《史记纂》二十四卷,明万历己卯本。

茅坤《史记抄》共九十二卷,明万历三年自刻。编选者从《史记》中选文九十八篇进行评点。此书最大的特点是:每篇作品皆施圈点和批评;用心独到,评论扼要,且多发明。编选者的评论,代表了明代学者评价《史记》的总倾向，诸如赞赏、推崇《史记》文章的审美价值，高度评价《史记》写人的艺术价值，肯定《史记》以风神取胜的艺术风格等。整理底本为茅坤《史记抄》九十一卷，明万历乙亥本，参校北图《史记抄》九十一卷、首一卷，《四库存目丛书》影印明万历三年自刻本。

王又朴《史记七篇读法》共二卷，从《史记》中选录《项羽本纪》、《外戚世家》、《萧相国世家》、《曹相国世家》、《淮阴侯列传》、《李將军列传》,《魏其武安候列传》等七篇。此书最大的特色在于：编选者既有对阅读方法的提示，又有对所选篇目艺术风格的鉴赏；提出了“一气读”、“分段细读”的阅读技巧；深入分析了司马迁写人的高超技艺及所蕴含的深刻用意。整理底本为王又朴选评《史记读法》（又名《史记七篇读法》）诗礼堂藏版，1754年刊本，清华大学图书馆藏书。

汤谐《史记半解》,对《史记》中的六十八篇文章进行了注解。编选者深谙太史公用意，主要从叙事、人物形象刻画、细节、段落、语言等方面探讨《史记》文法笔力，为后人做了很好的导读；评析言论精辟老到，妙趣横生，引人深思，注重文脉，语言简洁明了，充满诗情画意，给读者留下深刻的印象。整理底本为汤谐《史记半解》（不分卷），清康熙慎余堂1713年刻本。

储欣《史记选》，从《史记》中选录作品五十五篇。此选本最大的特色是：所选篇目以记载秦以后历史人物为主；重视选取《史记》中的书表；编选者对于精彩部分用不同的符号加以圈点，并有大量的精彩评点。用语长短不一，恰到好处，或指出词句作用，或评点章法布局，或揭示史公深意，或探讨前后关联等；所选篇章末多有评语，盛赞史公文章精彩处，与文中评语形成照应。整理底本为储欣《史记选》六卷，乾隆癸巳（1773年）同文堂梓行刻本，每页十行，每行十五字，有原版书。

王有宗《分段详注评点史记菁华录》，完成于1924年。此版本优胜之处在于：大部分选文前均加“解题”部分，有助于读者对正文的理解；对所选篇章进行分段，便于读者较清楚地了解选文的层次;通过注释，疏通了文字注音、词义等障碍，以方便阅读。整理底本为王有宗《分段详注评点史记菁华录》六册，浙江达文印书馆1924版，有原书。

《史记精华》是中华书局1914年辑校的《史记》选本。全书共选录《史记》九十九篇。这些篇目的取舍原则为历史性、思想性、文学性。此书收录了多家评点，侧重对人物、历史事件、文章艺术手法、思想倾向等进行详尽的评论和说明；对同一人物、历史事件的点评，则以文采、语言、思想为主要内容，尽可能为读者提供精华性的评语。中华书局《史记精华》，1914年第一版，本次整理依据1937年版，西北大学图书馆藏书影印版，参校1933年版。

周宇澄《广注史记精华》，是民国时期出版的《史记》读本中重要的一部。全书共选录《史记》本纪、表、世家、列传中三十二篇文章，分为三十四个题目。此选本最大的特点是：选取《史记》中文学色彩浓烈、偏重于人物、事件和描写精彩的篇章；对所选文章进行“划分段落，将难字注以音义，其有典故疑义者，一律注释，使读者一目了然”；注释详尽，有很强的可读性；编选者根据自己的理解进行了明晰的段落划分和断句，体现了编选者对《史记》的理解和思想观点。整理底本选用周宇澄《广注史记精华》，世界书局1943年版。

这些选本，均是影响较大、流传较广的《史记》选本，内容丰富，各具特色，具有较高的学术研究和参考价值。

在整理过程中，整理者尽可能搜集多种版本，认真选择工作底本，并主要参考中华书局1982年版点校本《史记》进行整理，包括段落划分与标点，文字出入较大者则予以注释。忠实原作、方便当代读者阅读是整理者坚持的主要原则，比如改竖排版为横排版，繁体字为简化字，便考虑到读者的阅读习惯与需要。选本评点中的总评、评注、行批、夹批等，则尽量标注在原作相应的位置，以尽可能反映底本的原貌。底本中明显的错字，则采用加“按”的形式标明。难能可贵的是，整理者在点校整理的同时，还对《史记》选本所折射的思想文化精神进行了研读，并在简介中作了扼要论述。

当然，古籍的点校整理是一项科学严谨、费时费力的工作，而且往往难以避免讹误乖错，在这方面，欢迎读者朋友在阅读中对该丛书的版本甄别以及具体点校整理工作，提出积极的合理化建议，以不断推陈出新，力臻完善。

该研究团队原本设想还要进一步选编和整理日本、韩国、美国等学者的《史记》选本，我们愿意乐观其成。希望“《史记》选本丛书”的编校整理工作为进一步系统研究司马迁的思想学术、《史记》及《史记》学作出积极贡献，为推介和弘扬中华优秀传统文化增砖添瓦。

是为序。

2013年3月于

西北大学中国思想文化研究所

前　言

《史记》是我国第一部纪传体通史，由西汉著名史学家、文学家司马迁撰写。《史记》是二十四史之首，记载了上自传说中的黄帝时代，下至汉武帝时代共3000多年的历史，与后来的《资治通鉴》并称“史学双璧”。

《史记》具有很高的史学价值和文学价值。在史学方面，司马迁首创“纪传体通史”，奠定了史学的独立地位。班固盛赞曰：“善序事理，辨而不华，质而不俚，其文直，其事核，不虚美，不隐恶，故谓之实录。”（《汉书·司马迁传》）在文学方面，《史记》开创了传记文学的先河，对古代的小说、戏剧、传记文学、散文都有广泛而深远的影响。梁启超称赞这部巨著是“千古之绝作”，鲁迅更是誉之为“史家之绝唱，无韵之《离骚》”。

《史记精华》是中华书局辑校的《史记》选本。中华书局是整理出版中国古籍的专业出版社，创办于1912年。中华书局创办后，最先出版了一系列的“中华教科书”，《史记精华》就是“教科自修适用”教材。《史记精华》最早发行于民国三年，之后又陆续再版，本书校勘以民国二十六年版本为蓝本。民国二十六年之前出版的《史记精华》，凡精华、文采、眼目照应、关键主意、点缀、提掇、字法、纲领皆有标记，颟画详明，便于鉴赏。但是却美中微有不足：一是标点符号不详，虽有句号，却是句号从头至尾。二是分段没有另外起行，不够显著。三是标记符号太多，不易分辨。民国二十六年版《史记精华》加入了现代标点，取消了各种标记符号，分段则另起行以空格显示。经过重新校勘后的《史记精华》更接近现代排版，为新中国中华书局点校本奠定了新式点校基础。

中华书局为了满足“教科”的需要，在《史记》篇目的选择上追求“精”，宁缺毋滥。《本纪》三篇，《表》六篇（只有序），《书》六篇，《世家》二十三篇，《列传》五十七篇，外加《太史公自序》和《报任少卿书》，共九十九篇，篇目的取舍原则为历史性、思想性、文学性。《本纪》、《世家》编年叙事，反映历史发展的进程，故每篇都有段落始末，以还原历史的真面目。《书》载“朝章国典，序礼乐损益”。《列传》“序列人臣事迹”，在叙述历史事件的同时，展现了一道栩栩如生的人物画廊，是中国古代的“史诗”。不仅如此，它们还体现了司马迁不凡的经济思想、进步的民族观、强烈的批判性、豪迈的人生观，故每篇在叙事之外，兼有精辟的议论，夹叙夹议，“相间成文，不得分割，因而一般全辑”。有些篇目减少了原文一些不重要的头绪，然而即使辑一段，“亦以始末详尽为准，期被千腋之狐，不类一斑之豹。”《表》“谱列某一时期的史事人物”，与《本纪》、《列传》等重复，也不便于阅读，故只存序。

《史记》评点，已有两千多年的历史。从汉代的扬雄、班固到唐宋的刘知几、司马贞、张守节、韩愈、苏轼，以及明清的评点家、近现代的研究家，多如繁星，数不胜数。《史记精华》对各家评点的取舍原则是“曰大曰精”。从“大”的角度出发，该书收录了众多家评点，如茅坤、凌稚隆、邓文洁、刘须溪、董用均、王允宁、唐应德等三十多人。评点内容丰富，史事、人物、文章风格、艺术手法等无所不及。评点“紧贴《史记》原文以分析为主，语言明快，通俗易懂，不发空论，能够引导读者进入欣赏的境界。”“但羚羊挂角，往往钜篇鸿文不著一笔，故浏览之便无宁取精。”从“精”的角度考虑，《史记精华》取消了三家注，对地名、人名、官职、区划名等较少注释，而对人物、历史事件、文章艺术手法、思想倾向等进行详尽的评论和说明。对同一人物、历史事件的点评，则以文采、语言、思想为主要内容，尽可能为读者提供精华性的评语。

本次校勘，参考民国二十二年版《史记精华》，增加了序言，同时改竖排版为横排版，标点以中华书局1982年版《史记》为标准，分段、用字、点评等以民国二十六年中华书局版《史记精华》为底本。校勘过程中，改繁体字为简化字，但是仍适当保留部分繁体字，如古代人名、地名用字尽量用繁体写法；对于繁简意义不同的字，同时保留繁简两种写法。评点和注释的标点，凡引用原文则加引号，并列的词语加顿号，书名加书名号标注。

本书校勘符号，凡评点统一以【眉批】来注明，文中注释以小五号楷体字加以区别，文中分段（小段）则为“┃”，文中勘误则为“按”。如果“按”语与点评或文中注释混淆，则加小括号以示区别。

《史记》记载了中华先祖的智慧，描述了中华先祖的历史事迹，因此，它不仅是文学家或史学家研究的资料，更是中国人必须熟读的书。校勘《史记精华》，一则为研究者提供翔实的资料，二则满足一般读者的需求，为之提供一部删选精当、评点精辟、点校准确的“精华”版本，三则对于普及《史记》知识，弘扬中华民族优秀传统文化，坚守民族之根意义重大。

本书在校勘过程中，由于受资料和学识所限，肯定会有失当或不足之处，欢迎广大读者提出建议和批评。

目　录

史记精华　卷一

史记精华 卷二

史记精华 卷三

史记精华　卷四

史记精华 卷一

五帝本纪 论

【眉批】此文古质奥雅，词简意多而断制不苟，盖赞语之首尤为超绝云。

太史公曰：学者多称五帝，尚矣。然《尚书》独载尧以来；| 而百家言黄帝，其文不雅驯，伏后案。【眉批】发句连用四“其”字。荐绅先生难言之。| 孔子所传宰予问五帝德及帝系姓，儒者或不传。| 余尝西至空峒，北过涿鹿，东渐于海，南浮江淮矣，至长老皆各往往称黄帝、尧、舜之处，风教固殊焉，| 以上四节著其事。总之不离古文者近是。| 余观《春秋》、《国语》，其发明五帝德、帝系姓章矣，顾第弗深考，其所表见皆不虚。| 书缺有间矣，其轶乃时时见于他说。| 非好学深思，心知其意，固难为浅见寡闻道也。| 以上四节断其义。余并论次，择其言尤雅者，应前。故著为本纪书首。

周本纪 周兴始末

周后稷，名弃。【眉批】采诗点缀。其母有邰氏女，日姜原。姜原为帝喾元妃。姜原出野，见巨人迹，心欣然说，欲践之，践之而身动如孕者。居期而生子，以为不祥，弃之隘巷，马牛过者皆辟不践；徙置之林中。适会山林多人，迁之；而弃渠中冰上，飞鸟以其翼覆荐之。姜原以为神，遂收养长之。初欲弃之，因名曰弃。【眉批】前既详叙弃之之事，此复结以“初欲弃之”一语，接下“因名曰弃”，文势紧峭有力。弃为儿时，屹如巨人之志。其游戏，好种树麻、菽，麻、菽美。及为成人，遂好耕农，相地之宜，宜谷者稼穑焉，民皆法则之。帝尧闻之，举弃为农师，天下得其利，有功。提。【眉批】此记首提后稷，曰“天下得其利，有功”；而继于公刘，则曰“复修后稷之业”；于古公则曰“复修后稷、公刘之业”；于公季则曰“修古公遗道”；于文王则曰“遵后稷、公刘之业”；于古公、公季之法于武王，则曰“修文王绪业”：势如蝉联不绝。及锁束处，又俱以“怀之”、“戴之”、“顺之”、“归之”、“来决平”、“会盟津”等语结之。见得周家世德相承，人心固结，所以培八百年之基业，实在于此，此皆关键处。帝舜曰：“弃，黎民始饥。尔后稷播时百谷。”封弃于邰，号曰后稷，别姓姬氏。

后稷之兴，在陶唐、虞、夏之际，皆有令德。总。后稷卒，子不窋立。┃ 不窋末年，夏后氏政衰，去稷不务，去稷之官，不复务农。不窋以失其官而奔戎狄之间。不窋卒，子鞠立。┃ 鞠卒，子公刘立。公刘虽在戎狄之间，复修后稷之业，提。务耕种，行地宜，自漆、沮度渭，取材用，行者有资，居者有畜积，民赖其庆。百姓怀之，结。多徙而保归焉。周道之兴自此始，故诗人歌乐思其德。又结。公刘卒。子庆节立，国于豳。┃ 庆节卒，子皇仆立。┃ 皇仆卒，子差弗立。┃ 差弗卒，子毁隃立。┃ 毁隃卒，子公非立。┃ 公非卒，子高圉立。┃ 高圉卒，子亚圉立。┃ 亚圉卒，子公叔祖类立。┃ 公叔祖类卒，子古公亶父立。▎古公亶父复修后稷、公刘之业，提。积德行义，国人皆戴之。▎结。薰育戎狄攻之，欲得财物，予之。已复攻，欲得地与民。民皆怒，欲战。古公曰："有民立君，将以利之。今戎狄所为攻战，以吾地与民。民之在我，与其在彼，何异。民欲以我故战，杀人父子而君之，予不忍为。"乃与私属遂去豳，渡漆、沮，逾梁山，止于岐下。豳人举国扶老携弱，尽复归古公于岐下。及他旁国闻古公仁，亦多归之。又结。于是古公乃贬戎狄之俗，又提。而营筑城郭室屋，而邑别居之。作五官有司。民皆歌乐之，颂其德。▎又提。

古公有长子曰太伯，次曰虞仲。太姜生少子季历，季历娶太任，皆贤妇人，生昌，有圣瑞。伏后西伯"受命之君"案。古公曰："吾世当有兴者，其在昌乎?"长子太伯、虞仲知古公欲立季历以传昌，乃二人亡如荆蛮，文身断发，以让季历。古公卒，季历立，是为公季。▎公季修古公遗道，提。笃于行义，诸侯顺之。结。公季卒，子昌立，是为西伯。▎西伯曰文王，遵后稷、公刘之业，则古公、公季之法，提。笃仁，敬老，慈少。礼下贤者，日中不暇食以待士，士以此多归之。▎结。伯夷、叔齐在孤竹，闻西伯善养老，盍往归之。▎又结。太颠、闳夭、散宜生、鬻子、辛甲大夫之徒皆往归之。▎又结。崇侯虎谮西伯于殷纣伏案。曰："西伯积善累德，诸侯皆向之，将不利于帝。"帝纣乃囚西伯于羑里。闳夭之徒患之，乃求有莘氏美女，骊戎之文马，有熊九驷，他奇怪物，因殷嬖臣费仲而献之纣。纣大说，曰："此一物足以释西伯，况其多乎!"乃赦西伯，赐之弓矢斧钺，使西伯得征伐。曰："谮西伯者，崇侯虎也。"应前。西伯乃献洛西之地，以请纣去炮烙之刑，纣许之。▎西伯阴行善，诸侯皆来决平。于是虞、芮之人有狱不能决，乃如周。入界，耕者皆让畔，民俗皆让长。虞、芮之人未见西伯，皆惭，相谓曰："吾所争，周人所耻，何往为，祇取辱耳。"遂还，俱让而去。诸侯闻之，曰"西伯盖受命之君"。▎应圣瑞。明年，伐犬戎。明年，伐密须。明年，败耆国。

殷之祖伊闻之，惧，以告帝纣。纣曰：“不有天命乎？是何能为！”明年，伐邘。明年，伐崇侯虎。而作丰邑，自岐下而徙都丰。明年，西伯崩，太子发立，是为武王。【眉批】已接武王矣，复覆说文王一段，煞是奇特，不可捉摸。┃ 西伯盖即位五十年。总叙。其囚羑里，盖益《易》之八卦为六十四卦。诗人道西伯，盖受命之年称王而断虞芮之讼。后七年而崩，谥为“文王”。改法度，制正朔矣。追尊古公为太王，公季为王季：盖王瑞自太王兴。┃ 结。

武王即位，太公望为师，周公旦为辅，召公、毕公之徒左右王，师修文王绪业。提。九年，武王上祭于毕。东观兵，至于盟津。为文王木主，载以车，中军。武王自称太子发，言奉文王以伐，不敢自专。乃告司马、司徒、司空、诸节：“齐栗，信哉！予无知，以先祖有德臣，小子受先功，毕立赏罚，以定其功。”遂兴师。师尚父号曰：“总尔众庶，与尔舟楫，后至者斩。”武王渡河，中流，白鱼跃入王舟中，武王俯取以祭。既渡，有火自上复于下，至于王屋，流为乌，其色赤，其声魄云。是时，诸侯不期而会盟津者八百诸侯。诸侯皆曰：“纣可伐矣。”武王曰：“女未知天命，未可也。”乃还师归。┃居二年，闻纣昏乱暴虐滋甚，杀王子比干，囚箕子。太师疵、少师强抱其乐器而奔周。于是武王遍告诸侯曰：“殷有重罪，不可以不毕伐。”乃遵文王，又提。遂率戎车三百乘，虎贲三千人，甲士四万五千人，以东伐纣。十一年十二月戊午，师毕渡盟津，诸侯咸会。曰：“孳孳无怠！”武王乃作《太誓》，告于众庶：“今殷王纣乃用其妇人之言，自绝于天，毁坏其三正，离逷其王父母弟，祖父母之族。乃断弃其先祖之乐，乃为淫声，用变乱正声，怡说妇人。故今予发维共行天罚。勉哉夫子，丈夫之称。不可再，不可三！”二月甲子昧爽，武王朝至于商郊牧野，乃誓。武王左杖黄钺，右秉白旄，以麾。【眉批】此篇严肃而温厚，与《汤誓诰》相表里。曰：“远矣西土之人！”武王曰：“嗟！我有国冢君，司徒、司马、司空，亚旅、师氏，千夫长、百夫长，及庸、蜀、羌、髳、微、纑、彭、濮人，称尔戈，比尔干，立尔矛，予其誓。”王曰：“古人有言‘牝鸡无晨。牝鸡之晨，惟家之索’。今殷王纣维妇人之言是用，自弃其先祖肆祀不答，不问也。昏弃其家国，遗其王父母弟不用，乃维四方之多罪逋逃是崇是长，是信是使，俾暴虐于百姓，以奸轨于商国。今予发维共行天之罚。今日之事，不过六步七步，乃止齐焉，夫子勉哉！不过于四伐五伐六伐七伐，乃止齐焉，勉哉夫子！尚桓桓，如虎如罴，如豺如离，于商郊，不御克奔，以役西土，勉哉夫子！尔所不勉，其予予，一作“于”。尔身有戮。”誓已，诸侯兵会者车四千乘，陈师牧野。

帝纣闻武王来，亦发兵七十万人距武王。武王使师尚父与百夫致师，以大卒驰帝纣师。纣师虽众，皆无战之心，心欲武王亟入。纣师皆倒兵以战，以开武王。武王驰之，纣兵皆崩畔纣。纣走，反入登于鹿台之上，蒙衣其珠玉，自燔于火而死。武王持大白旗以麾诸侯，诸侯毕拜武王，武王乃揖诸侯，诸侯毕从。武王至商国，商国百姓咸待于郊。于是武王使群臣告语商百姓曰：“上天降休！”商人皆再拜稽首，武王亦答拜。遂入，至纣死所。武王自射之，三发而后下车，以轻剑击之，以黄钺斩纣头，县太白之旗。已而至纣之嬖妾二女。二女皆经自杀。武王又射三发，击以剑，斩以玄钺，县其头小白之旗。武王已乃出复军。其明日，除道，修社及商纣宫。及期，百夫荷罕旗以先驱。武王弟叔振铎奉陈常车，周公旦把大钺，毕公把小钺，以夹武王。散宜生、太颠、闳夭皆执剑以卫武王。既入，立于社南，大卒之左右毕从。毛叔郑奉明水，卫康叔封布兹，召公奭赞采，师尚父牵牲。尹佚策祝曰：“殷之末孙季纣，殄废先王明德，侮蔑神祇不祀，昏暴商邑百姓，其章显闻于天皇上帝。”于是武王再拜稽首，曰：“膺一作“受”。更大命，革殷，受天明命。”武王又再拜稽首，乃出。

封商纣子禄父殷之余民。武王为殷初定未集，乃使其弟管叔鲜、蔡叔度相禄父治殷。已而命召公释箕子之囚。命毕公释百姓之囚，表商容之闾。命南宫括散鹿台之财，发钜桥之粟，以振贫弱萌隶。命南宫括、史佚展九鼎保玉。命闳夭封比干之墓。命【眉批】连用六“命”字，当玩。宗祝享祠于军。乃罢兵西归。行狩，记政事，作武成。封诸侯，班赐宗彝，作分殷之器物。武王追思先圣王，乃褒封神农之后于焦，黄帝之后于祝，帝尧之后于蓟，帝舜之后于陈，大禹之后于杞。于是封功臣谋士，而师尚父为首封。封尚父于营丘，曰齐。封弟周公旦于曲阜，曰鲁。封召公奭于燕。封弟叔鲜于管，弟叔度于蔡。余各以次受封。

武王征九牧之君，登豳之阜，以望商邑。武王至于周，自夜不寐。周公旦即王所，曰："曷为不寐？"王曰："告女：维天不飨殷，自发未生于今六十年，麋鹿在牧，蜚鸿满野。天不享殷，乃今有成。维天建殷，其登名民登，进名贤之人。三百六十夫，不显亦不宾灭，以至今。我未定天保，何暇寐！"王曰："定天保，依天室，悉求夫恶，贬从殷王受。日夜劳来我西土，我维显服，及德方明。自洛汭延于伊汭，居易毋固，其有夏之居。我南望三涂，北望岳鄙，顾詹有河，粤詹雒、伊，毋远天室。"营周居于雒邑而后去。纵马于华山之阳，牧牛于桃林之虚；偃干戈，振兵释旅：示天下不复用也。

秦本纪 缪公食马之报始末
报殽之役始末
霸西戎始末

十五年九月壬戌，与晋惠公夷吾合战于韩地。晋君弃其军，与秦争利，还而马鷙。缪公与麾下驰追之，不能得晋君，反为晋军所围。晋击缪公，缪公伤。于是岐下食善马者三百人纲。驰冒晋军，晋军解围，遂脱缪公而反生得晋君。【眉批】反为晋军所围，未得食马者之力也。反生得晋君，已得食马者之报也。二“反”字极有力。初，【眉批】先言食善马者三百人，后详叙食马之报，用一“初”字发之，此先略后详之法。缪公亡善马，岐下野人共得而食之者三百余人，目。吏逐得，欲法之。缪公曰：“君子不以畜产害人。吾闻食善马肉不饮酒，伤人。”乃皆赐酒而赦之。三百人者闻秦击晋，皆求从，从而见缪公窘，亦皆推锋争死，以报食马之德。于是缪公虏晋君以归，令于国，“齐宿，吾将以晋君祠上帝。”周天子闻之，曰“晋我同姓”，为请晋君。夷吾姊亦为缪公夫人，夫人闻之，乃衰绖跣，曰：“妾兄弟不能相救，以辱君命。”穆公曰：“我得晋君以为功，今天子为请，夫人是忧。”乃与晋君盟，许归之，更舍上舍，而馈之七牢。

三十二年冬，晋文公卒。【眉批】首次晋文公卒，为后墨衰绖击秦张本。郑人有卖郑于秦曰：“我主其城门，郑可袭也。”缪公问蹇叔、百里傒，对曰：“径数国千里而袭人，希有得利者。且人卖郑，庸知我国人不有以我情告郑者乎？不可。”缪公曰：“子不知也，吾已决矣。”遂发兵，使百里傒子孟明视，蹇叔子西乞术及白乙丙将兵。行日，百里傒、蹇叔二人哭之。缪公闻，怒曰：“孤发兵而子沮哭吾军，何也？”二老曰：“臣非敢沮君军。军行，臣子与往；臣老，迟还恐不相见，故哭耳。”二老退，谓其子曰：“汝军即败，必于殽阨矣。”

三十三年春，秦兵遂东，更晋地，过周北门。周王孙满曰：“秦师无礼，不败【眉批】两“败”字相顾。何待！”兵至滑，郑贩卖贾人弦高，持十二牛将卖之周，见秦兵，恐死虏，因献其牛，曰：“闻大国将诛郑，郑君谨修守御备，使臣以牛十二劳军士。”秦三将军相谓曰：“将袭郑，郑今已觉之，往无及已。”灭滑。滑，晋之边邑也。当是时，晋文公丧尚未葬。太子襄公怒曰：“秦侮我孤，因丧破我滑。”遂墨衰绖，发兵遮秦兵于殽，击之，大破秦军，无一人得脱者。虏秦三将以归。文公夫人，秦女也，为秦三囚将请曰：“缪公之怨此三人入于骨髓，愿令此三人归，令我君得自快烹之。”晋君许之，归秦三将。三将至，缪公素服郊迎，向三人哭曰：“孤以不用百里傒、蹇叔言以辱三子，三子何罪乎？子其悉心雪耻，毋怠。”遂复三人官秩如故，愈益厚之。

三十四年，缪公于是复使孟明视等将兵伐晋，战于彭衙。秦不利，引兵归。三十六年，缪公复益厚【眉批】两“厚”字相应。孟明等，使将兵伐晋，渡河焚船，大败晋人，取王官及鄗，以报殽之役。晋人皆城守不敢出。【眉批】引书只用大概。于是缪公乃自茅津渡河，封殽中尸，为发丧，哭之三日。乃誓于军曰：“嗟士卒！听无哗，余誓告汝。古之人谋黄发番番，则无所过。”以申思不用蹇叔、百里傒之谋，故作此誓，令后世以记余过。君子闻之，皆为垂涕，曰：“嗟乎！秦缪公之与人周也，卒得孟明之庆。”【眉批】既叙悔过之事，又为君子言以赞之，此《左传》法。

戎王使由余于秦。由余，其先晋人也，亡入戎，能晋言。闻缪公贤，故使由余观秦。秦缪公示以宫室、积聚。由余曰：“使鬼为之，则劳神矣。使人为之，亦苦民矣。”缪公怪之，问曰：“中国以《诗》、《书》、《礼》、《乐》法度为政，然尚时乱，今戎夷无此，何以为治，不亦难乎？”由余笑曰：“此乃中国所以乱也。夫自上圣黄帝作为《礼》、《乐》法度，身以先之，仅以小治。及其后世，日以骄淫。阻法度之威，以责督于下，下罢极则以仁义怨望于上，上下交争怨而相篡弑，至于灭宗，皆以此类也。夫戎夷不然。上含淳德以遇其下，下怀忠信以事其上，一国之政犹一身之治，不知所以治，此真圣人之治也。”于是缪公退而问内史廖曰：“孤闻邻国有圣人，敌国之忧也。今由余贤，寡人之害，将奈之何？”内史廖曰：“戎王处辟匿，未闻中国之声。君试遗其女乐，以夺其志；为由余请，以疏其间；留而莫遣，以失其期。戎王怪之，必疑由余。君臣有间，乃可虏也。且戎王好乐，必怠于政。”【眉批】夺其志，疏其间，失其期，鼎足文法。缪公曰：“善。”因与由余曲席而坐，传器而食，问其地形与其兵势尽詧，而后令内史廖以女乐二八遗戎王。戎王受而说之，终年不还。于是秦乃归由余。由余数谏不听，缪公又数使人间要由余，由余遂去降秦。缪公以客礼礼之，问伐戎之形。三十七年，秦用由余谋伐戎王，益国十二，开地千里，遂霸西戎。结。天子使召公过贺缪公以金鼓。

秦始皇本纪

初并天下始末
焚书始末
胡亥袭位始末
穿治郦山一段
述过秦论三首

【眉批】次六国罪案如掌，与项羽定诸侯而自立西楚霸王约，文并宕逸。

秦初并天下，令丞相、御史曰："异日韩王纳地效玺，请为藩臣，已而倍约，与赵、魏合从畔秦，故兴兵诛之，虏其王。┃ 寡人以为善，庶几息兵革。二句直贯下。赵王使其相李牧来约盟，故归其质子。已而倍盟，反我太原，故兴兵诛之，得其王。赵公子嘉乃自立为代王，故举兵击灭之。┃ 魏王始约服入秦，已而与韩、赵谋袭秦，秦兵吏诛，遂破之。┃ 荆王献青阳以西，已而畔约，击我南郡，故发兵诛，得其王，遂定其荆地。┃ 燕王昏乱，其太子丹乃阴令荆轲为贼，兵吏诛，灭其国。┃ 齐王用后胜计，绝秦使，欲为乱，兵吏诛，虏其王，平齐地。寡人以眇眇之身，兴兵诛暴乱，赖宗庙之灵，六王咸伏其辜，总上。天下大定。今名号不更，无以称成功，传后世。其议帝号。"丞相绾、御史大夫劫、廷尉斯等皆曰："昔者五帝地方千里，其外侯服夷服，诸侯或朝或否，天子不能制。今陛下兴义兵，诛残贼，平定天下，海内为郡县，法令由一统，自上古以来未尝有，五帝所不及。臣等谨与博士议曰：'古有天皇，有地皇，有泰皇，泰皇最贵。'臣等昧死上尊号，王为'泰皇'。命为'制'，令为'诏'，天子自称曰'朕'。"王曰："去'泰'，著'皇'，采上古'帝'位号，号曰'皇帝'。他如议。"制曰："可。"追尊庄襄王为太上皇。制曰："朕闻太古有号毋谥，中古有号，死而以行为谥。如此，则子议父，臣议君也，甚无谓，朕弗取焉。自今已来，除谥法。朕为始皇帝。后世以计数，二世三世至千万世，传之无穷。"

始皇推终始五德之传，以为周得火德，秦代周德，从所不胜。方今水德之始，改年始，朝贺皆自十月朔。衣服旄旌节旗皆上黑。数以六为纪，符、法冠皆六寸，而舆六尺，六尺为步，乘六马。更名河曰德水，以为水德之始。刚毅戾深，事皆决于法，刻削毋仁恩和义，然后合五德之数。于是急法，久者不赦。【眉批】秦之暴政本此。┃ 丞相绾等言："诸侯初破，燕、齐、荆地远，不为置王，毋以填之。请立诸子，唯上幸许。"始皇下其议于群臣，群臣皆以为便。廷尉李斯议曰："周文武所封子弟同姓甚众，然后属疏远，相攻击如仇雠，诸侯更相诛伐，周天子弗能禁止。今海内赖陛下神灵一统，皆为郡县，诸子功臣以公赋税重赏赐之，甚足易制。天下无异意，则安宁之术也。置诸侯不便。"始皇曰："天下共苦战斗不休，以有侯王。赖宗庙，天下初定，又复立国，是树兵也，而求其宁息，岂不难哉！廷尉议是。"【眉批】虽数语，而简劲雄武，有取天下之气。分天下以为三十六郡，郡置守、尉、监。更名民曰"黔首"。大酺。收天下兵，聚之咸阳，销以为钟鐻，金人十二，重各千石，置廷宫中。一法度衡石丈尺。车同轨。书同文字。地东至海暨朝鲜，西至临洮、羌中，南至北向户，北据河为塞，并阴山至辽东。徙天下豪富于咸阳十二万户。诸庙及章台、上林皆在渭南。秦每破诸侯，写放其宫室，作之咸阳北阪上，南临渭，自雍门以东至泾、渭，殿屋复道周阁相属。所得诸侯美人钟鼓，以充入之。

三十四年，始皇置酒咸阳宫，博士七十人前为寿。仆射周青臣进颂曰："他时秦地不过千里，赖陛下神灵明圣，平定海内，放逐蛮夷，日月所照，莫不宾服。以诸侯为郡县，人人自安乐，无战争之患，传之万世。自上古不及陛下威德。"始皇悦。博士齐人淳于越进曰："臣闻殷周之王千余岁，封子弟功臣，自为枝辅。今陛下有海内，而子弟为匹夫，卒有田常、六卿之臣，无辅拂，何以相救哉？事不师古【眉批】"古"、"今"字，篇中关键。而能长久者，非所闻也。今青臣又面谀以重陛下之过，非忠臣。”始皇下其议。丞相李斯曰：“五帝不相复，三代不相袭，各以治，非其相反，时变异也。今陛下创大业，建万世之功，固非愚儒所知。且越言乃三代之事，何足法也？异时诸侯并争，厚招游学。今天下已定，法令出一，百姓当家则力农工，士则学习法令辟禁。今诸生不师今而学古，以非当世，惑乱黔首。丞相臣斯昧死言：古者天下散乱，两层。莫之能一，是以诸侯并作，语皆道古以害今，饰虚言以乱实，人善其所私学，以非上之建立。今皇帝并有天下，别黑白而定一尊。私学而相与非法教，人闻令下，则各以其学议之，入则心非，出则巷议，夸主以为名，异取以为高，率群下以造谤。如此弗禁，则主势降乎上，党与成乎下。【眉批】此以言语代叙事，又一文法。禁之便。臣请“请”字贯下。史官非秦纪皆烧之。非博士官所职，天下敢有藏《诗》、《书》、《百家语》者，悉诣守、尉杂烧之。有敢偶语《诗》、《书》者弃市。以古非今者族。吏见知不举者与同罪。令下三十日不烧，黥为城旦。所不去者，医药卜筮种树之书。若欲有学法令，以吏为师。”制曰：“可。”

三十七年，方士徐市等入海求神药，【眉批】细叙此，见始皇之愚。数岁不得，费多，恐谴，乃诈曰：“蓬莱药可得，然常为大鲛鱼所苦，故不得至，愿请善射与俱，见则以连弩射之。”始皇梦与海神战，如人状。问占梦，博士曰：“水神不可见，以大鱼蛟龙为候。今上祷祀备谨，而有此恶神，当除去，而善神可致。”乃令入海者赍捕巨鱼具，而自以连弩候大鱼出射之。自琅邪北至荣成山，弗见。至之罘，见巨鱼，射杀一鱼。遂并海西。至平原津而病。始皇恶言死，群臣莫敢言死事。上病益甚，乃为玺书赐公子扶苏曰：“与丧会咸阳而葬。”书已封，在中车府令赵高行符玺事所，未授使者。

七月丙寅，始皇崩于沙丘平台。丞相斯为上崩在外，恐诸公子及天下有变，乃秘之，不发丧。棺载辒凉车中，故幸宦者参乘，所至上食。百官奏事如故，宦者辄从辒凉车中可其奏事。独子胡亥、赵高及所幸宦者五六人知上死。赵高故尝教胡亥书及狱律令法事，胡亥私幸之。高乃与公子胡亥、丞相斯阴谋破去始皇所封书赐公子扶苏者，而更诈为丞相斯受始皇遗诏沙丘，立子胡亥为太子。更为书赐公子扶苏、蒙恬，数以罪，其赐死。语具在李斯传中。行，遂从井陉抵九原。会暑，上辒车臭，乃诏从官令车载一石鲍鱼，腐鱼。以乱其臭。行从直道至咸阳，发丧。太子胡亥袭位，为二世皇帝。

九月，葬始皇郦山。始皇初即位，穿治郦山，及并天下，天下徒送诣七十余万人，穿三泉，下铜而致椁，宫观百官奇器珍怪徙藏满之。令匠作机弩矢，有所穿近者辄射之。以水银为百川江河大海，机相灌输，上具天文，下具地理。以人鱼膏为烛，度不灭者久之。【眉批】叙营葬，极其机巧，如目击然，岂徒侈其盛哉！固以彰其愚，亦怪其无善后策耳。二世曰："先帝后宫非有子者，出焉不宜。"皆令从死，死者甚众。葬既已下，或言工匠为机，藏皆知之，藏重即泄。大事毕，已藏，闭中羡，下外羡门，尽闭工匠藏者，无复出者。树草木以象山。

太史公曰：秦之先伯翳，尝有勋于唐虞之际，受土赐姓。及殷夏之间微散。至周之衰，秦兴，邑于西垂。自缪公以来，稍蚕食诸侯，竟成始皇。始皇自以为功过五帝，地广三王，而羞与之侔。【眉批】太史公铺叙秦人兴亡本末，如指诸掌。行文有法度，议论根义理，开阖起伏，精深雄大，真名世之作也。善哉乎贾生推言之也！▌曰：秦并兼诸侯山东三十余郡，缮津关，据险塞，修甲兵而守之。然陈涉以戍卒散乱之众数百，奋臂大呼，不用弓戟之兵，鉏櫌白梃，望屋而食，横行天下。秦人阻险不守，关梁不阖，长戟不刺，强弩不射。楚师深入，战于鸿门，曾无藩篱之艰。于是山东大扰，诸侯并起，豪俊相立。秦使章邯将而东征，章邯因以三军之众要市于外，以谋其上。群臣之不信，可见于此矣。【眉批】此论子婴，谊书为下篇。盖论秦之君臣异心，子婴不鉴始皇、二世壅蔽之害，孤立无辅，非所以救败也。子婴立，遂不寤。藉使子婴有庸主之材，仅得中佐，山东虽乱，秦之地可全而有，宗

庙之祀未当绝也。【眉批】首叙以秦之强而祸乱之作，其易如此，盖由子婴之不振云。| 秦地被山带河以为固，四塞之国也。自缪公以来，至于秦王，二十余君，常为诸侯雄。【眉批】此段美秦自来形势之盛，诸侯并力不能攻，乃今失守险阨，遂令一夫作难而败不可救如此，至是则合二主而并责之。岂世世贤哉？其势居然也。且天下尝同心并力而攻秦矣。当此之世，一作"时"。贤智并列，良将行其师，贤相通其谋，然困于阻险而不能进，秦乃延入战而为之开关，百万之徒逃北而遂坏。岂勇力智慧不足哉？【眉批】"岂勇力"三句，与上"岂世世"二句遥对。形不利，势不便也。秦小邑并大城，守险塞而军，高垒毋战，闭关据阨，荷戟而守之。诸侯起于匹夫，以利合，非有素王之行也。其交未亲，其下未附，名为亡秦，其实利之也。彼见秦阻之难犯也，必退师。安土息民，以待其敝，收弱扶罢，以令大国之君，不患不得意于海内。贵为天子，富有天下，而身为禽者，其救败非也。【眉批】"其救败非也"句，此篇纲领。秦王足己不问，遂过而不变。二世受之，因而不改，暴虐以重祸。子婴孤立无亲，危弱无辅。三主惑而终身不悟，亡，不亦宜乎？

【眉批】此段承上文，推本其所以亡者由于雍蔽。当此时也，世非无深虑知化之士也，然所以不敢尽忠拂过者，秦俗多忌讳之禁，忠言未卒于口而身为戮没矣。故使天下之士，倾耳而听，重足而立，拑口而不言。是以三主失道，忠臣不敢谏，智士不敢谋，天下已乱，奸不上闻，岂不哀哉！| 先王知雍蔽之伤国也，故置公卿大夫士，以饰法设刑，而天下治。其强也，禁暴诛乱而天下服。其弱也，五伯征而诸侯从。其削也，内守外附而社稷存。故秦之盛也，繁法严刑而天下振；及其衰也，百姓怨望而海内畔矣。故周五序得其道，而千余岁不绝。秦本末并失，故不长久。由此观之，安危之统相去远矣。【眉批】此段承上文"雍蔽"，而以周秦反复相较，辨其安危之相去云。|
野谚曰"前事之不忘，后事之师也"。是以君子为国，观之上古，验之当世，参以人事，察盛衰之理，审权势之宜，去就有序，变化有时，故旷日长久而社稷安矣。【眉批】此段总结前意。“社稷安”“安”字，与上“安危之统”“安”字相应。

【眉批】此论始皇，谊书为上篇。盖论始皇袭先王强大之业，仁义不施，不再传而亡，非所以守国也。秦孝公据殽函之固，拥雍州之地，君臣固守而窥周室，有“有”字贯下，四句作一句。席卷天下，包举宇内，囊括四海之意，并吞八荒之心。与上长短为偶。当是时，商君佐之，内立法度，务耕织，修守战之备，外连衡而斗诸侯，与上长短为偶。于是秦人拱手而取西河之外。孝公既没，惠王、武王蒙故业，因遗策，南兼汉中，西举巴、蜀，东割膏腴之地，收要害之郡。诸侯恐惧，会盟而谋弱秦，不爱珍器重宝肥美之地，以致天下之士，合从缔交，相与为一。当是时，齐有孟尝，赵有平原，楚有春申，魏有信陵。此四君者，皆明知而忠信，宽厚而爱人，尊贤重士，约从离衡，并韩、魏、燕、楚、齐、赵、宋、卫、中山之众。于是六国之士【眉批】“六国之士”以下三段，是一套事；“为之谋”，“通其意”，“制其兵”，词意相应。有宁越、徐尚、苏秦、杜赫之属为之谋，齐明、周最、陈轸、昭滑、楼缓、翟景、苏厉、乐毅之徒通其意，吴起、孙膑、带佗、兒良、王廖、田忌、廉颇、赵奢之朋制其兵。常以十倍之地，百万之众，叩关而攻秦。秦人开关延敌，九国之师逡巡遁逃而不敢进。秦无亡矢遗镞之费，而天下诸侯已困矣。于是从散约解，争割地而奉秦。秦有余力而制其敝，追亡逐北，伏尸百万，流血漂卤。因利乘便，宰割天下，分裂河山，强国请服，弱国入朝。

延及孝文王、庄襄王，享国日浅，国家无事。及至秦王，续六世之余烈，振长策而御宇内，吞二周而亡诸侯，履至尊而制六合，执捶拊以鞭笞天下，威振四海。南取百越之地，以为桂林、象郡，百越之君俯首系颈，委命下吏。乃使蒙恬北筑长城而守藩篱，却匈奴七百余里，胡人不敢南下而牧马，士不敢弯弓而报怨。于是废先王之道，焚百家之言，以愚黔首。堕名城，杀豪杰，收天下之兵聚之咸阳，销锋铸鐻，以为金人十二，以弱黔首之民。然后斩华为城，因河为津，据亿丈之城，临不测之谿以为固。良将劲弩守要害之处，信臣精卒陈利兵而谁何，天下以定。【眉批】“以弱黔首之民”，管到以上“愚黔首”；“以为固”，管到上“斩华为城”；“而谁何”，管到上“良将劲弩”。此古人文法，今人道不到此。秦王之心，自以为关中之固，金城千里，子孙帝王万世之业也。秦王既没，余威振于殊俗。陈涉，瓮牖绳枢之子，甿隶之人，而迁徙之徒，才能不及中人，非有仲尼、墨翟之贤，陶朱、猗顿之富，蹑足行伍之间，而倔起什伯之中，率罢散之卒，将数百之众，而转攻秦。斩木为兵，揭竿为旗，天下云集响应，赢粮而景从，山东豪俊遂并起而亡秦族矣。【眉批】自篇首至此，直叙历代之兴亡，且未著议论。

且夫天下非小弱也，【眉批】以下五小段，长短相兼，文势起伏。五“非”字、五“也”字，相次而下，可见古人文法。雍州之地，殽函之固自若也。陈涉之位，非尊于齐、楚、燕、赵、韩、魏、宋、卫、中山之君；鉏櫌棘矜，非铦于句戟长铩也；適戍之众，非抗于九国之师；深谋远虑，行军用兵之道，非及乡时之士也。然而成败异变，功业相反也。试使山东之国与陈涉度长絜大，比权量力，则不可同年而语矣。然秦以区区之地，千乘之权，招八州而朝同列，百有余年矣。然后以六合为家，殽函为宫，一夫作难而七庙堕，身死人手，为天下笑者，何也？仁义不施而攻守之势异也。【眉批】此段千回百折，反复诘难，临后以“仁义不施”一句结住。所谓古人文字有通篇不见主意而以结句见之者，此篇是也。末句，此篇纲领。┃秦并海内，兼诸侯，南面称帝，以养四海，天下之士斐然乡风，【眉批】此论二世，谊书为中篇。盖论秦民向风望治，二世不能正先帝之过，重之以无道，非所以正倾也。若是者何也？曰：近古之无王者久矣。周室卑微，五霸既殁，令不行于天下，是以诸侯力政，强侵弱，众暴寡，兵革不休，士民罢敝。今秦南面而王天下，是上有天子也。既元元之民冀得安其性命，莫不虚心而仰上，【眉批】“莫不虚心仰上”与下“莫不倾心观政”，俱应“斐然向风”句。当此之时，守威定功，安危之本在于此矣。

秦王怀贪鄙之心，行自奋之智，不信功臣，不亲士民，废王道，立私权，【眉批】自首至此，泛言天下倾心于秦，而秦务暴虐不行仁义，卒至于倾危云。禁文书而酷刑法，先诈力而后仁义，以暴虐为天下始。夫并兼者高诈力，安定者贵顺权，此言取与守不同术也。秦离战国而王天下，其道不易，其政不改，是其所以取之守之者异也。贾书无“守之异”四字。孤独而有之，故其亡可立而待。借使秦王计上世之事，并殷周之迹，以制御其政，后虽有淫骄之主而未有倾危之患也。故三王之建天下，名号显美，功业长久。今秦二世立，天下莫不引领而观其政。【眉批】此段方著二世，言天下引领观政。“易于为仁”，“仁”字应上“后仁义”“仁”字。下文“乡使”以下，即为仁之易也。夫寒者利裋一作短。褐而饥者甘糟糠，天下之嗷嗷，新主之资也。此言劳民之易为仁也。乡使二世有庸主之行，而任忠贤，臣主一心而忧海内之患，缟素而正先帝之过，表一作裂。地分民以封功臣之后，建国立君以礼天下，虚囹圄而免刑戮，除去收帑污秽之罪，使各反其乡里，发仓廪，散财币，以振孤独穷困之士，轻赋少事，以佐百姓之急，约法省刑以持其后，使天下【眉批】以上十小段，文法变换，“使天下”以下总承之。之人皆得自新，更节修行，各慎其身，塞万民之望，而以威德与天下，天下集矣。即四海之内，皆讙然各自安乐其处，唯恐有变，虽有狡猾之民，无离上之心，则不轨之臣无以饰其智，而暴乱之奸止矣。

【眉批】此段言二世不能行仁，重拂天下之心，故卒至于危亡云。二世不行此术，而重之以无道，坏宗庙与民，更始作阿房宫，繁刑严诛，吏治刻深，赏罚不当，赋敛无度，天下多事，吏弗能纪，百姓困穷而主弗收恤。然后奸伪并起，而上下相遁，蒙罪者众，刑戮相望于

道，而天下苦之。自君卿以下至于众庶，人怀自危之心，亲处穷苦之实，咸不安其位，故易动也。【眉批】此段总结上意。是以陈涉不用汤武之贤，不藉公侯之尊，奋臂于大泽而天下响应者，其民危也。|故先王见始终之变，知存亡之机，是以牧民之道，务在安之而已。天下虽有逆行之臣，必无响应之助矣。【眉批】此下"安"、"危"字，直应前"安危之本"句。故曰"安民可与行义，而危民易与为非"，此之谓也。贵为天子，富有天下，身不免于戮杀者，正倾非也。【眉批】"正倾非也"句，此篇纲领。是二世之过也。

项羽本纪 全

项籍者，下相人也，字羽。【眉批】不籍年月滚去，尤见笔力。初起时，提。年二十四。其季父项梁，梁父即楚将项燕，为秦将王翦所戮者也。追述。项氏世世为楚将，伏案。封于项，故姓项氏。| 项籍少时，学书不成，去学剑，又不成。项梁怒之。籍曰："书足以记名姓而已。剑一人敌，不足学，学万人敌。"于是项梁乃教籍兵法，籍大喜，摹写英雄本色。略知其意，又不肯竟学。| 项梁尝有栎阳逮捕，【眉批】羽纪中搀入梁事，错综而序。乃请蕲狱掾曹咎书伏案。抵栎阳狱掾司马欣，以故事得已。| 结。项梁杀人，与籍避仇于吴中。吴中贤士大夫皆出项梁下。每吴中有大繇役及丧，伏案。项梁常为主办，阴以兵法部勒宾客及子弟，以是知其能。| 结。秦始皇帝游会稽，渡浙江，梁与籍俱观。籍曰："彼可取而代也。"梁掩其口，曰："毋妄言，族矣！"梁以此奇籍。| 结。籍长八尺余，力能扛鼎，才气过人，【眉批】叙羽形躯才气于此。虽吴中子弟皆已惮籍矣。| 伏案结。

秦二世元年七月，陈涉等起大泽中。其九月，会稽守通谓梁曰："江西皆反，此亦天亡秦之时也。吾闻先即制人，后则为人所制。吾欲发兵，使公及桓楚将。"是时桓楚亡在泽中。梁曰："桓楚亡，人莫知其处，独籍知之耳。"梁乃出，诫籍持剑居外待。梁复入，与守坐，曰："请召籍，使受命召桓楚。"守曰："诺。"梁召籍入。须臾，梁眴籍曰："可行矣！"于是籍遂拔剑斩守头。项梁持守头，佩其印绶。门下大惊，扰乱，籍所击杀数十百人。一府中皆慑伏，莫敢起。【眉批】叙仓卒起衅处如画。梁乃召故所知豪吏，谕以所为起大事，遂举吴中兵。使人收下县，得精兵八千人。【眉批】此伏八千人案，为后以八千人渡江及与亭长言江东子弟八千人张本。梁部署吴中豪杰为校尉、候、司马。有一人不得用，自言于梁。梁曰："前时某丧应前。使公主某事，不能办，以此不任用公。"众乃皆伏。结。于是梁为会稽守，籍

为裨将，徇下县。| 总起兵案。广陵人召平挽入。于是为陈王徇广陵，【眉批】《汉书》“召平”下无“于是”二字。未能下。闻陈王败走，秦兵又且至，乃渡江矫陈王命，拜梁为楚王上柱国。曰：“江东已定，急引兵西击秦。”项梁乃以八千人渡江而西。| 【眉批】项羽始事，已定江东而渡江西，故后生出许多“东”、“西”字。闻陈婴挽入。已下东阳，纲。使使与连和俱西。

陈婴者，目。故东阳令史，居县中，素信谨，称为长者。东阳少年杀其令，相聚数千人，欲置长，无适用，乃请陈婴。婴谢不能，遂强立婴为长，县中从者得二万人。少年欲立婴便为王，异军苍头特起。陈婴母谓婴曰：“自我为汝家妇，未尝闻汝先古之有贵者。今暴得大名，不祥。不如有所属，事成犹得封侯，事败易以亡，非世所指名也。”婴乃不敢为王。谓其军吏曰：“项氏世世将家，应。有名于楚。今欲举大事，将非其人，不可。我倚名族，亡秦必矣。”于是众从其言，以兵属项梁。【眉批】“以兵属”，“亦以兵属”，本上“不如有所属”来。项梁渡淮，黥布、蒲将军亦以兵属焉。挽入，又连。凡六七万人，军下邳。| 总上。当是时，秦嘉已【眉批】纪中凡过处接上文，皆用“已”字提醒。立景驹为楚王，提。军彭城东，欲距项梁。项梁谓军吏曰：“陈王先首事，战不利，未闻所在。今秦嘉倍陈王而立景驹，逆无道。”乃进兵击秦嘉。秦嘉军败走，追之至胡陵。嘉还战一日，嘉死，军降。景驹走死梁地。| 项梁已并秦嘉军，提。军胡陵，将引军而西。章邯军至栗，项梁使别将朱鸡石、余樊君与战。余樊君死。朱鸡石军败，亡走胡陵。项梁乃引兵入薛，诛鸡石。项梁前使项羽别攻襄城，襄城坚守不下。已拔，皆坑之。还报项梁。项梁闻陈王定死，【眉批】“闻陈王定死”，与上“闻陈王败走”及“未闻所在”相应。召诸别将会薛计事。此时沛公亦起沛往焉。| 挽入。居鄛人范增，提。年七十，素居家，好奇计，往说项梁曰：“陈胜败固当。夫秦灭六国，楚最无罪。自怀王入秦不反，楚人怜之至今，故楚南公曰‘楚虽三

户，亡秦必楚’也。今陈胜首事，不立楚后而自立，其势不长。今君起江东，楚蜂起之将皆争附君者，以君世世楚将，为能复立楚之后也。”于是项梁然其言，乃求怀王孙心民间，为人牧羊，冷语。立以为楚怀王，【眉批】太史公叙羽立义帝以后，气魄一日盛一日；杀义帝以后，气魄一日衰一日：此是纪中大纲领主意。其开合驰骤处，真有喑呜叱咤之风。从民所望也。┃ 结语。【眉批】“从民望也”，与前“楚人怜之至今”语意相顾。陈婴为楚上柱国，接。封五县，与怀王都盱台。

项梁自号为武信君。居数月，引兵攻亢父，与齐田荣、司马龙且军救东阿，搀入。大破秦军于东阿。田荣即引兵归，逐其王假。假亡走楚。假相田角亡走赵。角弟田间故齐将，居赵不敢归。田荣立田儋子市为齐王。┃ 项梁已破东阿下军，提。遂追秦军。数使使趣齐兵，欲与俱西。应“渡江而西”。田荣曰：“楚杀田假，赵杀田角、田间，乃发兵。”项梁曰：“田假为与国之王，穷来从我，不忍杀之。”赵亦不杀田角、田间以市于齐。【眉批】别叙三田本末，为后张本。齐遂不肯发兵助楚。┃ 伏后不王田荣等案。项梁使沛公及项羽别攻城阳，屠之。西破秦军濮阳东，秦兵收入濮阳。沛公、项羽乃攻定陶。定陶未下，去，西略地至雝丘，大破秦军，斩李由。还攻外黄，外黄未下。┃ 未了案。项梁起东阿，西，北至定陶，再破秦军，过下，复说。项羽等又斩李由，益轻秦，有骄色。【眉批】太史公复揭“项梁起东阿”数句，正见项氏轻秦骄色之故，且为下文败军张本。宋义乃谏项梁曰：“战胜而将骄卒惰者败。今卒少惰矣，秦兵日益，臣为君畏之。”项梁弗听。乃使宋义使于齐。伏案。道遇齐使者高陵君显，曰：“公将见武信君乎？”曰：“然。”曰：“臣论武信君军必败。公徐行即免死，疾行则及祸。”了案。秦果悉起兵益章邯，击楚军，大破之定陶，项梁死。┃ 【眉批】项梁事终于此。沛公、项羽去外黄接。攻陈留，陈留坚守不能下。沛公、项羽相与谋曰：“今项梁军破，士卒恐。”乃与吕臣军俱引兵而东。吕臣军彭城东，项羽军彭城西，沛公军砀。┃ 章邯已破项梁军，提。

则以为楚地兵不足忧，乃渡河击赵，大破之。当此时，提。赵歇为王，陈馀为将，张耳为相，皆走入钜鹿城。章邯令王离、涉间围钜鹿，章邯军其南，筑甬道而输之粟。陈馀为将，将卒数万人而军钜鹿之北，此所谓河北之军也。▎锁束语。【眉批】置“河北之军”句，是断文法，又好更端。楚兵已破于定陶，接。怀王恐，从盱台之彭城，并项羽、吕臣军自将之。以吕臣为司徒，以其父吕青为令尹。以沛公为砀郡长，封为武安侯，将砀郡兵。

初，接。宋义所遇齐使者高陵君显在楚军，见楚王曰：“宋义论武信君之军必败，应前。居数日，军果败。兵未战而先见败征，此可谓知兵矣。”王召宋义与计事而大说之，因置以为上将军，项羽为鲁公，【眉批】后以鲁公葬羽，本此。为次将，范增为末将，救赵。诸别将皆属宋义，号为卿子冠军。行至安阳，留四十六日不进。项羽曰：“吾闻秦军围赵王钜鹿，疾引兵渡河，楚击其外，赵应其内，破秦军必矣。”宋义曰：“不然。夫搏牛之虻不可以破虮虱。今秦攻赵，战胜则兵罢，我承其敝；不胜，则我引兵鼓行而西，必举秦矣。故不如先斗秦赵。夫被坚执锐，义不如公；坐而运策，公不如义。”因下令军中曰：“猛如虎，暗指羽。狠如羊，贪如狼，强不可使者，皆斩之。”乃遣其子宋襄相齐，身送之至无盐，饮酒高会。天寒大雨，士卒冻饥。项羽曰：“将戮力而攻秦，久留不行。今岁饥民贫，士卒食芋菽，军无见粮，乃饮酒高会，不引兵渡河因赵食，与赵并力攻秦，乃曰‘承其敝’。夫以秦之强，攻新造之赵，其势必举赵。赵举而秦强，何敝之承！且国兵新破，王坐不安席，埽境内而专属于将军，国家安危，在此一举。今不恤士卒而徇其私，非社稷之臣。”项羽晨朝上将军宋义，即其帐中斩宋义头，出令军中曰：“宋义与齐谋反楚，楚王阴令羽诛之。”当是时，诸将皆慑服，莫敢枝梧。【眉批】叙军中相与共立情事如掌。皆曰：“首立楚者，将军家也。今将军诛乱。”乃相与共立羽为假上将军。使人追宋义子，及之齐，杀之。了前案。使桓楚报命于怀王。了桓楚案。怀王因使项羽为上将军，当阳君、蒲将军皆属项羽。

项羽已杀卿子冠军，威震楚国，名闻诸侯。乃遣当阳君、蒲将军将卒二万渡河，救钜鹿。【眉批】项羽最得意之战，太史公最得意之文。战少利，陈馀复请兵。项羽乃悉引兵渡河，皆沉船，破釜甑，烧庐舍，持三日粮，以示士卒必死，无一还心。于是至则围王离，与秦军遇，九战，绝其甬道，大破之，杀苏角，虏王离。涉间不降楚，自烧杀。当是时，提。楚兵冠诸侯。诸侯军救钜鹿下者十余壁，莫敢纵兵。及楚击秦，诸将皆从壁上观。楚战士无不一以当十，楚兵呼声动天，诸侯军无不人人惴恐。于是已破秦军，项羽召见诸侯将，入辕门，无不膝行而前，莫敢仰视。【眉批】叙杀会稽守、杀卿子冠军、救钜鹿、破楚（按：据《项羽本纪》内容“楚”应作“秦”。）军四段，连用“皆”字、“莫敢”字、“无不”字，而当时勇猛宛然如见。项羽由是始为诸侯上将军，诸侯皆属焉。【眉批】三“皆属”字联络。

章邯军棘原，项羽军漳南，相持未战。秦军数却，二世使人让章邯。章邯恐，使长史欣请事。至咸阳，留司马门三日，赵高不见，有不信之心。长史欣恐，还走其军，不敢出故道，赵高果使人追之，不及。欣至军，报曰：“赵高用事于中，伏陈馀书案。下无可为者。今战能胜，高必疾妒吾功；战不能胜，不免于死。愿将军孰计之。”陈馀连。亦遗章邯书【眉批】馀料事适与欣之见合，故下一“亦”字。曰：“白起为秦将，南征鄢郢，北坑马服，攻城略地，不可胜计，而竟赐死。蒙恬为秦将，北逐戎人，开榆中地数千里，竟斩阳周。何者？功多，秦不能尽封，因以法诛之。今将军为秦将三岁矣，所亡失以十万数，而诸侯并起滋益多。彼赵高素谀日久，今事急，揣入人情。亦恐二世诛之，故欲以法诛将军以塞责，使人更代将军以脱其祸。夫将军居外久，多内郤，有功亦诛，无功亦诛。且天之亡秦，无愚智皆知之。今将军内不能直谏，外为亡国将，孤特独立而欲常存，岂不哀哉！

将军何不还兵与诸侯为从，约共攻秦，分王其地，南面称孤；此孰与身伏鈇质，妻子为僇乎？”【眉批】陈馀书绝佳。章邯狐疑，阴使候始成使项羽，欲约。约未成，项羽使蒲将军日夜引兵度三户，军漳南，与秦战，再破之。项羽悉引兵击秦军汙水上，大破之。章邯使人见项羽，欲约。项羽召军吏谋曰：“粮少，欲听其约。”军吏皆曰：“善。”项羽乃与期洹水南殷虚上。已盟，章邯见项羽而流涕，为言赵高。【眉批】“为言赵高”句省而该。项羽乃立章邯为雍王，置楚军中。使长史欣为上将军，将秦军为前行。

到新安。诸侯吏卒异时故繇使屯戍过秦中，追。秦中吏卒遇之多无状，及秦军降诸侯，诸侯吏卒乘胜多奴虏使之，轻折辱秦吏卒。秦吏卒多窃言曰：【眉批】三用“多”字，五用“吏卒”字，转折有力，不厌其复。“章将军等诈吾属降诸侯，今能入关破秦，大善；即不能，诸侯虏吾属而东，秦必尽诛吾父母妻子。”诸将微闻其计，以告项羽。项羽乃召黥布、蒲将军计曰：“秦吏卒尚众，其心不服，至关中不听，事必危，不如击杀之，而独与章邯、长史欣、都尉翳入秦。”于是楚军夜击坑秦卒二十余万人新安城南。

行略定秦地。函谷关有兵守关，不得入。又闻沛公已破咸阳，陡。项羽大怒，使当阳君等击关。项羽遂入，至於戏西。沛公军霸上，未得与项羽相见。【眉批】先提出三军所在，下文叙事了然。沛公左司马曹无伤使人言于项羽曰：伏案。“沛公欲王关中，使子婴为相，珍宝尽有之。”项羽大怒，曰：“旦日飨士卒，为击破沛公军！”当是时，提。项羽兵四十万，在新丰鸿门，沛公兵十万，在霸上。范增说项羽曰：“沛公居山东时，贪于财货，好美姬。今入关，财物无所取，妇女无所幸，此其志不在小。吾令人望其气，皆为龙虎，成五采，此天子气也。急击勿失。”

楚左尹项伯者，项羽季父也，素善留侯张良。略。张良是时从沛公，项伯乃夜驰之沛公军，【眉批】此“夜”字与后“夜”字相顾，应“旦曰”字。私见张良，俱告以事，欲呼张良与俱去。曰：“毋从俱死也。”张良曰：“臣为韩王送沛公，沛公今事有急，亡去不义，不可不语。”良乃入，具告沛公。沛公大惊，曰：“为之奈何？”张良曰：“谁为大王为此计者？”曰：“鲰生说我曰‘距关，毋内诸侯，秦地可尽王也’。故听之。”【眉批】连次沛公云“为之奈何”，而当时危迫之状可见。良曰：“料大王士卒足以当项王乎？”沛公默然，曰：“固不如也，且为之奈何？”张良曰：“请往谓项伯，言沛公不敢背项王也。”发后案。沛公曰：“君安与项伯有故？”张良曰：“秦时与臣游，详。项伯杀人，臣活之。今事有急，故幸来告良。”详。沛公曰“孰与君少长？”良曰：“长于臣。”沛公曰“君为我呼入，吾得兄事之。”张良出，要项伯。项伯即入见沛公。沛公奉卮酒为寿，约为婚姻，曰：“吾入关，秋毫不敢有所近，籍吏民，封府库，而待将军。所以遣将守关者，备他盗之出入与非常也。日夜望将军至，岂敢反乎！愿伯具言臣之不敢倍德也。”应。【眉批】所为谢羽之言却好。项伯许诺。谓沛公曰：“旦日不可不蚤自来谢项王。”沛公曰：“诺。”于是项伯复夜去，至军中，具以沛公言报项王。省。因言曰：“沛公不先破关中，公岂敢入乎？今人有大功而击之，不义也，不如因善遇之。”项王许诺。

沛公旦日从百余骑来见项王，至鸿门，【眉批】叙鸿门事，历历如目睹，无毫发渗漉，非十分笔力莫办。谢曰：“臣与将军戮力而攻秦，将军战河北，即所谓河北军。臣战河南，然不自意能先入关破秦，得复见将军于此。破羽所忌。今者有小人之言，令将军与臣有郤。”项王曰：“此沛公左司马曹无伤言之；应前。不然，籍何以至此。”项王即日因留沛公与饮。项王、项伯东向坐，亚父南向坐。亚父者，范增也。沛公北向坐，张良西向侍。【眉批】纪坐次，详悉如画。范增数目项王，举所佩玉玦以示之者三，项王默然不应。范增起，出召项庄，谓曰：“君王为人不忍，若入前为寿，寿毕，请以剑舞，因击沛公于坐，杀之。不者，若属皆且为所虏。”庄则入为寿，【眉批】“则”字文法自周书来。寿毕，曰："君王与沛公饮，军中无以为乐，请以剑舞。"项王曰："诺。"项庄拔剑起舞，项伯亦拔剑起舞，常以身翼蔽沛公，庄不得击。于是张良至军门，见樊哙。樊哙曰："今日之事何如？"良曰："甚急。今者项庄拔剑舞，其意常在沛公也。"哙曰："此迫矣，臣请入，与之同命。"【眉批】叙哙入卫沛公皇急状，种种如掌。哙即带剑拥盾入军门。交戟之卫士欲止不内，樊哙侧其盾以撞，卫士仆地，哙遂入，披帷西向立，【眉批】以上已纪坐次，至此犹不脱"西向立"三字，何等针线！瞋目视项王，头发上指，目眦尽裂。项王按剑而跽曰："客何为者？"张良曰："沛公之参乘樊哙者也。"项王曰："壮士，赐之卮酒。"则与斗卮酒。哙拜谢，起，立而饮之。项王曰："赐之彘肩。"则与一生彘肩。樊哙覆其盾于地，加彘肩上，拔剑切而啖之。冷语著色。项王曰："壮士，能复饮乎？"樊哙曰："臣死且不避，卮酒安足辞！夫秦王有虎狼之心，杀人如不能举，刑人如恐不胜，天下皆叛之。怀王与诸将约曰'先破秦入咸阳者王之'。今沛公先破秦入咸阳，毫毛不敢有所近，封闭宫室，还军霸上，以待大王来。故遣将守关者，备他盗出入与非常也。劳苦而功高如此，未有封侯之赏，而听细说，欲诛有功之人。此亡秦之续耳，窃为大王不取也。"项王未有以应，忙中冷语。曰："坐。"樊哙从良坐。【眉批】哙前"西向立"，至此"从良坐"，羽之夺气可见。坐须臾，沛公起如厕，因招樊哙出。

沛公已出，项王使都尉陈平召沛公。沛公曰："今者出，未辞也，为之奈何？"樊哙曰："大行不顾细谨，大礼不辞小让。如今人方为刀俎，我为鱼肉，何辞为。"【眉批】叙问答雍容。于是遂去。乃令张良留谢。良问曰："大王来何操？"曰："我持白璧一双，欲献项王，玉斗一双，欲与亚父，会其怒，不敢献。公为我献之"张良曰："谨诺。"当是时，又提复说。项王军在鸿门下，沛公军在霸上，相去四十里。沛公则置车骑，脱身独骑，细。与樊哙、夏侯婴、靳强、纪信等四人持剑盾步走，从郦山下，道芷阳间行。沛公谓张良曰："从此道至吾军，不过二十里耳。度我至军中，公乃入。”沛公已去，间至军中，张良入谢，曰：“沛公不胜杯杓，不能辞。谨使臣良奉白璧一双，再拜献大王足下；玉斗一双，再拜奉大将军足下。”项王曰：“沛公安在？”良曰：“闻大王有意督过之，脱身独去，已至军矣。”项王则受璧，置之坐上。细。亚父受玉斗，置之地，拔剑撞而破之，曰：“唉！竖子不足与谋。夺项王天下者，必沛公也，吾属今为之虏矣。”沛公至军，立诛杀曹无伤。┃了前案。

居数日，项羽引兵西屠咸阳，杀秦降王子婴，烧秦宫室，火三月不灭；收其货宝妇女而东。人或说项王曰：“关中阻山河四塞，地肥饶，可都以霸。”项王见秦宫室皆以烧残破，又心怀思欲东归，曰：“富贵不归故乡，如衣绣夜行，谁知之者！”说者曰：“人言楚人沐猴而冠耳，果然。”项王闻之，烹说者。项王使人致命怀王。怀王曰：“如约。”乃尊怀王为义帝。项王欲自王，提纲。先王诸将相。谓曰：“天下初发难时，假立诸侯后以伐秦。然身被坚执锐首事，暴露于野三年，灭秦定天下者，皆将相诸君与籍之力也。义帝虽【眉批】《汉书》无“虽”字。无功，故当分其地而王之。”诸将皆曰：“善。”乃分天下，立诸将为侯王。

项王、范增总。疑沛公之有天下，业已讲解，又恶负约，恐诸侯叛之，模写心事。乃阴谋曰：“巴、蜀道险，秦之迁人皆居蜀。”乃曰：“巴、蜀亦关中地也。”故立沛公为汉王，目。【眉批】项羽分王天下，一任爱憎，故太史公连用“故”字、“因”字模写之。王巴、蜀、汉中，都南郑。而三分关中，连。王秦降将以距塞汉王。项王乃立章邯为雍王，王咸阳以西，都废丘。长史欣者，故为栎阳狱掾，应前。尝有德于项梁；都尉董翳者，本劝章邯降楚。故立司马欣为塞王，王咸阳以东至河，都栎阳；立董翳为翟王，王上郡，都高奴。徙魏王豹为西魏王，王河东，都平阳。瑕丘申阳者，张耳嬖臣也，先下河南郡，迎楚河上，故立申阳为河南王，都雒阳。韩王成因故都，都阳翟。赵将司马印定河内，数有功，故立印为殷王，王河内，都朝歌。徙赵王歇为代王。赵相张耳素贤，又从入关，故立耳为常山王，王赵地，都襄国。当阳君黥布为楚将，常冠军，故立布为九江王，都六。鄱君吴芮率百越佐诸侯，又从入关，故立芮为衡山王，都邾。义帝柱国共敖将兵击南郡，功多，因立敖为临江王，都江陵。徙燕王韩广为辽东王。燕将臧荼从楚救赵，因从入关，故立荼为燕王，都蓟。徙齐王田市为胶东王。齐将田都从共救赵，因从入关，故立都为齐王，都临菑。故秦所灭齐王建孙田安，项羽方渡河救赵，田安下济北数城，引其兵降项羽，故立安为济北王，都博阳。田荣者，数负项梁，又不肯将兵从楚击秦，应前，且伏后畔案。以故不封。成安君陈馀弃将印去，不从入关，为伏后案。然素闻其贤，有功于赵，闻其在南皮，故因环封三县。番君将梅鋗功多，故封十万户侯。项王自立为西楚霸王，王九郡，都彭城。【眉批】太史公序次诸将功与其定封处，是错综却又整齐。

汉之元年四月，诸侯罢戏下，各就国。项王出之国，使人徙义帝，曰："古之帝者地方千里，必居上游。"乃使使徙义帝长沙郴县。趣义帝行，其群臣稍稍背叛之，乃阴令衡山、临江王击杀之江中。‖韩王成无军功，项王不使之国，与俱至彭城，废以为侯，已又杀之。臧荼之国，因【眉批】以下连用"因"字，写所以叛立故。逐韩广之辽东，广弗听，荼击杀广无终，并王其地。田荣闻项羽徙齐王市胶东，而立齐将田都为齐王，乃大怒，不肯遣齐王之胶东，因以齐反，迎击田都。田都走楚。齐王市畏项王，乃亡之胶东就国。田荣怒，追击杀之即墨。荣因自立为齐王，而西击杀济北王田安，并王三齐。荣与彭越将军印，令反梁地。陈馀连。阴使张同、夏说说齐王田荣曰："项羽为天下宰，不平。今尽王故王于丑地，而王其群臣诸将善地，逐其故主，赵王乃北居代，馀以为不可。闻大王起兵，且不听不义，愿大王资馀兵，请以击常山，以复赵王，请以国为扞蔽。"齐王许之，因遣兵之赵。陈馀悉发三县兵，与齐并力击常山，大破之。张耳走归汉。陈馀迎故赵王歇于代，反之赵。赵王因立陈馀为代王。

是时，又提且总。汉还定三秦。项羽闻汉王皆已并关中，且东，齐、赵叛之，大怒。乃以故吴令郑昌为韩王，以距汉。【眉批】以故吴令为韩王以距汉，即封三秦距汉，故智。令萧公角等击彭越。彭越败萧公角等。汉使张良徇韩，乃遗项王书曰："汉王失职，欲得关中，如约即止，不敢东。"【眉批】子房妙处在并反书以闻，使羽留齐本此。又以齐、梁反书遗项王曰："齐欲与赵并灭楚。"楚以此故无西意，而北击齐。征兵九江王布。布称疾不往，使将将数千人行。项王由此怨布也。结前，且伏案。

汉之二年冬，项羽遂北至城阳，田荣亦将兵会战。田荣不胜，走至平原，平原民杀之。遂北烧夷齐城郭室屋，皆坑田荣降卒，系虏其老弱妇女。徇齐至北海，多所残灭。齐人相聚而叛之。于是田荣弟田横收齐亡卒得数万人，反城阳。项王因留，连战未能下。|春，汉王部【眉批】"部"字，高纪作"劫"字。"劫"字事实，"部"字体面。五诸侯兵，凡五十六万人，东伐楚。项王闻之，即令诸将击齐，而自以精兵三万人南从鲁出胡陵。四月，汉皆已入彭城，收其货宝美人，日置酒高会。项王乃西从萧，晨击汉军而东，至彭城，日中，大破汉军。汉军皆走，相随入谷、泗水，杀汉卒十余万人。汉卒皆南走山，楚又追击至灵壁东睢水上。汉军却，为楚所挤，多杀，汉卒十余万人皆入睢水，睢水为之不流。围汉王三匝。于是大风从西北而起，细。折木发屋，扬沙石，窈冥昼晦，逢迎楚军。楚军大乱，坏散，而汉王乃得与数十骑遁去，欲过沛，收家室而西；楚亦使人追之沛，取汉王家；家皆亡，不与汉王相见。汉王道逢得孝惠、鲁元，乃载行。楚骑追汉王，汉王急，推堕孝惠、鲁元车下，滕公常下收载之。如是者三。曰："虽急不可以驱，奈何弃之？"于是遂得脱。求太公、吕后不相遇。审食其从太公、吕后间行，求汉王，反

遇楚军。楚军遂与归，报项王，项王常置军中。【眉批】叙汉王一家流离之状，如目见之。

是时吕后兄周吕侯为汉将兵居下邑，汉王间往从之，稍稍收其士卒。至荥阳，诸败军皆会，萧何亦发关中老弱未傅悉诣荥阳，复大振。楚接。起于彭城，总。常乘胜逐北，与汉战荥阳南京、索间，汉败楚，楚以故不能过荥阳而西。| 项王之救彭城，提。追汉王至荥阳，田横亦得收齐，立田荣子广为齐王。汉王之败彭城，诸侯皆复与楚而背汉。汉军荥阳，筑甬道属之河，以取敖仓粟。| 【眉批】太史公于汉则曰“取敖仓粟”，曰“就敖仓食”，曰“兵盛食多”；于楚则曰“烧楚积聚”，曰“绝楚粮食”，曰“绝楚粮”，曰“兵罢食绝”，曰“兵罢食尽”，曰“兵少食尽”：皆纪中关键。汉之三年，项王数侵夺汉甬道，汉王食乏，恐，请和，割荥阳以西为汉。项王欲听之。历阳侯范增曰：“汉易与耳，今释弗取，后必悔之。”项王乃与范增急围荥阳。汉王患之，乃用陈平计间项王。项王使者来，为太牢具，举欲进之。见使者，佯惊愕曰：“吾以为亚父使者，乃反项王使者。”更持去，以恶食食项王使者。使者归报项王，项王乃疑范增与汉有私，稍夺之权。范增大怒，曰：“天下事大定矣，君王自为之。愿赐骸骨归卒伍。”项王许之。行未至彭城，疽发背而死。| 汉将纪信说汉王曰：【眉批】叙事之体，有惟书其事迹而人品自见者，纪信是也。“事已急矣，请为王诳楚为王，王可以间出。”于是汉王夜出女子荥阳东门被甲二千人，楚兵四面击之。纪信乘黄屋车，傅左纛，曰：“城中食尽，汉王降。”楚军皆呼万岁。汉王亦与数十骑从城西门出，走成皋。项王见纪信，问：“汉王安在？”信曰：“汉王已出矣。”项王烧杀纪信。| 汉王使御史大夫周苛、枞公、魏豹守荥阳。周苛、枞公谋曰：“反国之王，难与守城。”乃共杀魏豹。楚下荥阳城，生得周苛。项王谓周苛曰：“为我将，我以公为上将军，封三万户。”周苛骂曰：“若不趣降汉，汉今虏若，若非汉敌也。”项王怒，烹周苛，并杀枞公。| 汉王之出荥阳，又一提。

南走宛、叶，得九江王布，行收兵，复入保成皋。

汉之四年，项王进兵围成皋。汉王逃，独与滕公出成皋北门，渡河走修武，从张耳、韩信军。诸将稍稍得出成皋，从汉王。楚遂拔成皋，欲西。汉使兵距之巩，令其不得西。是时，彭越渡河击楚东阿，杀楚将军薛公。项王乃自东击彭越。汉王得淮阴侯兵，欲渡河南。郑忠说汉王，乃止壁河内。使刘贾将兵佐彭越，烧楚积聚。项王东击破之，走彭越。汉王则引兵渡河，复取成皋，军广武，就敖仓食。项王已定东海来，西，与汉俱临广武而军，相守数月。当此时，彭越数反梁地，绝楚粮食，项王患之。为高俎，置太公其上，告汉王曰："今不急下，吾烹太公。"汉王曰："吾与项羽俱北面受命怀王，曰'约为兄弟'，吾翁即若翁，必欲烹而翁，则幸分我一杯羹。"项王怒，欲杀之。项伯曰："天下事未可知，且为天下者不顾家，虽杀之无益，祇益祸耳。"项王从之。┃ 楚汉久相持未决，丁壮苦军旅，老弱罢转漕。项王谓汉王曰："天下匈匈数岁者，徒以吾两人耳，愿与汉王挑战决雌雄，毋徒苦天下之民父子为也。"汉王笑谢曰："吾宁斗智，不能斗力。"项王令壮士出挑战。汉有善骑射者楼烦，楚挑战三合，楼烦辄射杀之。项王大怒，乃自被甲持戟挑战。楼烦欲射之，项王瞋目叱之，楼烦目不敢视，手不敢发，遂走还入壁，不敢复出。【眉批】连用三"不敢"字，模写威猛如画。汉王使人间问之，乃项王也。汉王大惊。于是项王乃即汉王相与临广武间而语。汉王数之，省。项王怒，欲一战。汉王不听，项王伏弩射中汉王。汉王伤，走入成皋。

项王闻淮阴侯已举河北，提。破齐、赵，且欲击楚，乃使龙且往击之。淮阴侯与战，骑将灌婴击之，大破楚军，杀龙且。韩信因自立为齐王。项王闻龙且军破，则恐，使盱台人武涉往说淮阴侯。省。淮阴侯弗听。是时，彭越复反，下梁地，绝楚粮。项王乃谓海春侯大司马曹咎等曰："谨守成皋，则汉欲挑战，慎勿与战，毋令得东而

已。我十五日必诛彭越，定梁地，复从将军。”乃东，行击陈留、外黄。外黄不下。数日，已降，项王怒，悉令男子年十五已上诣城东，欲坑之。外黄令舍人兒年十三，往说项王曰：“彭越强劫外黄，外黄恐，故且降，待大王。大王至，又皆坑之，百姓岂有归心？从此以东，梁地十余城皆恐，莫肯下矣。”项王然其言，乃赦外黄当坑者。东至睢阳，闻之皆争下项王。| 汉果数挑楚军战，接。楚军不出。使人辱之，五六日，【眉批】一事凡三见，奇甚。大司马怒，渡兵汜水。士卒半渡，汉击之，大破楚军，尽得楚国货赂。大司马咎、长史翳、塞王欣皆自刭汜水上。大司马咎者，又提前案。故蕲狱掾，长史欣亦故栎阳狱吏，两人尝有德于项梁，是以项王信任之。| 当是时，提。【眉批】篇中凡八用“当是时”，作转换提醒，最妙。项王在睢阳，闻海春侯军败，则引兵还。汉军方围钟离昧按：中华书局版《史记》“昧”作“眛”，下同。于荥阳东，项王至，汉军畏楚，尽走险阻。语不了。是时，提。汉兵盛食多，项王兵罢食绝。汉遣陆贾说项王，请太公，项王弗听。汉王复使侯公往说项王，项王乃与汉约，中分天下，割鸿沟以西者为汉，鸿沟而东者为楚。项王许之，即归汉王父母妻子。军皆呼万岁。

汉王乃封侯公为平国君。匿弗肯复见。曰：“此天下辩士，所居倾国，故号为平国君。”| 项王已约，乃引兵解而东归。汉欲西归，张良、陈平说曰：“汉有天下太半，而诸侯皆附之。楚兵罢食尽，此天亡楚之时也，不如因其机而遂取之。今释弗击，此所谓‘养虎自遗患’也。”汉王听之。

汉五年，汉王乃追项王至阳夏南，止军，与淮阴侯韩信、建成侯彭越期会而击楚军。至固陵，而信、越之兵不会。楚击汉军，大破之。汉王复入壁，深堑而自守。谓张子房曰：“诸侯不从约，为之奈何？”对曰：“楚兵且破，信、越未有分地，其不至固宜。君王能与共分天下，今可立致也。即不能，事未可知也。君王能自陈以东傅海，尽与韩信；睢阳以北至谷城，以与彭越：使各自为战，则楚易败也。”汉王曰：“善。”于是乃发使者告韩信、彭越曰：“并力击楚。楚破，自陈以东傅海与齐王，睢阳以北至谷城与彭相国。”复前说。使者至，韩信、彭越皆报曰：“请今进兵。”韩信乃从齐往，刘贾军从寿春并行，屠城父，至垓下。大司马周殷叛楚，以舒屠六，举九江兵，随刘贾、彭越皆会垓下，诣项王。┃ 项王军壁垓下，【眉批】以下悽惋可悲。兵少食尽，汉军及诸侯兵围之数重。夜闻汉军四面皆楚歌，【眉批】叙事何等节奏！项王乃大惊曰：“汉皆已得楚乎？是何楚人之多也！”项王则夜起，饮帐中。有美人名虞，常幸从；骏马名骓，常骑之。于是项王乃悲歌忼慨，自为诗曰：“力拔山兮气盖世，时不利兮骓不逝。骓不逝兮可奈何，虞兮虞兮奈若何！”【眉批】《垓下歌》悲壮呜咽，与《大风》各自描写帝王兴衰气象。歌数阕，美人和之。项王泣数行下，左右皆泣，莫能仰视。于是项王乃上马骑，麾下壮士骑从者八百余人，直夜溃围南出，驰走。平明，汉军乃觉之，令骑将灌婴以五千骑追之。项王渡淮，骑能属者百余人耳。

项王至阴陵，迷失道，问一田父，田父绐曰“左”。左，乃陷大泽中。以故汉追及之。项王乃复引兵而东，至东城，乃有二十八骑。汉骑追者数千人。项王自度不得脱。谓其骑曰：“吾起兵至今八岁矣，身七十余战，所当者破，所击者服，未尝败北，遂霸有天下。然今卒困于此，此天之亡我，非战之罪也。今日固决死，愿为诸君决战，必三胜之，为诸君溃围，斩将，刈旗，令诸君知天亡我，非战之罪也。”乃分其骑以为四队，四向。汉军围之数重。项王谓其骑曰：“吾为公取彼一将。”令四面骑驰下，期山东为三处。于是项王大呼驰下，汉军皆披靡，遂斩汉一将。是时，赤泉侯为骑将，追项王，项王瞋目叱之，赤泉侯人马俱惊，辟易数里，与其骑会为三处。汉军不知项王所在，乃分军为三，复围之。项王乃驰，复斩汉一都尉，杀数十百人，【眉批】曰“八百余人”，曰“百余人”，曰“二十八骑”，曰“分其骑为四队"，"与其骑会为三处"，曰"复聚"，"亡其两骑"，曰"下马步行"，见羽所从之骑以渐而少，正足"上兵"句。曰"斩汉一将"，曰"复斩汉一都尉，杀数十百人"，曰"杀汉军数百人"，见羽"非战之罪"，正足"上天之亡我"二句，此是关键处。复聚其骑，亡其两骑耳。乃谓其骑曰："何如？"骑【眉批】叠用二十二"骑"字，不觉重复。皆伏曰："如大王言。"

于是项王乃欲东渡乌江。乌江亭长舣船待，谓项王曰："江东虽小，地方千里，众数十万人，亦足王也。愿大王急渡。今独臣有船，汉军至，无以渡。"项王笑曰："天之亡我，我何渡为！且籍与江东子弟八千人渡江而西，终前语。今无一人还，纵江东父兄怜而王我，我何面目见之？纵彼不言，籍独不愧于心乎？"乃谓亭长曰："吾知公长者。吾骑此马五岁，所当无敌，尝一日行千里，不忍杀之，以赐公。"【眉批】叙事得人情，且动人。乃令骑皆下马步行，持短兵接战。独籍所杀汉军数百人。项王身亦被十余创。顾见汉骑司马吕马童，曰："若非吾故人乎？"马童面之，指王翳曰："此项王也。"项王乃曰："吾闻汉购我头千金，邑万户，吾为若德。"乃自刎而死。

王翳取其头，余骑相蹂践争项王，相杀者数十人。最其后，郎中骑杨喜，骑司马吕马童，郎中吕胜、杨武各得其一体。五人共会其体，皆是。分其地为五：封吕马童为中水侯，封王翳为杜衍侯，封杨喜为赤泉侯，封杨武为吴防侯，封吕胜为涅阳侯。项王已死，楚地皆降汉，独鲁不下。汉乃引天下兵欲屠之，为其守礼义，为主死节，乃持项王头示鲁，鲁父兄乃降。始，楚怀王初封项籍为鲁公，大照应。及其死，鲁最后下，故以鲁公礼葬项王谷城。汉王为发哀，泣之而去。诸项氏枝属，汉王皆不诛。乃封项伯为射阳侯。桃侯、平皋侯、玄武侯皆项氏，赐姓刘氏。【眉批】太史公字法变换不一，若此纪则专用"已"字，"乃"字，"则"字，及"亦"字，"又"字，"且"字，"果"字。

【眉批】太史公赞"羽亦重瞳"二句，此则别加他语，以补书中所阙。所谓事无重出者，此也。太史公曰：吾闻之周生曰“舜目盖重瞳子”，又闻项羽亦重瞳子。将无做有。羽岂其苗裔邪？何兴之暴也！夫秦失其政，陈涉首难，豪杰蜂起，相与并争，不可胜数。然羽非有尺寸，乘势起陇亩之中，三年，遂将五诸侯灭秦，分裂天下，而封王侯，政由羽出，号为“霸王”，位虽不终，近古以来未尝有也。扬。及羽背关怀楚，放逐义帝而自立，怨王侯叛己，难矣。自矜功伐，奋其私智而不师古，抑。谓霸王之业，欲以力征经营天下，五年卒亡其国，【眉批】“兴”、“亡”二字相应，“三年”、“五年”正见兴亡之易，俱关键。身死东城，尚不觉悟而不自责，过矣。抑。【眉批】“过矣”，“谬哉”，相唤应。乃引“天亡我，非用兵之罪也”，岂不谬哉！

高祖本纪 计六段

高祖以亭长为县送徒郦山，徒多道亡。自度比至皆亡之，到丰西泽中，止饮，夜乃解纵所送徒。曰：“公等皆去，吾亦从此逝矣！”徒中壮士愿从者十余人。高祖被酒，夜径泽中，令一人行前。行前者还报曰：“前有大蛇当径，愿还。”高祖醉，曰：“壮士行，何畏！”乃前，拔剑击斩蛇。蛇遂分为两，径开。【眉批】此叙斩蛇，转笔法，又是一片境界。行数里，醉，因卧。后人来至蛇所，有一老妪夜哭。人问何哭，妪曰：“人杀吾子，故哭之。”人曰：“妪子何为见杀？”妪曰：“吾子，白帝子也，化为蛇，当道，今为赤帝子斩之，故哭。”人乃以妪为不诚，欲笞之，妪因忽不见。后人至，高祖觉。后人告高祖，高祖乃心独喜，【眉批】此言“心独喜”，“从者日益畏之”，后言“心喜”，“沛中子弟多欲附者”，每段俱有结构。自负。诸从者日益畏之。┃ 结。秦始皇帝常曰“东南有天子气”，于是因东游以厌之。高祖即自疑，亡匿，隐于芒、砀山泽岩石之间。吕后与人俱求，常得之。高祖怪问之。吕后曰：“季所居上常有云气，故从往常得季。”高祖心喜。沛中子弟或闻之，多欲附者矣。┃ 结上起下。

秦二世元年秋，陈胜等起蕲，至陈而王，号为“张楚”。诸郡县皆多杀其长吏以应陈涉。沛令恐，【眉批】六用“恐”字，描写人心危疑意。欲以沛应涉。掾、主吏萧何、曹参乃曰：“君为秦吏，今欲背之，率沛子弟，恐不听。愿君召诸亡在外者，可得数百人，因劫众，众不敢不听。”乃令樊哙召刘季。刘季之众已数十百人矣。于是樊哙从刘季来。沛令后悔，恐其有变，乃闭城城守，欲诛萧、曹。萧、曹恐，逾城保刘季。刘季乃书帛射城上，谓沛父老曰：“天下苦秦久矣。今父老虽为沛令守，诸侯并起，今屠沛。沛今共诛令，择子弟可立者立之，以应诸侯，则家室完。不然，父子俱屠，无为也。”父老乃率子弟共杀沛令，开城门迎刘季，欲以为沛令。刘季曰：“天下方扰，诸侯并起，今置将不善，壹败涂地。吾非敢自爱，恐能薄，不能完父兄子弟。此大事，愿更相推择可者。”萧、曹等皆文吏，自爱，恐事不就，后秦种族其家，尽让刘季。诸父老皆曰：“平生所闻刘季诸珍怪，当贵，应前。且卜筮之，莫如刘季最吉。”于是刘季数让。众莫敢为，乃立季为沛公。祠黄帝，祭蚩尤于沛庭，而衅鼓旗，帜皆赤。由所杀蛇白帝子，杀者赤帝子，应前。故上赤。

怀王乃以宋义为上将军，项羽为次将，范增为末将，北救赵。令沛公西略地入关。与诸将约，【眉批】“与诸将约”二句，此段纲领。后面“吾与诸侯约”，“如约”，“后天下约”，“何以得主约”，皆应此。先入定关中者王之。当是时，秦兵强，常乘胜逐北，诸将莫利先入关。独项羽怨秦破项梁军，奋，愿与沛公西入关。怀王诸老将皆曰：“项羽为人僄悍猾贼。项羽尝攻襄城，襄城无遗类，皆坑之，诸所过无不残灭。且楚数进取，前陈王、项梁皆败。不如更遣长者扶义而西，告谕秦父兄。秦父兄苦其主久矣，今诚得长者往，毋侵暴，宜可下。今项羽僄悍，今不可遣。本无“今”字。独沛公素宽大长者，可遣。”卒不许项羽，而遣沛公。

汉元年十月，沛公兵遂先诸侯至霸上。秦王子婴素车白马，系颈以组，封皇帝玺符，降轵道旁。诸将或言诛秦王。沛公曰：“始怀王遣我，固以能宽容；且人已服降，又杀之，不祥。”【眉批】沛公之言，即诸老将遣沛公之意。乃以秦王属吏，遂西入咸阳。欲止宫休舍，樊哙、张良谏，乃封秦重宝财物府库，还军霸上。召诸县父老豪杰曰：“父老苦秦苛法久矣，诽谤者族，偶语者弃市。吾与诸侯约，先入关者王之，吾当王关中。与父老约，法三章耳：杀人者死，伤人及盗抵罪。余悉除去秦法。诸吏人皆案堵如故。凡吾所以来，为父老除害，非有所侵暴，无恐！且吾所以还军霸上，待诸侯至而定约束耳。”【眉批】告谕之语才百余言，而秦弊为之一洗。乃使人与秦吏行县乡邑，告谕之。秦人大喜，争持牛羊酒食献飨军士。沛公又让不受，曰："仓粟多，非乏，不欲费人。"人又益喜，唯恐沛公不为秦王。或说沛公曰："秦富十倍天下，地形强。今闻章邯降项羽，项羽乃号为雍王，王关中。今则来，沛公恐不得有此。可急使兵守函谷关，无内诸侯军，稍征关中兵以自益，距之。"沛公然其计，从之。十一月中，项羽果率诸侯兵西，欲入关，关门闭。闻沛公已定关中，大怒，使黥布等攻破函谷关。鸿门会，详《项羽本纪》，此不载。项羽遂西，屠烧咸阳秦宫室，所过无不残破。秦人大失望，【眉批】于沛公则曰"大喜"，曰"又益喜"；于项羽则曰"大失望"。刘项兴亡已决于此，此太史公书法也。然恐，不敢不服耳。项羽使人还报怀王。怀王曰："如约。"项羽怨"怨"字直贯至"约"字为句。怀王不肯令与沛公俱西入关，而北救赵，后天下约。乃曰："怀王者，吾家项梁所立耳，非有功伐，何以得主约！本定天下，诸将及籍也。"乃佯尊怀王为义帝，实不用其命。

新城三老董公遮说汉王以义帝死故。汉王闻之，袒而大哭。遂为义帝发丧，借羽失著，以为兵端。临三日。发使者告诸侯曰："天下共立义帝，北面事之。今项羽放杀义帝于江南，大逆无道。寡人亲为发丧，诸侯皆缟素。悉发关内兵，收三河士，南浮江汉以下，愿从诸侯王击楚之弑义帝者。"【眉批】不曰"率"而曰"愿从"，不曰"击羽"而曰"击楚之弑义帝者"，词严义正，犹有古风。有汉四百余年天下，其宏纲大义昭如日星者，端在此举。

五年，高祖与诸侯兵共击楚军，与项羽决胜垓下。淮阴侯将三十万自当之，孔将军居左，费将军居右，皇帝在后，绛侯、柴将军在皇帝后。【眉批】"柴将军在皇帝后"，此以上阵法也；"淮阴侯先合，不利"，以下战法也。曰"不利"，用奇也；既却而左右兵纵，此奇正相生也。不越六十字，而军法具备。项羽之卒可十万。淮阴侯先合，不利，却。孔将军、费将军纵，楚兵不利，淮阴侯复乘之，大败垓下。项羽卒闻汉军之楚歌，以为汉尽得楚地，项羽乃败而走，是以兵大败。使骑将灌婴追杀项羽东城，斩首八万，遂略定楚地。

高祖还归，过沛，留。置酒沛宫，悉召故人父老子弟纵酒，发沛中儿得百二十人，教之歌。酒酣，高祖击筑，自为歌诗曰：【眉批】《大风》三言，气笼宇宙，张千古帝王赤帜。后之为史者，但曰“还沛置酒，召故人乐饮，极欢足矣”。看他发沛中儿教歌，酒酣击筑，歌呼起舞，展转泣下，缕缕不绝，俯仰具至，直到空县出献，已去复留，诸母故人道旧又佳，对父老说丰恨事又佳。古今文字，淋漓尽兴，言笑有情，少可及此。“大风起兮云飞扬，威加海内兮归故乡，安得猛士兮守四方！”令儿皆和习之。高祖乃起舞，慷慨伤怀，泣数行下。谓沛父兄曰：“游子悲故乡。吾虽都关中，万岁后吾魂魄犹乐思沛。且朕自沛公以诛暴逆，遂有天下，其以沛为朕汤沐邑，复其民，世世无有所与。”沛父兄诸母故人日乐饮极欢，道旧故为笑乐。十余日，高祖欲去，沛父兄固请留高祖。高祖曰：“吾人众多，父兄不能给。”乃去。沛中空县皆之邑西献。高祖复留止，张饮三日。沛父兄皆顿首曰：“沛幸得复，丰未复，唯陛下哀怜之。”高祖曰：“丰吾所生长，极不忘尔，吾特为其以雍齿故反我为魏。”沛父兄固请，乃并复丰，比沛。【眉批】“比”字省力。

吕后本纪 诛诸吕始末

孝惠八年，七月中，高后病甚，乃令赵王吕禄为上将军，军北军；吕王产居南军。【眉批】南北军所系甚重，而二吕将之，故纪中每每提出。吕太后诫产、禄曰：“高帝已定天下，与大臣约，曰‘非刘氏王者，天下共击之’。今吕氏王，大臣弗平。我即崩，帝年少，大臣恐为变。必据兵卫宫，慎毋送丧，毋为人所制。”辛巳，高后崩，遗诏赐诸侯王各千金，将相列侯郎吏皆以秩赐金。省。大赦天下。以吕王产为相国，以吕禄女为帝后。高后已葬，以左丞相审食其为帝太傅。朱虚侯刘章有气力，东牟侯兴居其弟也，皆齐哀王弟，居长安。┃【眉批】先次齐王二弟在此，为下文告齐张本。当是时，诸吕用事擅权，欲为乱，畏高帝故大臣绛、灌等，【眉批】突然提出绛、灌，为后两人谋诛诸吕张本。未敢发。朱虚侯妇，吕禄女，阴知其谋。【眉批】阴知者，朱虚阴知之也。恐见诛，乃阴令人告其兄齐王，欲令发兵西，诛诸吕而立。【眉批】“立”者，择立也。与下文“擅废帝欲立”、“立”字相应，非齐王欲自立也。朱虚侯欲从中与大臣为应。齐王欲发兵，其相弗听。八月丙午，齐王欲使人诛相，相召平乃反，举兵欲围王，王因杀其相，遂发兵东，诈夺琅邪王兵，并将之而西。语在齐王语中。齐王乃遗诸侯王书曰：“高帝平定天下，王诸子弟，悼惠王王齐。悼惠王薨，孝惠帝使留侯良立臣为齐王。孝惠崩，高后用事，春秋高，听诸吕，擅废帝更立，又比杀三赵王，灭梁、赵、燕以王诸吕，分齐为四。忠臣进谏，上惑乱弗听。今高后崩，而帝春秋富，未能治天下，故恃大臣诸侯。而诸吕又擅自尊官，聚兵严威，劫列侯忠臣，矫制以令天下，宗庙所以危。寡人率兵入诛不当为王者。”【眉批】不曰“诛诸吕”而曰“入诛不当为王者”，其意与高祖为义帝发丧之诏颇同，犹有古辞命气象。汉闻之，相国吕产等乃遣颍阴侯灌婴将兵击之。灌婴至荥阳，乃谋曰：“诸吕权兵关中，欲危刘氏而自立。今我破齐还报，此益吕氏之资也。”乃留屯荥阳，使使谕齐王及诸侯，与连和，以待吕氏变，共诛之。齐王闻之，乃还兵西界待约。

吕禄、吕产欲发乱关中，内惮绛侯、朱虚等，外畏齐、楚兵，又恐灌婴畔之，欲待灌婴兵与齐合而发，犹豫未决。【眉批】写人心事情，收拾殆尽。┃ 当是时，济川王太、淮阳王武、常山王朝名为少帝弟，及鲁元王吕后外孙，皆年少未之国，居长安。【眉批】提此一段，见吕氏盘固。赵王禄、梁王产各将兵居南北军，皆吕氏之人。列侯群臣莫自坚其命。太尉绛侯勃不得入军中主兵。┃ 曲周侯郦商老病，其子寄与吕禄善。绛侯乃与丞相陈平谋，使人劫郦商，令其子寄往绐说吕禄曰："高帝与吕后共定天下，刘氏所立九王，吕氏立三王，皆大臣之议，事已布告诸侯，诸侯皆以为宜。今太后崩，帝少，而足下佩赵王印，不急之国守藩，乃为上将，将兵留此，为大臣诸侯所疑。【眉批】运用"大臣"字，首尾相应。足下何不归将印，以兵属太尉？请梁王归相国印，与大臣盟而之国，齐兵必罢，大臣得安，足下高枕而王千里，此万世之利也。"吕禄信然其计，欲归将印，以兵属太尉。使人报吕产及诸吕老人，或以为便，或曰不便，计犹豫未有所决。吕禄信郦寄，时与出游猎。过其姑吕媭，媭大怒，曰："若为将而弃军，吕氏今无处矣。"乃悉出珠玉宝器散堂下，曰："毋为他人守也。"

左丞相食其免。┃ 八月庚申旦，平阳侯窋曹参子。行御史大夫事，见相国产计事。郎中令贾寿使从齐来，因数产曰："王不蚤之国，今虽欲行，尚可得邪？"具以灌婴与齐楚合从，欲诛诸吕告产，乃趣产急入宫。平阳侯颇闻其语，乃驰告丞相、太尉。太尉欲入北军，不得入。襄平侯通尚符节，乃令持节矫内太尉北军。太尉复令郦寄与典客刘揭先说吕禄曰："帝使太尉守北军，欲足下之国，急归将印辞去，不然，祸且起。"吕禄以为郦兄不欺己，遂解印属典客，而以兵授太尉。太尉将之入军门，【眉批】"入军门"应上两"不得入"句。行

令军中曰："为吕氏右襢，古"袒"字。为刘氏左襢。"军中皆左襢为刘氏。太尉行至，将军吕禄亦已解上将印去，太尉遂将北军。然尚有南军。平阳侯闻之，接。以吕产谋告丞相平，丞相平乃召朱虚侯佐太尉。太尉令朱虚侯监军门。令平阳侯告卫尉："毋入相国产殿门。"吕产不知吕禄已去北军，乃入未央宫，欲为乱，殿门弗得入，徘徊往来。平阳侯恐弗胜，驰语太尉。太尉尚恐不胜诸吕，未敢讼言诛之，乃遣朱虚侯谓曰："急入宫卫帝。"朱虚侯请卒，太尉予卒千余人。【眉批】予卒千余人，本以诛产，而曰"卫帝"，是"未敢讼言诛之"也。入未央宫门，遂见产廷中。日铺时，遂击产。产走。天风大起，以故其从官乱，莫敢斗。逐产，杀之郎中府吏厕中。| 朱虚侯已杀产，帝命谒者持节劳朱虚侯。朱虚侯欲夺节信，谒者不肯，朱虚侯则从与载，因节信驰走，斩长乐卫尉吕更始。还，驰入北军，报太尉。太尉起，拜贺朱虚侯曰："所患独吕产，【眉批】"所患独吕产"，结上两"弗胜"句。今已诛，天下定矣。"遂遣人分部悉捕诸吕男女，无少长皆斩之。辛酉，捕斩吕禄，而笞杀吕媭。使人诛燕王吕通，而废鲁王偃。| 【眉批】此纪于食其为相、免相、复相独详，太史公有微意在。壬戌，以帝太傅食其复为左丞相。戊辰，徙济川王王梁，立赵幽王子遂为赵王。遣朱虚侯章以诛诸吕氏事告齐王，令罢兵。灌婴兵亦罢荥阳而归。了前案。

文帝本纪 计九段论

高后八年七月，高后崩。九月，诸吕吕产等欲为乱，以危刘氏，大臣共诛之，谋召立代王，事在吕后语中。丞相陈平、太尉周勃等使人迎代王。代王问左右郎中令张武等。张武等议曰："汉大臣皆故高帝时大将，习兵，多谋诈，此其属意非止此也，特畏高帝、吕太后威尔。今已诛诸吕，新喋血京师，此以迎大王为名，实不可信。愿大王称疾毋往，以观其变。"中尉宋昌进曰："群臣之议皆非也。夫秦失其政，诸侯豪杰并起，人人自以为得之者以万数，然卒践天子之位者，刘氏也，天下绝望，【眉批】始言"天下绝望"，"天下服其强"，继言"大臣因天下之心"，总为下文四"皆"字根本。一矣。高帝封王子弟，地犬牙相制，此所谓磐石之宗也，天下服其强，二矣。汉兴，除秦苛政，约法令，施德惠，人人自安，难动摇，三矣。夫以吕太后之严，立诸吕为三王，擅权专制，然而太尉以一节入北军，一呼士皆左袒，为刘氏，叛诸吕，卒以灭之。此乃天授，非人力也。今大臣虽欲为变，百姓弗为使，其党宁能专一邪？方今内有朱虚、东牟之亲，外畏吴、楚、淮南、琅邪、齐、代之强。方今高帝子独淮南王与大王，大王又长，贤圣仁孝，闻于天下，故大臣因天下之心而欲迎立大王，大王勿疑也。"

代王报太后计之，犹与未定。卜之龟，卦兆得大横。占曰："大横庚庚，余为天王，夏启以光。"代王曰："寡人固已为王矣，又何王？"卜人曰："所谓天王者乃天子。"于是代王乃遵太后弟薄昭往见绛侯，绛侯等具为昭言所以迎立王意。薄昭还报曰："信矣，毋可疑者。"代王乃笑谓宋昌曰："果如公言。"乃命宋昌参乘，张武等六人乘传诣长安。至高陵休止，而使宋昌先驰之长安观变。昌至渭桥，丞相以下皆迎。宋昌还报。代王驰至渭桥，群臣拜谒称臣。代王下车拜。太尉勃进曰："愿请间言。"宋昌曰："所言公，公言之。

所言私，王者不受私。”有气岸。太尉乃跪上天子玺符。代王谢曰：“至代邸而议之。”宽重。

遂驰入代邸。群臣从至。丞相陈平、太尉周勃、大将军陈武、御史大夫张苍、宗正刘郢、朱虚侯刘章、东牟侯刘兴居、典客刘揭皆【眉批】四用“皆”字，见人心归附之同如此。再拜言曰：“子弘等皆非孝惠帝子，不当奉宗庙。臣谨请与阴安侯列侯顷王后与琅邪王、宗室、大臣、列侯、吏二千石议曰：‘大王高帝长子，宜为高帝嗣。’愿大王即天子位。”代王曰：“奉高帝宗庙，重事也。寡人不佞，不足以称宗庙。愿请楚王计宜者，【眉批】连下“计”字、“宜”字，见君臣慎重意。寡人不敢当。”群臣皆伏固请。代王西乡让者三，南乡让者再。丞相平等皆曰：“臣伏计之，大王奉高帝宗庙最宜称，虽天下诸侯万民以为宜。臣等为宗庙社稷计，不敢忽。愿大王幸听臣等。臣谨奉天子玺符再拜上。”代王曰：“宗室将相王列侯以为莫宜寡人，寡人不敢辞。”遂即天子位。群臣以礼次侍。乃使太仆婴与东牟侯兴居清宫，奉天子法驾，迎于代邸。皇帝即日夕入未央宫。乃夜拜宋昌为卫将军，镇抚南北军。【眉批】前用二“驰”字，此用“即日夕”与二“夜”字，见文帝应变神速，知大计也。以张武为郎中令，行殿中。还坐前殿。于是夜下诏书曰：“间者诸吕用事擅权，谋为大逆，欲以危刘氏宗庙，赖将相列侯宗室大臣诛之，皆伏其辜。朕初即位，其赦天下，赐民爵一级，女子百户牛酒，酺五日。”

孝文皇帝元年，正月，有司言曰：“蚤建太子，所以尊宗庙。请立太子。”上曰：“朕既不德，上帝神明未歆享，天下人民未有嗛志。今纵不能博求天下贤圣有德之人而禅天下焉，而曰豫建太子，是重吾不德也。谓天下何？其安之。”有司曰：“豫建太子，所以重宗庙社稷，不忘天下也。”上曰：“楚王，季父也，春秋高，阅天下之义理多矣，明于国家之大体。吴王于朕，兄也，惠仁以好德。淮南王，弟也，秉德以陪朕。岂为不豫哉！诸侯王宗室昆弟有功臣，多贤及有德义者，若举有德以陪朕之不能终，是社稷之灵，天下之福也。今不选举焉，而曰必子，人其以朕为忘贤有德者而专于子，非所以忧天下也。朕甚不取也。”【眉批】代王至渭桥，群臣固请，再拜三让而后即天子位。及建太子，亦因有司固请而后许之。文帝谦让之意，太史公如此模拟逼真。有司皆固请曰：“古者殷周有国，治安皆千余岁，古之有天下者莫不长焉，用此道也。立嗣必子，所从来远矣。高帝亲率士大夫，始平天下，建诸侯，为帝者太祖。诸侯王及列侯始受国者皆亦为其国祖。子孙继嗣，世世弗绝，天下之大义也，故高帝设之以抚海内。今释宜建而更选于诸侯及宗室，非高帝之志也。更议不宜。子某最长，纯厚慈仁，请建以为太子。”上乃许之。因赐天下民当代父后者爵各一级。

上曰：“朕闻之，天生蒸民，为之置君以养治之。【眉批】此以德与不德、治与不治为眼目。人主不德，布政不均，则天示之以菑，以诫不治。乃十一月晦，日有食之，适见于天，菑孰大焉！朕获保宗庙，以微眇之身托于兆民君王之上，天下治乱，在朕一人，唯二三执政犹吾股肱也。朕下不能理育群生，上以累三光之明，其不德大矣。令至，其悉思朕之过失，及知见思之所不及，白以告朕。及举贤良方正能直言极谏者，以匡朕之不逮。因各饬其任职，务省繇费以便民。朕既不能远德，故憪然念外人之有非，【眉批】“外人之有非”，谓夷狄边患也。是以设备未息。今纵不能罢边屯戍，而又饬兵厚卫，其罢卫将军军。太仆见马遗财足，余皆以给置传。”

上曰：“古之治天下，朝有进善之旌，诽谤之木，所以通治道而来谏者。今法有诽谤妖言之罪，【眉批】指言禁诽谤妖言之失。是使众臣不敢尽情，而上无由闻过失也。将何以来远方之贤良？其除之。民或祝诅上以相约结而后相谩，吏以为大逆，其有他言，而吏又以为诽谤。此细民之愚无知抵死，朕甚不取。自今以来，有犯此者勿听治。”

齐太仓令淳于公有罪当刑，诏狱逮徙系长安。太仓公无男，有女五人。太仓公将行会逮，骂其女曰："生子不生男，有缓急非有益也！"┃ 其少女缇萦自伤泣，乃随其父至长安，上书曰："妾父为吏，齐中皆称其廉平，今坐法当刑。妾伤夫死者不可复生，刑者不可复属，虽复欲改过自新，其道无由也。妾愿没入为官婢，赎父刑罪，使得自新。"书奏天子，┃ 天子怜悲其意，【眉批】蔼然恻怛，慈祥之意溢于言外。乃下诏曰："盖闻有虞氏之时，画衣冠异章服以为僇，而民不犯。何则？至治也。今法有肉刑三，而奸不止，其咎安在？非乃朕德薄而教不明欤？吾甚自愧。故夫驯道不纯而愚民陷焉。《诗》曰'恺悌君子，民之父母'。今人有过，教未施而刑加焉，或欲改行为善而道毋由也。【眉批】诏意即画词。朕甚怜之。夫刑至断支体，刻肌肤，终身不息，何其楚痛而不德也，岂称为民父母之意哉！【眉批】"父母"应诗词。其除肉刑。"

上曰："朕获执牺牲珪币以事上帝宗庙，十四年于今，历日县长，以不敏不明而久抚临天下，朕甚自愧。其广增诸祀墠场珪币。┃ 昔先王远施不求其报，望祀不祈其福，右贤左戚，先民后己，至明之极也。┃ 今吾闻祠官祝釐，皆归福朕躬，不为百姓，朕甚愧之。夫以朕不德，而躬享独美其福，百姓不与焉，是重吾不德。其令祠官致敬，毋有所祈。"

上曰："朕既不明，不能远德，是以使方外之国或不宁息。夫四荒之外不安其生，封畿之内勤劳不处，二者之咎，皆自于朕之德薄而不能远达也。【眉批】"德薄不能远达"，即上文"不能远达"也。此一篇主意。┃ 间者累年，匈奴并暴边境，多杀吏民，边臣兵吏又不能谕吾内志，以重吾不德也。夫久结难连兵，中外之国将何以自宁？【眉批】"中外之国"二句，应上"四荒之外"四句。┃ 今朕夙兴夜寐，勤劳天下，忧苦万民，为之怛惕不安，未尝一日忘于心，故遣使者冠盖相望，结轶于道，以谕朕意于单于。【眉批】"遣使者"，应上"远达"；"谕朕意"，应上“谕吾内志”。┃今单于反古之道，计社稷之安，便万民之利，亲与朕俱弃细过，偕之大道，结兄弟之义，以全天下元元之民。和亲已定，始于今年。”

遗诏曰：【眉批】文帝此诏非但了死生之事，而爱民恻怛之心溢乎言外。“朕闻盖天下万物之萌生，靡不有死。死者天地之理，物之自然者，奚可甚哀。当今之时，世咸嘉生而恶死，厚葬以破业，重服以伤生，吾甚不取。且朕既不德，无以佐百姓；今崩，又使重服久临，以离寒暑之数，哀人之父子，伤长幼之志，损其饮食，绝鬼神之祭祀，以重吾不德也，谓天下何！朕获保宗庙，以眇眇之身托于天下君王之上，二十有余年矣。赖天地之灵，社稷之福，方内安宁，靡有兵革。朕既不敏，常畏过行，以羞先帝之遗德；维年之久长，惧于不终。今乃幸以天年，得复供养于高庙，朕之不明与嘉之，其奚哀悲之有！【眉批】可嘉矣，其奚悲哀乎？七用“无”、“毋”字，文法变换奇古。其令天下吏民，令到出临三日，皆释服。毋禁取妇嫁女祠祀饮酒食肉者。自当给丧事服临者，皆无践。绖带无过三寸，毋布车及兵器，毋发人男女哭临宫殿。宫殿中当临者，皆以旦夕各十五举声，礼毕罢。非旦夕临时，禁毋得擅哭。已下，服大红十五日，小红十四日，纤七日，释服。佗不在令中者，皆以此令比率从事。布告天下，使明知朕意。霸陵山川因其故，毋有所改。”

孝景皇帝元年十月，制诏御史：“盖闻古者祖有功而宗有德，制礼乐各有由。【眉批】“祖有功”二句，一篇柱子。闻歌者，所以发德也；舞者，所以明功也。高庙酎，奏武德、文始、五行之舞。孝惠庙酎，奏文始、五行之舞。孝文皇帝临天下，通关梁，不异远方。除诽谤，去肉刑，赏赐长老，收恤孤独，以育群生。减嗜欲，不受献，不私其利也。罪人不孥，不诛无罪。除肉刑，出美人，重绝人之世。朕既不敏，不能识。此皆上古之所不及，而孝文皇帝亲行之。德厚侔天地，利泽施四海，靡不获福焉。明象乎日月，而庙乐不称，朕甚惧焉。其为孝文皇帝庙为昭德之舞，以明休德。然后祖宗之功德著于竹帛，施于万世，永永无穷，朕甚嘉之。其与丞相、列侯、中二千石、礼官具为礼仪奏。”丞相臣嘉等言：“陛下永思孝道，立昭德之舞以明孝文皇帝之盛德，皆臣嘉等愚所不及。臣谨议曰：‘功莫大于高皇帝，德莫盛于孝文皇帝，高皇庙宜为帝者太祖之庙，孝文皇帝庙宜为帝者太宗之庙。天子宜世世献祖宗之庙。郡国诸侯宜各为孝文皇帝立太宗之庙。诸侯王列侯使者侍祠天子，岁献祖宗之庙。请著之竹帛，宣布天下。’”制曰：“可。”

太史公曰：孔子言“必世然后仁。善人之治国百年，亦可以胜残去杀”。诚哉是言！汉兴，至孝文四十有余载，德至盛也。廪廪乡改正服封禅矣，谦让未成于今。呜呼，岂不仁哉！应。

孝景本纪 论

太史公曰：汉兴，孝文施大德，天下怀安。至孝景，不复忧异姓，而晁错刻削诸侯，遂使七国俱起，合从而西乡，以诸侯太盛，而错为之不以渐也。▎及主父偃言之，而诸侯以弱，卒以安。【眉批】论七国而以一言断曰“诸侯太盛，而错为之不以渐也”，则其初之过制与后之当抑损而不善具见，非后世史笔可及。▎安危之机，岂不以谋哉？

三代世表 序

太史公曰：五帝、三代之记，尚矣。自殷以前诸侯不可得而谱，周以来乃颇可著。| 一篇纲领。孔子因史文次《春秋》，纪元年，正时日月，颇可著。盖其详哉。【眉批】“详”、“慎”二字关键。| 至于序《尚书》则略，无年月；反应“详”字。或颇有，然多阙，不可录。故疑则传疑，不可得而谱。盖其慎也。| 今按：中华书局版《史记》“今”作“余”。读《谍记》，黄帝以来皆有年数。稽其《历谱谍》终始五德之传，古文咸不同，乖异。夫子之弗论次其年月，申言所以不可谱。岂虚哉！| 于是以五帝系谍、《尚书》集世纪黄帝以来讫共和为世表。

十二诸侯年表 序

太史公读《春秋》《历谱谍》，【眉批】古雅可诵。至周厉王，未尝不废书而叹也。曰：呜呼，师挚见之矣！【眉批】此言王道坠而伯者兴，《春秋》之作所以明王道也。纣为象箸而箕子唏。周道缺，诗人本之衽席，《关雎》作。仁义陵迟，鹿鸣刺焉。及至厉王，以恶闻其过，公卿惧诛而祸作，厉王遂奔于彘，乱自京师始，而共和行政焉。是后或力政，强乘弱，兴师不请天子。然挟王室之义，以讨伐为会盟主，政由五伯，【眉批】"王"、"伯"二字，此篇之纲领。诸侯恣行，淫侈不轨，贼臣篡子滋起矣。齐、晋、秦、楚其在成周微甚，封或百里或五十里。晋阻三河，齐负东海，楚介江淮，秦因雍州之固，四国迭兴，更为伯主，文武所褒大封，皆威而服焉。┃是以孔子明王道，干七十余君，莫能用，故西观周室，论史记旧闻，兴于鲁而次《春秋》，【眉批】孔子作《春秋》，而太史公因得之，以表十二诸侯本末盛衰之迹。上记隐，下至哀之获麟，约其辞文，去其烦重，以制义法，王道备，人事浃。七十子之徒口受其传指，为有所刺讥褒讳挹损之文辞不可以书见也。鲁君子左丘明惧弟子人人异端，【眉批】"左丘明"以下，皆因孔子而附见者。下文连下，因孔子史记为"不能尽观《春秋》"，"上采《春秋》"，"删拾《春秋》"，"捃摭《春秋》"，"推《春秋》义"等句，皆本孔子次《春秋》来。"虞卿"以下，用二"亦"字、一"及"字，又跟上《左氏春秋》来。各安其意，失其真，故因孔子《史记》即《春秋》也。具论其语，成《左氏春秋》。铎椒为楚威王傅，为王不能尽观《春秋》，采取成败，卒四十章，为《铎氏微》。赵孝成王时，其相虞卿上采《春秋》，下观近世，亦著八篇，为《虞氏春秋》。吕不韦者，秦庄襄王相，亦上观尚古，删拾《春秋》，集六国时事，以为八览、六论、十二纪，为《吕氏春秋》。及如荀卿、孟子、公孙固、韩非之徒，各往往捃摭《春秋》之文以著书，不可胜纪。汉相张苍历谱五德，上大夫董仲舒推《春秋》义，颇著文焉。

太史公曰：儒者断其义，【眉批】儒者，即上左氏、铎氏、孟、荀、董氏。驰说者，即上虞卿、吕不韦、韩非。历数谱谍，即上张苍之伦。此数句，一篇关键。驰说者骋其辞，不务综其终始；历人取其年月，数家隆于神运，谱谍独记世谥，其辞略，欲一观诸要难。于是谱十二诸侯，自共和讫孔子，表见《春秋》、《国语》学者所讥盛衰大指著于篇，为成学治古文者要删焉。【眉批】二“要”字相应。

六国年表 序

太史公读秦记，【眉批】六国具为秦所并，故以读秦记发端。至犬戎败幽王，周东徙洛邑，秦襄公始封为诸侯，作西畤用事上帝，僭端见矣。《礼》曰："天子祭天地，诸侯祭其域内名山大川。"今秦杂戎翟之俗，先暴戾，后仁义，位在藩臣而胪于郊祀，君子惧焉。及文公逾陇，攘夷狄，尊陈宝，营岐雍之间，而穆公修政，东竟至河，则与齐桓、晋文中国侯伯侔矣。是后陪臣执政，大夫世禄，六卿擅晋权，征伐会盟，威重于诸侯。及田常杀简公而相齐国，诸侯晏然弗讨，海内争于战功矣。三国终之卒分晋，田和亦灭齐而有之，六国之盛自此始。务在强兵并敌，谋诈用而从衡短长之说起。矫称蜂出，誓盟不信，虽置质剖符犹不能约束也。▎秦始小国僻远，诸夏宾之，比于戎翟，至献公之后常雄诸侯。论秦之德义不如鲁卫之暴戾者，量秦之兵不如三晋之强也，然卒并天下，非必险固便形势利也，盖若天所助焉。

或曰【眉批】"或曰"以下，形势便利之证。"东方物所始生，西方物之成孰"。夫作事者必于东南，收功实者常于西北。故禹兴于西羌，汤起于亳，周之王也以丰镐伐殷，秦之帝用雍州兴，汉之兴自蜀汉。▎秦既得意，烧天下《诗》、《书》，诸侯史记尤甚，为其有所刺讥也。《诗》、《书》所以复见者，多藏人家，而《史记》独藏周室，以故灭。惜哉，惜哉！独有秦记，【眉批】"独有秦记"以下终篇，首读秦记，起下文"法后王"之语。自"秦取天下"至篇终，申言以缴一篇之旨。又不载日月，其文略不具。然战国之权变亦有可颇采者，何必上古。▎秦取天下多暴，缴前"先暴戾"及"鲁卫暴戾"语。然世异变，成功大。缴前"秦卒并天下"。《传》曰"法后王"，何也？以其近己而俗变相类，议卑而易行也。学者牵于所闻，见秦在帝位日浅，不察其终始，缴前"秦记可颇采"。因举而笑之，不敢道，此与以耳食无异。悲夫！▎余于是因秦记，踵《春秋》之后，起周元王，表六国时事，讫二世，凡二百七十年，著诸所闻兴坏之端。合秦与六国言。后有君子，以览观焉。

秦楚之际月表 序

【眉批】此篇文字英发俊伟，干令升《晋纪论》祖此。太史公读秦楚之际，曰：初作难，发于陈涉；虐戾灭秦，自项氏；拨乱诛暴，平定海内，卒践帝祚，成于汉家。以上皆倒文法。五年之间，号令三嬗。音善。自生民以来，未始有受命若斯之亟也。一篇关键。| 昔虞、夏之兴，积善累功数十年，德洽百姓，摄行政事，考之于天，然后在位。汤、武之王，乃由契、后稷修仁行义十余世，不期而会孟津八百诸侯，犹以为未可，其后乃放弑。秦起襄公，章于文、缪，献、孝之后，稍以蚕食六国，百有余载，至始皇乃能并冠带之伦。以德若彼，用力如此，【眉批】"彼"指虞夏、汤武，"此"指秦。盖一统若斯之难也。【眉批】自虞夏至此，言五代之兴甚难。| 反应"亟"字。秦既称帝，患兵革不休，以有诸侯也，于是无尺土之封，堕坏名城，销锋镝，钼豪杰，维万世之安。然王迹之兴，起于闾巷，合从讨伐，轶于三代，乡秦之禁，适足以资贤者为驱除难耳。应前。故愤发其所为天下雄，安在无土不王。【眉批】自秦称帝至此，言汉兴之易。此乃传之所谓大圣乎？岂非天哉，岂非天哉！非大圣孰能当此受命而帝者乎？应前。

汉兴以来诸侯年表 序

太史公曰：殷以前尚矣。周封五等：公，侯，伯，子，男。【眉批】此篇欲述汉事，先以周事发之。然封伯禽、康叔于鲁、卫，地各四百里，亲亲之义，褒有德也；太公于齐，兼五侯地，尊勤劳也。武王、成、康所封数百，而同姓五十五，地上不过百里，下三十里，以辅卫王室。管、蔡、康叔、曹、郑，或过或损。幽、厉之后，王室缺，侯伯强国兴焉，天子微，弗能正。非德不纯，形势弱也。

汉兴，序二等。高祖末年，非刘氏而王者，若无功上所不置而侯者，天下共诛之。高祖子弟同姓为王者九国，唯独长沙异姓，【眉批】同姓九国，即周亲亲之义也。异姓功臣，即周尊勤劳之义也。而功臣侯者百余人。自雁门、太原以东至辽阳，为燕、代国；常山以南，太行左转，度河、济，阿、甄以东薄海，为齐、赵国；自陈以西，南至九疑，东带江、淮、谷、泗，薄会稽，为梁、楚、吴、淮南、长沙国：皆外接于胡、越。而内地北距山以东尽诸侯地，大者或五六郡，连城数十，置百官宫观，僭于天子。汉独有三河、东郡、颍川、南阳，自江陵以西至蜀，北自云中至陇西，与内史凡十五郡，而公主列侯颇食邑其中。【眉批】次诸国形势如掌，千古绝调也。欧阳公撰《五代史职方论》本此。何者？天下初定，骨肉同姓少，故广强庶孽，以镇抚四海，用承卫天子也。

汉定百年之间，亲属益疏，诸侯或骄奢，忕邪臣计谋为淫乱，大者叛逆，小者不轨于法，以危其命，殒身亡国。天子观于上古，然后加惠，使诸侯得推恩分子弟国邑，故齐分为七，赵分为六，梁分为五，淮南分三，及天子支庶子为王，王子支庶为侯，百有余焉。吴楚时，前后诸侯或以適削地，是以燕、代无北边郡，吴、淮南、长沙无南边郡，齐、赵、梁、楚支郡名山陂海咸纳于汉。诸侯稍微，大国不过十余城，小侯不过数十里，上足以奉贡职，下足以供养祭

祀，以蕃辅京师。而汉郡八九十，形错诸侯间，犬牙相临，秉其厄塞地利，强本干，弱枝叶之势也，尊卑明而万事各得其所矣。| 臣迁谨记高祖以来至太初诸侯，谱其下益损之时，【眉批】“益损”，应前“过损”。“形势强”，应前“形势弱”。令后世得览。形势虽强，要之以仁义为本。一篇掉尾。

高祖功臣侯年表 序

【眉批】尔雅之文。太史公曰：古者人臣功有五品，以德立宗庙定社稷曰勋，以言曰劳，用力曰功，明其等曰伐，积日曰阅。封爵之誓曰："使河如带，泰山若厉。国以永宁，爰及苗裔。"始未尝不欲固其根本，而枝叶稍陵夷衰微也。【眉批】"始未尝不欲固其根本"，承上文封爵誓之意；而"枝叶稍陵夷衰微也"，起下文子孙骄溢亡国之意。余读高祖侯功臣，察其首封，所以失之者，申固根本二句。曰：异哉所闻！举古概今。《书》曰"协和万国，迁于夏商，或数千岁。"盖周封八百，幽厉之后，见于《春秋》。《尚书》有唐虞之侯伯，历三代千有余载，自全以蕃卫天子，岂非笃于仁义，奉上法哉？与下"无兢兢"句相对。

汉兴，功臣受封者百有余人。天下初定，故大城名都散亡，户口可得而数者十二三，是以大侯不过万家，小者五六百户。后数世，民咸归乡里，户益息，萧、曹、绛、灌之属或至四万，小侯自倍，富厚如之。子孙骄溢，忘其先，淫嬖。至太初百年之间，见侯五，余皆坐法陨命亡国，秏矣。罔亦少密焉，然皆身无兢兢于当世之禁云。| 居今之世，志古之道，【眉批】"今"、"古"二字，该贯全篇语脉。所以自镜也，未必尽同。帝王者各殊礼而异务，要以成功为统纪，岂可绲乎？观所以得尊宠及所以废辱，应"察其所封"二句。亦当世得失之林也，缴上二句。何必旧闻？【眉批】二"闻"字相应。| 于是谨其终始，表见其文，颇有所不尽本末；著其明，疑者阙之。【眉批】此序关键，开阖极密。后有君子，欲推而列之，得以览焉。

礼书 略

【眉批】自首至“尚矣”，原礼之所由起。“岂人力也哉？”有含蓄，见得全赖于礼。太史公曰：洋洋美德乎！宰制万物，役使群众，岂人力也哉？余至大行礼官，观三代损益，乃知缘人情而制礼，依人性而作仪，【眉批】“缘人情”二句，一篇骨子。其所由来尚矣。人道经纬万端，规矩无所不贯，诱进以仁义，束缚以刑罚，故德厚者位尊，禄重者宠荣，所以总一海内而整齐万民也。【眉批】“人道”至“万民”一段，言礼之为用甚广。人体安驾乘，为之金舆错衡以繁其饰；目好五色，为之黼黻文章以表其能；耳乐钟磬，为之调谐八音以荡其心；口甘五味，为之庶羞酸咸以致其美；情好珍善，为之琢磨圭璧以通其意。【眉批】五“为之”至“物有节文”一段，正是缘人情而制礼，依人性而作仪处。故大路越席，皮弁布裳，朱弦洞越，大羹玄酒，所以防其淫侈，救其彫敝。是以君臣朝廷尊卑贵贱之序，下及黎庶车舆衣服宫室饮食嫁娶丧祭之分，事有宜适，物有节文。| 仲尼曰：【眉批】自“仲尼”至“痛哉”一段，言礼废而人道坏，重可伤也。“禘自既灌而往者，吾不欲观之矣。”

周衰，礼废乐坏，大小相逾，管仲之家，兼备三归。循法守正者见侮于世，奢溢僭差者谓之显荣。自子夏，门人之高弟也，犹云“出见纷华盛丽而说，入闻夫子之道而乐，二者心战，未能自决”，而况中庸以下，渐渍于失教，被服于成俗乎？孔子曰“必也正名”，于卫所居不合。仲尼没后，受业之徒沈湮而不举，或适齐、楚，或入河海，岂不痛哉！至秦有天下，【眉批】“秦有天下”至末，言秦皇与高帝皆欲制礼，其如未尽善何哉。悉内六国礼仪，采择其善，虽不合圣制，其尊君抑臣，朝廷济济，依古以来。至于高祖，光有四海，叔孙通颇有所增益减损，大抵皆袭秦故。

乐书 略

【眉批】此书谓功成作乐，本于至德，故能移风化，助政教。后世正乐废而新声作，虽孔子正乐犹莫之化，遂陵夷以至于亡秦，盖由治道之亏缺也。自高帝始有过沛之章，而今上作十九章，乃因讲读能通其意，然未知其于德何如也。太史公虽隐微其词，可概见已。太史公曰：余每读虞书，至于君臣相敕，维是几安，而股肱不良，万事堕坏，未尝不流涕也。成王作《颂》，推己惩艾，悲彼家难，可不谓战战恐惧，善守善终哉？君子不为约则修德，满则弃礼，佚能思初，安能惟始，沐浴膏泽而歌咏勤苦，非大德谁能如斯！《传》曰“治定功成，礼乐乃兴”。海内人道益深，其德益至，所乐者益异。五句是一篇主意。满而不损则溢，盈而不持则倾。凡作乐者，所以节乐。君子以谦退为礼，以损减为乐，乐其如此也。| 以为州异国殊，情习不同，故博采风俗，协比声律，以补短移化，助流政教。天子躬于明堂临观，而万民咸荡涤邪秽，斟酌饱满，以饰厥性。故云《雅》、《颂》之音理而民正，嘄噭之声兴而士奋，郑卫之曲动而心淫。及其调和谐合，鸟兽尽感，而况怀五常，含好恶，自然之势也？

治道亏缺而郑音兴起，封君世辟，名显邻州，争以相高。自仲尼不能与齐优遂容于鲁，虽退正乐以诱世，作五章以刺时，犹莫之化。陵迟以至六国，流沔沈佚，遂往不反，卒于丧身灭宗，并国于秦。秦二世尤以为娱。丞相李斯进谏曰：“放弃《诗》、《书》，极意声色，祖伊所以惧也；轻积细过，恣心长夜，纣所以亡也。”赵高曰：“五帝、三王乐各殊名，示不相袭。上自朝廷，下至人民，得以接欢喜，合殷勤，非此和说不通，解泽不流，亦各一世之化，度时之乐，何必华山之騄耳而后行远乎？”二世然之。| 高祖过沛诗三侯之章，令小儿歌之。高祖崩，令沛得以四时歌儛宗庙。孝惠、孝文、孝景无所增更，于乐府习常肄旧而已。至今上即位，作十九

章，令侍中李延年次序其声，拜为协律都尉。通一经之士不能独知其辞，皆集会五经家，相与共讲习读之，乃能通知其意，多《尔雅》之文。【眉批】此后全用《乐记》，故不载。

律书 略

王者制事立法，物度轨则，壹禀于六律，六律为万事根本焉。【眉批】此书谓律为万事根本，而万事莫重于兵。观"闻声效胜负"与"吹律听声"等句，则兵律之相因可见，此太史公以律名书而乃竟言兵也。其于兵械尤所重，故云"望敌知吉凶，闻声效胜负"，百王不易之道也。武王伐纣，吹律听声，推孟春以至于季冬，杀气相并，而音尚宫。同声相从，物之自然，何足怪哉？【眉批】"故云"至"足怪哉"句，言兵之应律。| 兵者，【眉批】"兵者"至"顺逆耳"句，言兵之不可废。圣人所以讨强暴，平乱世，夷险阻，救危殆。自含血戴角之兽见犯则校，而况于人怀好恶喜怒之气？喜则爱心生，怒则毒螫加，情性之理也。昔黄帝有涿鹿之战，以定火灾；颛顼有共工之陈，以平水害；成汤有南巢之伐，以殄夏乱。递兴递废，胜者用事，所受于天也。自是之后，名士迭兴，晋用咎犯，而齐用王子，吴用孙武，申明军约，赏罚必信，卒伯诸侯，兼列邦土，虽不及三代之诰誓，然身宠君尊，当世显扬，可不谓荣焉？岂与世儒暗于大较，【眉批】"岂与"二字直贯至"等哉"句。不权轻重，猥云德化，不当用兵，大至窘辱失守，小乃侵犯削弱，遂执不移等哉！故教笞不可废于家，刑罚不可捐于国，诛伐不可偃于天下，用之有巧拙，行之有顺逆耳。

夏桀、殷纣手搏豺狼，【眉批】"夏桀"至"息也"句，言穷兵之害，以其用之拙而行之逆也。足追四马，勇非微也；百战克胜，诸侯慑服，权非轻也。秦二世宿军无用之地，连兵于边陲，力非弱也；结怨匈奴，絓祸于越，势非寡也。及其威尽势极，闾巷之人为敌国。咎生穷武之不知足，甘得之心不息也。| 高祖有天下，【眉批】自"高祖"至末，言偃兵之效而以和乐结之，其意深远矣。三边外畔；大国之王虽称蕃辅，臣节未尽。会高祖厌苦军事，亦有萧、张之谋，故偃武一休息，羁縻不备。历至孝文即位，将军陈武等议曰："南越、朝鲜自全秦时

内属为臣子，后且拥兵阻厄，选蠕观望。高祖时天下新定，人民小安，未可复兴兵。今陛下仁惠抚百姓，恩泽加海内，宜及士民乐用，征讨逆党，以一封强按：中华书局版《史记》“强”作“疆”。”孝文曰：“朕能任衣冠，念不到此。会吕氏之乱，功臣宗室共不羞耻，误居正位，常战战慄慄，恐事之不终。且兵凶器，虽克所愿，动亦耗病，【眉批】太史公不言律而言兵，不言兵之用而言兵之偃，及言偃兵于汉文帝尤加详焉。可谓之制律之时而得制律之意矣。谓百姓远方何？又先帝知劳民不可烦，故不以为意。朕岂自谓能？今匈奴内侵，军吏无功，边民父子荷兵日久，朕常为动心伤痛，无日忘之。今未能销距，愿且坚边设候，结和通使，休宁北陲，为功多矣。且无议军。”故百姓无内外之繇，得息肩于田亩，天下殷富，粟至十余钱，鸣鸡吠狗，烟火万里，可谓和乐者乎！

太史公曰：文帝时，会天下新去汤火，人民乐业，因其欲然，能不扰乱，故百姓遂安。自年六七十翁亦未尝至市井，游敖嬉戏如小儿状。孔子所称有德君子者邪！

封禅书 全

【眉批】此书直书其事而其失自见，有讽意，无贬词。读之乃见太史公手笔。

自古受命帝王，曷尝不封禅？一篇帽子。盖有无其应而用事者矣，未有睹符瑞见而不臻乎泰山者也。【眉批】篇端起语二节，一正说，一反说，此篇之纲领也。其应皆在后。虽受命而功不至，至梁父矣而德不洽，【眉批】书中"命"字、"符瑞"字、"德"字，一篇眼目。洽矣而日有不暇给，是以即事用希。《传》曰："三年不为礼，礼必废；三年不为乐，乐必坏。"每世之隆，则封禅答焉，及衰而息。厥旷远者千有余载，近者数百载，故其仪阙然堙灭，其详不可得而记闻云。┃《尚书》曰，舜在璇玑玉衡，以齐七政。【眉批】书中叠用"盖"字、"若"字、"云"字、"焉"字、"矣"字，皆有意。当玩。遂类于上帝，禋于六宗，望山川，遍群神。辑五瑞，择吉月日，见四岳诸牧，还瑞。"岁二月，东巡狩，至于岱宗。岱宗，泰山也。柴，望秩于山川。遂觐东后。东后者，诸侯也。合时月正日，同律度量衡，修五礼，五玉三帛二生一死贽。五月，巡狩至南岳。【眉批】此引巡狩，以附会封禅之始。南岳，衡山也。八月，巡狩至西岳。西岳，华山也。十一月，巡狩至北岳。北岳，恒山也。皆如岱宗之礼。【眉批】书中叠用"皆"字、"如"字、"各"字，皆省文法也。中岳，嵩高也。五载一巡狩。┃禹遵之。┃简。后十四世，至帝孔甲，淫德好神，神渎，二龙去之。┃其后三世，汤伐桀，欲迁夏社，不可，作夏社。┃后八世，至帝太戊，有桑谷生于廷，【眉批】此引禨祥，以附会符瑞之始。一暮大拱，惧。伊陟曰："妖不胜德。"太戊修德，桑谷死。伊陟赞巫咸，巫咸之兴自此始。┃后十四世，帝武丁得傅说为相，殷复兴焉，称高宗。有雉登鼎耳雊，武丁惧。祖己曰："修德。"武丁从之，位以永宁。后五世，帝武乙慢神而震死。后三世，帝纣淫乱，武王伐之。┃由此观之，始未尝不肃祗，

【眉批】"始未尝"二句，与《功臣表》"始未尝不欲固其根本"二句文法同。此

书虽主封禅，其间兼言事神等事，故又以“始未尝”二语关缴之，而历代事神之盛衰皆包括其中。后稍怠慢也。▎结。周官曰：冬日至，祀天于南郊，迎长日之至；夏日至，祭地祇。皆用乐舞，而神乃可得而礼也。天子祭天下名山大川，五岳视三公，四渎视诸侯，诸侯祭其疆内名山大川。四渎者，江、河、淮、济也。天子曰明堂、辟雍，诸侯曰泮宫。周公既相成王，郊祀后稷以配天，宗祀文王于明堂以配上帝。自禹兴而修社祀，后稷稼穑，故有稷祠，【眉批】此引言作坛畤之始。郊社所从来尚矣。

自周克殷后十四世，世益衰，礼乐废，诸侯恣行，而幽王为犬戎所败，周东徙雒邑。秦襄公攻戎救周，始列为诸侯。秦襄公既侯，居西垂，自以为主少皞之神，作西畤，祀白帝，其牲用骝驹黄牛羝羊各一云。▎其后十六年，秦文公东猎汧渭之间，卜居之而吉。文公梦黄蛇自天下属地，其口止于鄜衍。文公问史敦，敦曰：“此上帝之征，君其祠之。”于是作鄜畤，用三牲郊祭白帝焉。自未作鄜畤也，而雍旁故有吴阳武畤，雍东有好畤，皆废无祠。或曰：“自古以雍州积高，神明之隩，故立畤郊上帝，诸神祠皆聚云。幻。盖黄帝时尝用事，虽晚周亦郊焉。”其语不经见，搢绅者不道。▎作鄜畤后九年，文公获若石云，于陈仓北阪城幻。祠之。其神或岁不至，或岁数来，来也常以夜，光辉若流星，从东南来集于祠城，则若雄鸡，其声殷云，野鸡夜雊。以一牢祠，命曰陈宝。▎作鄜畤后七十八年，秦德公既立，卜居雍，“后子孙饮马于河”，遂都雍。雍之诸祠自此兴。用三百牢于鄜畤。作伏祠。磔狗邑四门，以御蛊灾。德公立二年卒。▎其后六年，秦宣公作密畤于渭南，祭青帝。▎其后十四年，秦缪公立，病卧五日不寤；寤，乃言梦见上帝，上帝命缪公平晋乱。史书而记藏之府。而后世皆曰秦缪公上天。幻。秦缪公即位九年，齐桓公既霸，会诸侯于葵丘，而欲封禅。管仲曰：以下俱幻，不经见。“古者封泰山禅梁父者泰山傍。七十二家，而夷吾所记者十有二焉。昔无怀氏封泰山，【眉批】“无怀氏”至“周成王十二君”，应篇首“自古受命帝王，曷尝不封禅”句。禅云云；山名。虙羲封泰山，禅云云；神农封泰山，禅云云；炎帝封泰山，禅云云；黄帝封泰山，禅亭亭；山名。颛顼封泰山，禅云云；帝喾封泰山，禅云云；尧封泰山，禅云云；舜封泰山，禅云云；禹封泰山，禅会稽；汤封泰山，禅云云；周成王封泰山，禅社首：山名。皆受命然后得封禅。”应首句。桓公曰：“寡人北伐山戎，过孤竹；西伐大夏，涉流沙，束马悬车，上卑耳之山；南伐至召陵，登熊耳山以望江汉。兵车之会三，而乘车之会六，九合诸侯，一匡天下，诸侯莫违我。昔三代受命，亦何以异乎？”于是管仲睹桓公不可穷以辞，因设之以事，曰：“古之封禅，鄗上之黍，北里之禾，所以为盛；江淮之间，一茅三脊，所以为藉也。东海致比目之鱼，西海致比翼之鸟，然后物有不召而自至者十有五焉。今凤凰麒麟不来，嘉谷不生，而蓬蒿藜莠茂，鸱枭数至，而欲封禅，毋乃不可乎？”【眉批】管仲之言，是谓无其应而事焉不可也，反应篇首“无其应而用事”句。于是桓公乃止。

是岁，秦缪公内晋君夷吾。其后三置晋国之君，平其乱。终梦中语。缪公立三十九年而卒。┃ 其后百有余年，而孔子论述六艺，传略言易姓而王，封泰山禅乎梁父者七十余王矣，其俎豆之礼不章，盖难言之。或问禘之说，孔子曰：“不知。知禘之说，其于天下也视其掌。”【眉批】此所谓受命而功不至，至矣而德不洽，洽矣而日不暇给也。《诗》云作书。纣在位，文王受命，政不及泰山。武王克殷二年，天下未宁而崩。爰周德之洽维成王，成王之封禅则近之矣。┃ 及后陪臣执政，季氏旅于泰山，仲尼讥之。┃ 是时苌弘以方事周灵王，诸侯莫朝周，周力少，苌弘乃明鬼神事，设射狸首。狸首者，幻。诸侯之不来者。依物怪欲以致诸侯。诸侯不从，而晋人执杀苌弘。周人之言方怪者自苌弘。【眉批】此言方怪之始，为武帝祀灶张本。┃ 其后百余年，秦灵公作吴阳上畤，祭黄帝；作下畤，祭炎帝。后四十八年，周太史儋见秦献公曰："秦始与周合，合而离，五百岁当复合，合十七年而霸王出焉。"栎阳雨金，秦献公自以为得金瑞，以灾为幻。故作畦畤栎阳而祀白帝。┃ 其后百二十岁而秦灭周，周之九鼎以鼎证封禅。入于秦。或曰宋太丘社亡，而鼎没于泗水彭城下。┃ 伏后案。其后百一十五年而秦并天下。秦始皇既并天下而帝，或曰："黄帝得土德，黄龙地螾见。【眉批】篇中凡言符瑞如黄龙、宝鼎之类，应篇首"未有睹符瑞而不臻泰山"句。夏得木德，青龙止于郊，草木畅茂。殷得金德，银自山溢。周得火德，有赤乌之符。今秦变周，水德之时。昔秦文公出猎，获黑龙，此其水德之瑞。" 【眉批】此为武帝改正朔张本。于是秦更命河曰"德水"，以冬十月为年首，色上黑，度以六为名，音上大吕，事统上法。即帝位三年，时按：中华书局版《史记》"时"作"东"。巡郡县，祠驺峄山，颂秦功业。于是征从齐鲁之儒生博士七十人，至乎泰山下。诸儒生或议曰："古者封禅为蒲车，恶伤山之土石草木；扫地而祭，席用苴秸，言其易遵也。"始皇闻此议各乖异，难施用，由此绌儒生。而遂除车道，上自泰山阳至巅，立石颂秦始皇帝德，明其得封也。从阴道下，禅于梁父。其礼颇采太祝之祀雍上帝所用，而封藏皆秘之，世不得而记也。始皇之上泰山，中阪遇暴云按：中华书局版《史记》"云"作"风"。雨，休于大树下。诸儒生既绌，不得与用于封事之礼，闻始皇遇风雨，则讥之。于是始皇遂东游海上，行礼祠名山大川及八神，求仙人羡门之属。八神将自古而有之，或曰太公以来作之。齐所以为齐，以天齐也。其祀绝莫知起时。八神：一曰天主，祠天齐。天齐渊水，居临菑南郊山下者。一作下下。二曰地主，【眉批】据后武帝至梁父礼祠地主之句，此则八神名俱当在"主"字为句。旧以"主"字属下句者，非也。祠泰山梁父。盖天好阴，祠之必于高山之下，小山之上，命曰"畤"；地贵阳，祭之必于泽中圆丘云。三曰兵主，祠蚩尤。蚩尤在东平陆监乡，齐之西境也。四曰阴主，祠三山。五曰阳主，祠之罘。六曰月主，祠之莱山。皆在齐北，并渤海。七曰日主，祠成山。成山𠁽作斗。入海，最居齐东北隅，以迎日出云。八曰四时主，祠琅邪。琅邪在齐东方，盖岁之所始。皆各用一牢具祠，而巫祝所损益，珪币杂异焉。

自齐威、宣之时，【眉批】三段俱以“自”、“及”二字相呼应。驺子之徒论著终始五德之运，及秦帝而齐人奏之，故始皇采用之。而宋毋忌、正伯侨、充尚、羡门子高最后皆燕人，为方仙道，形解销化，依于鬼神之事。【眉批】此为武帝求神仙张本。驺衍以阴阳主运显于诸侯，而燕齐海上之方士传其术不能通，然则怪迂阿谀苟合之徒自此兴，不可胜数也。｜【眉批】太史公论神仙祷祀迂诞之说，极意装点，皆寓讥武帝，且明其不然也。自威、宣、燕昭使人入海求蓬莱、方丈、瀛洲。此三神山者，其传在渤海中，去人不远；患且至，则船风引而去。幻。盖尝有至者，诸仙人及不死之药皆在焉。其物禽兽尽白，而黄金银为宫阙。未至，望之如雪；按：中华书局版《史记》“雪”作“云”。幻。及到，三神山反居水下。临之，风辄引去，终莫能至云。幻。世主莫不甘心焉。【眉批】以上历叙巡祭巫咸郊畤方怪九鼎方士神仙，皆为汉武事张本。及至秦始皇并天下，至海上，则方士言之不可胜数。始皇自以为至海上而恐不及矣，应“患且至”。使人乃赍童男女入海求之。船交海中，皆以风为解，应“风引去”。曰未能至，应“莫能至”。望见之焉。应“望之”。其明年，始皇复游海上，至琅邪，过恒山，从上党归。后三年，游碣石，考入海方士，从上郡归。后五年，始皇南至湘山，遂登会稽，并海上，冀遇海中三神山之奇药。不得，还至沙丘崩。｜应“甘心”。

二世元年，东巡碣石，并海南，历泰山，至会稽，皆礼祠之，而刻勒始皇所立石书旁，以章始皇之功德。其秋，诸侯叛秦。三年而二世弑死。始皇封禅之后十三岁，秦亡。诸儒生疾秦焚《诗》、《书》，诛僇文学，百姓怨其法，天下叛之，皆讹曰：“始皇上泰山，为暴雨所击，不得封禅。”此岂所谓无其德而用事者邪？【眉批】“此岂所谓”

句，应篇首“盖有无其应”句。｜昔三代之君总叙，收拾。皆在河洛之间，故嵩高为中岳，而四岳各如其方，四渎咸在山东。至秦称帝，都咸阳，则五岳、四渎皆并在东方。【眉批】又以“自”、“及”二字相呼应。自五帝以至秦，总结，作过。轶兴轶衰，名山大川或在诸侯，或在天子，其礼损益世殊，不可胜记。【眉批】叙得错综。及秦并天下，令祠官所常奉天地名山大川鬼神可得而序也。于是自殽以东，名山五，大川祠二。曰太室。太室，嵩高也。恒山，泰山，会稽，湘山。水曰济，曰淮。春以脯酒为岁祠，因泮冻，秋涸冻，冬赛祷祀。其牲用牛犊各一，牢具珪币各异。自华以西，名山七，名川四。曰华山，薄山。薄山者，襄山也。岳山，岐山，吴岳，鸿冢，渎山。渎山，蜀之汶山。一本“山”下有“也”字。水曰河，祠临晋；沔，祠汉中；湫渊，祠朝那；江水，祠蜀。亦春秋泮涸祷赛，如东方名山川；而牲牛犊牢具珪币各异。而四大鸿冢、岐、吴、岳，皆有尝禾。陈宝节来祠。其河加有尝醪。此皆在雍州之域，近天子之都，故加车一乘，骝驹四。灞、产、长水、沣、涝、泾、渭皆非大川，以近咸阳，尽得比山川祠，而无诸加。汧、洛二渊，鸣泽、蒲山、岳壻山之属，为小山川，亦皆岁祷赛泮涸祠，礼不必同。而雍有日、月、参、辰、南北斗、荧惑、太白、岁星、填星、辰星、二十八宿、风伯、雨师、四海、九臣、十四臣、诸布、诸严、诸逑之属，百有余庙。西亦有数十祠。于湖有周天子祠。于下邽有天神。沣、滈有昭明、天子辟池。于社、亳有三社主之祠、寿星祠；而雍菅庙亦有杜主。杜主，故周之右将军，其在秦中，最小鬼之神者。各以岁时奉祠。唯雍四時上帝为尊，其光景动人民唯陈宝。故雍四時，春以为岁祷，因泮冻，秋涸冻，冬赛祠，五月尝驹，及四仲之月祠，若月祠，陈宝节来一祠。春夏用骍，秋冬用骊。時驹四匹，木禺语寄。龙栾车一驷，木禺车马一驷，各如其帝色。黄犊羔各四，珪币各有数，皆生瘗埋，无俎豆之具。三年一郊。【眉批】总结秦事，与汉武一律，子长之意微矣。

秦以冬十月为岁首，故常以十月上宿郊见，通权火，拜于咸阳之旁，而衣上白，其用如经祠云。西畤、畦畤，祠如其故，上不亲往。诸此祠皆太祝常主，以岁时奉祠之。至如他名山川诸鬼及八神之属，上过则祠，去则已。郡县远方神祠者，民各自奉祠，不领于天子之祝官。祝官有秘祝，伏后。即有灾祥，辄祝祠移过于下。

【眉批】以高祖比武王，则有天下而德未洽者也。汉兴，高祖之微时，尝杀大蛇。有物曰："蛇，白帝子也，幻。而杀者赤帝子。"高祖初起，祷丰枌榆社。徇沛，为沛公，则祠蚩尤，衅鼓旗。遂以十月至灞上，与诸侯平咸阳，立为汉王。因以十月为年首，而色上赤。二年，东击项籍而还入关，问："故秦时上帝祠何帝也？"对曰："四帝，有白、青、黄、赤帝之祠。"高祖曰："吾闻天有五帝，而有四，何也？"莫知其说。于是高祖曰："吾知之矣，乃待我而具五也。"乃立黑帝祠，命曰北畤。有司进祠，上不亲往。悉召故秦祝官，复置太祝、太宰，如其故仪礼。因令县为公社。下诏曰："吾甚重祠而敬祭。今上帝之祭及山川诸神当祠者，各以其时礼祠之如故。"后四岁，天下已定，诏御史，令丰谨治枌榆社，应。常以四时春以羊彘祠之。令祝官立蚩尤之祠于长安。长安置祠祝官、女巫。其梁巫，祠天地、天社、天水、房中、堂上之属；晋巫，祠五帝、东君、云中、司命、巫社、巫族人、先炊之属；秦巫，祠社主、巫保、族累之属；荆巫，祠堂下、巫先、司命、施糜之属；九天巫，祠九天：皆以岁时祠宫中。其河巫祠河于临晋，而南山巫祠南山秦中。秦中者，二世皇帝。各有时月。其后二岁，或曰周兴而邑邰，立后稷之祠，至今血食天下。于是高祖制诏御史："其令郡国县立灵星祠，常以岁时祠以牛。"高祖十年春，有司请令县常以春三月及时腊祠社稷以羊豕，民里社各自财以祠。制曰："可。"

其后十八年，孝文帝即位。即位十三年，下诏曰："今秘祝移过于下，应前。朕甚不取。自今除之。"始名山大川在诸侯，诸侯祝各自奉祠，天子官不领。及齐、淮南国废，令太祝尽以岁时致礼如故。是岁，制曰："朕即位十三年于今，赖宗庙之灵，社稷之福，方内乂安，民人靡疾。间者比年登，朕之不德，何以飨此？皆上帝诸神之赐也。盖闻古者飨其德必报其功，欲有增诸神祠。有司议增雍五畤路车各一乘，驾被具；西畤畦畤禺车各一乘，禺马四匹，驾被具；其河、湫、汉水加玉各二；及诸祠，各增广坛场，珪币俎豆以差加之。而祝釐者归福于朕，百姓不与焉。自今祝致敬，毋有所祈。"┃ 鲁人公孙臣上书曰："始秦得水德，今汉受之，推终始传，则汉当土德，土德之应黄龙见。宜改正朔，易服色，色上黄。"是时丞相张苍好律历，以为汉乃水德之始，故河决金堤，其符也。年始冬十月，色外黑内赤，与德相应。如公孙臣言，非也。罢之。后三岁，黄龙见成纪。文帝乃召公孙臣，拜为博士，与诸生草改历服色事。其夏，下诏曰："异物之神见于成纪，无害于民，岁以有年。朕祈郊上帝诸神，礼官议，无讳以劳朕。"有司皆曰"古者天子夏亲郊，祀上帝于郊，故曰郊"。于是夏四月，文帝始郊见雍五畤祠，衣皆上赤。其明年，赵人新垣平以望气见上，言"长安东北有神气，成五采，若人冠绕焉。或曰东北神明之舍，西方神明之墓也。天瑞下，宜立祠上帝，以合符应"。于是作渭阳五帝庙，同宇，帝一殿，面各五门，各如其帝色。祠所用及仪亦如雍五畤。夏四月，文帝亲拜灞渭之会，以郊见渭阳五帝。五帝庙南临渭，北穿蒲池沟水，权火举而祠，若光辉然属天焉。于是贵平上大夫，赐累千金。而使博士诸生剌与"刺"同。六经作王制，谋议巡狩封禅事。文帝出长安门，若见五人于道北，遂因其直北立五帝坛，祠以五牢具。其明年，新垣平使人持玉杯，上书阙下献之。平言上曰："阙下有宝玉气来者。"幻。已视之，果有献玉杯者，刻曰"人主延寿"。平又言"臣候日再中"。幻。居顷之，日卻复中。于是始更以十七年为元年，令天下大酺。平言曰："周鼎亡在泗水中，应前。今河溢通泗，臣望东北汾阴直有金宝气，意周鼎其出乎？兆见不迎则不至。”于是上使使治庙汾阴南，临河，欲祠出周鼎。人有上书告新垣平所言气神事皆诈也。下平吏治，诛夷新垣平。自是之后，文帝怠于改正朔服色神明之事，而渭阳、长门五帝使祠官领，以时致礼，不往焉。明年，匈奴数入边，兴兵守御。后岁少不登。【眉批】以汉文帝比周成王，则睹符瑞而德亦洽矣，然犹不至泰山，何也？盖曰匈奴数入边，岁少不登，岂德犹未洽而日不暇给乎？数年而孝景即位。十六年，祠官各以岁时祠如故，无有所兴，至今天子。【眉批】提起汉武许多事在此数句。

今天子初即位，尤敬鬼神之祀。篇中冒头。元年，汉兴已六十余岁矣，天下乂安，搢绅之属皆望天子封禅改正度也，而上乡儒术，招贤良，赵绾、王臧等以文学为公卿，欲议古立明堂城南，以朝诸侯。草巡狩封禅改历服色事未就。会窦太后治黄老言，不好儒术，使人微伺得赵绾等奸利事，召案绾、臧，绾、臧自杀，诸所兴为皆废。后六年，窦太后崩。其明年，征文学之士公孙弘等。┃ 明年，今上初至雍，郊见五畤。后常三岁一郊。┃ 是时提。上求神君，舍之上林中蹏音蹄。氏观。【眉批】武帝封禅事神等事，盖睹符瑞见，而臻泰山祇肃而过者也。神君者，长陵女子，以子死，见神于先后宛若。幻。宛若祠之其室，民多往祠。平原君往祠，其后子孙以尊显。及今上即位，则厚礼置祠之内中。闻其言，不见其人云。┃ 是时提。李少君亦以祠灶、谷道、却老方见上，上尊之。少君者，故深泽侯舍人，主方。匿其年及其生长，常自谓七十，能使物，却老。其游以方遍诸侯。无妻子。人闻其能使物及不死，更馈遗之，常余金钱衣食。人皆以为不治生业而饶给，又不知其何所人，愈信，争事之。少君资好方，善为巧发奇中。尝从武安侯饮，坐中有九十余老人，少君乃言与其大父游射处，幻。老人为儿时从其大父，识其处，一坐尽惊。少君见上，上有故铜器，问少君。少君曰：“此器齐桓公十年陈于柏寝。”已而案其刻，果齐桓公器。一宫尽骇，以为少君神，数百岁人也。

少君言上曰："祠灶则致物，致物而丹砂可化为黄金，幻。黄金成以为饮食器则益寿，益寿而海中蓬莱仙者乃可见，见之以封禅则不死，【眉批】至汉武，始以封禅为不死之术。黄帝是也。臣尝游海上，见安期生，安期生食巨作臣。枣，大如瓜。幻。安期生仙者，通蓬莱中，合则见人，不合则隐。"于是天子始亲祠灶，遣方士入海求蓬莱安期生之属，而事化丹砂诸药齐为黄金矣。居久之，李少君病死。天子以为化去不死，而使黄锤史宽舒受其方。求蓬莱安期生莫能得，而海上燕齐怪迂之方士与前周人言方怪相应。多更来言神事矣。结。

亳人谬忌奏祠泰一方，曰："天神贵者泰一，泰一佐曰五帝。古者天子以春秋祭泰一东南郊，用太牢，七日，为坛开八通之鬼道。"于是天子令太祝立其祠长安东南郊，常奉祠如忌方。其后人有上书，言"古者天子三年一用太牢祠神三一：天一、地一、泰一"。【眉批】此三段叙事各结"令太祝祠官"句，伸缩倒换妙甚。天子许之，令太祝领祠之于忌泰一坛上，如其方。后人复有上书，言"古者天子常以春解祠，祠黄帝用一枭破镜；冥羊用羊祠；马行用一青牡马；泰一、泽山君地长用牛；武夷君用干鱼；阴阳使者以一牛"。令祠官领之如其方，而祠于忌泰一坛旁。┃ 其后，天子苑有白鹿，以其皮为币，以发瑞应，造白金焉。其明年，郊雍，获一角兽，若麟然。幻。有司曰："陛下肃祗郊祀，上帝报享，锡一角兽，盖麟云。"与管仲言麒麟来暗应。于是以荐五畤，畤加一牛以燎。锡诸侯白金，风符应合于天也。┃ 于是济北王以为天子且封禅，乃上书献泰山及其旁邑，天子以他县偿之。常山王有罪，迁，天子封其弟于真定，以续先王祀，而以常山为郡，然后五岳皆在天子之邦。┃ 应。其明年，齐人少翁以鬼神方见上。上有所幸王夫人，《汉书》作"李夫人"。夫人卒，少翁以方盖夜致王夫人及灶鬼之貌云，幻。天子自帷中望见焉。于是乃拜少翁为文成将军，赏赐甚多，以客礼礼之。文成言曰："上即欲与神通，宫室被服非象神，神物不至。"乃作画云气车，及各以胜日驾车辟恶鬼。幻。又作甘泉宫，中为台室，画天、地、泰一诸鬼神，而置祭具以致天神。居岁余，其方益衰，神不至。乃为帛书以饭牛，详不知，言曰此牛腹中有奇。幻。杀视得书，书言甚怪。天子识其手书，问其人，果是伪书，于是诛文成将军，隐之。其后则又作柏梁、铜柱、承露仙人掌之属矣。

文成死明年，天子病鼎湖甚，巫医无所不致，不愈。游水发根言上郡有巫，病而鬼神下之。上召置祠之甘泉。及病，使人问神君。即今之巫言。神君言曰："天子无忧病。病少愈，强与我会甘泉。"于是病愈，遂起，幸甘泉，病良已。大赦，置酒《武纪》无"酒"字为当。寿宫神君。寿宫神君最贵者泰一，其佐曰大禁、司命之属，皆从之。弗可得见，闻其言，言与人音等。幻。时去时来，来则风肃然。形容最得。居室帷中。时昼言，然常以夜。倒句。天子祓，然后入。因巫为主人，关饮食。所以言，行下。【眉批】《武纪》作"所欲者言，行下"，谓神所欲言，上辄为下之。又置寿宫、北宫，张羽旗，设供具，以礼神君。神君所言，上使人受书其言，命之曰"书法"。其所语，世俗之所知也，无绝殊者，而天子心独喜。其事秘，世莫知也。┃ 其后三年，有司言元宜以天瑞命，不宜以一二数。一元曰"建"，二元以长星曰"光"，三元以郊得一角兽曰"狩"云。其明年冬，天子郊雍，议曰："今上帝朕亲郊，而后土无祀，则礼不答也。"有司与太史公、祠官宽舒议："天地牲角茧栗。今陛下亲祠后土，后土宜于泽中圜丘为五坛，坛一黄犊太牢具，已祠尽瘗，而从祠衣上黄。"于是天子遂东，始立后土祠汾阴脽丘，如宽舒等议。上亲望拜，如上帝礼。礼毕，天子遂至荥阳而还。过雒阳，下诏曰："三代邈绝，远矣难存。其以三十里地封周后为周子南君，以奉其先祀焉。"是岁，天子始巡郡县，与"始皇始巡郡县"句相应。浸寻于泰山矣。封禅张本。其春，乐成侯上书言栾大。栾大，胶东宫人，故尝与文成将军同师，已而为胶东王尚方。而乐成侯姊为康王后，无子。康王死，他姬子立为王。而康后有淫行，与王不相中，相危以法。康后闻文成已死，而欲自媚于上，乃遣栾大因乐成侯求见言方。天子既诛文成，后悔其蚤死，惜其方不尽，及见栾大，大说。大为人长美，言多方略，而敢为大言，处之不疑。大言曰："臣常往来海中，见安期、羡门之属。顾以臣为贱，不信臣。又以为康王诸侯耳，不足与方。臣数言康王，康王又不用臣。臣之师曰：'黄金可成，而河决可塞，不死之药可得，仙人可致也。'阚武帝所好处。然臣恐效文成，则方士皆奄口，恶敢言方哉！"上曰："文成食马肝死耳。子诚能修其方，我何爱乎！"大曰："臣师非有求人，人者作"自"。求之。陛下必欲致之，则贵其使者，令有一作"为"。亲属，以客礼待之，勿卑，使各佩其信印，乃可使通言于神人。神人尚肯邪不邪。致尊其使，然后可致也。"于是上使验小方，动人主处。斗棋，棋自相触击。幻。是时上方忧河决，而黄金不就，乃拜大为五利将军。【眉批】以下尽力描写。居月余，得四印，佩天士将军、地士将军、大通将军印。制诏御史："昔禹疏九江，决四渎。间者河溢皋陆，堤繇不息。朕临天下二十有八年，天若遗朕士而大通焉。乾称'蜚龙'，'鸿渐于般'，朕意庶几与焉。其以二千户封地士将军大为乐通侯。"赐列侯甲第，童千人。乘轝斥车马帷幄作"帐"。器物以充其家。又以卫长公主妻之，【眉批】因大言当有亲属，遂以卫长公主妻之。赍金万斤，更名其邑曰当利公主。天子亲如五利之第。使者存问供给，相属于道。自大主将相以下，皆置酒其家，献遗之。于是天子又刻玉印曰"天道将军"，使使衣羽衣，夜立白茅上，五利将军亦衣羽衣，夜立白茅上受印，以示不臣也。而佩"天道"者，且为天子道天神也。于是五利常夜祠其家，欲以下神。神未至而百鬼集矣，然颇能使之。动人主处。其后装治行，东入海，求其师云。末了。大见数月，佩六印，贵震天下，而海上燕齐之间，莫不搤腕与秦时燕齐海上方士相应。而自言有禁方，能神仙矣。结。

其夏六月中，汾阴巫锦为民祠魏脽后土营旁，见地如钩状，掊视得鼎。鼎大异于众鼎，文镂无款识，怪之，言吏。吏告河东太守胜，胜以闻。天子使使验问巫得鼎无奸诈，乃以礼祠，迎鼎至甘泉，从行，上荐之。至中山，曣𣈶，有黄云盖焉。幻。有麃过，上自射之，因以祭云。至长安，公卿大夫皆议请尊宝鼎。天子曰："间者河溢，岁数不登，故巡祭后土，祈为百姓育谷。今岁丰庑未报，鼎曷为出哉？"有司皆曰："闻昔泰希按：中华书局版《史记》"希"作"帝"。兴神鼎一，一者一统，天地万物所系终也。黄帝作宝鼎三，象天地人。禹收九牧之金，铸九鼎。皆尝亨鬺上帝鬼神。遭圣则兴，鼎迁于夏商。周德衰，宋之社亡，鼎乃沦没，应。伏而不见。颂云'自堂徂基，自羊徂牛；鼐鼎及鼒，不吴不骜，胡考之休'。今鼎至甘泉，光润龙变，承休无疆。合兹中山，有黄白云降应黄云盖。盖，若兽为符，应麃过。路弓乘矢，集获坛下，报祠大享。唯受命而帝者心知其意而合德焉。鼎不按：中华书局版《史记》"不"作"宜"。见于祖祢，藏于帝廷，以合明应。"制曰："可。"┃ 入海求蓬莱者，接上入海求师。言蓬莱不远，而不能至者，殆不见其气。上乃遣望气佐候其气云。┃其秋，上幸雍，且郊。或曰"五帝，泰一之佐也，宜立泰一而上亲郊之"。上疑未定。齐人公孙卿曰："今年得宝鼎，其冬辛巳朔旦冬至，与黄帝时等。"卿有札书曰：幻。"黄帝得宝鼎宛朐，问于鬼臾区。鬼臾区对曰：'黄帝得宝鼎神策，是岁己酉朔旦冬至，得天之纪，终而复始。'于是黄帝迎日推策，后率二十岁复一作得。朔旦冬至，凡二十推，三百八十年，黄帝仙登于天。"卿因所忠欲奏之。所忠视其书不经，疑其妄书，谢曰："宝鼎事已决矣，尚何以为！"卿因嬖人奏之。上大说，乃召问卿。对曰："受此书申公，申公已死。"上曰："申公何人也？"卿曰："申公，齐人。与安期生通，受黄帝言，无书，独有此鼎书。曰'汉兴复当黄帝之时'。曰'汉之圣者在高祖之孙且曾孙也。宝鼎出而与神通，封禅。封禅七十二王，唯黄帝得上泰山封’。申公曰：‘汉主亦当上封，上封则能仙登天矣。黄帝时万诸侯，而神灵之封居七千。天下名山八，而三在蛮夷，五在中国。中国华山、首山、太室、泰山、东莱，此五山黄帝之所常游，与神会。黄帝且战且学仙。患百姓非其道者，乃断斩非鬼神者。百余岁然后得与神通。黄帝郊雍上帝，宿三月。鬼臾区号大鸿，死葬雍，故鸿冢是也。其后黄帝接万灵明廷。明廷者，甘泉也。所谓寒门者，谷口也。黄帝采首山铜，铸鼎于荆山下。鼎既成，有龙垂胡髯下迎黄帝。幻。黄帝上骑，群臣后宫从上者七十余人，龙乃上去。余小臣不得上，乃悉持龙髯，龙髯拔，堕，堕黄帝之弓。百姓仰望黄帝既上天，乃抱其弓与胡髯号，故后世因名其处曰鼎湖，其弓曰乌号。’”于是天子曰：“嗟乎！吾诚得如黄帝，吾视去妻子如脱躧耳。”乃拜卿为郎，东使候神于太室。

上遂郊雍，至陇西，西登崆峒，幸甘泉。令祠官宽舒等具泰一祠坛，祠坛放薄忌泰一坛，坛三垓。五帝坛环居其下，各如其方，黄帝西南，除八通鬼道。泰一，其所用如雍一畤物，而加醴枣脯之属，杀一狸牛以为俎豆牢具。而五帝独有俎豆醴进。其下四方地，为醊食群臣从者及北斗云。已祠，胙余皆燎之。其牛色白，鹿居其中，彘在鹿中，水而洎之。祭日以牛，祭月以羊彘特。泰一祝宰则衣紫及绣。五帝各如其色，日赤，月白。十一月辛巳朔旦冬至，昧爽，天子始郊拜泰一。朝朝日，夕夕月，则揖；而见太一如雍郊礼。其赞飨曰：“天始以宝鼎神策授皇帝，朔而又朔，终而复始，皇帝敬拜见焉。”【眉批】叙赞飨，文简古。而衣上黄。其祠列火满坛，坛旁亨炊具。有司云“祠上有光焉”。幻。公卿言“皇帝始郊见泰一云阳，有司奉瑄玉嘉牲荐飨。是夜有美光，及昼，黄气上属天”。幻。太史公、祠官宽舒等曰：“神灵之休，佑福兆祥，宜因此地光域立太畤坛以明应。令太祝领，秋及腊间祠。三岁天子一郊见。”其秋，为伐南越，告祷太一。以牡荆画幡日月北斗登龙，以象太一三星，为太一锋，命曰“灵旗”。为兵祷，则太史奉以指所伐国。┃ 而五利将军使接。不敢入海，之泰山祠。上使人随验，实毋所见。五利妄言见其师，其方尽，多不雠。相应曰雠。上乃诛五利。其冬，公孙卿候神河南，接。言见仙人迹缑氏城上，有物如雉，往来城上。幻。天子亲幸缑氏城视迹。问卿：“得毋效文成、五利乎？”卿曰：“仙者非有求人主，【眉批】“非有求”二句，即五利所以语帝者。人主者求之。其道非少宽假，神不来。言神事，事如迂诞，积以岁乃可致也。”于是郡国各除道，缮治宫观名山神祠所，以望幸也。┃ 其春，既灭南越，上有嬖臣李延年以好音见。上善之，下公卿议，曰：“民间祠尚有鼓舞乐，今郊祀而无乐，岂称乎？”公卿曰：“古者祠天地皆有乐，而神祇可得而礼。”或曰：“太帝使素女鼓五十弦瑟，悲，帝禁不止，故破其瑟为二十五弦。”于是赛南越，祷祠太一、后土，始用乐舞，益召歌儿，作二十五弦及空侯琴瑟自此起。┃ 其来年冬，上议曰：“古者先振兵释旅，然后封禅。”乃遂北巡朔方，勒兵十余万，还祭黄帝冢桥山，释兵须如。上曰：“吾闻黄帝不死，今有冢，何也？”或对曰：“黄帝已仙上天，群臣葬其衣冠。”既至甘泉，为且用事泰山，先类祠太一。

自得宝鼎，又起。上与公卿诸生议封禅。封禅用希旷绝，莫知其仪礼，而群儒采封禅尚书、周官、王制之望祀射牛事。齐人丁公年九十余，曰：“封禅者，合不死之名也。秦皇帝不得上封。陛下必欲上，稍上即无风雨，遂上封矣。”伏后。上于是乃令诸儒习射牛，草封禅仪。数年，至且行。天子既闻公孙卿及方士之言，黄帝以上封禅，皆致怪物与神通，幻。欲放黄帝以上接神仙人蓬莱士，高世比德于九皇，而颇采儒术以文之。群儒既已不能辨明封禅事，又牵拘于诗书古文而不能骋。上为封禅祠器示群儒，群儒或曰“不与古同”，徐偃又曰“太常诸生行礼不如鲁善”，周霸属图封禅事，于是上绌偃、霸，而尽罢诸儒不用。与始皇绌儒生博士相应。三月，遂东幸缑氏，礼登中岳太室。从官在山下闻若有言“万岁”云。幻。问上，上不言；问下，下不言。于是以三百户封太室奉祠，命曰崇高邑。东上泰山，泰山之草木叶未生，乃令人上石立之泰山巅。┃ 上遂东巡海上，行礼祠八神。齐人之上疏言神怪奇方者以万数，然无验者。又结。乃益发船，令言海中神山者数千人求蓬莱神人。公孙卿持节常先行候名山，至东莱，言夜见大人，长数丈，幻。就之则不见，见其迹甚大，类禽兽云。群臣有言见一老父牵狗，言“吾欲见巨公”，幻。已忽不见。上即见大迹，未信，及群臣有言老父，则大以为仙人也。宿留海上，予方士传车及间使求仙人以千数。四月，还至奉高。上念诸儒及方士言封禅人人殊，应。不经，难施行。天子至梁父，礼祠地主。乙卯，令侍中儒者皮弁荐绅，射牛行事。封泰山下东方，如郊祠太一之礼。封广丈二尺，高九尺，其下则有玉牒书，书秘。礼毕，天子独与侍中奉车子侯上泰山，亦有封。其事皆禁。明日，下阴道。丙辰，禅泰山下趾东北肃然山，如祭后土礼。天子皆亲拜见，衣上黄而尽用乐焉。江淮间一茅三脊为神藉。与管仲言“一茅三脊”相应。五色土益杂封。纵远方奇兽蜚禽及白雉诸物，颇以加礼。兕牛犀象之属不用。皆至泰山祭后土。封禅祠；其夜若有光，昼有白云起封中。天子从禅还，坐明堂，群臣更上寿。于是制诏御史：“朕以眇眇之身承至尊，兢兢焉惧不任。维德菲薄，不明于礼乐。修祠太一，若有象景光，屑如有望，震于怪物，欲止不敢，遂登封泰山，至于梁父，而后禅肃然。自新，嘉与士大夫更始，赐民百户牛一酒十石，加年八十孤寡布帛二匹。复博、奉高、蛇丘、历城，无出今年租税。其大赦天下，如乙卯赦令。行所过毋有复作。事在二年前，皆勿听治。”又下诏曰：“古者天子五载一巡狩，用事泰山，诸侯有朝宿地。其令诸侯各治邸泰山下。”

天子既已封泰山，无风雨灾，应前。而方士更言蓬莱诸神若将可得，于是上欣然庶几遇之，乃复东至海上望，与始皇遇三冀神山相应。

冀遇蓬莱焉。▎又结。奉车子侯暴病，一日死。【眉批】武帝封泰山专从子侯而子侯则死矣，故特著之，见神仙不足恃也。上乃遂去，并海上，北至碣石，巡自辽西，历北边至九原。五月，反至甘泉。有司言宝鼎出为元鼎，以今年为元封元年。▎其秋，有星茀于东井。后十余日，有星茀于三能。望气王朔言："侯独见旗星出如瓜，食顷复入焉。"有司皆曰："陛下建汉家封禅，天其报德星云。"▎其来年冬，郊雍五帝。还，拜祝祠太一。赞飨曰："德星昭衍，厥维休祥。寿星仍出，渊耀光明。信星昭见，皇帝敬拜太祝之享。"▎其春，公孙卿言见神人东莱山，幻。若云"欲见天子"。天子于是幸缑氏城，拜卿为中大夫。遂至东莱，宿留之数日，无所见，见大人迹云。幻。复遣方士求神怪采芝药以千数。是岁旱。于是天子既出无名，乃祷万里沙，过祠泰山。还至瓠子，自临塞决河，留二日，沈祠而去。使二卿将卒塞决河，徙二渠，复禹之故迹焉。▎是时既灭两越，越人勇之乃言"越人俗鬼，而其祠皆见鬼，数有效。昔东甄按：中华书局版《史记》"甄"作"瓯"。王敬鬼，寿百六十岁。后世怠慢，故衰耗"。乃令越巫立越祝祠，安台无坛，亦祠天神上帝百鬼，而以鸡卜。上信之，越祠鸡卜始用。▎公孙卿曰："仙人可见，而上往常遽，以故不见。今陛下可为观，如缑城，置脯枣，神人宜可致也。且仙人好楼居。"于是上令长安则作蜚廉桂观，甘泉则作益延寿观，使卿持节设具而候神人。乃作通天茎台，"茎"字疑。置祠具其下，将招来仙神人之属。于是甘泉更置前殿，始广诸宫室。夏，有芝生殿房内中。天子为塞河，兴通天台，若见有光云，幻。乃下诏："甘泉房中生芝九茎，赦天下，毋有复作。"▎其明年，伐朝鲜。夏，旱。公孙卿曰："黄帝时封则天旱，乾封三年。"幻。上乃下诏曰："天旱，意乾封乎？其令天下尊祠灵星焉。"▎与高帝祠灵相应。其明年，上郊雍，通回中道，巡之。春，至鸣泽，从西河归。

其明年冬，上巡南郡，至江陵而东。登礼灊之天柱山，号曰南岳。浮江，自寻阳出枞阳，过彭蠡，礼其名山川。北至琅邪，并海上。四月中，至奉高修封焉。初，天子封泰山，泰山东北趾古时有明堂处，处险不敞。上欲治明堂奉高旁，未晓其制度。济南人公玉带上黄帝时《明堂图》。《明堂图》中有一殿，四面无壁，以茅盖，通水，圜宫垣为复道，上有楼，从西南入，命曰昆仑，天子从之入，以拜祠上帝焉。于是上令奉高作明堂汶上，如带图。及五年修封，连后事叙之。则祠太一、五帝于明堂上坐，令高皇帝祠坐对之。祠后土于下房，以二十太牢。天子从昆仑道入，始拜明堂如郊礼。礼毕，燎堂下。而上又上泰山，自有秘祠其巅。而泰山下祠五帝，各如其方，黄帝并赤帝，而有司侍祠焉。山上举火，下悉应之。┃ 其后二岁，十一月甲子朔旦冬至，推历者以本统。天子亲至泰山，以十一月甲子朔旦冬至日祠上帝明堂，毋修封禅。其赞飨曰："天增授皇帝太元神策，周而复始。皇帝敬拜太一。"东至海上，考入海及方士求神者，莫验，又结。然益遣，冀遇之。┃ 十一月乙酉，柏梁灾。十二月甲午朔，上亲禅高里，祠后土。临渤海，将以望祀蓬莱之属，冀至殊廷焉。上还，以柏梁灾故，朝受计甘泉。公孙卿曰："黄帝就青灵台，十二日烧，黄帝乃治明廷。幻。明廷，甘泉也。"方士多言古帝王有都甘泉者。其后天子又朝诸侯甘泉，甘泉作诸侯邸。勇之乃曰："越俗有火灾，复起屋必以大，用胜服之。"于是作建章宫，度为千门万户。前殿度高未央。其东则凤阙，高二十余丈。其西则唐中，数十里虎圈。其北治大池，渐台高二十余丈，命曰太液池，中有蓬莱、方丈、瀛洲、壶梁，象海中神山龟鱼之属。其南有玉堂、壁门、大鸟之属。乃立神明台、井干楼，度五十丈，辇道相属焉。┃ 夏，汉改历，与秦改历朔相应。以正月为岁首，而色上黄，官名更印章以五字，为太初元年。┃ 是岁，西伐大宛。蝗大起。丁夫人、雒阳虞初等以方祠诅匈奴、大宛焉。┃ 其明年，有司上言雍五畤无牢熟具，芬芳不备。乃令祠官进畤犊牢具，色食所胜，而以木禺马代

驹焉。独五月尝驹，《武纪》作“五帝用驹”为当。行亲郊用驹。及诸名山川用驹者，悉以木禺马代。行过，乃用驹。他礼如故。| 其明年，东巡海上，考神仙之属，未有验者。又结。方士有言“黄帝时为五城十二楼，幻。以候神人于执期，命曰迎年”。上许作之如方，命曰明年。上亲礼祠上帝焉。公玉带曰：“黄帝时虽封泰山，然风后、封臣、歧伯令黄帝封东泰山，禅凡山，合符，然后不死焉。”天子既令设祠具，至东泰山，泰山卑小，不称其声，乃令祠官礼之，而不封禅焉。其后令带奉祠候神物。夏，遂还泰山，修五年之礼如前，而加以禅祠石闾。石闾者，在泰山下阯南方，方士多言此仙人之闾也，故上亲禅焉。其后五年，复至泰山修封。还过祭恒山。

【眉批】总括武帝封禅事神求仙之事，而结之曰“然其效可睹矣”，盖婉其词以讥之也。今天子所兴祠，总结。太一、后土，与前总结始皇事相应。三年亲郊祠，建汉家封禅，五年一修封。薄忌太一及三一、冥羊、马行、赤星，五，宽舒之祠官以岁时致礼。凡六祠，皆太祝领之。至如八神，诸明年、【眉批】“诸”字是统括字，举明年凡山以统其余也。“明年”，即前“命曰明年”者。凡山他名祠，行过则祠，行去则已。方士所兴祠，各自主，其人终则已，祠官不主。他祠皆如其故。| 今上封禅，其后十二岁而还，遍于五岳、四渎矣。而方士之候祠神人，入海求蓬莱，终无有验。而公孙卿之候神者，犹以大人之迹为解，无有效。【眉批】文几三千言，而前后血脉贯串如一句，总属一“幻”字。天子益怠厌方士之怪迂语矣，应篇首“后稍怠慢”句。然羁縻不绝，冀遇其真。自此之后，方士言神祠者弥众，然其效可睹矣。一句结束，甚妙。

太史公曰：余从巡祭天地诸神名山川而封禅焉。入寿宫侍祠神语，究观方士祠官之意，于是退而论次自古以来用事于鬼神者，具见其表里。后有君子，得以览焉。若至俎豆珪币之详，献酬之礼，则有司存。【眉批】赞语又总括一篇之意。

河渠书 全

【眉批】此书初言夏禹治水之源流，次言秦汉治渠之利害，以见历代水利之由。夏书曰：禹抑洪水十三年，过家不入门。陆行载车，水行载舟，泥行蹈毳，山行即桥。以别九州，随山浚川，任土作贡。通九道，陂九泽，度九山。然河灾衍溢，害中国也尤甚。唯是为务。故道河自积石历龙门，南到华阴，东下砥柱，及孟津、雒汭，至于大邳。于是禹以为河所从来者高，水湍悍，难以行平地，数为败，乃厮分也。二渠以引其河。北载之高地，过降水，至于大陆，播为九河，同为逆河，入于勃海。九川既疏，九泽既洒，诸夏乂安，功施于三代。利。自是之后，荥阳下引河东南为鸿沟，以通宋、郑、陈、蔡、曹、卫，与济、汝、淮、泗会。于楚，【眉批】旧以“会于楚”为句不可解，观下文“于吴”、“于齐”、“于蜀”句，则“会”字疑属文上，而“于楚”自为句为当。西方则通渠汉水、云梦之野，东方则通鸿沟江淮之间。于吴，则通渠三江、五湖。于齐，则通菑济之间。于蜀，蜀守冰凿离碓，辟沫水之害，穿二江成都之中。此渠皆可行舟，有余则用溉浸，百姓飨其利。至所于过，按：中华书局版《史记》“至所于过”作“至于所过”。往往引其水益用溉田畴之渠，以万亿计，然莫足数也。西门豹引漳水溉邺，利。以富魏之河内。而韩闻秦之好兴事，欲罢之，毋令东伐，乃使水工郑国间说秦，令凿泾水自中山西邸瓠口为渠，并北山东注洛三百余里，欲以溉田。中作而觉，秦欲杀郑国。郑国曰：“始臣为间，然渠成亦秦之利也。”秦以为然，卒使就渠。渠就，用注填阏之水，溉泽卤之地四万余顷，收皆亩一钟。于是关中为沃野，无凶年，秦以富强，卒并诸侯，因命曰郑国渠。利。

汉兴三十九年，孝文时河决酸枣，东溃金堤，于是东郡大兴卒塞之。害。其后四十有余年，今天子元光之中，而河决于瓠子，东南注钜野，通于淮、泗。于是天子使汲黯、郑当时与人徒塞之，辄复坏。是时武安侯田蚡为丞相，其奉邑食鄃。鄃居河北，河决而南则鄃无水灾，邑收多。蚡言于上曰："江河之决皆天事，未易以人力为强塞，塞之未必应天。"而望气用数者亦以为然。于是天子久之不事复塞也。是时郑当时为大农，言曰："异时关东漕粟从渭中上，度六月而罢，而漕水道九百余里，时有难处。引渭穿渠起长安，并南山下，至河三百余里，径，易漕，度可令三月罢；而渠下民田万余顷，又可得以溉田：此损漕省卒，而益肥关中之地，得谷。"天子以为然，令齐人水工徐伯表，悉发卒数万人穿漕渠，三岁而通。通，以漕，大便利。其后漕稍多，而渠下之民颇得以溉田矣。利。其后河东守番係言："漕从山东西，岁百余万石，更砥柱之限，败亡甚多，而亦烦费。穿渠引汾溉皮氏、汾阴下，引河溉汾阴、蒲坂下，度可得五千顷。五千顷故尽河壖弃地，民茭牧其中耳，今溉田之，度可得谷二百万石以上。谷从渭上，与关中无异，而砥柱之东可无复漕。"天子以为然，发卒数万人作渠田。数岁，河移徙，渠不利，则田者不能偿种。久之，河东渠田废，害。予越人，令少府以为稍入。其后人有上书欲通褒斜道及漕事，下御史大夫张汤。汤问其事，因言："抵蜀从故道，故道多阪，回远。今穿褒斜道，少阪，近四百里；而褒水通沔，斜水通渭，皆可以行船漕。漕从南阳上沔入褒，褒之绝水至斜，间百余里，以车转，从斜下下渭。如此，汉中之谷可致，山东从沔无限，【眉批】此"限"字正与上文"砥柱之限""限"字同，言无所阻隔也。便于砥柱之漕。且褒斜材木竹箭之饶，拟于巴蜀。"天子以为然，拜汤子卬为汉中守，发数万人作褒斜道五百余里。道果便近，而水湍石，不可漕。害。其后庄熊罴言："临晋民愿穿洛以溉重泉以东万余顷故卤地。诚得水，可令亩十石。"于是为发卒万余人穿渠，自征引洛水至商颜下。岸善崩，乃凿井，深者四十余丈。往往为井，井下相通行水。水颓以绝商颜，东至山岭十余里间。井渠之生自此始。穿渠得龙骨，故名曰龙首渠。作之十余岁，渠颇通，犹未得其饶。害。

自河决瓠子后二十余岁，岁因以数不登，而梁楚之地尤甚。天子既封禅巡祭山川，其明年，旱，乾封少雨。天子乃使汲仁、郭昌发卒数万人塞瓠子决。于是天子已用事万里沙，则还自临决河，沈白马玉璧于河，令群臣从官自将军已下皆负薪寘决河。是时东流郡烧草，害。以故薪柴少，而下淇园之竹以为楗。天子既临河决，悼功之不成，乃作歌曰：歌雅。“瓠子决兮将奈何？皓皓旰旰兮闾殚为河！殚为河兮地不得宁，功无已时兮吾山平。吾山平兮钜野溢，鱼拂郁兮柏冬日。延道弛兮离常流，蛟龙骋兮方远游。归旧川兮神哉沛，不封禅兮安知外！为我谓河伯兮何不仁，泛滥不止兮愁吾人？啮桑浮兮淮、泗满，久不反兮水维缓。”一曰：“河汤汤兮激潺湲，北渡迂兮浚流难。搴长茭兮沈美玉，河伯许兮薪不属。薪不属兮卫人罪，烧萧条兮噫乎何以御水！颓林竹兮楗石菑，宣房塞兮万福来。”于是卒塞瓠子，筑宫其上，名曰宣房宫。而道河北行二渠，复禹旧迹，应前“禹抑洪水”。而梁、楚之地复宁，应前“梁楚之地尤甚”。无水灾。自是之后，用事者争言水利。朔方、西河、河西、酒泉皆引河及川谷以溉田；而关中辅渠、灵轵引堵水；汝南、九江引淮；东海引钜定；太山下引汶水：皆穿渠为溉田，各万余顷。佗小渠披山通道者，不可胜言。然其著者在宣房。

太史公曰：余南登庐山，观禹疏九江，遂至于会稽太湟，上姑苏，望五湖；东窥洛汭、大邳，迎河，行淮、泗、济、漯洛渠；西瞻蜀之岷山及离碓；北自龙门至于朔方。曰：甚哉，水之为利害也！【眉批】书中历叙河溢、河决、河徙，皆害也；溉田、灌田、通漕，皆利也。故太史公结之曰：“甚哉，水之为利害也！”斯言括尽一书矣。余从负薪塞宣房，悲瓠子之诗而作《河渠书》。

平准书 全

【眉批】此篇叙事错综，全在缴结呼唤，结前生后，为之血脉。初用“焉”字，犹为疑辞；后多用“矣”字，遂为决辞。其曰“物盛而衰，固其变也”，则为诸结语之纲要。后太史公曰“物盛则衰”等语，盖所以提挈此意于终而通缴之也。汉兴，首提。接秦之弊，丈夫从军旅，起便奇崛。老弱转粮饷，作业剧而财匮，自天子不能具钧驷，马。而将相或乘牛车，齐民无藏盖。于是为秦钱重钱。难用，更令民铸钱，为后禁民铸钱张本。一黄金一斤，约法省禁。法。而不轨逐利之民，蓄积余业以稽市物，物踊腾粜，米至石万钱，马一匹则百金。天下已平，高祖乃令贾人贾。不得衣丝乘车，重租税以困辱之。为后重贾张本。孝惠、高后时，为天下初定，复弛商贾之律，然市井之子孙亦不得仕宦为吏。为后用贾为吏张本。量吏禄，度官用，以赋于民。而山川园池市井租税之入，赋。自天子以至于封君汤沐邑，皆各为私奉养焉，不领于天下之经费。为后广漕兴利张本。漕转山东粟，以给中都官，岁不过数十万石。【眉批】附此二段，却有烟波。| 至孝文时，荚钱益多，轻，钱。乃更铸四铢钱，其文为“半两”，令民纵得自铸钱。为后严禁钱而用酷吏张本。故吴，诸侯也，以即山铸钱，富埒天子，其后卒以叛逆。邓通，大夫也，以铸钱财过王者。故吴、邓氏钱布天下，此句结前事。而铸钱之禁生焉。此句起武帝严禁钱。匈奴数侵盗北边，屯戍者多，边粟不足给食当食者。于是募民能输及转粟于边者拜爵，卖爵。爵得至大庶长。| 孝景时，上郡以西旱，亦复修卖爵令，而贱其价以招民；及徒复作，得输粟县官以除罪。赎罪。益造苑马马。以广用，此句结前事。而宫室列观舆马益增修矣。| 此句起武帝修宫室。至今上即位数岁，汉兴七十余年之间，国家无事，非遇水旱之灾，民则人给家足，盛。都鄙廪庾皆满，而府库余货财。京师之钱钱。累巨万，盛。贯朽而不可校。太仓之粟陈陈相因，盛。充溢露积于外，至腐败不可食。【眉批】将言武帝之耗财，必

先言其富溢，以为起端。后之衰皆反此转应。众庶街巷有马，马。阡陌之间成群，盛。而乘字牝者摈而不得聚会。守闾阎者食粱肉，为吏者长子孙，居官者以为姓号。故人人自爱而重犯法，为后兴利而犯者众张本。先行义而后绌耻辱焉。┃ 当是之时，网疏而民富，法。役财骄溢，衰之兆。或至兼并豪党之徒，以武断于乡曲。宗室有土公卿大夫以下，争于奢侈，室庐舆服僭于上，无限度。物盛而衰，结上生下。固其变也。一篇关键。

【眉批】此后言武帝之失者，一征伐，一巡游转运，一兴利，一鬻爵拜官而废选，一严刑酷诛。大端不过五者，文字错综。自是之后，第一变。【眉批】此后兴利之谋凡十九变，而太史公摹写极工。严助、朱买臣等耗之始。招来东瓯，用兵。事两越，叙兵事错落。江淮之间萧然烦费矣。唐蒙、司马相如开路西南夷，凿山通道千余里，以广巴蜀，巴蜀之民罢焉。彭吴贾灭朝鲜，置沧海之郡，则燕齐之间靡然发动。及王恢设谋马邑，匈奴绝和亲，侵扰北边，兵连而不解，天下苦其劳，【眉批】曰“江淮萧然烦费”，曰“巴蜀罢焉”，曰“燕齐靡然发动”，曰“天下苦其劳”：皆相顾为文，文法不整而整。而干戈日滋。行者赍，居者送，中外骚扰而相奉，百姓抏弊以巧法，财赂衰耗而不赡。以下数句，一篇纲领。后皆有应。入物者补官，卖爵。出货者除罪，选举陵迟，廉耻相冒，武力进用，法严令具。兴利之臣自此始也。┃ 为后三人言利张本。其后第二变。汉将岁以数万骑出击胡，用兵。及车骑将军卫青取匈奴河南地，筑朔方。当是时，汉通西南夷道，作者数万人，【眉批】书中连曰“数万人”，曰“十万余人”，曰“二十余万人”，曰“六十万人”；又连曰“赐黄金二十余万斤”，曰“五十万金”，曰“费各巨万十数”，曰“凡百余巨万”，曰“以巨万计”，曰“以亿计”，曰“不可胜数”之类：皆以著其劳民伤财之实也。千里负担馈粮，率十余钟致一石，散币于邛僰以集之。数岁道不通，蛮夷因以数攻，吏发兵诛之。悉巴蜀租赋不足以更之，偿也。乃募豪民田南夷，入粟县官，而内受钱于都内。东至沧海之郡，人徒之费拟于南夷。又兴

十万余人筑卫朔方，转漕甚辽远，自山东咸被其劳，费数十百巨万，府库益虚。乃募民能入奴婢得以终身复，应入物补官。为郎增秩，及入羊为郎，始于此。| 其后四年，第三变。而汉遣大将将六将军，军十余万，用兵。击右贤王，获首虏万五千级。明年，大将军将六将军仍再出击胡，得首虏万九千级。捕斩首虏之士受赐黄金二十余万斤，虏数万人皆得厚赏，衣食仰给县官；【眉批】书中书"仰给县官"者五，"仰给大农" 者四，形容武帝所以厚敛之故。而一转有力。汉军之士马死者十余万，兵甲之财转漕之费不与焉。| 于是第四变。大农陈久也。藏钱经耗，赋税既竭，犹不足以奉战士。有司言："天子曰'朕闻五帝之教不相复而治，禹汤之法不同道而王，所由殊路，而建德一也。北边未安，朕甚悼之。日者，大将军攻匈奴，斩首虏万九千级，留蹛无所食。议令民得买爵卖爵。及赎禁锢免减罪'。请置赏官，命曰武功爵。纲。级十七万，凡直三十余万金。诸买武功爵目。官首者试补吏，先除；千夫如五大夫；其有罪又减二等；爵得至乐卿：以显军功。"军功多用越等，应武力进用。大者封侯卿大夫，小者郎吏。应选举陵迟。吏道杂而多端，则官职耗废。| 起后吏道益杂，多贯人语。自第五变。公孙弘以《春秋》之义绳臣下取汉相，张汤用峻文决理为廷尉，【眉批】张汤等治狱之惨，亦从卖爵太滥来，故入《平准书》，此太史公见得透彻处。于是见知之法生，"法"应"法严令具"。而废格沮诽穷治之狱用矣。为后夏兰等出而颜异诛及张汤死张本。其明年，淮南、衡山、江都王谋反迹见，自上文发下，以足上未明之意。而公卿寻端治之，竟其党与，而坐死者数万人，长吏益惨急而法令明察。

当是之时，招尊方正贤良文学之士，或至公卿大夫。公孙弘以汉相，布被，食不重味，为天下先。然无益于俗，稍骛于功利矣。【眉批】"功利"二字该尽武帝所行事。| 应廉耻相冒。其明年，骠骑仍再出击胡，用兵。获首四万。其秋，浑邪王率数万之众来降，于是汉发车二万乘迎之。既至，受赏，第六变之因。赐及有功之士。是岁费凡百余

巨万。┃ 初，先是往十余岁合叙。河决观，梁楚之地固已数困，而缘河之郡堤塞河，辄决坏，河费。费不可胜计。其后番係欲省砥柱之漕，穿汾、河渠以为溉田，作者数万人；郑当时为渭漕渠回远，凿直渠自长安至华阴，作者数万人；【眉批】三言“作者数万人”，而以各历二三期而功未就，费亦各巨万十数，总之辞烦不杂，森然有法。朔方亦穿渠，作者数万人：各历二三期，功未就，费亦各巨万十数。┃ 天子为伐胡，盛养马，马。马之来食长安者数万匹，卒牵掌者关中不足，乃调旁近郡。而胡降者皆衣食县官，县官不给，天子乃损膳，第七变。解乘舆驷，出御府禁藏以赡之。┃ 其明年，山东被水灾，民多饥乏，于是天子遣使者虚郡国仓庤以赈贫民。赈荒。犹不足，又募豪富人相贷假。尚不能相救，乃徙贫民于关以西，及充朔方以南新秦中，七十余万口，衣食皆仰给县官。数岁，假予产业，使者分部护之，冠盖相望。衰之极。其费以亿计，不可胜数。于是县官大空。结上生下。而富商大贾或蹛停也。财役贫，转毂百数，废居蓄也。【眉批】此则国贫而贾富。居邑，封君皆低首仰给。冶铸煮盐，财或累万金，而不佐国家之急，暗伏卜式案。黎民重困。【眉批】此见国家耗费，本轻末重，暗应前高帝逐末一段。┃ 于是第八变。天子与公卿议，更钱钱。造币以赡用，纲。而摧浮淫并兼之徒。是时禁苑有白鹿而少府多银锡。目。自孝文更造四铢钱，至是岁四十余年，从建元以来，用少，县官往往即多铜山而铸钱，民亦间盗铸钱，不可胜数。钱益多而轻，物益少而贵。有司言曰：“古者皮币，诸侯以聘享。金有三等，黄金为上，白金为中，赤金为下。今半两钱法重四铢，而奸或盗摩钱里取镕，钱益轻薄而物贵，则远方用币烦费不省。”乃以白鹿皮方尺，缘以藻缋，为皮币，直四十万。王侯宗室朝觐聘享，必以皮币荐璧，然后得行。又造银锡为白金。以为天用莫如龙，地用莫如马，人用莫如龟，故曰金三品：其一曰重八两，圜之，其文龙，名曰“白选”，直三千；二曰重差小，方之，其文马，直五百；三曰复小，撱音妥。之，其文龟，直三百。令县官销半两钱，更铸三铢钱，文如其重。盗铸诸金钱罪皆死，而吏民之盗铸白金者不可胜数。【眉批】禁愈严而下益犯，利臣之所由兴而酷吏之所由用也。

于是第九变。以东郭咸阳、孔仅为大农丞，领盐铁事；【眉批】用东郭咸阳等三语，所以摧兼并浮淫而夺其利。桑弘羊以计算用事，侍中。纲。咸阳，目。齐之大煮盐，孔仅，南阳大冶，皆致生累千金，故郑当时进言之。弘羊，雒阳贾人子，以心计，年十三侍中。【眉批】太史公真以酷、利二事相成，故其错综之妙如此著意。故三人言利事析秋毫矣。┃ 应前兴利之臣，起后缗钱等事。法既益严，吏多废免。反应为吏长子孙。兵革数动，民多买复及五大夫，征发之士益鲜。应官职耗废。于是除千夫五大夫为吏，不欲者出马；马。故吏皆通適令伐棘上林，作昆明池。┃其明年，大将军、骠骑大出击胡，用兵。得首虏八九万级，赏赐五十万金，汉军马死者十余万匹，转漕车甲之费不与焉。是时财匮，战士颇不得禄矣。┃ 应前“经赋竭，不足奉战士”。有司言第十变。三铢钱轻，铁。易奸诈，乃更请诸郡国铸五铢钱，周郭其下，令不可磨取鋊焉。┃ 大农上盐铁丞孔仅、咸阳言：“山海，天地之藏也，铁盐。皆宜属少府，陛下不私，以属大农佐赋。愿募民自给费，因官器作煮盐，官与牢盆。浮食奇民欲擅管山海之货，以致富羡，役利细民。其沮事之议，应前“沮诽”。不可胜听。敢私铸铁器煮盐者，钛左趾，没入其器物。郡不出铁者，置小铁官，便属在所县。”使孔仅、东郭咸阳乘传举行天下盐铁，作官府，应前“兴利”等语。除故盐铁家富者为吏。吏道益杂，不选，而多贾人矣。┃ 应选举陵迟。商贾以币之变，多积货逐利。于是公卿言：第十一变。“郡国颇被灾害，贫民无产业者，募徙广饶之地。陛下损膳省用，出禁钱以振元元，宽贷赋，而民不齐出于南亩，商贾滋众。贫者畜积无有，皆仰县官。异时算轺车贾人缗钱皆有差，算缗。请算如故。诸贾人末作贳贷买，居邑稽诸物，及商以取利者，虽无市籍，各以其物自占，率缗钱二千而一算。诸作有租及铸，率缗钱四千一算。非吏比者三老、北边骑士，轺车以一算；商贾人轺车二算；船五丈以上一算。匿不自占，占不悉，戍边一岁，没入缗钱。有能告者，以其半畀之。贾人有市籍者，及其家属，皆无得籍名田，以便农。敢犯令，没入田僮。”应“法严令具”。

【眉批】入卜式一段，见当时承上意旨势不可挽处，故极意描画如此。天子乃思突然接入卜式。卜式之言，纲。召拜式为中郎，爵左庶长，赐田十顷，布告天下，使明知之。初，卜式者，目。河南人也，以田畜为事。卜式传。亲死，式有少弟，弟壮，式脱身出分，独取畜羊百余，田宅财物尽予弟。式入山牧十余岁，羊致千余头，买田宅。而其弟尽破其业，式辄复分予弟者数矣。是时汉方数使将击匈奴，卜式上书，愿输家之半县官助边。反应前“富商大贾不佐国家之急”。天子使使问式：“欲官乎？”式曰：“臣少牧，不习仕宦，不愿也。”使问曰：“家岂有冤，欲言事乎？”式曰：“臣生与人无分争。式邑人贫者贷之，不善者教顺之，所居人皆从式，式何故见冤于人！无所欲言也。”使者曰：“苟如此，子何欲而然？”式曰：“天子诛匈奴，愚以为贤者宜死节于边，有财者宜输委，如此而匈奴可灭也。”使者具其言入以闻。天子以语丞相弘。弘曰：“此非人情。不轨之臣，不可以为化而乱法，愿陛下勿许。”于是上久不报式，数岁，乃罢式。式归，复田牧。岁余，会军数出，浑邪王等降，县官费众，仓府空。其明年，贫民大徙，皆仰给县官，无以尽赡。卜式持钱二十万予河南守，以给徙民。河南上富人助贫人者籍，天子见卜式名，识之，曰“是固前而欲输其家半助边”，乃赐式外繇四百人。式又尽复予县官。是时富豪皆争匿财，唯式尤欲输之助费。天子于是以式终长者，故尊显以风百姓。初，式不愿为郎。上曰：“吾有羊上林中，欲令子牧之。”式乃拜为郎，布衣屩而牧羊。岁余，羊肥息。上过见其羊，善之。式曰：“非独羊也，治民亦犹是也。以时起居；恶者辄斥去，毋令败群。”上以式为奇，拜为缑氏令试之，缑氏便之。迁为成皋令，将漕最。上以为式朴忠，拜为齐王太傅。而孔仅之使天下铸作器，突接。三年中拜为大农，列于九卿。【眉批】承上文卜式而遂及孔仅、弘羊，可见卜式亦动上兴利之心者，故太史公并列之耳。而桑弘羊为大农丞，筦诸会计事，第十二变。稍稍置均输以通货物矣。前应兴利臣，后起平准事。始令吏得入谷补官，卖爵。郎至六百石。┃ 自造白金五铢钱文起话头。后五岁，赦吏民之坐盗铸金钱死者数十万人。至此，始以刑法合食货。

其不发觉相杀者，不可胜计。赦自出者百余万人。然不能半自出，天下大抵无虑皆铸金钱矣。应前铸金钱之禁生焉，起后用酷吏之由。犯者众，吏不能尽诛取，于是遣博士褚大、徐偃等分曹循行郡国，【眉批】博士循行郡国，由犯铸金钱，故入《平准书》。举兼并之徒守相为吏者。┃ "吏"，《汉书》作"利"。而御史大夫张汤方隆贵用事，第十三变。减宣、杜周等为中丞，义纵、尹齐、王温舒等用惨急刻深为九卿，【眉批】此一段摹写酷吏兴利，转展相成处曲尽变化。而直指夏兰之属始出矣。┃ 承上生下。而大农颜异诛。纲。初，异为济南亭长，目。以廉直稍迁至九卿。上与张汤既造白鹿皮币，问异。异曰："今王侯朝贺以苍璧，直数千，而其皮荐反四十万，本末不相称。"天子不说。张汤又与异有郤，及人有告异以他议，事下张汤治异。异与客语，客语初令下有不便者，异不应，微反唇。汤奏异当九卿见令不便，不入言而腹诽，论死。自是之后，有腹诽之法，应前"沮诽之狱成"。以此，法。而公卿大夫多谄谀取容矣。┃ 应"廉耻相冒"。天子接前。既下缗钱令提。而尊卜式，百姓终莫分财佐县官，于是杨可告缗钱纵矣。┃ 应"法严令具使告也"。郡国多奸铸钱，钱。钱多轻，而公卿请令京师铸钟官赤侧，一当五，赋官用非赤侧不得行。白金稍贱，民不宝用，县官以令禁之，无益。岁余，白金终废不行。┃ 是岁也，张汤死冷语。而民不思。┃ 刺。其后二岁，赤侧钱贱，钱。民巧法用之，不便，又废。于是悉禁郡国无铸钱，第十四变。专令上林三官铸。钱既多，而令天下非三官钱不得行，诸郡国所前铸钱皆废销之，输其铜三官。而民之铸钱益少，计其费不能相当，唯真工大奸乃盗为之。

卜式相齐，接前。而杨可告缗遍天下，中家以上大抵皆遇告。杜周治之，狱少反者。法。乃分遣御史廷尉正监分曹往，即治郡国缗钱，得民财物以亿计，奴婢以千万数，田大县数百顷，小县百余顷，宅亦如之。于是商贾中家以上大率破，【眉批】此则贾贫而国富。民偷甘食好衣，不事畜藏之产业，而县官有盐铁缗钱之故，用益饶矣。▎上结兴利之功，下起宫室巡游之事。益广关，置左右辅。▎关法。初，大农筦盐铁官布多，置水衡，欲以主盐铁；及杨可告缗钱，上林财物众，乃令水衡主上林。【眉批】欲叙其兴利，必于其耗费不经处种种著冷语。上林既充满，益广。是时越欲与汉用船战逐，乃大修昆明池，列观环之。治楼船，高十余丈，旗帜加其上，甚壮。于是天子感之，乃作柏梁台，宫室。高数十丈。宫室之修，由此日丽。▎应"宫室列观舆马益修"。乃分缗钱诸官，第十五变。而水衡、少府、大农、太仆各置农官，往往即郡县比没入田田之。其没入奴婢，分诸苑养狗马禽兽，及与诸官。诸官益新置多，徙奴婢众，而下河漕度四百万石，及官自籴乃足。▎所忠言：人姓名。"世家子弟富人或斗鸡走狗马，弋猎博戏，乱齐民。"乃征诸犯令，第十六变。相引数千人，命曰"株送徒"。入财者得补郎，郎选衰矣。▎申结选举陵迟。是时山东被河灾，及岁不登数年，人或相食，方一二千里。天子怜之，诏曰：赈荒。"江南火耕水耨，令饥民得流就食江淮间，欲留，之处。"遣使冠盖相属于道，护之，下巴蜀粟以振之。▎其明年，天子始巡郡国。巡行。东渡河，河东守不意行至，不办，自杀。行西逾陇，陇西守以行往卒，天子从官不得食，陇西守自杀。于是上北出萧关，从数万骑，猎新秦中，以勒边兵而归。新秦中或千里无亭徼，于是诛北地太守以下，而令民得畜牧边县，官假马母，三岁而归，及息什一，以除告缗，用充仞新秦中。▎既得宝鼎，立后土、太一祠，公卿议封禅事，而天下郡国皆豫治道桥，缮故宫，及当驰道县，县治官储，设供具，而望以待幸。

其明年，南越反，用兵。西羌侵边为桀。于是天子为山东不赡，赦天下，因南方楼船卒二十余万人击南越，数万人发三河以西骑击西羌，又数万人渡河筑令居。初置张掖、酒泉郡，而上郡、朔方、西河、河西开田官，斥塞卒六十万人戍田之。中国缮道馈粮，远者三千，近者千余里，皆仰给大农。┃ 边兵不足，乃发武库工官兵器以赡之。车骑马乏绝，县官钱少，买马难得，乃著令，第十七变。令申结政严令具。封君以下至三百石以上吏，以差出牝马马。天下亭，亭有畜牸马，岁课息。┃ 齐相卜式上书曰："臣闻主忧臣辱。南越反，臣愿父子与齐习船者往死之。"天子下诏曰："卜式虽躬耕牧，不以为利，有余辄助县官之用。今天下不幸有急，而式奋愿父子死之。虽未战，可谓义形于内。赐爵关内侯，金六十斤，田十顷。"布告天下，天下莫应。刺。列侯以百数，皆莫求从军击羌、越。至酎，少府省金，而列侯坐酎金失侯者百余人。【眉批】既侯卜式，而天下莫应；则列侯坐酎金失侯者百余人，亦其衰也。乃拜式为御史大夫。式既在位，见郡国多不便县官作盐铁，铁器苦恶，贾贵，或强令民卖买之。而船有算，商者少，物贵，乃因孔仅言船算事。上由是不悦卜式。汉连兵三岁，诛羌，灭南越，番禺以西至蜀南者置初郡十七，且以其故俗治，毋赋税。南阳、汉中以往郡，各以地比给初郡吏卒奉食币物，传车马被具。而初郡时时小反，杀吏，汉发南方吏卒往诛之，间岁万余人，费皆仰给大农。大农以均输调盐铁助赋，故能赡之。然兵所过县，为以訾给毋乏而已，不敢言擅赋法矣。【眉批】"不敢言擅赋法"，以谄谀取悦，以二守不办，自杀之故。┃ 其明年，元封元年，卜式贬秩为太子太傅。而桑弘羊为治粟都尉，领大农，尽代仅筦天下盐铁。弘羊以诸官各自市，相与争，物故腾跃，而天下赋输或不偿其僦费，乃请置大农部丞数十人，第十八变。分部主郡国，各往往县置均输盐铁官，令远方各以其物贵时商贾所转贩者为赋，而相灌输。置平准于京师，都受天下委输。召工官治车诸器，皆仰给大农。▎大农之诸官尽笼天下之货物，贵即卖之，贱则买之。如此，富商大贾无所牟大利，则反本，而万物不得腾踊。故抑天下物，名曰“平准”。归结处。【眉批】至此始有“平准”字。天子以为然，许之。于是天子北至朔方，东到泰山，巡海上，并北边以归。所过赏赐，用帛百余万匹，钱金以巨万计，皆取足大农。▎弘羊又请令吏得入粟补官，及罪人赎罪。令民能入粟甘泉各有差，以复终身，不告缗。他郡国各输急处，而诸农各致粟，山东漕益岁六百万石。申言兴利之功。一岁之中，太仓、甘泉仓满。边余谷诸物均输帛五百万匹。民不益赋而天下用饶。于是弘羊赐爵左庶长，黄金再百斤焉。是岁小旱，上令官求雨，卜式言曰：“县官当食租衣税而已，今弘羊令吏坐市列肆，贩物求利。亨弘羊，天乃雨。”【眉批】末句借以断兴利之臣之罪。

太史公曰：农工商交易之路通，而龟贝金钱刀布之币兴焉。所从来久远，自高辛氏之前尚矣，靡得而记云。故《书》道唐虞之际，《诗》述殷周之世，安宁则长庠序，先本绌末，以礼义防于利；事变多故而亦反是。是以物盛则衰，【眉批】此数语，一篇命题之要；而“物盛则衰”一语，又为此数语之要。时极而转，一质一文，终始之变也。禹贡九州，各因其土地所宜，人民所多少而纳职焉。汤武承弊易变，使民不倦，各兢兢所以为治，而稍陵迟衰微。齐桓公用管仲之谋，通轻重之权，徼山海之业，以朝诸侯，用区区之齐显成霸名。魏用李克，尽地力，为强君。自是之后，天下争于战国，贵诈力而贱仁义，先富有而后推让。故庶人之富者或累巨万，而贫者或不厌糟糠；有国强者或并群小以臣诸侯，而弱国或绝祀而灭世。以至于秦，卒并海内。虞夏之币，金为三品，或黄，或白，或赤；或钱，或布，或刀，或龟贝。及至秦，中一国之币为三等，黄金以镒名，为上币；铜钱识曰半两，重如其文，为下币。而珠玉、龟贝、银锡之属为器饰宝藏，不为币。然各随时而轻重无常。于是外攘夷狄，内兴功业，海内之士力耕不足粮饷，女子纺绩不足衣服。古者尝竭天下之资财以奉其上，犹自以为不足也。无异故云，事势之流，相激使然，曷足怪焉。【眉批】太史公此赞乃《平准书》之发端耳。观其上述三代，中列管李，下及嬴秦，次及汉事，文理相续可概见已。不然，则此书首云“汉兴接秦之弊”，似无原由，其赞不叙汉事，似欠结束，至于“烹弘羊，天乃雨”，盖未了之词，后人遂截首一段，移为书末之《赞》，误矣。此柯希斋之论，足破千古疑也。

吴太伯世家 季札五使诸侯始末

【眉批】此段全用《左传》语，但增点数字，而文字便觉舒徐。王馀祭四年，吴使季札聘于鲁，请观周乐。为歌周南、召南。曰："美哉，始基之矣，犹未也。【眉批】此篇连用"哉"字、"也"字、"乎"字，"而"字，参差有法。然勤而不怨。"歌邶、鄘、卫。曰："美哉，渊乎，忧而不困者也。吾闻卫康叔、武公之德如是，是其卫风乎？"歌王。曰："美哉，思而不惧，其周之东乎？"歌郑。曰："其细已甚，民不堪也，是其先亡乎？"歌齐。曰："美哉，泱泱乎大风也哉。表东海者，其太公乎？国未可量也。"歌豳。曰："美哉，荡荡乎，乐而不淫，其周公之东乎？"歌秦。曰："此之谓夏声。夫能夏则大，大之至也，其周之旧乎？"歌魏。曰："美哉，沨沨乎，大而婉，俭而易，行以德辅，此则盟主也。"歌唐。曰："思深哉，其有陶唐氏之遗风乎？不然，何忧之远也？非令德之后，谁能若是！"歌陈。曰："国无主，其能久乎？"自郐以下，无讥焉。歌小雅。曰："美哉，思而不贰，怨而不言，其周德之衰乎？犹有先王之遗民也。"歌《大雅》。曰："广哉，熙熙乎，曲而有直体，其文王之德乎？"歌颂。曰："至矣哉，直而不倨，曲而不诎，近而不偪，远而不携，迁而不淫，复而不厌，哀而不愁，乐而不荒，用而不匮，广而不宣，施而不费，取而不贪，处而不底，行而不流。五声和，八风平，节有度，守有序，盛德之所同也。"见舞象箾、南籥者，曰："美哉，犹有憾。"见舞大武，曰："美哉，周之盛也其若此乎？"见舞韶护者，曰："圣人之弘也，犹有惭德，圣人之难也！"见舞大夏，曰："美哉，勤而不德！非禹其谁能及之？"见舞招箾，曰："德至矣哉，大矣，如天之无不焘也，如地之无不载也，虽甚盛德，无以加矣。观止矣，若有他乐，吾不敢观。"【眉批】与前"观乐"字相照应。

去鲁，遂使齐。说晏平仲曰："子速纳邑与政。无邑与政，乃免于难。齐国之政将有所归；未得所归，难未息也。”故晏子因陈桓子以纳政与邑，是以免于栾高之难。┃ 去齐，使于郑。见子产，如旧交。谓子产曰：“郑之执政侈，难将至矣，政必及子。子为政，慎以礼。不然，郑国将败。”┃ 去郑，适卫。说蘧瑗、史狗、史鰌、公子荆、公叔发、公子朝曰：“卫多君子，一本无“子”字。子未有患也。”┃ 自卫如晋，将舍于宿，戚。闻钟声，曰：“异哉！吾闻之，辩而不德，必加于戮。夫子获罪于君以在此，惧犹不足，而又可以畔乎？乐。夫子之在此，犹燕之巢于幕也。君在殡而可以乐乎？”遂去之。文子闻之，终身不听琴瑟。┃ 适晋，说赵文子、韩宣子、魏献子曰：“晋国其萃于三家乎！”将去，谓叔向曰：“吾子勉之！君侈而多良，大夫皆富，政将在三家。吾子直，必思自免于难。”┃季札之初使，北过徐君。徐君好季札剑，口弗敢言。季札心知之，为使上国，未献。还至徐，徐君已死，于是乃解其宝剑，系之徐君冢树而去。从者曰：“徐君已死，尚谁予乎？”季子曰：“不然。始吾心已许之，岂以死倍吾心哉！”

齐太公世家

桓公称霸始末
公子争立始末
崔杼弑君始末
论

桓公元年春，齐君无知游于雍林。雍林人尝有怨无知，及其往游，雍林人袭杀无知，告齐大夫曰：“无知弑襄公自立，臣谨行诛。唯大夫更立公子之当立者，唯命是听。”初，襄公之醉杀鲁桓公，通其夫人，杀诛数不当，淫于妇人，数欺大臣，群弟恐祸及，故次弟纠奔鲁。其母鲁女也。管仲、召忽傅之。次弟小白奔莒，鲍叔傅之。小白母，卫女也，有宠于釐公。小白自少好善大夫高傒。及雍林人杀无知，议立君，高、国先阴召小白于莒。鲁闻无知死，亦发兵送公子纠，而使管仲别将兵遮莒道，射中小白带钩。小白佯死，管仲使人驰报鲁。鲁送纠者行益迟，六日至齐，则小白已入，高傒立之，是为桓公。桓公之中钩，佯死以误管仲，【眉批】数语甚警健，“误”字妙。已而载温车中驰行，亦有高、国内应，故得先入立，发兵距鲁。秋，与鲁战于乾时，鲁兵败走，齐兵掩绝鲁归道。齐遗鲁书曰：“子纠兄弟，弗忍诛，请鲁自杀之。召忽、管仲仇也，请得而甘心醢之。不然，将围鲁。”鲁人患之，遂杀子纠于笙渎。召忽自杀，管仲请囚。桓公之立，发兵攻鲁，心欲杀管仲。鲍叔牙曰：“臣幸得从君，君竟以立。君之尊，臣无以增君。君将治齐，即高傒与叔牙足也。君且欲霸王，非管夷吾不可。夷吾所居国国重，不可失也。”于是桓公从之。乃详为召管仲欲甘心，实欲用之。管仲知之，故请往。鲍叔牙迎受管仲，及堂阜地名。而脱桎梏，斋祓而见桓公。桓公厚礼以为大夫，任政。桓公既得管仲，与鲍叔、隰朋、高傒修齐国政，【眉批】“修齐国政”句，一篇纲领。连五家之兵，设轻重鱼盐之利，以赡贫穷，禄贤能，齐人皆说。

【眉批】此下数事皆伯者本色。二年，伐灭郯，郯子奔莒。初，桓公亡时，过郯，郯无礼，故伐之。┃ 五年，伐鲁，鲁将师败。鲁庄公请献遂邑以平，桓公许，与鲁会柯而盟。鲁将盟，曹沫以匕首劫桓公于坛上，曰："反鲁之侵地！"桓公许之。已而曹沫去匕首，北面就臣位。桓公后悔，欲无与鲁地而杀曹沫。管仲曰："夫劫许之此伯者假信。而倍信杀之，愈一小快耳，而弃信于诸侯，失天下之援，不可。"于是遂与曹沫三败所亡地于鲁。诸侯闻之，皆信齐而欲附焉。┃ 七年，诸侯会桓公于甄，而桓公于是始霸焉。┃ 十四年，陈厉公子完，号敬仲，来奔齐。齐桓公欲以为卿，伏后伐陈案。让；于是以为工正。田成子常之祖也。┃ 二十三年，山戎伐燕，燕告急于齐。齐桓公救燕，遂伐山戎，至于孤竹而还。燕庄公遂送桓公入齐境。桓公曰："非天子，诸侯相送不出境，吾不可以无礼于燕。"于是分沟割燕君所至与燕，命燕君复修召公之政，纳贡于周，如成康之时。诸侯闻之，皆从齐。【眉批】曰"皆悦"，曰"皆信"，曰"皆从"，曰"始伯"，皆篇中关键。┃ 二十七年，鲁湣公母曰哀姜，桓公女弟也。哀姜淫于鲁公子庆父，庆父弑湣公，哀姜欲立庆父，鲁人更立釐公。桓公召哀姜，杀之。┃ 二十八年，卫文公有狄乱，告急于齐。齐率诸侯城楚丘而立卫君。┃ 二十九年，桓公与夫人蔡姬戏船中。蔡姬习水，荡公，公惧，止之，不止，出船，怒，归蔡姬，弗绝。蔡亦怒，嫁其女。桓公闻而怒，兴师往伐。三十年春，齐桓公率诸侯伐蔡，蔡溃。┃ 遂伐楚。楚成王兴师问曰："何故涉吾地？"管仲对曰："昔召康公命我先君太公曰：'五侯九伯，若实征之，以夹辅周室。'赐我先君履，东至海，西至河，南至穆陵，北至无棣。楚贡包茅不入，此伯者假义。王祭不共，是以来责。昭王南征不复，是以来问。"楚王曰："贡之不入，有之，寡人罪也，敢不共乎！昭王之出不复，君其问之水滨。"齐师进次于陉。夏，楚王使屈完将兵扞齐，齐师退次召陵。桓公矜屈完以其众。屈完曰："君以道则可；若不，则楚方城以为城，江、汉以为沟，君安能进乎？”乃与屈完盟而去。过陈，陈袁涛涂诈齐，令出东方，觉。秋，齐伐陈。┃ 是岁，晋杀太子申生。伏后救乱案。

三十五年夏，会诸侯于葵邱。周襄王使宰孔赐桓公文武胙、彤弓矢、大路，命无拜。桓公欲许之，管仲曰“不可”，乃下拜受赐。秋，复会诸侯于葵邱，益有骄色。周使宰孔会。诸侯颇有叛者。晋侯病，后，遇宰孔。宰孔曰：“齐侯骄矣，第无行。”从之。┃ 是岁，晋献公卒，里克杀奚齐、淖子，秦穆公以夫人入公子夷吾为晋君。桓公于是讨晋乱，至高梁，使隰朋立晋君，还。┃ 【眉批】总叙桓公伯业，甚有力。是时周室微，唯齐、楚、秦、晋为强。晋初与会，献公死，国内乱。秦穆公辟远，不与中国会盟。楚成王初收荆蛮有之，夷狄自置。唯独齐为中国会盟，而桓公能宣其德，故诸侯宾会。于是桓公称曰：“寡人南伐至召陵，望熊山；北伐山戎、离枝、孤竹；西伐大夏，涉流沙；束马悬车登太行，至卑耳山而还。诸侯莫违寡人。寡人兵车之会三，乘车之会六，九合诸侯，一匡天下。昔三代受命，有何以异于此乎？吾欲封泰山，禅梁父。”管仲固谏，不听；乃说桓公以远方珍怪物至乃得封，桓公乃止。┃ 三十八年，周襄王弟带与戎、翟合谋伐周，齐使管仲平戎为周。周欲以上卿礼管仲，管仲顿首曰：“臣陪臣，安敢！”三让，乃受下卿礼以见。┃ 三十九年，周襄王弟带来奔齐。齐使仲孙请王，为带谢。襄王怒，弗听。┃ 四十一年，秦穆公虏晋惠公，复归之。┃ 是岁，管仲、隰朋皆卒。管仲病，桓公问曰：“群臣谁可相者？”管仲曰：“知臣莫如君。”公曰：“易牙如何？”对曰：“杀子以适君，非人情，不可。”公曰：“开方如何？”对曰：“倍亲以适君，非人情，难近。”公曰：“竖刁如何？”对曰：“自宫以适君，非人情，难亲。”管仲死，而桓公不用管仲言，卒近用三子，三子专权。┃ 四十二年，戎伐周，周告急于齐，齐令诸侯各发卒戍周。是岁，晋公子重耳来，桓公妻之。

【眉批】总叙其生之自。桓公四十三年。接上。初，齐桓公之夫人三：曰王姬、徐姬、蔡姬，皆无子。桓公好内，多内宠，如夫人者六人，纲。长卫姬，生无诡；少卫姬，生惠公元；郑姬，生孝公昭；葛嬴，生昭公潘；密姬，生懿公商人；宋华子，生公子雍。┃ 桓公与管仲属孝公于宋襄公，目。以为太子。┃ 伏后案。雍巫人名。有宠于卫共姬，因宦者竖刁以厚献于桓公，亦有宠，桓公许之立无诡。【眉批】次五公子争立本末如画。管仲卒，五公子皆求立。【眉批】以下许多“立”字，皆本“求立”、“争立”来。冬十月乙亥，齐桓公卒。易牙入，与竖刁因内宠杀群吏，而立公子无诡为君。太子昭奔宋。桓公病，五公子各树党争立。及桓公卒，遂相攻，以故宫中空，莫敢棺。桓公尸在床上六十七日，尸虫出于户。十二月乙亥，无诡立，乃棺赴。辛巳夜，敛殡。【眉批】总叙其立之次。桓公十有余子，要其后立者五人：无诡立三月死，无谥；次孝公；次昭公；次懿公；次惠公。┃ 孝公元年三月，宋襄公率诸侯兵送齐太子昭而伐齐。应前。齐人恐，杀其君无诡。齐人将立太子昭，四公子之徒攻太子，太子走宋，宋遂与齐人四公子战。五月，宋败齐四公子师而立太子昭，是为齐孝公。宋以桓公与管仲属之太子，应前。故来征之。以乱故，八月乃葬齐桓公。【眉批】既总叙于前，而复分锁于后，首尾相应，亦一变体也。《齐悼惠王世家》分叙七王之立，亦用此法。或以为重复者，谬矣。┃ 六年春，齐伐宋，以其不同盟于齐也。

夏，宋襄公卒。七年，晋文公立。客。十年，孝公卒，孝公弟潘因卫公子开方杀孝公子而立潘，是为昭公。昭公，桓公子也，倒分锁。其母曰葛嬴。┃ 昭公元年，晋文公败楚于城濮，而会诸侯践土，朝周，天子使晋称伯。六年，翟侵齐。晋文公卒。客。秦兵败于殽。十二年，秦穆公卒。十九年五月，昭公卒，子舍立为齐君。舍之母无宠于昭公，国人莫畏。昭公之弟商人以桓公死争立而不得，阴交贤士，附爱百姓，百姓说。及昭公卒，子舍立，孤弱，即与众十月即墓上弑齐君舍，而商人自立，是为懿公。懿公，桓公子也，倒分锁。其母曰密姬。┃ 懿公四年春，初，懿公为公子时，与丙戎之父猎，争获不胜，及即位，断丙戎父足，而使丙戎仆。庸职之妻好，公内之宫，使庸职骖乘。五月，懿公游于申池，二人浴，戏。职曰："断足子！"戎曰："夺妻者！"二人俱病此言，乃怨。谋与公游竹中，二人弑懿公车上，弃竹中而亡去。懿公之立，骄，民不附。齐人废其子而迎公子元于卫，立之，是为惠公。惠公，桓公子也。倒分锁。其母卫女，曰少卫姬，避齐乱，故在卫。

庄公六年，初，棠公妻好，棠公死，崔杼取之。庄公通之，数如崔氏，以崔杼之冠赐人。侍者曰："不可。"崔杼怒，因其伐晋，欲与晋合谋袭齐而不得间。庄公尝笞宦者贾举，贾举复侍，为崔杼间公以报怨。间隙。五月，莒子朝齐，齐以甲戌飨之。崔杼称病不视事。乙亥，公问崔杼病，遂从崔杼妻。崔杼妻入室，与崔杼自闭户不出，公拥柱而歌。宦者贾举遮公从官而入，闭门，崔杼之徒持兵从中起。公登台而请解，不许；请盟，不许；请自杀于庙，不许。【眉批】《始皇本纪》叙阎乐弑二世，亦三用"不许"字。皆曰："君之臣杼疾病，不能听命。近于公宫。陪臣争趣有淫者，不知二命。"公逾墙，射中公股，公反坠，遂弑之。晏婴立崔杼门外，曰："君为社稷死则死之，为社稷亡则亡之。若为己死己亡，非其私暱，谁敢任之！"门开而入，枕公尸而哭，三踊而出。人谓崔杼："必杀之。"崔杼曰："民之望也，舍之得民。"丁丑，崔杼立庄公异母弟杵臼，是为景公。景公母，鲁叔孙宣伯女也。景公立，以崔杼为右相，庆封为左相。二相恐乱起，乃与国人盟曰："不与崔、庆者死！"晏子仰天曰："婴所不获，唯忠于君利社稷者是从！"不肯盟。庆封欲杀晏子，崔杼曰："忠臣也，舍之。"齐太史书曰"崔杼弑庄公"，崔杼杀之。其弟复书，崔杼复杀之。少弟复书，崔杼乃舍之。景公元年，初，崔杼生子成及强，其母死，取东郭女，生明。东郭女使其前夫子无咎与其弟偃相崔氏。成有罪，二相急治之，立明为太子。成请老于崔杼，崔杼许之，二相弗听，曰：“崔，宗邑，不可。”成、强怒，告庆封。庆封与崔杼有郤，欲其败也。成、强杀无咎、偃于崔杼家，家皆奔亡。崔杼怒，无人，使一宦者御，见庆封。庆封曰：“请为子诛之。”使崔杼仇卢蒲嫳攻崔氏，杀成、强，尽灭崔氏，崔氏妇自杀。崔杼无归，亦自杀。庆封为相国，专权。▎三年十月，庆封出猎。初，庆封已杀崔杼，益骄，嗜酒好猎，不听政令。庆舍用政，封之子。已有内郤。田文子谓桓子曰：“乱将作。”田、鲍、高、栾氏相与谋庆氏。庆舍发甲围庆封宫，四家徒共击破之。庆封还，不得入，奔鲁。齐人让鲁，封奔吴。吴与之朱方，聚其族而居之，富于在齐。其秋，齐人徙葬庄公，僇崔杼尸于市以说众。

太史公曰：吾适齐，自泰山属之琅邪，北被于海，膏壤二千里，其民阔达多匿知，其天性也。以太公之圣，建国本，桓公之盛，修善政，以为诸侯会盟，称伯，不亦宜乎？洋洋哉，固大国之风也！

燕世家 燕哙属国子之始末论

燕哙既立，齐人杀苏秦。苏秦之在燕，与其相子之为婚，而苏代与子之交。及苏秦死，而齐宣王复用苏代。燕哙三年，与楚、三晋攻秦，不胜而还。子之相燕，贵重，王断。苏代为齐使于燕，燕王问曰："齐王奚如？"对曰："必不霸。"燕王曰："何也？"对曰："不信其臣。"苏代欲以激燕王以尊子之也。于是燕王大信子之。【眉批】一说而大信，再说而属国，三说而顾为之臣，当作三段看。毛寿或人皆代所使者，观上文"听其所使"句自见。子之因遗苏代百金，而听其所使。| 鹿毛寿谓燕王："不如以国让相子之。人之谓尧贤者，以其让天下于许由，许由不受，有让天下之名而实不失天下。今王以国让于子之，子之必不敢受，是王与尧同行也。"燕王因属国于子之，子之大重。| 或曰："禹荐益，已而以启人为吏。及老，而以启为不足任乎天下，传之于益。已而启与交党攻益，夺之。天下谓禹名传天下于益，已而实令启自取之。今王言属国于子之，而吏无非太子人者，是名属子之而实太子用事也。"王因收印自三百石吏已上而效之子之。子之南面行王事，而哙老不听政，顾为臣，国事皆决于子之。| 三年，国大乱，百姓恫恐。

【眉批】词简洁而意委婉。太史公曰：召公奭可谓仁矣！甘棠且思之，况其人乎？| 燕北迫蛮貉，内措齐、晋，崎岖强国之间，最为弱小，几灭者数矣。| 然社稷血食者八九百岁，于姬姓独后亡，岂非召公之烈耶！【眉批】"烈"即指仁，应首句。

卫康叔世家 惠公谗杀太子伋

宣公十八年，初，宣公爱夫人夷姜，夷姜生子伋，以为太子，而令右公子傅之。右公子为太子取齐女，未入室，而宣公见所欲为太子妇者好，说而自取之，更为太子取他女。宣公得齐女，生子寿、子朔，令左公子傅之。太子伋母死，宣公正夫人即齐女。与朔共谗恶太子伋。宣公自以其夺太子妻也，心恶太子，欲废之。及闻其恶，大怒，乃使太子伋于齐而令盗遮界上杀之，与太子白旄，而告界盗见持白旄者杀之。且行，子朔之兄寿，太子异母弟也，【眉批】上既云"齐女生子寿、子朔"矣，而此复提出子朔之兄寿"太子异母弟"者，正见子寿之代死为难也。其事类申生，而子寿又过之矣，可涕。知朔之恶太子而君欲杀之，乃谓太子曰："界盗见太子白旄，即杀太子，太子可毋行。"太子曰："逆父命求生，不可。"遂行。寿见太子不止，乃盗其白旄而先驰至界。界盗见其验，即杀之。寿已死，而太子伋又至，谓盗曰："所当杀乃我也。"盗并杀太子伋，以报宣公。宣公乃以子朔为太子。

十九年，宣公卒，太子朔立，是为惠公。左右公子不平朔之立也，惠公四年，左右公子怨惠公之谗杀前太子伋而代立，乃作乱，攻惠公，立太子伋之弟黔牟为君，惠公奔齐。卫君黔牟立八年，齐襄公率诸侯奉王命共伐卫，纳惠公，诛左右公子。卫君黔牟奔于周，惠公复立。惠公立三年出亡，亡八年复入，与前通年凡十三年矣。二十五年，惠公怨周之容舍黔牟，与燕伐周。周惠王奔温，卫、燕立惠王弟穨为王。二十九年，郑复纳惠王。三十一年，惠公卒，子懿公赤立。懿公即位，好鹤，淫乐奢侈。九年，翟伐卫，卫懿公欲发兵，兵或畔。大臣言曰："君好鹤，鹤可令击翟。"翟于是遂入，杀懿公。懿公之立也，百姓大臣皆不服。自懿公父惠公朔之谗杀太子伋代立至于懿公，常欲败之，卒灭惠公之后而更立黔牟之弟昭伯顽之子申为君，是为戴公。戴公申元年卒。齐桓公以卫数乱，乃率诸侯伐翟，为卫筑楚丘，立戴公弟燬为卫君，是为文公。文公以乱故奔齐，齐人入之。初，翟杀懿公也，卫人怜之，思复立宣公前死太子伋之后，伋子又死，而代伋死者子寿又无子。太子伋同母弟二人：其一曰黔牟，黔牟尝代惠公为君，八年复去；其二曰昭伯。昭伯、黔牟皆已前死，故立昭伯子申为戴公。戴公卒，复立其弟燬为文公。【眉批】既叙立文公矣，复以“初”字唤起，复说所以不得立太子伋与代死者之后，而立其同母弟，以及于文公之故。反复详密，总是伤太子伋之不得其死耳。

太史公曰：余读世家言，至于宣公之太子以妇见诛，弟寿争死以相让，此与晋太子申生不敢明骊姬之过同，俱恶伤父之志。然卒死亡，何其悲也！或父子相杀，兄弟相灭，亦独何哉？

宋微子世家 襄公败泓始末 荧惑退舍一段 论

【眉批】此段总状襄公之愚而自用处。襄公八年，齐桓公卒，宋欲为盟会。十二年春，宋襄公为鹿上之盟，以求诸侯于楚，楚人许之。公子目夷谏曰："小国争盟，祸也。"不听。秋，诸侯会宋公盟于盂。目夷曰："祸其在此乎？君欲已甚，何以堪之！"于是楚执宋襄公以伐宋。冬，会于亳，以释宋公。子鱼曰："祸犹未也。"十三年夏，宋伐郑。子鱼曰："祸在此矣。"【眉批】目夷知祸于盟会，子鱼知祸于伐郑，二子其蚤见哉，故连下四"祸"字为眼目。秋，楚伐宋以救郑。襄公将战，子鱼谏曰："天之弃商久矣，不可。"冬，十一月，襄公与楚成王战于泓。楚人未济，目夷曰："彼众我寡，及其未济击之。"公不听。已济未陈，又曰："可击。"公曰："待其已陈。"陈成，【眉批】未济、已济、未陈、已陈、陈成，是点缀语。宋人击之。宋师大败，襄公伤股。国人皆怨公。公曰："君子不困人于厄，不鼓不成列。"子鱼曰："兵以胜为功，何常言与！必如公言，即奴事之尔，又何战为？"

【眉批】景公有"三善言"，三度为徙，况君行善道者乎？景公三十七年，荧惑守心。心，宋之分野也。景公忧之。司星子韦曰："可移于相。"景公曰："相，吾之股肱。"曰："可移于民。"景公曰："君者待民。"曰："可移于岁。"景公曰："岁饥民困，吾谁为君！"子韦曰："天高听卑。君有君人之言三，荧惑宜有动。"于是候之，果徙三度。

太史公曰：孔子称"微子去之，箕子为之奴，比干谏而死，殷有三仁焉"。【眉批】太史公作《宋世家》而首叙三仁，所以宗孔子，故赞首亦明言之。《春秋》讥宋之乱自宣公废太子而立弟，国以不宁者十世。襄公之时，修行仁义，欲为盟主。其大夫正考父美之，故追道契、汤、高宗，殷所以兴，作《商颂》。襄公既败于泓，而君子或以为多，伤中国阙礼义，褒之也，宋襄之有礼让也。【眉批】君子多宋襄于泓之败，乃伤中国阙礼义，故多而褒之也，且以其能让庶兄目夷为嗣也。

史记精华 卷二

晋世家 骊姬杀申生始末
文公称伯始末
赵穿杀灵公始末
论

献公五年，伐骊戎，得骊姬、骊姬弟，俱爱幸之。| 十二年，骊姬生奚齐。献公有意废太子，乃曰："曲沃吾先祖宗庙所在，而蒲边秦，屈边翟，不使诸子居之，我惧焉。"于是使太子申生居曲沃，公子重耳居蒲，公子夷吾居屈。献公与骊姬子奚齐居绛。晋国以此知太子不立也。太子申生，其母齐桓公女也，曰齐姜，早死。申生同母女弟为秦穆公夫人。重耳母，翟之狐氏女也。夷吾母，重耳母女弟也。献公子八人，而太子申生、重耳、夷吾皆有贤行。及得骊姬，乃远此三子。| 十六年，晋献公作二军。公将上军，太子申生将下军，赵夙御戎，毕万为右，伐灭霍，灭魏，灭耿。还，为太子城曲沃，赐赵夙耿，赐毕万魏，以为大夫。士蔿曰："太子不得立矣。分之都城，而位以卿，先为之极，又安得立！不如逃之，无使罪至。为吴太伯，不亦可乎，犹有令名。"太子不从。| 十七年，晋侯使太子申生伐东山。里克谏献公曰："太子奉冢祀社稷之粢盛，以朝夕视君膳者也，故曰冢子。君行则守，有守则从，从曰抚军，守曰监国，古之制也。夫率师，专行谋也；誓军旅，君与国政之所图也：非太子之事也。师在制命而已，禀命则不威，专命则不孝，故君之嗣嫡不可以帅师。君失其官，率师不威，将安用之？"公曰："寡人有子，未知其太子谁立。"里克不对而退，见太子。太子曰："吾其废乎？"里克曰："太子勉之！教以军旅，不共是惧，何故废乎？且子惧不孝，毋惧不得立。修己而不责人，则免于难。"太子帅师，公衣之偏衣，佩之金玦。里克谢病，不从太子。太子遂伐东山。十九年，献公私谓骊姬曰："吾欲废太子，以奚齐代之。"骊姬泣曰：

“太子之立，诸侯皆已知之，而数将兵，百姓附之，奈何以贱妾之故废適立庶？【眉批】“废嫡立庶”，此段柱子。前后许多“废”、“立”字皆本此。君必行之，妾自杀也。”骊姬详誉太子，而阴令人谮恶太子，而欲立其子。| 二十一年，骊姬谓太子曰：“君梦见齐姜，太子速祭曲沃，归釐于君。”太子于是祭其母齐姜于曲沃，上其荐胙于献公。献公时出猎，置胙于宫中。骊姬使人置毒药胙中。居二日，献公从猎来还，宰人上胙献公，献公欲飨之。骊姬从傍止之，曰：“胙所从来远，宜试之。”祭地，地坟；与犬，犬死；与小臣，小臣死。骊姬泣曰：“太子何忍也！其父而欲弑代之，况他人乎？且君老矣，旦暮之人，曾不能待而欲弑之！”【眉批】此语入髓，诚足推献公之心者。谓献公曰：“太子所以然者，不过以妾及奚齐之故。妾愿子母辟之他国，若早自杀，【眉批】“辟之他国，若早自杀”，言或辟或杀，所以深激献公。毋徒使母子为太子所鱼肉也。始君欲废之，妾犹恨之；至于今，妾殊自失于此。”太子闻之，奔新城。献公怒，乃诛其傅杜原款。或谓太子曰：“为此药者乃骊姬也，太子何不自辞明之？”太子曰：“吾君老矣，非骊姬，寝不安，食不甘。即辞之，君且怒之。不可。”或谓太子曰：“可奔他国。”太子曰：“被此恶名以出，人谁内我？我自杀耳。”十二月戊申，申生自杀于新城。

晋文公重耳，晋献公之子也。自少好士，年十七，有贤士五人：曰赵衰；狐偃咎犯，文公舅也；贾佗；先轸；魏武子。自献公为太子时，重耳固已成人矣。【眉批】总叙前事，无一渗漏。献公即位，重耳年二十一。【眉批】历叙重耳年十七，年二十一，年四十三，及居狄凡十二年，留齐凡五岁，皆为后入晋时年六十二张本。献公十三年，以骊姬故，重耳备蒲城守秦。献公二十一年，献公杀太子申生，骊姬谗之，恐，不辞献公而守蒲城。献公二十二年，献公使宦者履鞮趣杀重耳。重耳逾垣，宦者逐斩其衣袪。袂也。重耳遂奔狄。狄，其母国也。是时重耳年四十三。从此五士，其余不名者数十人，至狄。狄伐咎如，得二女：以长女妻重耳，生伯儵、叔刘；以少女妻赵衰，生盾。居狄五岁而晋献公卒，里克已杀奚齐、悼子，乃使人迎，欲立重耳。重耳畏杀，因固谢，不敢入。已而晋更迎其弟夷吾立之，是为惠公。惠公七年，畏重耳，乃使宦者履鞮与壮士欲杀重耳。重耳闻之，乃谋赵衰等曰："始吾奔狄，非以为可用兴，以近易通，故且休足。休足久矣，固愿徙之大国。夫齐桓公好善，志在霸王，收恤诸侯。今闻管仲、隰朋死，此亦欲得贤佐，盍往乎？"于是遂行。重耳谓其妻曰："待我二十五年不来，乃嫁。"其妻笑曰："犂犂，犹比也。二十五年，吾冢上柏大矣。虽然，妾待子。"重耳居狄凡十二年而去。

【眉批】叙重耳历诸国，以"礼"、"不礼"为眼目，皆为后日报施张本。

过卫，卫文公不礼。去，过五鹿，饥而从野人乞食，野人盛土器中进之。重耳怒。赵衰曰："土者，有土也，君其拜受之。"至齐，齐桓公厚礼，而以宗女妻之，有马二十乘，重耳安之。重耳至齐二岁而桓公卒，会竖刁等为内乱，齐孝公之立，诸侯兵数至。留齐凡五岁。重耳爱齐女，【眉批】重耳爱齐女，毋去心，而卒以得国，盖有天意焉。太史公叙其事之颠末，曰"天开"者四，曰"天置"者一，可概见矣。毋去心。赵衰、咎犯乃于桑下谋行。齐女侍者在桑上闻之，以告其主。其主乃杀侍者，劝重耳趣行。重耳曰："人生安乐，孰知其他！必死于此，不能去。"齐女曰："子一国公子，穷而来此，数士者以子为命。子不疾反国，报劳臣，而怀女德，窃为子羞之。且不求，何时得功？"乃与赵衰等谋，醉重耳，载以行。行远而觉，重耳大怒，引戈欲杀咎犯。咎犯曰："杀臣成子，偃之愿也。"重耳曰："事不成，我食舅氏之肉。"咎犯曰："事不成，犯肉腥臊，何足食！"乃止，遂行。过曹，曹共公不礼，欲观重耳骈胁。曹大夫釐负羁曰："晋公子贤，又同姓，穷来过我，奈何不礼！"共公不从其谋。负羁乃私遗重耳食，置璧其下。重耳受其食，还其璧。去。

过宋。宋襄公新困兵于楚，伤于泓，闻重耳贤，乃以国礼礼于重耳。以国君之礼礼之。宋司马公孙固善于咎犯，曰：“宋小国新困，不足以求入，更之大国。”乃去。过郑，郑文公弗礼。郑叔瞻谏其君曰：“晋公子贤，而其从者皆国相，且又同姓。郑之出自厉王，而晋之出自武王。”郑君曰：“诸侯亡公子过此者众，安可尽言！”叔瞻曰：“君不礼，不如杀之，且后为国患。”郑君不听。重耳去之楚，楚成王以適诸侯礼待之，重耳谢不敢当。赵衰曰：“子亡在外十余年，小国轻子，况大国乎？今楚大国而固遇子，子其毋让，此天开子也。”遂以客礼见之。成王厚遇重耳，重耳甚卑。成王曰：“子即反国，何以报寡人？”重耳曰：“羽毛齿角玉帛，君王所余，未知所以报。”王曰：“虽然，何以报不穀？”重耳曰：“即不得已，与君王以兵车会平原广泽，请辟王三舍。九十里也。”楚将子玉怒曰：“王遇晋公子至厚，今重耳言不孙，请杀之。”成王曰：“晋公子贤而困于外久，从者皆国器，此天所置，庸可杀乎？且言何以易之！”居楚数月，而晋太子圉亡秦，秦怨之；闻重耳在楚，乃召之。成王曰：“楚远，更数国乃至晋。秦晋接境，秦君贤，子其勉行！”厚送重耳。

重耳至秦，缪公以宗女五人妻重耳，故子圉妻与往。重耳不欲受，司空季子曰：“其国且伐，况其故妻乎！且受以结秦亲而求入，子乃拘小礼，忘大丑乎！”遂受。缪公大欢，与重耳饮。赵衰歌《黍苗诗》。缪公曰：“知子欲急反国矣。”赵衰与重耳下，再拜曰：“孤臣之仰君，如百谷之望时雨。”是时晋惠公十四年秋。惠公以九月卒，子圉立。十一月，葬惠公。十二月，晋国大夫栾、郤等闻重耳在秦，皆阴来劝重耳、赵衰等反国，为内应甚众。于是秦缪公乃发兵与重耳归晋。晋闻秦兵来，亦发兵拒之。然皆阴知公子重耳入也。唯惠公之故贵臣吕、郤之属不欲立重耳。伏后谋烧公宫案。重耳出亡凡十九岁而得入，时年六十二矣，应前。晋人多附焉。文公元年春，秦送重耳至河。咎犯曰：“臣从君周旋天下，过亦多矣。臣犹知之，况于君乎？请从此去矣。”重耳曰：“若反国，所不与子犯共者，河伯视之！”视，犹见也。乃投璧河中，以与子犯盟。是时介子推从，在船中，乃笑曰：“天实开公子，而子犯以为己功而要市于君，固足羞也。吾不忍与同位。”乃自隐渡河。

秦兵围令狐，晋军于庐柳。二月辛丑，咎犯与秦晋大夫盟于郇。壬寅，重耳入于晋师。丙午，入于曲沃。丁未，朝于武宫，即位为晋君，是为文公。群臣皆往。怀公圉奔高梁。戊申，使人杀怀公。怀公故大臣吕省、郤芮本不附文公，文公立，恐诛，乃欲与其徒谋烧公宫，杀文公。文公不知。始尝欲杀文公宦者履鞮知其谋，欲以告文公，解前罪，求见文公。文公不见，使人让曰：“蒲城之事，女斩予祛。应前。其后我从狄君猎，女为惠公来求杀我。惠公与女期三日至，而女一日至，何速也？女其念之。”宦者曰：“臣刀锯之余，不敢以二心事君倍主，故得罪于君。君已反国，其毋蒲、翟乎？且管仲射钩，桓公以霸。今刑余之人以事告而君不见，祸又且及矣。”于是见之，遂以吕、郤等告文公。文公欲召吕、郤，吕、郤等党多，文公恐初入国，国人卖己，乃为微行，会秦缪公于王城，国人莫知。三月己丑，吕、郤等果反，焚公宫，不得文公。文公之卫徒与战，吕、郤等引兵欲奔，秦缪公诱吕、郤等，杀之河上，晋国复而文公得归。夏，迎夫人于秦，秦所与文公妻者卒为夫人。秦送三千人为卫，以备晋乱。

文公修政，施惠百姓。赏从亡者及功臣，大者封邑，小者尊爵。未尽行赏，周襄王以弟带难出居郑地，来告急晋。晋初定，欲发兵，恐他乱起，是以赏从亡未至隐者介子推。推亦不言禄，禄亦不及。推曰：“献公子九人，唯君在矣。惠、怀无亲，外内弃之；天未绝晋，必将有主，主晋祀者，非君而谁？天实开之，二三子以为己力，不亦诬乎？窃人之财，犹曰是盗，况贪天之功以为己力乎？下冒其罪，上赏其奸，上下相蒙，难与处矣！”其母曰：“盍亦求之，以死谁怼？”

推曰："尤而效之，罪有甚焉。且出怨言，不食其禄。"母曰："亦使知之，若何？"对曰："言，身之文也；身欲隐，安用文之？文之，是求显也。"其母曰："能如此乎？与女偕隐。"至死不复见。介子推从者怜之，乃悬书宫门曰："龙欲上天，五蛇为辅。龙已升云，四蛇各入其宇，一蛇独怨，终不见处所。"文公出，见其书，曰："此介子推也。吾方忧王室，未图其功。"使人召之，则亡。遂求所在，闻其入绵上山中，于是文公环绵上山中而封之，以为介推田，号曰介山，"以记吾过，且旌善人"。从亡贱臣壶叔曰："君三行赏，赏不及臣，敢请罪。"文公报曰："夫导我以仁义，防我以德惠，此受上赏。辅我以行，卒以成立，此受次赏。矢石之难，汗马之劳，此复受次赏。若以力事我而无补吾缺者，此受次赏。三赏之后，故且及子。"晋人闻之，皆说。

二年春，秦军河上，将入王。赵衰曰："求霸莫如入王尊周。周晋同姓，晋不先入王，后秦入之，毋以令于天下。方今尊王，晋之资也。"【眉批】赵衰以尊周求霸，先轸以报施定霸：此文公称霸大关节处。三月甲辰，晋乃发兵至阳樊，围温，入襄王于周。四月，杀王弟带。周襄王赐晋河内阳樊之地。四年，楚成王及诸侯围宋，宋公孙固如晋告急。先轸曰："报施定霸，于今在矣。"狐偃曰："楚新得曹而初婚于卫，若伐曹、卫，楚必救之，则宋免矣。"于是晋作三军。赵衰举郤縠将中军，郤臻佐之；使狐偃将上军，狐毛佐之，命赵衰为卿；栾枝将下军，先轸佐之；荀林父御戎，魏犨为右：往伐。冬十二月，晋兵先下山东，而以原封赵衰。五年春，晋文公欲伐曹，假道于卫，卫人弗许。还自河南度，侵曹，伐卫。正月，取五鹿。二月，晋侯、齐侯盟于敛盂。"卫侯请盟晋，晋人不许。卫侯欲与楚，国人不欲，故出其君以说晋。卫侯居襄牛，公子买守卫。楚救卫，不卒。一作"不胜"。晋侯围曹。三月丙午，晋师入曹，数之以其不用釐负羁言，而用美女乘轩者三百人也。令军毋入僖负羁宗家以报德。楚围宋，宋复告急晋。文公欲救则攻楚，为楚尝有德，不欲伐也；欲释宋，宋又尝有德于晋：患之。【眉批】文公不欲攻楚，又患释宋，又必欲得郑君而甘心，皆以出亡时恩怨为报施也。太史公叙此，段段回顾，是一片大照应处。先轸曰："执曹伯，分曹、卫地以与宋，楚急曹、卫，其势宜释宋。"于是文公从之，而楚成王乃引兵归。

楚将子玉曰："王遇晋至厚，今知楚急曹、卫而故伐之，是轻王。"王曰："晋侯亡在外十九年，困日久矣，果得反国，险阨尽知之，能用其民，天之所开，不可当。"子玉请曰："非敢必有功，愿以间执谗慝之口也。"楚王怒，少与之兵。于是子玉使宛春告晋："请复卫侯而封曹，臣亦释宋。"咎犯曰："子玉无礼矣，君取一，臣取二，勿许。"先轸曰："定人之谓礼。楚一言定三国，子一言而亡之，我则毋礼。不许楚，是弃宋也。不如私许曹、卫以诱之，执宛春以怒楚，既战而后图之。"晋侯乃囚宛春于卫，且私许复曹、卫。曹、卫告绝于楚。楚得臣怒，得臣，子玉字。击晋师，晋师退。军吏曰："为何退？"文公曰："昔在楚，约三舍，可倍乎！"应前。楚师欲去，得臣不肯。

四月戊辰，宋公、齐将、秦将与晋侯次城濮。己巳，与楚兵合战，楚兵败，得臣收余兵去。甲午，晋师还至衡雍，作王宫于践土。初，郑助楚，楚败，惧，使人请盟晋侯。晋侯与郑伯盟。五月丁未，献楚俘于周，驷介百乘，徒兵千。天子使王子虎命晋侯为伯，赐大辂，彤弓矢百，玈弓矢千，秬鬯一卣，珪瓒，虎贲三百人。晋侯三辞，然后稽首受之。周作晋文侯命："王若曰：父义和，丕显文、武，能慎明德，昭登于上，布闻在下，维时上帝集厥命于文、武。恤朕身，继予一人永其在位。"于是晋文公称伯。癸亥，王子虎盟诸侯于王庭。晋焚楚军，火数日不息，文公叹。左右曰："胜楚而君犹忧，何？"文公曰："吾闻能战胜安者唯圣人，是以惧。且子玉犹在，庸可喜乎！"子玉之败而归，楚成王怒其不用其言，贪与晋战，让责子玉，子玉自杀。晋文公曰："我击其外，楚诛其内，内外相应。"于是乃喜。

六月，晋人复入卫侯。壬午，晋度河北归国。行赏，狐偃为首。或曰："城濮之事，先轸之谋。"文公曰："城濮之事，偃说我毋失信。先轸曰'军事胜为右'，吾用之以胜。然此一时之说，偃言万世之功，奈何以一时之利而加万世功乎？是以先之。"冬，晋侯会诸侯于温，欲率之朝周。力未能，恐其有畔者，乃使人言周襄王狩于河阳。壬申，遂率诸侯朝王于践土。孔子读史记至文公，曰"诸侯无召王"、"王狩河阳"者，《春秋》讳之也。丁丑，诸侯围许。曹伯臣或说晋侯曰："齐桓公合诸侯而国异姓，今君为会而灭同姓。曹，叔振铎之后；晋，唐叔之后。合诸侯而灭兄弟，非礼。"晋侯说，复曹伯。于是晋始作三行。荀林父将中行，先縠将右行，先蔑将左行。七年，晋文公、秦缪公共围郑，以其无礼于文公亡过时，及城濮时郑助楚也。应前。围郑，欲得叔瞻。叔瞻闻之，自杀。郑持叔瞻告晋。晋曰："必得郑君而后甘心焉。"郑恐，乃间令使谓秦缪公曰："亡郑厚晋，于晋得矣，而秦未为利。君何不解郑，得为东道交？"秦伯说，罢兵。晋亦罢兵。九年冬，晋文公卒，子襄公欢立。

十四年，灵公壮，侈，厚敛以雕墙。从台上弹人，观其避丸也。宰夫胹音而。熊蹯音樊，熊掌也。不熟，灵公怒，杀宰夫，使妇人持其尸出弃之，过朝。赵盾、随会前数谏，不听；已又见死人手，二人前谏。随会先谏，不听。灵公患之，使鉏麑刺赵盾。盾闺门开，居处节，鉏麑退，叹曰："杀忠臣，弃君命，罪一也。"遂触树而死。┃【眉批】此著饿人名，为后问其名弗告张本。初，盾常田首山，见桑下有饿人。饿人，示眯明也。盾与之食，食其半。问其故，曰："宦三年，未知母之存不，愿遗母。"盾义之，益与之饭肉。已而为晋宰夫，赵盾弗复知也。【眉批】二"知"字相唤应。九月，晋灵公饮赵盾酒，伏甲将攻盾。公宰示眯明知之，恐盾醉不能起，而进曰："君赐臣，觞三行可以罢。”欲以去赵盾，令先，毋及难。盾既去，灵公伏士未会，先纵啮狗名敖。明为盾搏杀狗。盾曰：“弃人用狗，虽猛何为。”然不知明之为阴德也。已而灵公纵伏士出逐赵盾，示眯明反击灵公之伏士，伏士不能进，而竟脱盾。盾问其故，曰：“我桑下饿人。”问其名，弗告。明亦因亡去。盾遂奔，未出晋境。乙丑，盾昆弟将军赵穿袭杀灵公于桃园而迎赵盾。【眉批】得民和处，于钽麑、眯明二人见之。赵盾素贵，得民和；灵公少，侈，民不附，故为弑易。盾复位。晋太史董狐书曰“赵盾弑其君”，以视于朝。盾曰：“弑者赵穿，我无罪。”太史曰：“子为正卿，而亡不出境，反不诛国乱，非子而谁？”孔子闻之，曰：“董狐，古之良史也，书法不隐。宣子，良大夫也，为法受恶。惜也，出疆乃免。”

太史公曰：晋文公，古所谓明君也，亡居外十九年，至困约，及即位而行赏，尚忘介子推，况骄主乎？灵公既弑，其后成、景致严，至厉太刻，大夫惧诛，祸作。悼公以后日衰，六卿专权。故君道之御其臣下，固不易哉！

楚世家 略

【眉批】五段首尾相应，俱以“初”字起，“如”字结，正以见平王之立非偶然耳。初，共王有宠子五人，无嫡立，乃望祭群神，请神决之，使主社稷，而阴与巴姬埋璧于室内，召五公子斋而入。康王跨之，灵王肘加之，子比、子皙皆远之。平王幼，抱而入再拜，压纽。故康王以长立，至其子失之；围为灵王，及身而弑；子比为王十余日，子皙不得立，又俱诛。四子皆绝无后。唯独弃疾后立，为平王，竟续楚祀，如其神符。┃ 结。初，子比自晋归，韩宣子问叔向曰：“子比其济乎？”对曰：“不就。”宣子曰：“同恶相求，如市贾焉，何为不就？”对曰：“无与同好，谁与同恶？取国有五难：【眉批】历用“有”、“无”字反复相照应。有宠无人，一也；有人无主，二也；有主无谋，三也；有谋而无民，四也；有民而无德，五也。子比在晋十三年矣，晋、楚之从不闻通者，可谓无人矣；族尽亲叛，可谓无主矣；无衅而动，可谓无谋矣；为羁终世，可谓无民矣；亡无爱征，可谓无德矣。王虐而不忌，子比涉五难以弑君，谁能济之！应前“济”字。有楚国者，其弃疾乎？君陈、蔡，方城外属焉。苛慝不作，盗贼伏隐，私欲不违，民无怨心。先神命之，国民信之。芊按：中华书局版《史记》“芊”作“芈”。姓有乱，必季实立，楚之常也。子比之官，则右尹也；数其贵宠，则庶子也；以神所命，则又远之；民无怀焉，将何以立？”┃ 宣子曰：“齐桓、晋文不亦是乎？”对曰：“齐桓，卫姬之子也，有宠于釐公。有鲍叔牙、宾须无、隰朋以为辅，有莒、卫以为外主，有高、国以为内主。从善如流，施惠不倦。有国，锁。不亦宜乎？┃ 昔我文公，狐季姬之子也，有宠于献公。好学不倦。生十七年，有士五人，有先大夫子馀、子犯以为腹心，有魏犨、贾佗以为股肱，有齐、宋、秦、楚以为外主，有栾、郤、狐、先以为内主。亡十九年，守志弥笃。惠、怀弃民，民从而与之。故

文公有国，锁。不亦宜乎？子比无施于民，无援于外，去晋，晋不送；归楚，楚不迎。何以有国！”反锁。【眉批】因论齐桓、晋文，并引文公作证，分为两段，各叙其有贤臣为辅而皆以有国。“不亦宜乎”句锁之至“子比”数句，则以“无”字反应“以”字，而以“何以有国”句锁之，对待整然。|子比果不终焉，卒立者弃疾，如叔向言也。结。【眉批】两用“如”字相应。

怀王十六年，秦欲伐齐，而楚与齐从亲，秦惠王患之，乃宣言张仪免相，使张仪南见楚王，谓楚王曰：【眉批】此段文气爽朗跌宕，连用四“无先”字不觉其复。“敝邑之王所甚说者无先大王，虽仪之所甚愿为门阑之厮者亦无先大王。敝邑之王所甚憎者无先齐王，虽仪之所甚憎者亦无先齐王。而大王和之，是以敝邑之王不得事王，而令仪亦不得为门阑之厮也。王为仪闭关而绝齐，今使使者从仪西取故秦所分楚商於之地方六百里，如是则齐弱矣。是北弱齐，西德于秦，私商於以为富，此一计而三利俱至也。”怀王大悦，乃置相玺于张仪，日与置酒，宣言“吾复得吾商於之地”。群臣皆贺，而陈轸独吊。【眉批】“皆”字、“独”字甚有意。怀王曰：“何故？”陈轸对曰：“秦之所为重王者，以王之有齐也。今地未可得而齐交先绝，是楚孤也。夫秦又何重孤国哉，必轻楚矣。且先出地而后绝齐，则秦计不为。先绝齐而后责地，则必见欺于张仪。见欺于张仪，则王必怨之。怨之，是西起秦患，北绝齐交。西起秦患，北绝齐交，则两国之兵必至。臣故吊。”楚王弗听，因使一将军西受封地。张仪至秦，详醉坠车，称病不出三月，地不可得。楚王曰：“仪以吾绝齐为尚薄邪？”乃使勇士宋遗北辱齐王。齐王大怒，折楚符而合于秦。秦齐交合，张仪乃起朝，谓楚将军曰：“子何不受地？从某至某，广袤六里。”楚将军曰：“臣之所以见命者六百里，不闻六里。”即以归报怀王。怀王大怒，兴师将伐秦。陈轸又曰：“伐秦非计也。不如因赂之一名都，与之伐齐，是我亡于秦，取偿于齐也，吾国尚可全。今王已绝于齐而责欺于秦，是吾合秦齐之交而来天下之兵也，国必大伤矣。”楚王不听，遂绝和于秦。

顷襄王十八年，楚人有好以弱弓微缴加归雁之上者，顷襄王闻，召而问之。对曰：【眉批】观此词当不是楚之恒人，惜失其姓氏。“小臣之好射鶀雁、罗鸗，小矢之发也，何足为大王道也。且称楚之大，因大王之贤，所弋非直此也。昔者三王以弋道德，五霸以弋战国。故秦、魏、燕、赵者，鶀雁也；齐、鲁、韩、卫者，青首也；驺、费、郯、邳者，罗鸗也。外其余则不足射者。见鸟六双，以王何取？王何不以圣人为弓，以勇士为缴，时张而射之？此六双者，可得而囊载也。其乐非特朝夕之乐也，其获非特凫雁之实也。王朝张弓而射魏之大梁之南，加其右臂而径属之于韩，则中国之路绝而上蔡之郡坏矣。还射圉之东，解魏左肘而外击定陶，则魏之东外弃而大宋、方與二郡者举矣。且魏断二臂，颠越矣；膺击郯国，大梁可得而有也。王绩缴兰台，饮马西河，定魏大梁，此一发之乐也。若王之于弋诚好而不厌，则出宝弓，碆音波。新缴，射噣鸟于东海，还盖长城以为防，朝射东莒，夕发浿丘，夜加即墨，顾据午道，则长城之东收而太山之北举矣。西结境于赵而北达于燕，三国布䎱，音翅。则从不待约而可成也。北游目于燕之辽东而南登望于越之会稽，此再发之乐也。若夫泗上十二诸侯，左萦而右拂之，可一旦而尽也。今秦破韩以为长忧，得列城而不敢守也；伐魏而无功，击赵顾病，则秦魏之勇力屈矣，楚之故地汉中、析、郦可得而复有也。王出宝弓，碆新缴，涉鄳塞，而待秦之倦也，山东、河内可得而一也。劳民休众，南面称王矣。故曰秦为大鸟，负海内而处，东面而立，左臂据赵之西南，右臂傅楚鄢郢，膺击韩魏，垂头中国，处既形便，势有地利，奋翼鼓䎱，方三千里，则秦未可得独招而夜射也。”欲以激怒襄王，故对以此言。襄王因召与语，遂言曰：“夫先王为秦所欺而客死于外，怨莫大焉。今以匹夫有怨，尚有报万乘，白公、子胥是也。今楚之地方五千里，带甲百万，犹足以踊跃中野也，而坐受困，臣窃为大王弗取也。”于是顷襄王遣使于诸侯，复为从，欲以伐秦。

越世家 范蠡始末

【眉批】范蠡列在《货殖传》传内，又载货殖事；若伯越诸谋画，与越事相联者，则附见《越世家》中；而救中子杀人，亦附其后：此皆太史公作史法也。范蠡事越王勾践，既苦身戮力，与勾践深谋二十余年，竟灭吴，报会稽之耻，北渡兵于淮以临齐、晋，号令中国，以尊周室，勾践以霸，而范蠡称上将军。还反国，范蠡以为大名之下，难以久居，且勾践为人可与同患，难与处安，为书辞勾践曰："臣闻主忧臣劳，主辱臣死。昔者君王辱于会稽，所以不死，为此事也。今既以雪耻，臣请从会稽之诛。"勾践曰："孤将与子分国而有之。不然，将加诛于子。"范蠡曰："君行令，臣行意。"乃装其轻宝珠玉，自与其私徒属乘舟浮海以行，终不反。于是勾践表会稽山以为范蠡奉邑。|范蠡浮海出齐，变姓名，自谓鸱夷子皮，耕于海畔，苦身戮力，父子治产。居无几何，致产数千万。齐人闻其贤，以为相。范蠡喟然叹曰："居家则致千金，居官则至卿相，此布衣之极也。久受尊名，不祥。"乃归相印，尽散其财，以分与知友乡党，而怀其重宝，间行以去，止于陶，以为此天下之中，交易有无之路通，为生可以致富矣。于是自谓陶朱公。复约要父子耕畜，废居，候时转物，逐什一之利。居无何，【眉批】两曰"居无何"，见致富之易。则致赀累巨万。天下独陶朱公。

【眉批】此事甚奇，文亦奇，可与文君夜奔、高祖还沛二节并观。朱公居陶，生少子。少子及壮，而朱公中男杀人，囚于楚。朱公曰："杀人而死，职也。然吾闻千金之子不死于市。"告其少子往视之。乃装黄金千镒，置褐器中，载以一牛车。且遣其少子，朱公长男固请欲行，朱公不听。长男曰："家有长子曰家督，今弟有罪，大人不遣，乃遣少弟，是吾不肖。"欲自杀。其母为言曰："今遣少子，未必能生中子也，而先空亡长男，奈何？"朱公不得已而遣长子，为一封书遗故所善庄生。曰："至则进千金于庄生所，听其所为，慎无与争事。"【眉批】次朱公遣长男与庄生戒长男两语，皆暗伏后案。长男既行，亦自私赍数百金。至楚，庄生家负郭，披藜藋到门，居甚贫。然长男发书进千金，如其父言。庄生曰："可疾去矣，慎毋留！即弟出，勿问所以然。"长男既去，不过庄生而私留，以其私赍献遗楚国贵人用事者。庄生虽居穷阎，然以廉直闻于国，自楚王以下皆师尊之。【眉批】揣摩庄生本意，而即插以告妇之言，又即以长男之意接下，此叙事议论相间成文处。及朱公进金，非有意受也，欲以成事后复归之以为信耳。故金至，谓其妇曰："此朱公之金。有如病不宿诫，后复归，勿动。"而朱公长男不知其意，以为殊无短长也。庄生间时入见楚王，言"某星宿某，此则害于楚"。楚王素信庄生，曰："今为奈何？"庄生曰："独以德为可以除之。"楚王曰："生休矣，寡人将行之。"王乃使使者封三钱之府。楚贵人惊告朱公长男曰："王且赦。"曰："何以也？"曰："每王且赦，常封三钱之府。昨暮王使使封之。"朱公长男以为赦，弟固当出也，重千金虚弃庄生，无所为也，乃复见庄生。庄生惊曰："若不去邪？"长男曰："固未也。初为事弟，弟今议自赦，故辞生去。"庄生知其意欲复得其金，曰："若自入室取金。"长男即自入室取金持去，独自欢幸。庄生羞为儿子所卖，乃入见楚王曰："臣前言某星事，王言欲以修德报之。今臣出，道路皆言陶之富人朱公之子杀人囚楚，其家多持金钱赂王左右，故王非能恤楚国而赦，乃以朱公子故也。"楚王大怒曰："寡人虽不德耳，奈何以朱公之子故而施惠乎！"令论杀朱公子，明日遂下赦令。朱公长男竟持其弟丧归。至，其母及邑人尽哀之，唯朱公独笑，曰："吾固知必杀其弟也！彼非不爱其弟，顾有所不能忍者也。是少与我俱，应前父子治产。见苦，为生难，故重弃财。至如少弟者，生而见我富，乘坚驱良逐狡兔，岂知财所从来，故轻去之，非所惜吝。前日吾所为欲遣少子，固为其能弃财故也。而长者不能，故卒以杀其弟，事之理也，无足悲者。吾日夜固以望其丧之来也。”与“丧归”相顾。故范蠡三徙，成名于天下，非苟去而已，所止必成名。卒老死于陶，总结。故世传曰陶朱公。应前。

赵世家

程英立孤始末
烈侯好音始末
武灵王始末
立少子何始末
触龙始末

屠岸贾者，始有宠于灵公，及至于景公而贾为司寇，将作难，乃治灵公之贼以致赵盾，遍告诸将曰："盾虽不知，犹为贼首。以臣弑君，子孙在朝，何以惩罪？请诛之。"韩厥曰："灵公遇贼，赵盾在外，吾先君以为无罪，故不诛。今诸君将诛其后，是非先君之意而今妄诛。妄诛谓之乱。臣有大事而君不闻，是无君也。"屠岸贾不听。韩厥告赵朔趣亡。朔不肯，曰："子必不绝赵祀，朔死不恨。"一篇血脉。韩厥许诺，伏立孤儿案。称疾不出。贾不请而擅与诸将攻赵氏于下宫，杀赵朔、赵同、赵括、赵婴齐，皆灭其族。赵朔妻成公姊，有遗腹，走公宫匿。赵朔客曰公孙杵臼，杵臼谓朔友人程婴曰："胡不死？"程婴曰："朔之妇有遗腹，若幸而男，吾奉之；即女也，吾徐死耳。"【眉批】二忠臣传即藏在《赵世家》中。居无何，而朔妇免身，生男。屠岸贾闻之，索于宫中。夫人置儿绔中，堪画。祝曰："赵宗灭乎，若号；即不灭，若无声。"及索，儿竟无声。已脱，程婴谓公孙杵臼曰："今一索不得，后必且复索之，奈何？"公孙杵臼曰："立孤与死孰难？"程婴曰："死易，立孤难耳。"公孙杵臼曰："赵氏先君遇子厚，子强为其难者，吾为其易者，请先死。"乃二人谋取他人婴儿负之，衣以文葆，匿山中。程婴出，堪画。谬谓诸将军曰："婴不肖，不能立赵孤。谁能与我千金，吾告赵氏孤处。"诸将皆喜，许之，发师随程婴攻公孙杵臼。杵臼谬曰："小人哉程婴！昔下宫之难不能死，与我谋匿赵氏孤儿，今又卖我。纵不能立，而忍卖之乎！"抱儿呼曰："天乎天乎！赵氏孤儿何罪？请活之，独杀杵臼可也。”诸将不许，遂杀杵臼与孤儿。诸将以为赵氏孤儿良已死，皆喜。然赵氏真孤乃反在，【眉批】“赵氏真孤乃反在”一句截住，唤醒有力。程婴卒与俱匿山中。

居十五年，晋景公疾，卜之，大业之后不遂者为祟。景公问韩厥，厥知赵孤在，乃曰：“大业之后在晋绝祀者，其赵氏乎？夫自中衍者皆嬴姓也。中衍人面鸟噣，降佐殷帝大戊，及周天子，皆有明德。下及幽厉无道，而叔带去周适晋，事先君文侯，至于成公，世有立功，未尝绝祀。今吾君独灭赵宗，国人哀之，故见龟策。唯君图之。”景公问：“赵尚有后子孙乎？”韩厥具以实告。于是景公乃与韩厥谋立赵孤儿，召而匿之宫中。【眉批】始则母置之绔中，继则友匿之山中，至是君亦匿之宫中。太史公详著之，所以甚岸贾之恶也。诸将入问疾，景公因韩厥之众以胁诸将而见赵孤。赵孤名曰武。才出名。诸将不得已，乃曰：“昔下宫之难，屠岸贾为之，矫以君命，并命群臣。非然，孰敢作难！微君之疾，群臣固且请立赵后。今君有命，群臣之愿也。”于是召赵武、程婴遍拜诸将，遂反与程婴、赵武攻屠岸贾，灭其族。复与赵武田邑如故。及赵武冠，为成人，程婴乃辞诸大夫，谓赵武曰：“昔下宫之难，皆能死。我非不能死，我思立赵氏之后。今赵武既立，为成人，复故位，我将下报赵宣孟与公孙杵臼。”赵武啼泣顿首固请，曰：“武愿苦筋骨以报子至死，而子忍去我死乎！”程婴曰：“不可。彼以我为能成事，故先我死；今我不报，是以我事为不成。”遂自杀。【眉批】古人不肯欠人一死如此。赵武服齐衰三年，为之祭邑，春秋祠之，世世勿绝。

烈侯元年，魏文侯伐中山，使太子击守之。六年，魏、韩、赵皆相立为诸侯，追尊献子为献侯。烈侯好音，谓相国公仲连曰：“寡人有爱，可以贵之乎？”公仲曰：“富之可，贵之则否。”烈侯曰：“然。夫郑歌者枪、石二人名。二人，吾赐之田，人万亩。”公仲曰：“诺。”不与。居一月，烈侯从代来，问歌者田。公仲曰：“求，未有可者。”有顷，烈侯复问。公仲终不与，乃称疾不朝。番吾君自代来，谓公仲曰：“君实好善，而未知所持。今公仲相赵，于今四年，亦有进士乎？”公仲曰：“未也。”番吾君曰：“牛畜、荀欣、徐越皆可。”公仲乃进三人。及朝，烈侯复问：“歌者田何如？”公仲曰：“方使择其善者。”牛畜侍烈侯以仁义，约以王道，烈侯逌音由。然。明日，荀欣侍，以选练举贤，任官使能。明日，徐越侍，以节财俭用，察度功德。所与无不充，君说。烈侯使使谓相国曰：“歌者之田且止。”【眉批】“歌者之田且止”句，宛转有余味。官牛畜为师，荀欣为中尉，徐越为内史，赐相国衣二袭。

武灵王元年，阳文君赵豹相。梁襄王与太子嗣，韩宣王与太子仓来朝信宫。武灵王少，未能听政，博闻师三人，左右司过三人。及听政，先问先王贵臣肥义，加其秩；国三老年八十，月致其礼。三年，城鄗。四年，与韩会于区鼠。五年，娶韩女为夫人。八年，韩击秦，不胜而去。五国相王，赵独否，曰：“无其实，敢处其名乎！”令国人谓己曰“君”。九年，与韩、魏共击秦，秦败我，斩首八万级。齐败我观泽。十年，秦取我西都及中阳。齐破燕。燕相子之为君，君反为臣。十一年，王召公子职于韩，立以为燕王，使乐池送之。十三年，秦拔我蔺，虏将军赵庄。楚、魏王来，过邯郸。十四年，赵何攻魏。十六年，秦惠王卒。王游大陵。他日，王梦见处女鼓琴而歌诗曰：“美人荧荧兮，颜若苕之荣。命乎命乎，曾无我嬴！”异日，王饮酒乐，数言所梦，想见其状。吴广闻之，因夫人而内其女娃嬴。孟姚也。孟姚甚有宠于王，是为惠后。【眉批】沙丘之变，以吴娃故。故太史公次惠后之立、之卒与后文王为惠子特详。十七年，王出九门，为野台，以望齐、中山之境。雄心处。十八年，秦武王与孟说举龙文赤鼎，绝膑而死。赵王使代相赵固迎公子稷于燕，送归，立为秦王，是为昭王。十九年春正月，大朝信宫。召肥义与议天下，雄心处。五日而毕。王北略中山之地，至于房子，遂之代，北至无穷，西至河，登黄华之上。召楼缓谋曰：“我先王因世之变，以长南藩之地，属阻漳、滏之险，立长城，又取蔺、郭狼，败林人于荏，而功未遂。今中山在我腹心，北有燕，东有胡，西有林胡、楼烦、秦、韩之边，而无强兵之救，是亡社稷，奈何？夫有高世之名，必有遗俗之累。二句一篇主意。吾欲胡服。”楼缓曰：“善。”群臣皆不欲。于是肥义侍，王曰：“简、襄主之烈，眼目。计胡、翟之利。为人臣者，宠《国策》“宠”作“穷”。有孝悌长幼顺明之节，通有补民益主之业，此两者臣之分也。今吾欲继襄主之迹，开于胡、翟之乡，而卒世犹言举世。不见也。为敌弱，用力少而功多，可以毋尽百姓之劳，而序往古之勋。夫有高世之功者，负遗俗之累；有独智之虑者，任骜民之怨。今吾将胡服骑射以教百姓，而世必议寡人，奈何？”肥义曰：“臣闻疑事无功，疑行无名。王既定负遗俗之虑，殆无顾天下之议矣。夫论至德者不和于俗，成大功者不谋于众。昔者舜舞有苗，禹袒裸国，非以养欲而乐志也，务以论德而约功也。愚者暗成事，智者睹未形，则王何疑焉。”王曰：“吾不疑胡服也，吾恐天下笑我也。狂夫之乐，智者哀焉；愚者所笑，贤者察焉。世有顺我者，胡服之功未可知也。虽驱世以笑我，胡地中山吾必有之。”于是遂胡服矣。使王緤告公子成曰：“寡人胡服，将以朝也，亦欲叔服之。家听于亲而国听于君，古今之公行也。子不反亲，臣不逆君，兄弟《国策》作先王。之通义也。今寡人作教易服而叔不服，吾恐天下议之也。制国有常，利民为本；从政有经，令行为上。明德先论于贱，而行政先信于贵。今胡服之意，非以养欲而乐志也；事有所止而功有所出，事成功立，然后善也。今寡人恐叔之逆从政之经，以辅叔之议。且寡人闻之，事利国者行无邪，因贵戚者名不累，故愿慕公叔之义，以成胡服之功。使緤谒之叔，请服焉。”【眉批】胡服非非而言则是，其言或非而文则佳。公子成再拜稽首曰：“臣固闻王之胡服也。臣不佞，寝疾，未能趋走以滋进也。王命之，臣敢对，因竭其愚忠。曰：臣闻中国者，盖聪明徇智之所居也，万物财用之所聚也，贤圣之所教也，仁义之所施也，《诗》、《书》、《礼》、《乐》之所用也，异敏技能之所试也，远方之所观赴也，蛮夷之所义行也。【眉批】自“中国”至“行也”，似周官大司徒文。今王舍此而袭远方之服，变古之教，易古之道，逆人之心，而怫学者，离中国，故臣愿王图之也。”使者以报。王曰：“吾固闻叔之疾也，我将自往请之。”王遂往之公子成家，因自请之，曰：“夫服者，所以便用也；礼者，所以便事也。圣人观乡而顺宜，因事而制礼，所以利其民而厚其国也。夫翦发文身，错臂左衽，瓯越之民也。黑齿雕题，却冠秫绌，大吴之国也。故礼服莫同，其便一也。乡异而用变，事异而礼易。是以圣人果可以利其国，不一其用；果可以便其事，不同其礼。儒者一师而俗异，中国同礼而教离，况于山谷之便乎？【眉批】儒者一师，宜俗之同也。中国同礼，宜教之合也。然礼异而教离，则礼不足恃，而治无常法也。故去就之变，智者不能一；远近之服，圣贤不能同。穷乡多异，曲学多辩。不知而不疑，异于己而不非者，公焉而众求尽善也。今叔之所言者俗也，吾所言者所以制俗也。吾国东有河、薄洛之水，与齐、中山同之，无舟楫之用。【眉批】“无舟楫，将何以守”者反言也；“变服以备”者，正言也。战国先秦文字多如此。自常山以至代、上党，东有燕、胡之境，而西有楼烦、秦、韩之边，今无骑射之备。【眉批】“骑射之备”二句，此武灵王变胡服本旨。故寡人无舟楫之用，夹水居之民，将何以守河、薄洛之水；变服骑射，以备燕、三胡、秦、韩之边。且昔者简主不塞晋阳以及上党，而襄主并戎取代以攘诸胡，此愚智所明也。先时中山负齐之强兵，侵暴吾地，系累吾民，引水围鄗，微社稷之神灵，则鄗几于不守也。先王丑之，而怨未能报也。今骑射之备，近可以便上党之形，而远可以报中山之怨。而叔顺中国之俗以逆简、襄之意，恶变服之名以忘鄗事之丑，非寡人之所望也。”公子成再拜稽首曰：“臣愚，不达于王之义，敢道世俗之闻，臣之罪也。今王将继简、襄之意以顺先王之志，臣敢不听命乎！”再拜稽首。乃赐胡服。明日，服而朝。于是始出胡服令也。赵文、赵造、周袑、赵俊皆谏止王毋胡服，如故法便。王曰：【眉批】《商君传》与此多同，然商传文法古简，此文错以他语，奇而肆，可以参观。王恢议伐匈奴，亦间采其数语。“先王不同俗，何古之法？帝王不相袭，何礼之循？虙戏、神农教而不诛，黄帝、尧、舜诛而不怒。及至三王，随时制法，因事制礼。法度制令各顺其宜，衣服器械各便其用。故礼也不必一道，而便国不必古。圣人之兴也不相袭而王，夏、殷之衰也不易礼而灭。然则反古未可非，而循礼未足多也。且服奇者志淫，则是邹、鲁无奇行也；【眉批】二“奇”字，皆奇邪之意，言服奇志淫，则邹鲁儒服不奇者，岂无一奇邪之行哉？俗辟者民易，则是吴、越无秀士也。且圣人利身谓之服，便事谓之礼。夫进退之节，衣服之制者，所以齐常民也，非所以论贤者也。故齐民与俗流，贤者与变俱。故谚曰‘以书御者不尽马之情，以古制今者不达事之变’。循法之功，不足以高世；法古之学，不足以制今。子不及也。”【眉批】反古之说，皆钓金一舆车之类，古所谓以辨言乱旧政也。遂胡服招骑射。

二十年，王略中山地，至宁葭；西略胡地，至榆中。林胡王献马。归，使楼缓之秦，仇液之韩，王贲之楚，富丁之魏，赵爵之齐。代相赵固主胡，致其兵。雄心处。二十一年，攻中山。赵袑为右军，许钧为左军，公子章为中军，王并将之。牛翦将车骑，赵希并将胡、代。赵与之陉，合军曲阳，攻取丹丘、华阳、鸱之塞。王军取鄗、石邑、封龙、东垣。中山献四邑请和，王许之，罢兵。二十三年，攻中山。二十五年，惠后卒。使周袑胡服傅王子何。二十六年，复攻中山，攘地北至燕、代，西至云中、九原。二十七年五月戊申，大朝于东宫，传国，立王子何以为王。王庙见礼毕，出临朝。大夫悉为臣，肥义为相国，并傅王。是为惠文王。惠文王，惠后吴娃子也。武灵王自号为主父。主父欲令子主治国，而身胡服将士大夫西北略胡地，而欲从云中、九原直南袭秦，于是诈自为使者入秦。雄心处。【眉批】太史公到此却点出武灵王雄心之所以然。秦昭王不知，已而怪其状甚伟，非人臣之度，使人逐之，而主父驰已脱关矣。审问之，乃主父也。秦人大惊。主父所以入秦者，欲自略地形，因观秦王之为人也。惠文王二年，主父行新地，遂出代，西遇楼烦王于西河而致其兵。三年，灭中山，迁其王于肤施。起灵寿，北地方从，代道大通。还归，行赏，大赦，置酒酺五日，封长子章为代安阳君。章素侈，心不服其弟所立。主父又使田不礼相章也。李兑谓肥义曰："公子章强壮而志骄，党众而欲大，殆有私乎？田不礼之为人也，忍杀而骄。二人相得，必有谋阴贼起，一出身徼幸。夫小人有欲，轻虑浅谋，徒见其利而不顾其害，同类相推，俱入祸门。以吾观之，必不久矣。子任重而势大，乱之所始，祸之所集也，子必先患。仁者爱万物而智者备祸于未形，不仁不智，何以为国？子奚不称疾毋出，传政于公子成？毋为怨府，毋为祸梯。"肥义曰："不可，昔者主父以王属义也，曰：'毋变而度，毋异而虑，坚守一心，以殁而世。'义再拜受命而籍之。今畏不礼之难而忘吾籍，变孰大焉。进受严命，退而不全，负孰甚焉。变负之臣，不容于刑。谚曰'死者复生，生者不愧'。吾言已在前矣，吾欲全吾言，安得全吾身！且夫贞臣也难至而节见，忠臣也累至而行明。【眉批】此即里克、荀息之言。子则有赐而忠我矣，虽然，吾有语在前者也，终不敢失。"李兑曰："诺，子勉之矣！吾见子已今年耳。"涕泣而出。李兑数见公子成，以备田不礼之事。异日肥异按：中华书局版《史记》"异"作"义"。谓信期曰："公子与田不礼甚可忧也。其于义也声善而实恶，此为人也不子不臣。吾闻之也，奸臣在朝，国之残也；谗臣在中，主之蠹也。此人贪而欲大，内得主而外为暴。矫令为慢，以擅一旦之命，不难为也，祸且逮国。今吾忧之，夜而忘寐，饥而忘食。盗贼出入不可不备。自今以来，若有召王者必见吾面，我将先以身当之，无故而王乃入。"

信期曰："善哉，吾得闻此也！"四年，朝群臣，安阳君亦来朝。主父令王听朝，而自从旁观窥群臣宗室之礼。见其长子章傫然也，反北面为臣，诎于其弟，心怜之，于是乃欲分赵而王章于代，计未决而辍。主父及王游沙丘，异宫，公子章即以其徒与田不礼作乱，诈以主父令召王。肥义先入，杀之。高信即与王战。公子成与李兑自国至，乃起四邑之兵入距难，杀公子章及田不礼，灭其党贼而定王室。公子成为相，号安平君，李兑为司寇。公子章之败，往走主父，主父开之，成、兑因围主父宫。公子章死，公子成、李兑谋曰："以章故围主父，即解兵，吾属夷矣。"乃遂围主父。令宫中人"后出者夷"，宫中人悉出。主父欲出不得，又不得食，探爵鷇而食之，三月余而饿死沙丘宫。主父定死，乃发丧赴诸侯。是时王少，成、兑专政，畏诛，故围主父。┃ 主父初复说总上文。以长子章为太子，后得吴娃，爱之，为不出者数岁，生子何，乃废太子章而立何为王。吴娃死，爱弛，怜故太子，欲两王之，犹豫未决，故乱起，以至父子俱死，为天下笑，岂不痛乎！【眉批】上既已详叙颠末，此又括其要而论之，亦一例也。

【眉批】此一段叙事如身于其时者，安得不动人目！孝成王元年，秦伐我，拔三城。赵王新立，太后用事，秦急攻之。赵氏求救于齐，齐曰："必以长安君为质，兵乃出。"太后不肯，大臣强谏。太后明谓左右曰："复言长安君为质者，老妇必唾其面。"左师触龙言愿见太后，太后盛气而胥之。入，徐趋而坐，自谢曰："老臣病足，曾不能疾走，不得见久矣。窃自恕，而恐太后体之有所苦也，故愿望见太后。"太后曰："老妇恃辇而行。"曰："食得毋衰乎？"曰："恃粥耳。"曰："老臣间者殊不欲食，乃强步，日三四里，少益嗜食，和于身也。"太后曰："老妇不能。"太后不和之色稍解。左师公曰："老臣贱息舒祺最少，不肖，而臣衰，窃怜爱之，愿得补黑衣之缺以卫王宫，昧死以闻。"太后曰："敬诺。年几何矣？"对曰："十五岁矣。虽少，愿及未填沟壑而托之。”太后曰：“丈夫亦爱怜少子乎？”对曰：“甚于妇人。”太后笑曰：“妇人异甚。”对曰：“老臣窃以为媪之爱燕后贤于长安君。”太后曰：“君过矣，不若长安君之甚。”左师公曰：“父母爱子，则为之计深远。媪之送燕后也，持其踵，为之泣，念其远也，亦哀之矣。已行，非不思也，祭祀则祝之曰‘必勿使反’，岂非计长久，为子孙相继为王也哉？”太后曰：“然。”左师公曰：“今三世以前，至于赵主之子孙为侯者，其继有在者乎？”曰：“无有。”曰：“微独赵，诸侯有在者乎？”曰：“老妇不闻也。”【眉批】触龙从容纳谏而取成功，与夫强谏于是自待必死者，力少而功倍矣。曰：“此其近者祸及其身，远者及其子孙。岂人主之子侯则不善哉？位尊而无功，奉厚而无劳，而挟重器多也。今媪尊长安君之位，而封之以膏腴之地，多与之重器，而不及今令有功于国，一旦山陵崩，长安君何以自托于赵？老臣以媪为长安君之计短也，故以为爱之不若燕后。”【眉批】首尾相顾应。太后曰：“诺，恣君之所使之。”于是为长安君约车百乘，质于齐，齐兵乃出。子义赵之贤人。闻之，曰：【眉批】载子义论结案。“人主之子，骨肉之亲也，犹不能持无功之尊，无劳之奉，而守金玉之重也，而况于予乎？”【眉批】“予”字一本作“子”，言他人之子也。

魏世家 信陵君上魏王书

论

【眉批】此书于魏之情状与当时形势利害若指诸掌，千年以来绝调之文。魏王以秦救之故，欲亲秦而伐韩，以求故地。无忌谓魏王曰：秦与戎翟同俗，有虎狼之心，贪戾好利无信，不识礼义德行。苟有利焉，不顾亲戚兄弟，若禽兽耳，此天下之所识也，非有所施厚积德也。故太后母也，而以忧死；穰侯舅也，功莫大焉，而竟逐之；两弟无罪，而再夺之国。此于亲戚若此，而况于仇雠之国乎？今王与秦共伐韩而益近秦患，臣甚惑之。而王不识则不明，群臣莫以闻则不忠。今韩氏以一女子奉一弱主，内有大乱，外交强秦魏之兵，王以为不亡乎？韩亡，秦有郑地，与大梁邻，王以为安乎？王欲得故地，今负强秦之亲，王以为利乎？秦非无事之国也，韩亡之后必将更事，更事必就易与利，就易与利必不伐楚与赵矣。| 是何也？【眉批】"是何也"以下，指言秦亡韩之后必不伐楚与赵之故。夫越山逾河，绝韩上党而攻强赵，是复阏與之事，秦必不为也。若道河内，倍邺、朝歌，绝漳滏水，与赵兵决于邯郸之郊，是知伯之祸也，秦又不敢。伐楚，道涉山谷，行三千里而攻冥阨之塞，所行甚远，所攻甚难，秦又不为也。若道河外，倍大梁，右蔡左召陵，与楚兵决于陈郊，秦又不敢。故曰秦必不伐楚与赵矣，又不攻卫与齐矣。夫韩亡之后，兵出之日，非魏无攻已。才说破。| 秦固有怀、茅、邢丘，【眉批】"秦固有"以下，直指秦亡韩之后必首伐魏。城垝津以临河内，河内共、汲必危；有郑地，得垣雍，决荥泽水灌大梁，大梁必亡。王之使者出过而恶安陵氏于秦，秦之欲诛之久矣。秦叶阳、昆阳与武阳按：中华书局版《史记》"武阳"作"舞阳"。邻，听使者之恶之，随安陵氏而亡之，安陵，魏人。不欲攻韩，故恶之。绕舞阳之北，以东临许，南国必危，国无害已？夫憎韩不爱安陵氏可也，夫不患秦之不爱南国非也。异日者，【眉批】

“异日”以下，论韩未亡而魏且困于秦兵如此。秦在河西晋，国去梁千里，有河山以阑之，有周韩以间之。从林乡军以至于今，秦七攻魏，五入囿中，边城尽拔，文台堕，垂都焚，林木伐，麋鹿尽，而国继以围。又长驱梁北，东至陶卫之郊，北至平监。所亡于秦者，山南山北，河外河内，大县数十，名都数百。秦乃在河西晋，去梁千里，而祸若是矣。又况于使秦无韩，有郑地，无河山而阑之，无周韩而间之，去大梁百里，祸必由此矣。┃ 异日者，【眉批】“异日”以下，直说韩亡则魏受秦之祸必烈。从之不成也，楚、魏疑而韩不可得也。今韩受兵三年，秦挠之以讲，识亡不听，投质于赵，请为天下雁行顿刃，楚、赵必集兵，皆识秦之欲无穷也，非尽亡天下之国而臣海内，必不休矣。┃ 是故臣愿以从事王，【眉批】“是故”以下，才说从楚、赵以存韩，则魏以为利。王速受楚赵之约，赵挟韩之质以存韩，而求故地，韩必效之。此士民不劳而故地得，其功多于与秦共伐韩，而又与强秦邻之祸也。夫存韩安魏而利天下，此亦王之天时已。通韩上党于共、寧，使道安成，出入赋之，是魏重质韩以其上党也。今有其赋，足以富国。韩必德魏爱魏重魏畏魏，韩必不敢反魏，【眉批】连用五“魏”字，奇。是韩则魏之县也。魏得韩以为县，卫、大梁、河外必安矣。今不存韩，二周、安陵必危，楚、赵大破，卫、齐甚畏，天下西乡而驰秦入朝而为臣不久矣。

太史公曰：吾适故大梁之墟，墟中人曰：“秦之破梁，引河沟而灌大梁，三月城坏，王请降，遂灭魏。”说者皆曰魏以不用信陵君故，国削弱至于亡，余以为不然。天方令秦平海内，其业未成，魏虽得阿衡之佐，曷益乎？

韩世家 陈轸诳韩绝秦始末论

十六年，秦败我修鱼，虏得韩将鲠、申差于浊泽。韩氏急，公仲谓韩王曰："与国非可恃也。今秦之欲伐楚久矣，王不如因张仪为和于秦，赂以一名都，具甲，与之南伐楚，此以一易二之计也。"韩王曰："善。"乃警公仲之行，将西讲按：中华书局版《史记》"讲"作"购"。于秦。| 楚王闻之大恐，召陈轸告之。陈轸曰："秦之欲伐楚久矣，今又得韩之名都一而具甲，秦韩并兵而伐楚，此秦所祷祀而求也。今已得之矣，楚国必伐矣。王听臣为之警四境之内，起师言救韩，命战车满道路，发信臣，多其车，重其币，使信王之救己也。纵韩不能听我，【眉批】以纵不能听我，为能听我分柱。韩必德王也，必不为雁行以来，是秦韩不和也，兵虽至，楚不大病也。为能听我绝和于秦，秦必大怒，以厚怨韩。韩之南交楚，必轻秦；轻秦，其应秦必不敬：是因秦、韩之兵而免楚国之患也。"楚王曰："善。"乃警四境之内，兴师言救韩。命战车满道路，发信臣，多其车，重其币。谓韩王曰："不穀国虽小，已悉发之矣。愿大国遂肆志于秦，不穀将以楚循韩。"【眉批】此张仪诳楚之故伎，轸亦以诳韩耶？公仲之言非不明著，而王卒勿听亦愚矣。| 韩王闻之大说，乃止公仲之行。公仲曰："不可。夫以实伐我者秦也，以虚名救我者楚也。王恃楚之虚名，而轻绝强秦之敌，王必为天下大笑。且楚韩非兄弟之国也，又非素约而谋伐秦也。已有伐形，因发兵言救韩，此必陈轸之谋也。且王已使人报于秦矣，今不行，是欺秦也。夫轻欺强秦而信楚之谋臣，结。恐王必悔之。"韩王不听，遂绝于秦。秦因大怒，益甲伐韩，大战，楚救不至。

太史公曰：韩厥之感晋景公，绍赵孤之子武，以成程婴、公孙杵臼之义，此天下之阴德也。【眉批】宜指阴德言。| 韩氏之功，于晋未睹其大者也。| 然与赵、魏终为诸侯十余世，宜乎哉！

田敬仲完世家 威王治齐始末

【眉批】欲言威王中兴，先以初不治起案。威王初即位以来，不治，委政卿大夫，九年之间，诸侯并伐，国人不治。于是威王召即墨大夫而语之曰："自子之居即墨也，毁言日至。然吾使人视即墨，田野辟，民人给，官无留事，东方以宁。是子不事吾左右以求誉也。"封之万家。召阿大夫语曰："自子之守阿，誉言日闻。然使使视阿，田野不辟，民贫苦。昔者赵攻甄，子弗能救。卫取薛陵，子弗知。是子以币厚吾左右以求誉也。"是日，烹阿大夫，及左右尝誉者皆并烹之。遂起兵西击赵、卫，败魏于浊泽而围惠王。惠王请献观以和解，赵人归我长城。于是齐国震惧，人人不敢饰非，务尽其诚。齐国大治。诸侯闻之，莫敢致兵于齐二十余年。

驺忌子以鼓琴见威王，威王说而舍之右室。须臾，王鼓琴，驺忌子推户入曰："善哉鼓琴！"王勃然不说，去琴按剑曰："夫子见容未察，何以知其善也？"驺忌子曰："夫大弦浊以春温者，君也；小弦廉折以清者，相也；攫之深，醳之愉者，政令也；钧谐以鸣，大小相益，回邪而不相害者，四时也：吾是以知其善也。"王曰："善语音。"驺忌子曰："何独语音，夫治国家而弭人民皆在其中。"王又勃然不说曰："若夫语五音之纪，信未有如夫子者也。若夫治国家而弭人民，又何为乎丝桐之间？"驺忌子曰："夫大弦浊以春温者，君也；小弦廉折以清者，相也；攫之深而醳之愉者，政令也；钧谐以鸣，大小相益，回邪而不相害者，四时也。【眉批】再述而不烦，文之委婉郑重处。夫复而不乱者，所以治昌也；连而径者，所以存亡也：故曰琴音调而天下治。夫治国家而弭人民者，无若乎五音者。"王曰："善。"驺忌子见三月而受相印。淳于髡见之曰："善说哉！髡有愚志，愿陈诸前。"驺忌子曰："谨受教。"淳于髡曰："得全全昌，失全全亡。"驺忌子曰："谨受令，请谨毋离前。"淳于髡曰：

“猪膏棘轴，所以为滑也，然而不能运方穿。”穿孔若方，则不能运转。驺忌子曰：“谨受令，请谨事左右。”淳于髡曰：“弓胶昔幹，久也。所以为合也，然而不能傅合疏罅。”驺忌子曰：“谨受令，请谨自附于万民。”淳于髡曰：“狐裘虽敝，不可补以黄狗之皮。”驺忌子曰：“谨受令，请谨择君子，毋杂小人其间。”淳于髡曰：“大车不较，不能载其常任；琴瑟不较，不能成其五音。”驺忌子曰：“谨受令，请谨修法律而督奸吏。”【眉批】髡之善为讽，忌之善为悟，两奇也。淳于髡说毕，趋出，至门，而面其仆曰：“是人者，吾语之微言五，其应我若响之应声，是人必封不久矣。”居期年，封以下邳，号曰成侯。

威王二十三年，与赵王会平陆。二十四年，与魏王会田于郊。魏王问曰：“王亦有宝乎？”威王曰：“无有。”梁王曰：“若寡人国小也，尚有径寸之珠照车前后各十二乘者十枚，奈何以万乘之国而无宝乎？”威王曰：“寡人之所以为宝与王异。吾臣有檀子者，使守南城，则楚人不敢为寇东取，泗上十二诸侯皆来朝。吾臣有盼子者，使守高唐，则赵人不敢东渔于河。吾吏有黔夫者，使守徐州，则燕人祭北门，赵人祭西门，徙而从者七千余家。吾臣有种首者，使备盗贼，则道不拾遗。将以照千里，岂特十二乘哉！”梁惠王惭，不怿而去。

孔子世家 计十一段

论

【眉批】《孔子世家》而以鲁纪年，以孔子鲁人也，且亦作《春秋》意哉！

孔子生鲁昌平乡陬邑。其先宋人也，曰孔防叔。防叔生伯夏，伯夏生叔梁纥。纥与颜氏女野合而生孔子，祷于尼丘得孔子。鲁襄公二十二年而孔子生。生而首上圩顶，中低而四傍高也。故因名曰丘云。字仲尼，姓孔氏。丘生而叔梁纥死，葬于防山。防山在鲁东，由是孔子疑其父墓处，母讳之也。孔子为儿嬉戏，常陈俎豆，设礼容。孔子母死，乃殡五父之衢，盖其慎也。郰音邹。人挽父之母诲孔子父墓，然后往合葬于防焉。

鲁南宫敬叔言鲁君曰："请与孔子适周。"鲁君与之一乘车，两马，一竖子俱，适周问礼，盖见老子云。辞去，而老子送之曰："吾闻富贵者送人以财，仁人者送人以言。吾不能富贵，窃仁人之号，送子以言，曰：'聪明深察而近于死者，好议人者也。博辩广大危其身者，发人之恶者也。为人子者毋以有己，为人臣者毋以有己。'"【眉批】太史公好老氏学，故阴与之。景公他日又复问政于孔子，孔子曰："政在节财。"景公说，将欲以尼谿田封孔子。晏婴进曰："夫儒者滑稽而不可轨法；倨傲自顺，不可以为下；崇丧遂哀，破产厚葬，不可以为俗；游说乞贷，不可以为国。自大贤之息，周室既衰，礼乐缺有间。今孔子盛容饰，繁登降之礼，趋详之节，累世不能殚其学，当年不能究其礼。君欲用之以移齐俗，非所以先细民也。"【眉批】晏子，贤者也。孔子亦每贤之。今《史记》载其沮封之语如此，或疑晏子心虽正而其学墨固有不相为谋者欤？然论晏子者，惟当以孔子之言为正。后景公敬见孔子，不问其礼。

孔子年五十，公山不狃以费畔季氏，使人召孔子。孔子循道弥久，温温无所试，莫能己用，二句表孔子心事出。曰："盖周文武起丰镐而王，今费虽小，傥庶几乎！”欲往。子路不说，止孔子。孔子曰：“夫召我者岂徒哉？如用我，其为东周乎！”然亦卒不行。【眉批】夫子欲往者，以有可以为东周之道也；然卒不行者，知其必不能也。

定公以孔子为中都宰，一年，四方皆则之。由中都宰为司空，由司空为大司寇。定公十年春，及齐平。夏，齐大夫黎钽言于景公曰：“鲁用孔丘，其势危齐。”【眉批】此段以“其势危齐”一句为纲领。观两用乐而能使景公怍且惧，则孔子之用鲁，其危齐可知，以故不得不归侵田以谢过。乃使使告鲁为好会，会于夹谷。鲁定公且以乘车好往。孔子摄相事，曰：“臣闻有文事者必有武备，有武事者必有文备。古者诸侯出疆，必具官以从。请具左右司马。”定公曰：“诺。”具左右司马。会齐侯夹谷，为坛位，土阶三等，以会遇之礼相见，揖让而登。献酬之礼毕，齐有司趋而进曰：“请奏四方之乐。”景公曰：“诺。”于是旍旄羽祓矛戟剑拨鼓噪而至。孔子趋而进，历阶而登，不尽一等，举袂而言曰：“吾两君为好会，夷狄之乐何为于此！请命有司！”有司却之，不去，则左右视晏子与景公。景公心怍，麾而去之。有顷，齐有司趋而进曰：“请奏宫中之乐。”景公曰：“诺。”优倡侏儒为戏而前。孔子趋而进，历阶而登，不尽一等，曰：“匹夫而荧惑诸侯者罪当诛！请命有司！”有司加法焉，手足异处。景公惧而动，知义不若，归而大恐，告其群臣曰：“鲁以君子之道辅其君，而子独以夷狄之道教寡人，使得罪于鲁君，为之奈何？”有司进对曰：“君子有过则谢以质，小人有过则谢以文。君若悼之，则谢以实。”于是齐侯乃归所侵鲁之郓、汶阳、龟阴之田以谢过。

定公十四年，孔子年五十六，由大司寇行摄相事，有喜色。门人曰：“闻君子祸至不惧，福至不喜。”孔子曰：“有是言也。不曰‘乐其以贵下人’乎？”于是诛鲁大夫乱政者少正卯。与闻国政三月，粥羔豚者弗饰贾；男女行者别于涂；涂不拾遗；四方之客至乎邑者不求有司，皆予之以归。齐人闻而惧，曰：“孔子为政必霸，霸则吾地近焉，我之为先并矣。盍致地焉？”犂钼曰：“请先尝沮之；沮之而不可则致地，庸迟乎！”于是选齐国中女子好者八十人，皆衣文衣而舞康乐，文马三十驷，遗鲁君。陈女乐文马于鲁城南高门外。季桓子微服往观再三，将受，乃语鲁君为周道游，往观终日，怠于政事。子路曰：“夫子可以行矣。”孔子曰：“鲁今且郊，如致膰乎大夫，则吾犹可以止。”桓子卒受齐女乐，三日不听政；郊，又不致膰俎于大夫。孔子遂行，宿乎屯。而师已送，曰：“夫子则非罪。”孔子曰：“吾歌可夫？”歌曰：“彼妇之口，可以出走；彼妇之谒，可以死败。盖优哉游哉，维以卒岁！”师已反，桓子曰：“孔子亦何言？”师已以实告。桓子喟然叹曰：“夫子罪我以群婢故也夫！”

孔子学鼓琴师襄子，十日不进。师襄子曰：“可以益矣。”孔子曰：“丘已习其曲矣，未得其数也。”有间，曰：“已习其数，可以益矣。”孔子曰：“丘未得其志也。”有间，曰：“已习其志，可以益矣。”孔子曰：【眉批】此段文法酷似《檀弓》。“丘未得其为人也。”有间，曰：“有所穆然深思焉，有所怡然高望而远志焉。”曰：“丘得其为人，黯然而黑，几然而长，眼如望羊，如王四国，非文王谁能为此也！”师襄子辟席再拜，曰：“师盖云文王操也。”孔子既不得用于卫，将西见赵简子。至于河而闻窦鸣犊、舜华之死也，临河而叹曰：“美哉水，洋洋乎！丘之不济此，命也夫！”子贡趋而进曰：“敢问何谓也？”孔子曰：“窦鸣犊，舜华，晋国之贤大夫也。赵简子未得志之时，须此两人而后从政；及其已得志，杀之乃从政。丘闻之也，刳胎杀夭则麒麟不至郊，竭泽涸渔则蛟龙不合阴阳，覆巢毁卵则凤凰不翔。何则？君子讳伤其类也。夫鸟兽之于不义也尚知辟之，而况乎丘哉！”乃还。

孔子迁于蔡三岁，吴伐陈。楚救陈，军于城父。闻孔子在陈蔡之间，楚使人聘孔子。孔子将往拜礼，陈蔡大夫谋曰：“孔子贤者，所刺讥皆中诸侯之疾。今者久留陈蔡之间，诸大夫所设行皆非仲尼之意。今楚，大国也，来聘孔子。孔子用于楚，则陈蔡用事大夫危矣。”于是乃相与发徒役围孔子于野。不得行，绝粮。从者病，莫能兴。

孔子知弟子有愠心，乃召子路而问曰：“《诗》云‘匪兕匪虎，率彼旷野’。吾道非耶？吾何为于此？”子路曰：“意者吾未仁耶？人之不我信也。意者吾未知耶？人之不我行也。”孔子曰：“有是乎！由，譬使仁者而必信，安有伯夷、叔齐？使智者而必行，安有王子比干？”子路出，子贡入见。孔子曰：“赐，《诗》云‘匪兕匪虎，率彼旷野’。吾道非耶？吾何为于此？”子贡曰：“夫子之道至大也，故天下莫能容夫子。夫子盖少贬焉？”孔子曰：“赐，良农能稼而不能为穑，良工能巧而不能为顺。君子能修其道，纲而纪之，统而理之，而不能为容。今尔不修尔道而求为容。赐，而志不远矣！”子贡出，颜回入见。孔子曰：“回，诗云‘匪兕匪虎，率彼旷野’。吾道非耶？吾何为于此？”颜回曰：“夫子之道至大，故天下莫能容。虽然，夫子推而行之，不容何病，不容然后见君子！夫道之不修也，是吾丑也。夫道既已大修而不用，是有国者之丑也。不容何病，不容然后见君子！”孔子欣然而笑曰：“有是哉颜氏之子！使尔多财，吾为尔宰。”【眉批】此段以“吾道非耶”一句为纲领。孔子以是试三子，乃由疑其未仁未知，而赐欲其少贬，惟回超于二子而曰“不容何病？”盖有愠心者二子，而回则洒然矣，故夫子“欣然而笑”。“笑”与“愠”相应，“多财”与“绝粮”相应。“吾为尔宰”，虽夫子戏言，然与之之意自见。于是使子贡至楚。楚昭王兴师迎孔子，然后得免。

子曰：“弗乎弗乎，君子病没世而名不称焉。吾道不行矣，吾何以自见于后世哉？”乃因史记作《春秋》，上至隐公，下讫哀公十四年，十二公。据鲁，亲周，故殷，运之三代。约其文辞而指博。故吴楚之君自称王，而《春秋》贬之曰“子”；践土之会实召周天子，而《春秋》讳之曰“天王狩于河阳”：推此类以绳当世。贬损之义，后有王者举而开之。《春秋》之义行，则天下乱臣贼子惧焉。孔子在位听讼，文辞有可与人共者，弗独有也。至于为《春秋》，笔则笔，削则削，子夏之徒不能赞一辞。弟子受《春秋》，孔子曰：“后世知丘者以《春秋》，而罪丘者亦以《春秋》。”【眉批】知丘、罪丘应“自见于后世”句。

【眉批】此段见孔子死而不忘用世之志，惟子贡能知之，故夫子叹其来之晚而为之歌，有无限凄怆悲惋之态。孔子病，子贡请见。孔子方负杖逍遥于门，曰：“赐，汝来何其晚也？”孔子因叹，歌曰：“太山坏乎！梁柱摧乎！哲人萎乎！”因以涕下。谓子贡曰：“天下无道久矣，莫能宗予。夏人殡于东阶，周人于西阶，殷人两柱间。昨暮予梦坐奠两柱之间，予殆殷人也。”后七日卒。孔子年七十三，以鲁哀公十六年四月己丑卒。哀公诔之曰：“旻天不吊，不慭遗一老，俾屏余一人以在位，茕茕余在疚。呜呼哀哉！尼父，毋自律！”子贡曰：“君其不没于鲁乎！夫子之言曰：‘礼失则昏，名失则愆。失志为昏，失所为愆。’生不能用，死而诔之，【眉批】“生不能用，死而诔之”，正与“天下无道”二句相应。非礼也。称‘余一人’，非名也。”孔子葬鲁城北泗上。

【眉批】观此《赞》，太史公尊孔子极矣，班掾讥其先黄老而后六经，何欤？太史公曰：《诗》有之：“高山仰止，景行行止。”虽不能至，然心乡往之。余读孔氏书，想见其为人。适鲁，观仲尼庙堂车服礼器，诸生以时习礼其家，余祗回留之不能去云。天下君王至于贤人众矣，当时则荣，没则已焉。孔子布衣，传十余世，学者宗之。自天子王侯，中国言六艺者折中于夫子，可谓至圣矣！

外戚世家 序

窦太后

自古受命帝王及继体守文之君，非独内德茂也，盖亦有外戚之助焉。夏之兴也以涂山，而桀之放也以末喜。殷之兴也以有娀，纣之杀也嬖妲己。周之兴也以姜原及大任，而幽王之禽也淫于褒姒。故《易》基乾坤，《诗》始《关雎》，《书》美釐降，《春秋》讥不亲迎。夫妇之际，人道之大伦也。一句顶《易》、《诗》、《书》、《春秋》。礼之用，唯婚姻为兢兢。夫《乐》调而四时和，阴阳之变，万物之统也。二句顶《礼》、《乐》。可不慎与？总戒之。人能弘道，无如命何。【眉批】此序以“命”字作主。甚哉，妃匹之爱，君不能得之于臣，父不能得之于子，况卑下乎！既欢合矣，或不能成子姓；能成子姓矣，或不能要其终：【眉批】与《封禅书》“至梁父矣而德不洽，洽矣而日有不暇给”，文法相类。岂非命也哉？孔子罕称命，盖难言之也。非通幽明之变，恶音乌。能识乎性命哉？

【眉批】太史公摹写窦后不意中富贵，可悲可喜，宛然在目。窦太后，赵之清河观津人也。吕太后时，窦姬以良家子入宫侍太后。太后出宫人以赐诸王，各五人，窦姬与在行中。窦姬家在清河，欲如赵近家，请其主遣宦者吏：“必置我籍赵之伍中。”【眉批】已请宦者置赵伍，而乃误置之代伍中，以致独幸而立为皇后，正应序中“命”字。宦者忘之，误置其籍代伍中。籍奏，诏可，当行。窦姬涕泣，怨其宦者，不欲往，相强，乃肯行。至代。┃ 代王独幸窦姬，生女嫖，后生两男。而代王王后生四男。先代王未入立为帝而王后卒。及代王立为帝，而王后所生四男更病死。孝文帝立数月，公卿请立太子，而窦姬长男最长，立为太子。立窦姬为皇后，女嫖为长公主。其明年，立少子武为代王，已而又徙梁，是为梁孝皇。

窦皇后亲早卒，葬观津。于是薄太后乃诏有司，追尊窦后父为安成侯，母曰安成夫人。令清河置园邑二百家，长丞奉守，比灵文园法。窦皇后兄窦长君，弟曰窦广国，字少君。少君年四五岁时，家贫，为人所略卖，其家不知其处。传十余家，至宜阳，为其主入山作炭，寒卧岸下百余人，岸崩，尽压杀卧者，少君独得脱，不死。【眉批】此段写得悽惋。自卜数日当为侯，从其家之长安。闻窦皇后新立，家在观津，姓窦氏。广国去时虽小，识其县名及姓，又常与其姊采桑堕，用为符信，上书自陈。窦皇后言之于文帝，召见，问之，具言其故，果是。又复问他何以为验？对曰："姊去我西时，与我决于传舍中，丐沐沐我，请食饭我，乃去。"【眉批】又入细一层：画工著色。于是窦后持之而泣，泣涕交横下。侍御左右皆伏地泣，助皇后悲哀。乃厚赐田宅金钱，封公昆弟，家于长安。降侯、灌将军等曰："吾属不死，命乃且县此两人。两人所出微，不可不为择师傅宾客，又复效吕氏大事也。"于是乃选长者士之有节行者与居。【眉批】此可为保全外戚之法。窦长君、少君由此为退让君子，不敢以尊贵骄人。窦皇后病，失明。文帝幸邯郸慎夫人、尹姬，皆毋子。孝文帝崩，孝景帝立，乃封广国为章武侯。长君前死，封其子彭祖为南皮侯。吴楚反时，窦太后从昆弟子窦婴，任侠自喜，将兵，以军功为魏其侯。窦氏凡三人为侯。窦太后好黄帝、老子言，帝及太子诸窦不得不读黄帝、老子，尊其术。窦太后後孝景帝六岁，建元六年崩，合葬霸陵。遗诏尽以东宫金钱财物赐长公主嫖。

荆燕世家 田生画策始末

高后时，齐人田生游乏资，以画干营陵侯泽。泽大说之，用金二百斤为田生寿。田生已得金，即归齐。二年，泽使人谓田生曰："弗与矣。"【眉批】田生所干刘泽之画，即明年所施于张子卿之计，太史公不言其所画，而于干张子卿言之，文法之相为先后如此。"弗与"者，弗与施行所画，盖促之之词尔。田生如长安，不见泽，而假大宅，令其子求事吕后所幸大谒者张子卿。居数月，田生子请张卿临，亲修具。张卿许往。田生盛帷帐共具，譬如列侯。张卿惊。酒酣，乃屏人说张卿曰："臣观诸侯王邸第百余，皆高祖一切功臣。今吕氏雅故本推毂高帝就天下，功至大，又亲戚太后之重。太后春秋长，诸吕弱，太后欲立吕产为吕王，王代。太后又重发之，恐大臣不听。今卿最幸，大臣所敬，何不风大臣以闻太后，太后必喜。诸吕已王，万户侯亦卿之有。太后心欲之，而卿为内臣，不急发，恐祸及身矣。"张卿大然之，乃风大臣语太后。【眉批】田生如长安，不见泽而以计谒高后之所幸张子卿，使王诸吕，为王刘泽于燕张本，故太史公之赞曰"刘泽之王，权激吕氏"。太后朝，因问大臣。大臣请立吕产为吕王。太后赐张卿千斤金，张卿以其半与田生。田生弗受，因说之曰："吕产王也，诸大臣未大服。今营陵侯泽，诸刘，为大将军，独此尚觖望。今卿言太后，列十余县王之，彼得王，喜去，诸吕王益固矣。"张卿入言，太后然之。乃以营陵侯刘泽为琅邪王。

齐悼惠王世家　朱虚侯军法行酒一段论

高后立诸吕为三王，擅权用事。朱虚侯年二十，有气力，忿刘氏不得职。尝入侍高后燕饮，高后令朱虚侯刘章为酒吏。章自请曰："臣，将种也，请得以军法行酒。"高后曰："可。"酒酣，章进饮歌舞。已而曰："请为太后言耕田歌。"高后儿子畜之，笑曰："顾而父知田耳。若生而为王子，安知田乎？"【眉批】描写光景如目击然。章曰："臣知之。"太后曰："试为我言田。"章曰："深耕概种，立苗欲疏，非其种者，锄而去之。"吕后默然。顷之，诸吕有一人醉，亡酒，章追，拔剑斩之，而还报曰："有亡酒一人，臣谨行法斩之。"太后左右皆大惊。【眉批】章之志奇矣，然一曰"吕后默然"，一曰"太后大惊"，章亦幸脱虎口耳。业已许其军法，无以罪也。因罢。自是之后，诸吕惮朱虚侯，虽大臣皆依朱虚侯，刘氏为益强。

太史公曰：诸侯大国无过齐悼惠王。以海内初定，子弟少，激秦之无尺土封，故大封同姓，以填万民之心。及后分裂，固其理也。

萧相国世家 全

【眉批】此篇书法严整。萧相国何者，沛丰人也。以文无害为沛主吏掾。高祖为布衣时，何数以吏事护高祖。高祖为亭长，常左右之。高祖以吏繇咸阳，吏皆送奉钱三，何独以五。伏后案。【眉批】连用“独”字、“常”字及“数”字，见何素有德于高祖如此。秦御史监郡者与从事，常辨之。何乃给泗水卒史事，第一。秦御史欲入言征何，何固请，得毋行。及高祖起为沛公，何常为丞督事。沛公在咸阳，诸将皆争走金帛财物之府分之，何独先入收秦丞相御史律令图书藏之。沛公为汉王，以何为丞相。项王与诸侯屠烧咸阳而去。汉王所以具知天下阸塞，户口多少，强弱之处，民所疾苦者，插。以何具得秦图书也。【眉批】插入汉王一段，以结何收图书功。┃ 结。何进言韩信，汉王以信为大将军。语在淮阴侯事中。省。【眉批】以下数句该括萧何相业。汉王引兵东定三秦，何以丞相留收巴蜀，填抚谕告，使给军食。汉二年，汉王与诸侯击楚，何守关中，侍太子，治栎阳。为法令约束，立宗庙社稷宫室县邑，辄奏上，可，许以从事；即不及奏上，辄以便宜施行，上来以闻。关中事计户口转漕给军，汉王数失军遁去，何常兴关中卒，伏后案。辄补缺。上以此专属任何关中事。┃ 一句总住。汉三年，汉王与项羽相距京索之间，上数使使劳苦丞相。鲍生为丞相曰：“王暴衣露盖，数使使劳苦君者，有疑君心也。为君计，莫若遣君子孙昆弟能胜兵者悉诣军所，上必益信君。”后应。于是何从其计，汉王大说。

汉五年，既杀项羽，定天下，论功行封。群臣争功，岁余功不决。高祖以萧何功最盛，封为酂侯，所食邑多。功臣皆曰：“臣等身被坚执锐，多者百余战，少者数十合，攻城略地，大小各有差。今萧何未尝有汗马之劳，徒持文墨议论，不战，顾反居臣等上，何也？”高帝曰：“诸君知猎乎？”曰：“知之。”“知猎狗乎？”曰：“知之。”

高帝曰："夫猎，追杀兽兔者狗也，而发踪指示兽处者人也。今诸君徒能得走兽耳，功狗也。至如萧何，发踪指示，功人也。且诸君独以身随我，多者两三人。今萧何举宗数十人皆随我，功不可忘也。"应前。群臣皆莫敢言。列侯毕已受封，及奏位次，皆曰："平阳侯曹参身被七十创，攻城略地，功最多，宜第一。"上已挠功臣，多封萧何，至位次未有以复难之，然心欲何第一。【眉批】将言高帝善鄂君之议，而以"心欲何第一"句揣摩于前，妙甚。关内侯鄂君进曰："群臣议皆误。夫曹参虽有野战略地之功，此特一时之事。夫上与楚相距五岁，应前。常失军亡众，逃身遁者数矣。然萧何常从关中遣军补其处，非上所诏令召，而数万众会上之乏绝者数矣。夫汉与楚相守荥阳数年，军无见粮，萧何转漕关中，给食不乏。陛下虽数亡山东，萧何常全关中以待陛下，此万世之功也。今虽亡曹参等百数，何缺于汉？汉得之不必待以全。奈何欲以一旦之功而加万世之功哉！萧何第一，曹参次之。"【眉批】以一时之事，万世之功，分说于前而又合说于后，文森然有法。高祖曰："善。"于是乃令萧何赐带剑履上殿，入朝不趋。上曰："吾闻进贤受上赏。萧何功虽高，得鄂君乃益明。"于是因鄂君故所食关内侯邑封为安平侯。是日，悉封何父子兄弟十余人，了案。皆有食邑。乃益封何二千户，以帝尝繇咸阳时何送我独赢奉钱二也。【眉批】此"我"字本非高帝口中语，却是高帝心中事。┃应前。

汉十一年，陈豨反，高祖自将，至邯郸。未罢，淮阴侯谋反关中，吕后用萧何计，诛淮阴侯，语在淮阴事中。省。上已闻淮阴侯诛，使使拜丞相何为相国，益封五千户，令卒五百人一都尉为相国卫。诸君皆贺，召平独吊。【眉批】召平独吊，平亦非凡士也，故插入此段，为平一小传。召平者，插。故秦东陵侯。秦破，为布衣，贫，种瓜于长安城东，瓜美，故世俗谓之"东陵瓜"，从召平以为名也。召平谓相国曰："祸自此始矣。上暴露于外而君守于中，非被矢石之事而益君封置卫者，以今者淮阴侯新反于中，疑君心矣。夫置卫卫君，非以宠君也。愿君让封勿受，悉以家私财佐军，则上心说。”【眉批】召平与鲍生意同。相国从其计，高帝乃大喜。┃ 汉十二年秋，黥布反，上自将击之，数使使问相国何为。相国为上在军，乃拊循勉力百姓，悉以所有佐军，如陈豨时。客有说相国曰：“君灭族不久矣。夫君位为相国，功第一，可复加哉？然君初入关中，得百姓心，十余年矣，皆附君，常作尚。复孳孳得民和。上所为数问君者，畏君倾动关中。今君胡不多买田地，贱贳贷以自污？上心乃安。”【眉批】客又与鲍、召意同。于是相国从其计，【眉批】非鲍生、召平与客之计，何几不免虎口哉！故太史公三用“从其计”句为眼目。上乃大说。

上罢布军归，民遮道行上书，言相国贱强买民田宅数千万。上至，相国谒。上笑曰：“夫相国乃利民！”民所上书皆以与相国，曰：“君自谢民。”相国因为民请曰：“长安地狭，上林中多空地，弃，愿令民得入田，毋收稿为禽兽食。”上大怒曰：【眉批】太史公下“大喜”、“大悦”、“大怒”字，而高帝之忌心自见。“相国多受贾人财物，乃为请吾苑！”乃下相国廷尉，械系之。数日，王卫尉侍，前问曰：“相国何大罪，陛下系之暴也？”上曰：“吾闻李斯相秦皇帝，有善归主，有恶自与。今相国多受贾竖金而为民请吾苑，以自媚于民，故系治之。”王卫尉曰：“夫职事苟有便于民而请之，真宰相事，陛下奈何乃疑相国受贾人钱乎！且陛下距楚数岁，陈豨、黥布反，陛下自将而往，当是时，相国守关中，摇足则关以西非陛下有也。相国不以此时为利，今乃利贾人之金乎？且秦以不闻其过亡天下，李斯之分过，又何足法哉。陛下何疑宰相之浅也。”高帝不怿。是日，使使持节赦出相国。相国年老，素恭谨，入，徒跣谢。高帝曰：“相国休矣！相国为民请苑，吾不许，我不过为桀纣主，【眉批】“我不过为桀纣主”二句，与上“有善归主”二句相反，适所以自道其怒何之本旨耳。而相国为贤相。吾故系相国，欲令百姓闻吾过也。”┃ 何素不与曹参相能，及何病，孝惠自临视相国病，因问曰：“君即百岁后，谁可代君者？”对曰：“知臣莫如主。”孝惠曰：“曹参何如？”何顿首曰：“帝得之矣！臣死不恨矣！”

何置田宅必居穷处，为家不治垣屋。曰：“后世贤，师吾俭；不贤，毋为势家所夺。”【眉批】叙何事既毕，复叙何置田宅数语，所以明何本意也。孝惠二年，相国何卒，谥为文终侯。后嗣以罪失侯者四世，绝，天子辄复求何后，封续酂侯，功臣莫得比焉。结断。

太史公曰：萧相国何于秦时为刀笔吏，录录未有奇节。抑。及汉兴，依日月之末光，何谨守管籥，因民之疾奉法，顺流与之更始。扬。淮阴、黥布等皆以诛灭，而何之勋烂焉。位冠群臣，声施后世，与闳夭、散宜生等争烈矣。

曹相国世家 全

平阳侯曹参者，沛人也。秦时为沛狱掾，而萧何连何。为主吏，【眉批】曹参功名与萧何相始终，故首尾“世家”称萧何。居县为豪吏矣。高祖为沛公而初起也，参以中涓从。【眉批】叙战功处，与《绛侯世家》、《樊郦滕灌列传》一例。将击胡陵、方与，攻秦监公军，大破之。东下薛，击泗水守军薛郭西。复攻胡陵，取之。徙守方与。方与反为魏，击之。丰反为魏，攻之。【眉批】连下“破之”、“取之”、“攻之”、“击之”等语，亦是一格。赐爵七大夫。击秦司马尼军砀东，破之，取砀、狐父、祁善置。又攻下邑以西，至虞，击章邯车骑。攻爰戚及亢父，先登。迁为五大夫。北救东阿，击章邯军，陷陈，追至濮阳。攻定陶，取临济。南救雍丘，击李由军，破之，杀李由，虏秦候一人。秦将章邯破杀项梁也，沛公与项羽引而东。楚怀王以沛公为砀郡长，将砀郡兵。于是乃封参为执帛，号曰建成君。迁为戚公，属砀郡。其后从攻东郡尉军，破之成武南。击王离军成阳南，复攻之杠里，大破之。追北，西至开封，击赵贲军，破之，围赵贲开封城中。西击秦将杨熊军于曲遇，破之，虏秦司马及御史各一人。迁为执珪。从攻阳武，下轘辕、缑氏，绝河津，还击赵贲军尸北，破之。从南攻犨，与南阳守齮战阳城郭东，陷陈，取宛，虏齮，尽定南阳郡。从西攻武关、峣关，取之。前攻秦军蓝田南，又夜击其北，秦军大破，遂至咸阳，灭秦。项羽至，以沛公为汉王。汉王封参为建成侯。从至汉中，迁为将军。从还定三秦，初攻下辩、故道、雍、斄。击章平军于好畤南，破之，围好畤，取壤乡。击三秦军壤东及高栎，破之。复围章平，章平出好畤走。因击赵贲、内史保军，破之。东取咸阳，更命曰新城。参将兵守景陵二十日，三秦使章平等攻参，参出击，大破之。赐食邑于宁秦。参以将军引兵围章邯于废丘。以中尉从汉王出临晋关。至河内，下修武，渡围津，东击龙且、项他定陶，破之。东取砀、萧、彭城。击项籍军，汉军大败走。参以中尉围取雍丘。王武反于黄，程处反于燕，往击，尽破之。柱天侯反于衍氏，又进破取衍氏。击羽婴于昆阳，追至叶。还攻武强，因至荥阳。【眉批】结。此语极有力，见止二岁中而战功多如此，故勇绝也。参自汉中为将军中尉，从击诸侯，及项羽败，还至荥阳，凡二岁。┃ 小结。

高祖三年，拜为假左丞相，入屯兵关中。月余，魏王豹反，以假左丞相别与韩信东攻魏将军孙遬军东张，大破之。因攻安邑，得魏将王襄。击魏王于曲阳，追至武垣，生得魏王豹。取平阳，得魏王母妻子，尽定魏地，凡五十二城。赐食邑平阳。因从韩信击赵相国夏说军于邬东，大破之，斩夏说。韩信与故常山王张耳引兵下井陉，击成安君，而令参还围赵别将戚将军于邬城中。戚将军出走，追斩之。乃引兵诣敖仓汉王之所。韩信已破赵，为相国，东击齐。参以右丞相属韩信，攻破齐历下军，遂取临菑。还定济北郡，攻著、漯阴、平原、鬲、卢。已而从韩信击龙且军于上假密，【眉批】叙参战功，每因韩信，此关键处，即《赞》中所谓“以与韩信”俱是也。大破之，斩龙且，虏其将军周兰。定齐，凡得七十余县。得故齐王田广相田光，其守相许章，及故齐胶东将军田既。韩信为齐王，引兵诣陈，与汉王共破项羽，而参留平齐未服者。项籍已死，天下定，汉王为皇帝，韩信徙为楚王，齐为郡。参归汉相印。高帝以长子肥为齐王，而以参为齐相国。以高祖六年赐爵列侯，与诸侯剖符，世世勿绝。食邑平阳万六百三十户，号曰平阳侯，除前所食邑。以齐相国击陈豨将张春军，破之。黥布反，参以齐相国从悼惠王将兵车骑十二万人，与高祖会击黥布军，大破之。南至蕲，还定竹邑、相、萧、留。参功：凡下二国，县一百二十二；得王二人，相三人，将军六人，大莫敖、郡守、司马、侯、御史各一人。┃ 总结。

【眉批】以上详次战功，以下详相齐及入相本末，特著齐七十城，见所以酬参者不薄。孝惠帝元年，除诸侯相国法，更以参为齐丞相。参之相齐，齐七十城。天下初定，悼惠王富于春秋，参尽召长老诸生，问所以安集百姓，如齐故俗。诸儒以百数，言人人殊，参未知所定。闻胶西有盖公，善治黄老言，使人厚币请之。既见盖公，盖公为言治道贵清静而民自定，推此类具言之。省。参于是避正堂，舍盖公焉。【眉批】"舍盖公"以后，纵主吏歌呼，又笞窋，只是一个糊涂，写出许多；然不可厌，以其语不一种也。其治要用黄老术，虚。故相齐九年，齐国安集，大称贤相。┃ 惠帝二年，萧何卒。参闻之，告舍人趣治行，"吾将入相"。居无何，使者果召参。参去，属其后相曰："以齐狱市为寄，慎勿扰也。" 实。后相曰："治无大于此者乎？"参曰："不然。夫狱市者，所以并容也，今君扰之，奸人安所容也？吾是以先之。"参始微时，与萧何善；及为将相，有郤。至何且死，所推贤唯参。接有力。参代何为汉相国，举事无所变更，一遵萧何约束。虚。择郡国吏木诎于文辞，重厚长者，即召除为丞相史。吏之言文刻深，欲务声明者，辄斥去之。实。日夜饮醇酒。虚。卿大夫已下吏及宾客见参不事事，来者皆欲有言。至者，参辄饮以醇酒，间之，实。欲有所言，复饮之，醉而后去，终莫得开说，以为常。相舍后园近吏舍，吏舍日饮歌呼。从吏恶之，无如之何，乃请参游园中，闻吏醉歌呼，从吏幸相国召按之。乃反取酒张坐饮，亦歌呼与相应和。参见人之有细过，专掩匿覆盖之，府中无事。┃ 参子窋为中大夫。惠帝怪相国不治事，发上意。以为"岂少朕与"？乃谓窋曰："若归，试私从容问而父曰：'高帝新弃群臣，帝富于春秋，君为相，日饮，无所请事，何以忧天下乎？'然无言吾告若也。"窋既洗沐归，间侍，自从其所谏参。参怒，而笞窋二百，曰："趣入侍，天下事非若所当言也。"至朝时，惠帝让参曰："与窋胡治乎？乃者我使谏君也。"参免冠谢曰："陛下自察圣武孰与高帝？"上曰："朕乃安敢望先帝乎！"曰："陛下观臣能孰与萧何贤？"上曰："君似不及也。"参曰："陛下言之是也。且高帝与萧何定天下，法令既明，今陛下垂拱，参等守

职，遵而勿失，不亦可乎？”惠帝曰：“善。君休矣！”参为汉相国，出入三年。卒，谥懿侯。子窋代侯。百姓歌之曰：结。“萧何为法，连何。顜若画一；曹参代之，守而勿失。载其清净，民以宁一。”【眉批】此篇专看参之所以守何法处，故于饮酒自颓放处皆有本指，而民歌其相业“清静宁一”四字，一篇之大指也。| 平阳侯窋，高后时为御史大夫。孝文帝立，免为侯。立二十九年卒，谥为静侯。子奇代侯，立七年卒，谥为简侯。子时代侯。时尚平阳公主，生子襄。时病疠，归国。立二十三年卒，谥夷侯。子襄代侯。襄尚卫长公主，生子宗。立十六年卒，谥为共侯。子宗代侯。征和二年中，宗坐太子死，国除。

【眉批】太史公结赞语极有意味。盖黄老虽非正道，然休息疮痍尤得政体，太史公岂专进黄老者哉！太史公曰：曹相国参攻城野战之功所以能多若此者，以与淮阴侯俱。及信已灭，而列侯成功，唯独参擅其名。参为汉相国，清静极言合道。言极合道也。然百姓离秦之酷后，参与休息无为，故天下俱称其美矣。

留侯世家 全

【眉批】叙留侯，独于为韩处尤明。留侯张良者，其先韩人也。大父开地，相韩昭侯、宣惠王、襄哀王。父平，相釐王、悼惠王。悼惠王二十三年，平卒。卒二十岁，秦灭韩。良年少，未宦事韩。韩破，良家僮三百人，弟死不葬，悉以家财求客刺秦王，为韩报仇，根。以大父、父五世相韩相韩五王。故。┃ 结。良尝学礼淮阳。东见仓海君。得力士，枝。为铁椎为韩。重百二十斤。秦皇帝东游，良以客狙击秦皇帝博浪沙中，误中副车。秦皇帝大怒，大索天下，求贼甚急，为张良故也。┃ 束语。良乃更名姓，亡匿下邳。良尝间从容步游下邳圯上，有一老父，衣褐，至良所，直堕其履圯下，顾谓良曰："孺子，下取履！"良愕然，欲殴之。为其老，强忍，下取履。父曰："履我！"良业为取履，因长跪履之。父以足受，笑而去。良殊大惊，随目之。模写。父去里所，复还，曰："孺子可教矣。后五日平明，与我会此。"良因怪之，跪曰："诺。"五日平明，良往。父已先在，怒曰："与老人期，后，何也？"去，曰："后五日早会。"五日鸡鸣，良往。父又先在，复怒曰："后，何也？"去，曰："后五日复早来。"五日，良夜未半往。有顷，父亦来，喜曰："当如是。"出一编书，曰："读此则为王者师矣。后十年兴。伏后案。十三年孺子见我济北，谷城山下黄石即我矣。"遂去，无他言，不复见。旦日视其书，乃太公兵法也。良因异之，伏后案。常习诵读之。居下邳，为任侠。项伯尝杀人，从良匿。┃ 为后解难眼目。后十年，应。陈涉等起兵，良亦聚少年百余人。景驹自立为楚假王，在留。良欲往从之，为后封留眼目。道遇沛公。沛公将数千人，略地下邳西，遂属焉。沛公拜良为厩将。良数以太公兵法说沛公，应。沛公善之，常用其策。【眉批】"常用其策"，一篇领袖。后面"为画策"，"臣用其计"，"用臣计"，"为我画计"，"出奇计"，皆根此。良为他人言，皆不省。良曰："沛公殆天授。"故遂从之，不去见景驹。

及沛公至薛，见项梁。项梁立楚怀王。良乃说项梁曰："君已立楚后，而韩诸公子横阳君成贤，为韩。可立为王，益树党。"项梁使良求韩成，立以为韩王。以良为韩申徒，与韩王将千余人西略韩地，得数城，秦辄复取之，往来为游兵颍川。沛公之从雒阳南出轘辕，良引兵从沛公，下韩十余城，击破杨熊军。沛公乃令韩王成留守阳翟，与良俱南，攻下宛，西入武关。沛公欲以兵二万人击秦峣下军，良说曰："秦兵尚强，未可轻。臣闻其将屠者子，贾竖易动以利。愿沛公且留壁，使人先行，为五万人具食，益为张旗帜诸山上，为疑兵，令郦食其持重宝啖秦将。"【眉批】"留壁"者，严我阵也。"五万人具食"者，以备不时奋击之饷也。"张旗帜诸山"，乱其耳目而分其兵也"以金宝啖秦将"者，饵之使懈也，懈则击之而胜也。秦将果畔，欲连和俱西袭咸阳，沛公欲听之。良曰："此独其将欲叛耳，恐士卒不从。不从必危，不如因其解击之。"沛公乃引兵击秦军，大破之。遂北至蓝田，再战，秦兵竟败。遂至咸阳，秦王子婴降沛公。沛公入秦宫，宫室帷帐狗马重宝妇女以千数，意欲留居之。樊哙谏沛公出舍，沛公不听。良曰："夫秦为无道，故沛公得至此。夫为天下除残贼，宜缟素为资。今始入秦，即安其乐，此所谓'助桀为虐'。且'忠言逆耳利于行，毒药苦口利于病'，愿沛公听樊哙言。"沛公乃还军霸上。项羽至鸿门下，欲击沛公，项伯乃夜驰入沛公军，私见张良，应。欲与俱去。良曰："臣为韩王送沛公，今事有急，亡去不义。"乃具以语沛公。沛公大惊，曰："为将奈何？"良曰："沛公诚欲倍项羽邪？"沛公曰："鲰生教我距关无内诸侯，秦地可尽王，故听之。"良曰："沛公自度能却项羽乎？"沛公默然良久，曰："固不能也。今为奈何？"良乃固要项伯。项伯见沛公。沛公与饮为寿，结宾婚。令项伯具言沛公不敢倍项羽，所以距关者，备他盗也。及见项羽后解，语在项羽事中。

汉元年正月，沛公为汉王，王巴蜀。汉王赐良金百镒，珠二斗，良具以献项伯。汉王亦因令良厚遗项伯，使请汉中地。项王乃许之，遂得汉中地。汉王之国，良送至褒中，遣良归韩。良因说汉王曰："王何不烧绝所过栈道，为韩。示天下无还心，以固项王意。"乃使良还。行，烧绝栈道。良至韩，韩王成以良从汉王故，项王不遣成之国，从与俱东。良说项王曰："汉王烧绝栈道，无还心矣。"乃以齐王田荣反，书告项王。项王以此无西忧汉心，而发兵北击齐。项王竟不肯遣韩王，乃以为侯，又杀之彭城。【眉批】子房自此以前种种为韩，以后死心于汉，为韩报仇矣。良亡，间行归汉王，汉王亦已还定三秦矣。复以良为成信侯，从东击楚。至彭城，汉败而还。至下邑，汉王下马踞鞍而问曰："吾欲捐关以东等弃之，谁可与共功者？"良进曰："九江王黥布，楚枭将，与项王有郄；彭越与齐王田荣反梁地：此两人可急使。而汉王之将独韩信可属大事，当一面。即欲捐之，捐之此三人，则楚可破也。"楚汉兴亡，在此数句。【眉批】子房一生得力在此，太史公一篇摹构在此。汉王乃遣随何说九江王布，【眉批】叙"汉王乃遣"数句，实良所言，文字紧严，而结语更斩绝。而使人连彭越。及魏王豹反，使韩信将兵击之，因举燕、代、齐、赵。然卒破楚者，此三人力也。缴结。【眉批】结句。与后"竟不易太子者，本招此四人之力也"句法同。

张良多病，得此一段，承上起下之词。未尝特将也，常为画策臣，时时从汉王。汉三年，项羽急围汉王荥阳，汉王恐忧，与郦食其谋桡楚权。食其曰："昔汤伐桀，封其后于杞。武王伐纣，封其后于宋。今秦失德弃义，侵伐诸侯社稷，灭六国之后，使无立锥之地。陛下诚能复立六国后世，毕已受印，此其君臣百姓必皆戴陛下之德，莫不乡风慕义，愿为臣妾。德义已行，陛下南乡称霸，楚必敛衽而朝。"汉王曰："善。趣刻印，先生因行佩之矣。"食其未行，张良从外来谒。汉王方食，曰："子房前！客有为我计桡楚权者。"具以郦生语省。告于子房，曰："何如？"良曰："谁为陛下画此计者？陛下事去矣。”汉王曰：“何哉？”张良对曰：“臣请藉前箸为大王筹之。”曰：“昔者汤伐桀而封其后于杞者，度能制桀之死命也。今陛下能制项籍之死命乎？”曰：“未能也。”“其不可一也。武王伐纣封其后于宋者，度能得纣之头也。今陛下能得项籍之头乎？”曰：“未能也。”“其不可二也。武王入殷，表商容之闾，释箕子之拘，封比干之墓。今陛下能封圣人之墓，表贤者之闾，式智者之门乎？”曰：“未能也。”“其不可三也。发钜桥之粟，散鹿台之钱，以赐贫穷。今陛下能散府库以赐贫穷乎？”曰：“未能也。”“其不可四矣。殷事已毕，偃革为轩，倒置干戈，覆以虎皮，以示天下不复用兵。今陛下能偃武行文，不复用兵乎？”曰：“未能也。”“其不可五矣。休马华山之阳，示以无所为。今陛下能休马无所用乎？”曰：“未能也。”“其不可六矣。放牛桃林之阴，以示不复输积。今陛下能放牛不复输积乎？”曰：“未能也。”“其不可七矣。且天下游士离其亲戚，弃坟墓，去故旧，从陛下游者，徒欲日夜望咫尺之地。今复六国，立韩、魏、燕、赵、齐、楚之后，天下游士各归事其主，从其亲戚，反其故旧坟墓，陛下与谁取天下乎？其不可八矣。且夫楚唯无强，此一转尤明。六国立者复桡应前“桡”字。而从之，陛下焉得而臣之？诚用客之谋，陛下事去矣。”汉王辍食吐哺，骂曰：“竖儒，几败而公事！”汉王自谓。令趣销印。

汉四年，韩信破齐而欲自立为齐王，汉王怒。张良说汉王，汉王使良授齐王信印，语在淮阴事中。其秋，汉王追楚至阳夏南，战不利而壁固陵，诸侯期不至。良说汉王，汉王用其计，诸侯皆至。语在项籍事中。【眉批】一在淮阴事，一在项羽事，此两文著汉楚所以兴亡尽之矣。“汉王用其计，诸侯皆至”，此句法与“卒破楚者”句同，故下文“未尝有战斗功”句，亦与“未尝特将”句同。┃ 汉六年正月，封功臣。良未尝有战斗功，高帝曰：“运筹策帷帐中，决胜千里外，子房功也。自择齐三万户。”良曰：“始臣起下邳，与上会留，此天以臣授陛下。应前

“天授”。陛下用臣计，幸而时中，臣愿封留应前。足矣，不敢当三万户。”乃封张良为留侯，与萧何等俱封。六年，上已封大功臣二十余人，其余日夜争功不决，未得行封。上在雒阳南宫，从复道望见诸将往往相与坐沙中语。上曰：“此何语？”留侯曰：“陛下不知乎？此谋反耳。”上曰：“天下属安定，何故反乎？”留侯曰：“陛下起布衣，以此属取天下，今陛下为天子，而所封皆萧、曹故人所亲爱，而所诛者皆生平所仇怨。今军吏计功，以天下不足遍封，此属畏陛下不能尽封，恐又见疑平生过失及诛，故即相聚谋反耳。”上乃忧曰：“为之奈何？”留侯曰：“上平生所憎，群臣所共知，谁最甚者？”上曰：“雍齿与我故，数尝窘辱我。我欲杀之，为其功多，故不忍。”留侯曰：“今急先封雍齿以示群臣，群臣见雍齿封，则人人自坚矣。”于是上乃置酒，封雍齿为什方侯，而急趣丞相、御史定功行封。群臣罢酒，皆喜曰：“雍齿尚为侯，我属无患矣。”┃ 刘敬说高帝曰：“都关中。”上疑之。左右大臣皆山东人，多劝上都雒阳：以下劝者之言。“雒阳东有城皋，西有殽黾，倍河，向伊雒，其固亦足恃。”留侯曰：“雒阳虽有此固，其中小，不过数百里，田地薄，四面受敌，此非用武之国也。夫关中左殽函，右陇蜀，沃野千里，南有巴蜀之饶，北有胡苑之利，阻三面而守，独以一面专制诸侯。诸侯安定，河渭漕輓天下，西给京师；诸侯有变，顺流而下，足以委输。此所谓金城千里，天府之国也，刘敬说是也。”于是高帝即日驾，西都关中。留侯从入关。

留侯性多病，即道引不食谷，杜门不出岁余。【眉批】性固多病，叙事者乃于从入关时著其杜门不出，得子房之心矣。上欲废太子，立戚夫人子赵王如意。大臣多谏争，未能得坚决者也。吕后恐，不知所为。人或谓吕后曰：“留侯善画计策，上信用之。”吕后乃使建成侯吕泽劫留侯，曰：“君常为上谋臣，今上欲易太子，君安得高枕而卧乎？”留侯曰：“始上数在困急之中，幸用臣策。今天下安定，以爱欲易太子，骨肉之间，虽臣等百余人何益。”吕泽强要曰：“为我画计。”留侯曰：“此难以口舌争也。顾上有不能致者，天下有四人。四人者年老矣，皆以为上慢侮人，故逃匿山中，义不为汉臣。然上高此四人。今公诚能无爱金玉璧帛，令太子为书，卑辞安车，因使辩士固请，宜来。来，以为客，时时从入朝，令上见之，则必异而问之。问之，上知此四人贤，则一助也。”于是吕后令吕泽使人奉太子书，卑辞厚礼，迎此四人。四人至，客建成侯所。【眉批】招四皓一段，叙事明整，读之历历如目击。汉十一年，黥布反，上病，欲使太子将，往击之。四人相谓曰：“凡来者，将以存太子。太子将兵，事危矣。”乃说建成侯曰：“太子将兵，有功则位不益太子；无功还，则从此受祸矣。且太子所与俱诸将，皆尝与上定天下枭将也，今使太子将之，此无异使羊将狼也，皆不肯为尽力，其无功必矣。【眉批】此《战国策》之余论。臣闻‘母爱者子抱’，今戚夫人日夜侍御，赵王如意常抱居前，上曰‘终不使不肖子居爱子之上’，明乎其代太子位必矣。君何不急请吕后承间为上泣言：‘黥布，天下猛将也，善用兵，今诸将皆陛下故等夷，乃令太子将此属，无异使羊将狼，莫肯为用，且使布闻之，则鼓行而西耳。上虽病，强载辎车，卧而护之，诸将不敢不尽力。上虽苦，为妻子自强。’”【眉批】此即上意，而复言之，然文法则变换矣。于是吕泽立夜见吕后，吕后承间为上泣涕而言，如四人意。上曰：“吾惟竖子固不足遣，而公自行耳。”于是上自将兵而东，群臣居守，皆送至灞上。留侯病，自强起，至曲邮，见上曰：“臣宜从，病甚。楚人剽疾，愿上无与楚人争锋。”因说上曰：“令太子为将军，监关中兵。”上曰：“子房虽病，强卧而傅太子。”是时叔孙通为太傅，客。留侯行少傅事。

汉十二年，上从击破布军归，疾益甚，愈欲易太子。留侯谏，不听，因疾不视事。叔孙太傅称说引古今，以死争太子。上详许之，犹欲易之。【眉批】两人谏不听，盖子房所谓“臣等百余人何益”也。及燕，置酒，太子侍。四人从太子，年皆八十有余，须眉皓白，衣冠甚伟。上怪之，问曰："彼何为者？"四人前对，各言名姓，曰东园公，角里先生，绮里季，夏黄公。上乃大惊，曰："吾求公数岁，公辟逃我，今公何自从吾儿游乎？"四人皆曰："陛下轻士善骂，臣等义不受辱，故恐而亡匿。窃闻太子为人仁孝，恭敬爱士，天下莫不延颈欲为太子死者，故臣等来耳。"【眉批】良为劫，则此四人者良饰之，而其言良教之也，故太史公言本招此四人之力讳之也，不然，何不著此四人姓名，而对上亦有不自称其名者耶？上曰："烦公幸卒调护太子。"四人为寿已毕，趋去。上目送之，召戚夫人指示四人者曰："我欲易之，彼四人辅之，羽翼已成，难动矣。吕后真而主矣。"戚夫人泣，上曰："为我楚舞，吾为若楚歌。"歌曰："鸿雁高飞，一举千里。羽翮已就，横绝四海。横绝四海，当可奈何！虽有矰缴，尚安所施！"歌数阕，戚夫人嘘唏流涕，上起去，罢酒。竟不易太子者，留侯本招此四人之力也。┃ 缴结。留侯从上击代，出奇计马邑下，及立萧何相国，所与上从容言天下事甚众，非天下所以存亡，故不著。留侯乃称曰："家世相韩，及韩灭，不爱万金之资，为韩报仇强秦，天下振动。今以三寸舌为帝者师，封万户，位列侯，此布衣之极，于良足矣。愿弃人间事，欲从赤松子游耳。"总结。【眉批】以留侯自称，总结一篇大旨。乃学辟谷，道引轻身。会高帝崩，吕后德留侯，乃疆按：中华书局版《史记》"疆"作"强"食之，曰："人生一世间，如白驹过隙，何至自苦如此乎！"留侯不得已，强听而食。后八年卒，谥为文成侯。子不疑代侯。┃ 子房始所见下邳圯上老父与太公书者，【眉批】此篇从沧海君力士、圯上父老以至四皓，岂必有姓名哉？殆必天人助兴汉业，故屡见不为怪。末著子房之欲轻举与黄石俱葬，首尾奇事。后十三年从高帝过济北，果见谷城山下黄石，应前。取而葆祠之。留侯死，并葬黄石冢。每上冢伏腊，祠黄石。┃ 留侯不疑，孝文帝五年坐不敬，国除。

太史公曰：学者多言无鬼神，然言有物。谓精怪。至如留侯所见

老父予书，亦可怪矣。| 高祖离困者数矣，而留侯常有功力焉，岂可谓非天乎？应。上曰：“夫运筹策帷帐之中，决胜千里外，吾不如子房。”余以为其人计魁梧奇伟，至见其图，状貌如妇人好女。盖孔子曰：“以貌取人，失之子羽。”留侯亦云。

陈丞相世家 全

陈丞相平者，阳武户牖乡人也。少时家贫，好读书，根。有田三十亩，独与兄伯居。伯常耕田，纵平使游学。平为人长美色。伏后案。人或谓陈平曰："贫何食而肥若是？"其嫂嫉平之不视家生产，曰："亦食糠核耳。有叔如此，不如无有。"伯闻之，逐其妇而弃之。见无盗嫂事。及平长，可娶妻，富人莫肯与者，贫者平亦耻之。久之，户牖富人有张负，张负女孙五嫁而夫辄死，人莫敢娶。平欲得之。邑中有丧，平贫，侍丧，应。以先往后罢为助。张负既见之丧所，独视伟平，平亦以故后去。负随平至其家，家乃负郭穷巷，以弊席为门，然门外多有长者车辙。【眉批】今人略处，太史公独详如是。张负归，谓其子仲曰："吾欲以女孙予陈平。"张仲曰："平贫，应。不事事，一县中尽笑其所为，独奈何予女乎？"负曰："人固有好美如陈平而长贫贱者乎？" 应前。卒与女。为平贫，应。乃假贷币以聘，予酒肉之资以内妇。负诫其孙曰："毋以贫故，事人不谨。事兄伯如事父，事嫂如母。"平既娶张氏女，赍用益饶，游道日广。里中社，平为宰，分肉食甚均。【眉批】此便见有相天下气度。父老曰："善，陈孺子之为宰！"平曰："嗟乎，使平得宰天下，亦如是肉矣！"

陈涉起而王陈，使周市略定魏地，立魏咎为魏王，与秦军相攻于临济。陈平固已前谢其兄伯，【眉批】平已前谢其兄伯，往事魏。此语本不足书，用见古人文字原委处。从少年往事魏王咎于临济。魏王以为太仆。说魏王不听，人或谗之，陈平亡去。久之，项羽略地至河上，陈平往归之，从入破秦，赐平爵卿。项羽之东王彭城也，汉王还定三秦而东，殷王反楚。项羽乃以平为信武君，将魏王咎客在楚者句法简健。以往，击降殷王而还。项王使项悍拜平为都尉，赐金二十镒。居无何，汉王攻下殷王。项王怒，将诛定殷者将吏。陈平惧诛，乃封其金与印，使使归项王，而平身间行杖剑亡。为下"裸而佐刺"眼目。渡河，船人见其美丈夫独行，应。疑其亡将，要中当有金玉宝器，目之，欲杀平。平恐，乃解衣裸而佐刺船。应。【眉批】解衣裸身以解船人疑，此平未遇汉时亦奇计也。船人知其无有，乃止。┃平遂至修武降汉，因魏无知求见汉王，伏案。汉王召入。是时万石君奋为汉王中涓，受平谒，入见平。平等七人俱进，赐食。王曰："罢，就舍矣。"平曰："臣为事来，所言不可以过今日。"于是汉王与语而说之，问曰："子之居楚何官？"曰："为都尉。"是日乃拜平为都尉，使为参乘，典护军。诸将尽讙，哗也。曰："大王一日得楚之亡卒，未知其高下，而即与同载，反使监护军长者！" 军长也。汉王闻之，愈益幸平。遂与东伐项王。至彭城，为楚所败。引而还，收散兵至荥阳，以平为亚将，属于韩王信，军广武。绛侯、灌婴等咸谗陈平曰："平虽美丈夫，如冠玉耳，其中未必有也。应。臣闻平居家时，盗其嫂；事魏不容，亡归楚；归楚不中，又亡归汉。四句点出前事。今日大王尊官之，令护军。臣闻平受诸将军金，金多者得善处，金少者得恶处。平，反覆乱臣也，愿王察之。"汉王疑之，召让魏无知。无知曰："臣所言者，能也；陛下所问者，行也。今有尾生、孝己之行而无益于胜负之数，陛下何暇用之乎？楚汉相距，臣进奇谋之士，顾其计诚足以利国家不耳。【眉批】"奇"、"谋"、"计"三字，一篇眼目。且盗嫂受金又何足疑乎？"汉王召让平曰："先生事魏不中，遂事楚而去，今又从吾游，信者固多心乎？"平曰："臣事魏王，魏王不能用臣说，故去事项王。项王不能信人，其所任爱，非诸项即妻之昆弟，虽有奇士不能用，平乃去楚。闻汉王之能用人，故归大王。臣裸身来，不受金无以为资。应。诚臣计画有可采者，顾大王用之；使无可用者，金具在，请封输官，得请骸骨。"汉王乃谢，厚赐，拜为护军中尉，尽护诸将。诸将乃不敢复言。

其后，楚急攻，绝汉甬道，围汉王于荥阳城。久之，汉王患之，请割荥阳以西以和。项王不听。汉王谓陈平曰："天下纷纷，何时定乎？"陈平曰："项王为人，恭敬爱人，士之廉节好礼者多归之。至于行功爵邑，重之，士亦以此不附。今大王慢而少礼，士廉节者不来；然大王能饶人以爵邑，士之顽钝嗜利无耻者亦多归汉。诚各去其两短，袭其两长，天下指麾则定矣。然大王恣侮人，不能得廉节之士。顾楚有可乱者，彼项王骨鲠之臣亚父、钟离昧、按：中华书局版《史记》"昧"作"眛"，下同。龙且、周殷之属，不过数人耳。大王诚能出捐数万斤金，行反间，间其君臣，以疑其心，项王为人意忌信谗，必内相诛。汉因举兵而攻之，破楚必矣。"汉王以为然，乃出黄金四万斤，与陈平，一计。恣所为，不问其出入。陈平既多以金纵反间于楚军，宣言诸将钟离昧等为项王将，功多矣，然而终不得裂地而王，欲与汉为一，以灭项氏而分王其地。项羽果意不信钟离昧等。┃ 项王既疑之，使使至汉。汉王为太牢具，举进。见楚使，即详惊曰："吾以为亚父使，乃项王使！"复持去，更以恶草具进楚使。二计。楚使归，具以报项王。项王果大疑亚父。亚父欲急攻下荥阳城，项王不信，不肯听。亚父闻项王疑之，乃怒曰："天下事大定矣，君王自为之！愿请骸骨归！"归未至彭城，疽发背而死。┃ 陈平暗接。乃夜出女子二千人荥阳城东门，三计。【眉批】此女子军窘甚，正要重夜乎？楚因击之，陈平乃与汉王从城西门夜出去。遂入关，收散兵复东。┃ 其明年，淮阴侯破齐，自立为齐王，使使言之汉王。汉王大怒而骂，陈平蹑汉王。四计。汉王亦悟，乃厚遇齐使，使张子房卒立信为齐王。封平以户牖乡。用其奇计策，卒灭楚。常以护军中尉从定燕王臧荼。

汉六年，人有上书告楚王韩信反。高帝问诸将，诸将曰："亟发兵坑竖子耳。"高帝默然。问陈平，平固辞谢，曰："诸将云何？"上具告之。陈平曰："人之上书言信反，有知之者乎？"曰："未有。"曰："信知之乎？"曰："不知。"陈平曰："陛下精兵孰与楚？"上曰："不能过。"平曰："陛下将用兵有能过韩信者乎？"上曰："莫及也。"平曰："今兵不如楚精，而将不能及，而举兵攻之，是趣之战也，窃为陛下危之。”上曰：“为之奈何？”平曰：“古者天子巡狩，会诸侯。南方有云梦，陛下第出伪游云梦，五计。会诸侯于陈。陈，楚之西界，信闻天子以好出游，其势必无事而郊迎谒。谒，而陛下因禽之，此特一力士之事耳。”【眉批】委曲尽陈平所以疑难高帝之旨，才入云梦一策。高帝以为然，乃发使告诸侯会陈，“吾将南游云梦”。上因随以行。使其不测。行未至陈，楚王信果郊迎道中。【眉批】连用“果”字见平之计中也。高帝豫具武士，见信至，即执缚之，载后车。信呼曰：“天下已定，我固当烹！”高帝顾谓信曰：“若毋声！而反，明矣！”武士反接之。遂会诸侯于陈，尽定楚地。还至雒阳，赦信以为淮阴侯，而与功臣剖符定封。于是与平剖符，世世勿绝，为户牖侯。平辞曰：“此非臣之功也。”上曰：“吾用先生谋计，战胜克敌，非功而何？”平曰：“非魏无知臣安得进？”应。上曰；“若子可谓不背本矣。”乃复赏魏无知。

其明年，以护军中尉从攻反者韩王信于代。卒至平城，为匈奴所围，七日不得食。高帝用陈平奇计，使单于阏氏，六计。围以得开。高帝既出，其计秘，世莫得闻。高帝南过曲逆，上其城，望见其屋室甚大，曰：“壮哉县！吾行天下，独见洛阳与是耳。”顾问御史曰：“曲逆户口几何？”对曰：“始秦时三万余户，间者兵数起，多亡匿，今见五千户。”于是乃诏御史，更以陈平为曲逆侯，尽食之，除前所食户牖。其后常以护军中尉从攻陈豨及黥布。凡六出奇计，【眉批】凡“六出”二句，与《萧何世家》“赢奉钱二益封二千户”书法同。辄益邑，凡六益封。奇计或颇秘，【眉批】两言秘计，盖平所谓“我多阴谋”者。世莫能闻也。

高帝从破布军还，病创，徐行至长安。燕王卢绾反，上使樊哙以相国将兵攻之。既行，人有短恶哙者。高帝怒曰：“哙见吾病，乃冀我死也。”用陈平谋而召绛侯周勃受诏床下，曰：“陈平亟驰传载勃代哙将，平至军中即斩哙头！”二人既受诏，驰传未至军，行计之曰："樊哙，帝之故人也，功多，且又乃吕后弟吕媭之夫，有亲且贵，帝以忿怒故，欲斩之，则恐后悔。宁囚而致上，上自诛之。"又奇计自完。未至军，为坛，以节召樊哙。哙受诏，则反接载槛车，传诣长安，而令绛侯勃代将，将兵定燕反县。平行闻高帝崩，平恐吕太后及吕媭谗怒，乃驰传先去。逢使者诏平与灌婴屯于荥阳。平受诏，立复驰至宫，哭甚哀，因奏事丧前。又奇计自完。吕太后哀之，曰："君劳，出休矣。"平畏谗之就，因固请得宿卫中。太后乃以为郎中令，曰："傅教孝惠。"是后吕媭谗乃不得行。又奇计自完。樊哙至，则赦复爵邑。┃ 了哙案。

【眉批】因陵与平并为丞相，故附入陵传。孝惠帝六年，相国曹参卒，以安国侯王陵为右丞相，客。陈平为左丞相。┃ 主。王陵者，插入。故沛人，始为县豪，高祖微时，兄事陵。陵少文，任气，好直言。及高祖起沛，入至咸阳，陵亦自聚党数千人，居南阳，不肯从沛公。及汉王之还攻项籍，陵乃以兵属汉。项羽取陵母置军中，陵使至，则东乡坐陵母，欲以招陵。陵母既私送使者，泣曰："为老妾语陵，谨事汉王。汉王，长者也，无以老妾故，持二心。妾以死送使者。"遂伏剑而死。项王怒，烹陵母。陵卒从汉王定天下。以善雍齿，雍齿，高帝之仇，而陵本无意从高帝，以故晚封，为安国侯。安国侯既为右丞相，二岁，接。孝惠帝崩。高后欲立诸吕为王，问王陵，王陵曰："不可。"问陈平，陈平曰："可。"吕太后怒，乃详迁陵为帝太傅，实不用陵。陵怒，谢疾免，杜门竟不朝请，七年而卒。陵之免丞相，吕太后乃徙平为右丞相，主。以辟阳侯审食其为左丞相。客。左丞相不治，常给事于中。┃ 【眉批】又因食其与平并为丞相，故附入食其传。食其插入。亦沛人。汉王之败彭城，西，楚取太上皇、吕后为质，食其以舍人侍吕后。其后从破项籍为侯，幸于吕太后。及为相，居中，百官皆因决事。【眉批】曰"侍"，曰"幸"，曰"居中"，曰"皆因决事"，太史公盖显言之矣。

吕媭常以前陈平为高帝谋执樊哙，数谗曰："陈平为相非治事，日饮醇酒，戏妇女。"陈平闻，日益甚。吕太后闻之，私独喜。面质吕媭于陈平曰："鄙语曰'儿妇人口不可用'，顾君与我何如耳。【眉批】曰"私独喜"，曰"顾君与我何如"，太史公有微意在。或谓其为谤书，岂谓是欤？无畏吕媭之谗也。"吕太后立诸吕为王，陈平伪听之。伪听，亦奇计。及吕太后崩，平与太尉勃合谋，卒诛诸吕，立孝文皇帝，陈平本谋也。审食其免相。▎孝文帝立，以为太尉勃亲以兵诛吕氏，功多；陈平欲让勃尊位，乃病谢。孝文帝初立，怪平病，问之。平曰："高祖时，勃功不如臣平。及诛诸吕，臣功亦不如勃。愿以右丞相让勃。"让勃，亦奇计。于是孝文帝乃以绛侯勃为右丞相，客。位次第一；平徙为左丞相，位次第二。赐平金千斤，益封三千户。▎居顷之，孝文皇帝既益明习国家事，朝而问右丞相勃曰："天下一岁决狱几何？"勃谢曰："不知。"问："天下一岁钱谷出入几何？"勃又谢不知，汗出沾背，愧不能对。于是上亦问左丞相平。平曰："有主者。"上曰："主者谓谁？"平曰："陛下即问决狱，责廷尉；问钱谷，责治粟内史。"上曰："苟各有主者，而君所主者何事也？"平谢曰："主臣！若今日"惶恐"也。陛下不知其驽下，使待罪宰相。宰相者，上佐天子理阴阳，顺四时，下育万物之宜，外镇抚四夷诸侯，内亲附百姓，使卿大夫各得任其职焉。"孝文帝乃称善。右丞相大惭，出而让陈平曰："君独不素教我对！"陈平笑曰："君居其位，不知其任邪？且陛下即问长安中盗贼数，君欲强对邪？"于是绛侯自知其能不如平远矣。居顷之，绛侯谢病请免相，陈平专为一丞相。▎孝文帝二年，丞相陈平卒，谥为献侯。子共侯买代侯。二年卒，子简侯恢代侯。二十三年卒，子何代侯。三十三年，何坐略人妻，弃市，国除。始陈平曰："我多阴谋，是道家之所禁。一篇结案。吾世即废，亦已矣，终不能复起，以吾多阴祸也。"然其后曾孙陈掌以卫氏亲贵戚，愿得续封陈氏，然终不得。验。

太史公曰：陈丞相平少时，本好黄帝、老子之术。此知谋之本。方其割肉俎上之时，其意固已远矣。倾侧扰攘楚魏之间，卒归高帝。常出奇计，救纷纠之难，振国家之患。及吕后时，事多故矣，然平竟自脱，定宗庙，以荣名终，称贤相，岂不善始善终哉！非知谋孰能当此者乎？【眉批】结句叙尽陈平一生。

绛侯周勃世家 全

【眉批】叙绛侯战功，古今绝调。韩文公《曹成王碑》叙战功处本此。绛侯周勃者，沛人也。其先卷人，徙沛。勃以织薄曲为生，常为人吹箫给丧事，材官引强。▎高祖之为沛公初起，勃以中涓从攻胡陵，【眉批】连用“以”字、“从”字。下方与。方与反，与战，却適。《汉书》作“敌”。攻丰。击秦军砀东。还军留及萧。复攻砀，破之。下下邑，先登。赐爵五大夫。攻蒙、虞，取之。击章邯车骑，殿。定魏地。攻爰戚、东缗，以往至栗，取之。攻啮桑，先登。击秦军阿下，破之。追至濮阳，下甄城。攻都关、定陶，袭取宛朐，得单父令。夜袭取临济，攻张，以前至卷，破之。击李由军雍丘下。攻开封，先至城下为多。后章邯破杀项梁，沛公与项羽引兵东如砀。【眉批】篇中曰“破”，曰“下”，曰“取”，曰“袭取”，曰“定”，曰“得”，曰“灭”，曰“降”，曰“屠”，曰“斩”，皆以纪其功也；曰“先登”，曰“却敌”，曰“殿”，曰“最”，曰“为多”，皆以论其功也。自初起沛还至砀，小总。一岁二月。楚怀王封沛公号安武侯，为砀郡长。沛公拜勃为虎贲令，以令从沛公定魏地。攻东郡尉于城武，破之。击王离军，破之。攻长社，先登。攻颍阳、缑氏，绝河津。击赵贲军尸北。南攻南阳守齮，破武关、峣关。破秦军于蓝田，至咸阳，灭秦。项羽至，以沛公为汉王。汉王赐勃爵为威武侯。从入汉中，拜为将军。还定三秦，至秦，赐食邑怀德。攻槐里、好畤，最。击赵贲、内史保于咸阳，最。北攻漆。击章平、姚卬军。西定汧。还下郿、频阳。围章邯废丘。破西丞。击盗巴军，破之。攻上邽。东守峣关。转击项籍。攻曲逆，最。还守敖仓，追项籍。籍已死，因东定楚地泗川、东海郡，凡得二十二县。还守雒阳、栎阳，赐与颍阴侯共食钟离。以将军从高帝击反者燕王臧荼，破之易下。所将卒当驰道为多。赐爵列侯，剖符世世勿绝。食绛八千一百八十户，号绛侯。以将军从高帝击反韩王信于代，降下霍人。以前至武泉，击胡骑，破之武泉北。转攻韩信军铜鞮，破之。还，降太原六城。击韩信胡骑晋阳下，破之，下晋阳。后击韩信军于硰石，破之，追北八十里。还攻楼烦三城，因击胡骑平城下，所将卒当驰道为多。勃迁为太尉。击陈豨，屠马邑。所将卒斩豨将军乘马绨。击韩信、陈豨、赵利军于楼烦，破之。得豨将宋最、雁门守圂。因转攻得云中守遬、丞相箕肆、将勋。定雁门郡十七县，云中郡十二县。因复击豨灵丘，破之，斩豨，得豨丞相程纵、将军陈武、都尉高肆。定代郡九县。燕王卢绾反，勃以相国代樊哙将，击下蓟，得绾大将抵、丞相偃、守陉、太尉弱、御史大夫施，屠浑都。破绾军上兰，复击破绾军沮阳。追至长城，定上谷十一县，右北平十六县，辽西、辽东二十九县，渔阳二十二县。▎最从高帝得相国一人，丞相二人，将军、二千石各三人；别破军二，下城三，定郡五，县七十九，得丞相、大将各一人。▎总结。

勃为人木强敦厚，高帝以为可属大事。勃不好文学，每召诸生说士，东乡坐而责之："趣为我语。"其椎少文如此。▎结。勃接。既定燕而归，高祖已崩矣，一句收佐高帝事业。以列侯事孝惠帝。孝惠帝六年，置太尉官，以勃为太尉。十岁，高后崩。吕禄以赵王为汉上将军，吕产以吕王为汉相国，秉汉权，欲危刘氏。勃为太尉，不得入军门。陈平为丞相，不得任事。于是勃与平谋，卒诛诸吕而立孝文皇帝。其语在吕后、孝文事中。▎文帝既立，以勃为右丞相，赐金五千斤，食邑万户。居月余，人或说勃曰："君既诛诸吕，立代王，威震天下，而君受厚赏，处尊位，以宠，久之即祸及身矣。"勃惧，亦自危，乃谢请归相印。上许之。岁余，丞相平卒，上复以勃为丞相。十余月，上曰："前日吾诏列侯就国，或未能行，丞相吾所重，其率先之。"乃免相就国。岁余，每河东守尉行县至绛，绛侯勃自畏恐诛，常被甲，令家人持兵以见之。其后人有上书告勃欲反，下廷尉。廷尉下其事长安，逮捕勃治之。勃恐，不知置辞。吏

稍侵辱之。勃以千金与狱吏，狱吏乃书牍背示之，曰“以公主为证”。公主者，孝文帝女也，勃太子胜之尚之，故狱吏教引为证。勃之益封受赐，尽以予薄昭。及系急，薄昭为言薄太后，太后亦以为无反事。文帝朝，太后以冒絮头上巾。提掷。文帝，曰：“绛侯绾皇帝玺，将兵于北军，不以此时反，今居一小县，顾欲反邪！”文帝既见绛侯狱辞，乃谢曰：“吏事方验而出之。”于是使使持节赦绛侯，复爵邑。绛侯既出，曰：“吾尝将百万军，然安知狱吏之贵乎！”应。绛侯复就国。孝文帝十一年卒，谥为武侯。| 子胜之代侯。六岁，尚公主，不相中，坐杀人，国除。绝一岁，文帝乃择绛侯勃子贤者河内守亚夫，封为条侯，续绛侯后。| 条侯亚夫自未侯为河内守时，许负相之，曰：“君后三岁而侯。侯八岁为将相，持国秉，贵重矣，于人臣无两。其后九岁而君饿死。”【眉批】许负数言，了条侯一生。亚夫笑曰：“臣之兄已代父侯矣，有如卒，子当代，亚夫何说侯乎？然既已贵如负言，又何说饿死？指示我。”许负指其口曰：“有从理入口，此饿死法也。”居三岁，其兄绛侯胜之有罪，孝文帝择绛侯子贤者，皆推亚夫，乃封亚夫为条侯，续绛侯后。【眉批】上已叙亚夫封为条侯矣；插入许负一段，复说封亚夫为条侯，所以验负之言也。

文帝之后六年，匈奴大入边。乃以宗正刘礼为将军，客。军霸上；祝兹侯徐厉为将军，客。军棘门；以河内守亚夫为将军，主。军细柳：以备胡。上自劳军。至霸上及棘门军，客。直驰入，将以下骑送迎。已而之细柳军，主。军士吏被甲，锐兵刃，彀弓弩，持满。天子先驱至，不得入。先驱曰：“天子且至！”军门都尉曰：“将军令曰‘军中闻将军令，不闻天子之诏’。”居无何，上至，又不得入。于是上乃使使持节诏将军：“吾欲入劳军。”亚夫乃传言开壁门。壁门士吏谓从属车骑曰：“将军约，军中不得驰驱。”于是天子乃按辔徐行。至营，将军亚夫持兵揖曰：“介胄之士不拜，请以军礼见。”天子为动，改容式车。使人称谢：“皇帝敬劳将军。”成礼而去。既出军门，群臣皆惊。【眉批】条侯兵法，太史公叙事，并古今绝景。文帝曰："嗟乎，此真将军矣！曩者霸上、棘门军，若儿戏耳，其将固可袭而虏也。至于亚夫，可得而犯邪！"称善者久之。月余，三军皆罢。乃拜亚夫为中尉。▎孝文且崩时，诫太子曰："即有缓急，周亚夫真可任将兵。"伏后。文帝崩，拜亚夫为车骑将军。

孝景三年，吴楚反。亚夫以中尉为太尉，东击吴楚。因自请上曰："楚兵剽轻，难与争锋。愿以梁委之，绝其粮道，【眉批】"以梁委之，绝其粮道"，自是两事，妙在弃梁，然难为梁甚，宜怨。乃可制。"上许之。太尉既会兵荥阳，吴方攻梁，梁急，请救。太尉引兵东北走昌邑，深壁而守。梁日使使请太尉，太尉守便宜，不肯往。梁上书言景帝，景帝使使诏救梁。太尉不奉诏，坚壁不出，而使轻骑兵弓高侯等绝吴楚兵后食道。吴兵乏粮，饥，数欲挑战，终不出。夜，军中惊，内相攻击扰乱，至于太尉帐下。太尉终卧不起。顷之，复定。后吴奔壁东南陬，太尉使备西北。已而其精兵果奔西北，不得入。吴兵既饿，乃引而去。太尉出精兵追击，大破之。吴王濞弃其军，而与壮士数千人亡走，保于江南丹徒。汉兵因乘胜，遂尽虏之，降其兵，购吴王千金。月余，越人斩吴王头以告。凡相攻守三月，而吴楚破平。于是诸将乃以太尉计谋为是。由此梁孝王与太尉有郤。归，复置太尉官。五岁，迁为丞相，景帝甚重之。▎景帝废栗太子，丞相固争之，不得。景帝由此疏之。而紧接。梁孝王每朝，常与太后言条侯之短。窦太后曰："皇后兄王信可侯也。"景帝让曰："始南皮、章武侯先帝不侯，及臣即位乃侯之。信未得封也。"窦太后曰："人主各以时行耳。自窦长君在时，竟不得侯，死后乃封其子彭祖顾得侯。吾甚恨之。帝趣侯信也！"景帝曰："请得与丞相议之。"丞相议之，亚夫曰："高皇帝约'非刘氏不得王，非有功不得侯。不如约，天下共击之'。今信虽皇后兄，无功，侯之，非约也。"景帝默然而止。

其后匈奴王徐卢等五人降，景帝欲侯之以劝后。丞相亚夫曰："彼背其主降陛下，陛下侯之，则何以责人臣不守节者乎？"景帝曰："丞相议不可用。"乃悉封徐卢等为列侯。【眉批】此亚夫不善处危机处。亚夫因谢病。景帝中三年，以病免相。▎顷之，景帝居禁中，召条侯，赐食。独置大胾，无切肉，又不置櫡。条侯心不平，顾谓尚席取櫡。景帝视而笑曰："此非不足君所乎？"条侯免冠谢。上起，条侯因趋出。景帝以目送之，曰："此怏怏者非少主臣也！"▎居无何，条侯子为父买工官尚方甲楯五百被可以葬者。取庸苦之，不予钱。庸知其盗买县官器，怒而上变告子，事连污条侯。书既闻上，上下吏。吏簿责条侯，条侯不对。【眉批】太史公撰狱吏处多悲酸，由坐附李陵幽囚之后故耳。景帝骂之曰："吾不用也。"召诣廷尉。廷尉责曰："君侯欲反邪？"亚夫曰："臣所买器，乃葬器也，何谓反邪？"吏曰："君侯纵不反地上，即欲反地下耳。"吏侵之益急。初，吏捕条侯，条侯欲自杀，夫人止之，以故不得死，遂入廷尉。因不食五日，呕血而死。国除。绝一岁，景帝乃更封绛侯勃他子坚为平曲侯，续绛侯后。十九年卒，谥为共侯。子建德代侯，十三年，为太子太傅。坐酎金不善，元鼎五年，有罪，国除。▎条侯果饿死。应。死后，景帝乃封王信为盖侯。结案。【眉批】览末句可见，景帝所以杀条侯只为咀信之封，而景帝之始封信，由梁王、太后以计中条侯也。

太史公曰：绛侯周勃始为布衣时，鄙朴人也，才能不过凡庸。及从高祖定天下，在将相位，诸吕欲作乱，勃匡国家难，复之乎正。虽伊尹、周公，何以加哉！亚夫之用兵，持威重，执坚忍，穰苴曷有加焉！足己而不学，绛侯。守节不逊，条侯。终以穷困。总言。悲夫！

梁孝王世家 孝王

梁王之初王梁，孝文帝之十二年也。梁王自初王通历已十一年矣。梁王十四年，入朝。十七年，十八年，比频也。年入朝，留，【眉批】此下“留”字，为后“因留”、“欲留”张本。其明年，乃之国。二十一年，入朝。二十二年，孝文帝崩。二十四年，入朝。二十五年，复入朝。【眉批】连次“入朝”字，为后“上书请朝”张本。是时上未置太子也。上与梁王燕饮，尝从容言曰：“千秋万岁后传于王。”【眉批】通篇关键，重在“千秋万岁后传于王”一句上，及次“未置太子”，“立太子”，“废太子”，“又立太子”等句，皆根此句来，总见梁王始觊觎、终怨望之意。王辞谢。虽知非至言，然心内喜。太后亦然。其春，吴楚齐赵七国反。吴楚先击梁棘壁，杀数万人。梁孝王城守睢阳，而使韩安国、张羽等为大将军，以距吴楚。吴楚以梁为限，不敢过而西，与太尉亚夫等相距三月。吴楚破，而梁所破杀虏略与汉中分。明年，汉立太子。其后梁最亲，有功，又为大国，居天下膏腴地。地北界泰山，西至高阳，四十余城，皆多大县。孝王，窦太后少子也，【眉批】将叙孝王僭侈，故先提“窦太后少子”一句。爱之，赏赐不可胜道。于是孝王筑东苑，方三百余里。广睢阳城七十里。大治宫室，为复道，自宫连属于平台三十余里。得赐天子旌旗，出从千乘万骑。东西驰猎，拟于天子。出言趩，入言警。【眉批】历叙孝王广侈贵侠如画。招延四方豪杰，自山以东游说之士，莫不毕至，齐人羊胜、公孙诡、邹阳之属。公孙诡多奇邪计，初见王，赐千金，官至中尉，梁号之曰公孙将军。梁多作兵器弩弓矛数十万，而府库金钱且百巨万，珠玉宝器多于京师。

二十九年十月，梁孝王入朝。景帝使使持节乘舆驷马，迎梁王于关下。既朝，上疏因留，以太后亲故。王入则侍景帝同辇，出则同车游猎，射禽兽上林中。梁之侍中、郎、谒者著籍引出入天子殿门，与汉宦官无异。【眉批】“拟于天子”，“多于京师”，“与汉宦官无异”，此点缀语，总状孝王僭侈处。十一月，上废栗太子，窦太后心欲以孝王为后嗣。大臣及袁盎等有所关说于景帝，窦太后义一作议。格，亦遂不复言以梁王为嗣事由此。以事秘，世莫知。乃辞归国。其夏四月，上立胶东王为太子。梁王怨袁盎及议臣，乃与羊胜、公孙诡之属阴使人刺杀袁盎及他议臣十余人。逐其贼，未得也。于是天子意梁王，逐贼，果梁使之。乃遣使冠盖相望于道，覆按梁，捕公孙诡、羊胜。公孙诡、羊胜匿王后宫。使者责二千石急，梁相轩丘豹及内史韩安国进谏王，王乃令胜、诡皆自杀，出之。上由此怨望于梁王。梁王恐，乃使韩安国因长公主谢罪太后，然后得释。上怒稍解，因上书请朝。既至关，茅兰说王，使乘布车，从两骑入，匿于长公主园。汉使使迎王，王已入关，车骑尽居外，不知王处。太后泣曰：“帝杀吾子！”景帝忧恐。于是梁王伏斧质于阙下，谢罪。然景帝益疏王，不同车辇矣。三十五年冬，复朝。上疏欲留，上弗许。归国，意忽忽不乐。北猎良山，有献牛，足出背上，孝王恶之。六月中，病热，六日卒，谥曰孝王。孝王慈孝，每闻太后病，口不能食，居不安寝，常欲留长安侍太后。太后亦爱之。及闻梁王薨，窦太后哭极哀，不食，曰：“帝果杀吾子！”景帝哀惧，不知所为。与长公主计之，乃分梁为五国，尽立孝王男五人为王，女五人皆食汤沐邑。于是奏之太后，太后乃说，为帝加壹餐。

三王世家 三王策 论

“维六年四月乙巳，皇帝使御史大夫汤庙立子闳为齐王。曰：於戏，小子闳，受兹青社！朕承祖考，维稽古建尔国家，封于东土，世为汉藩辅。於戏念哉！恭朕之诏，惟命不于常。人之好德，克明显光。义之不图，俾君子怠。悉尔心，允执其中，天禄永终。厥有僁不臧，乃凶于而国，害于尔躬。於戏，保国艾民，可不敬与！王其戒之。”齐王策。

“维六年四月乙巳，皇帝使御史大夫汤庙立子旦为燕王。曰：於戏，小子旦，受兹玄社！朕承祖考，维稽古，建尔国家，封于北土，世为汉藩辅。於戏！荤粥氏虐老兽心，侵犯寇盗，加以奸巧边萌。於戏！朕命将率徂征厥罪，万夫长，千夫长，三十有二君皆来，降旗奔师。荤粥徙域，北州以绥。悉尔心，毋作怨，毋俷德，毋乃废备。非教士不得从征。於戏，保国艾民，可不敬与！王其戒之。”燕王策。

“维六年四月乙巳，皇帝使御史大夫汤庙立子胥为广陵王。曰：於戏，小子胥，受兹赤社！朕承祖考，维稽古建尔国家，封于南土，世为汉藩辅。古人有言曰：‘大江之南，五湖之间，其人轻心。扬州保强，三代要服，不及以政。’於戏！悉尔心，战战兢兢，乃惠乃顺，毋侗好佚，毋迩宵人，维法维则。《书》云：‘臣不作威，不作福，靡有后羞。’於戏，保国艾民，可不敬与！王其戒之。”广陵王策。

太史公曰：古人有言曰“爱之欲其富，亲之欲其贵”。故王者疆土建国，封立子弟，所以褒亲亲，序骨肉，尊先祖，贵支体，广同姓于天下也。是以形势强而王室安。自古至今，所由来久矣。非有异也，故弗论著也。燕齐之事，无足采者。然封立三王，天子恭让，群臣守义，文辞烂然，甚可观也，是以附之世家。

伯夷列传 全

【眉批】传体前叙事，后议论。此以议论代叙事，传之变体也。势极曲折，词极工致，若断若续，超玄入妙。夫学者载籍极博，犹考信于六艺。《诗》、《书》虽缺，然虞夏之文可知也。尧将逊位，让于虞舜，舜禹之间，岳牧咸荐，乃试之于位，典职数十年，功用既兴，然后授政。示天下重器，王者大统，传天下若斯之难也。即尧让舜之难，以明让天下许由之妄。而说者曰尧让天下于许由，借许由、务光以发，烟波袅娜处。许由不受，耻之逃隐。及夏之时，有卞随、务光者。【眉批】太史公驰骋上下数千载，欲求一节义最高者，严立于其首。有让国之高节如由、光而不见述于圣人，是以无传，此《伯夷传》之所以作也。此何以称焉？疑于有。太史公曰：余登箕山，其上盖有许由冢云。见实有其人。孔子序列古之仁圣贤人，如吴太伯、伯夷之伦详矣。余以所闻由、光义至高，其文辞不少概见，何哉？疑于无。孔子曰："伯夷、叔齐，不念旧恶，怨是用希。""求仁得仁，又何怨乎？"余悲伯夷之意，睹轶诗即下《采薇》诗。可异焉。【眉批】太史公谓夫子称其不怨，而《采薇》之诗犹若未免怨，何也？盖天道惟与善人，而达观古今操行不轨者多富乐，公正发愤者多遗祸，是以不免于患也。然君子所重在此，所轻在彼，况君子病殁世而名不称。伯夷、颜子得夫子而名益彰，则所得亦已多矣，又何怨之有？其传曰：伯夷、叔齐，孤竹君之二子也。父欲立叔齐，及父卒，叔齐让伯夷。伯夷曰："父命也。"遂逃去。叔齐亦不肯立而逃之。国人立其中子。于是伯夷、叔齐闻西伯昌善养老，盍往归焉。及至，西伯卒，武王载木主，号为文王，东伐纣。伯夷、叔齐扣马而谏曰："父死不葬，爰及干戈，可谓孝乎？以臣弑君，可谓仁乎？"左右欲兵之。太公曰："此义人也。"扶而去之。武王已平殷乱，天下宗周，而伯夷、叔齐耻之，义不食周粟，隐于首阳山，采薇而食之。及饿且死，作歌。其辞曰：《采薇》歌，《骚》之祖也。"登彼西山兮，采其薇兮。以暴易暴兮，不知其非矣。神农、虞、夏忽焉没兮，我安适归矣？于嗟徂兮，命之衰矣！”遂饿死于首阳山。由此观之，怨耶非耶？【眉批】自此以下，上下千古，无限悲歌感慨之情。或曰：“天道无亲，常与善人。”若伯夷、叔齐，可谓善人者非耶？积仁挈行如此而饿死！且七十子之徒，仲尼独荐颜渊为好学。然回也屡空，糟糠不厌，而卒蚤夭。天之报施善人，其何如哉？【眉批】始言天道报应差爽，以世俗其见闻者叹之也。中言各从所好，决择死生轻重，以君子之正论析之也。一篇之中，错综跌宕，极文之变而不诡于圣人，可谓良史矣。盗跖日杀不辜，肝人之肉，暴戾恣睢，聚党数千人横行天下，竟以寿终。是遵何德哉？此其尤大彰明较著者也。若至近世，操行不轨，专犯忌讳，而终身逸乐，富厚累世不绝。或择地而蹈之，时然后出言，行不由径，非公正不发愤，而遇祸灾者，不可胜数也。太史公寓言为李陵遭刑之意。余甚惑焉，傥所谓天道，是耶非耶？子曰“道不同不相为谋”，亦各从其志也。上设两端开说，此下又合说。故曰“富贵如可求，虽执鞭之士，吾亦为之。如不可求，从吾所好”。此正各从其志。“岁寒，然后知松柏之后凋”。举世混浊，清士乃见。岂以其重若彼，谓“操行不轨”以下。其轻若此哉？指“择地而蹈”以下。“君子疾没世而名不称焉。”【眉批】此篇连用“怨”字、“命”字、“天”字、“名”字为眼目处，妙在杂引经传，较若出诸己，而纵横变化，莫测其端。贾子曰：引贾子语终，各从其志意。“贪夫徇财，烈士徇名，夸者死权，众庶冯生。”“同明相照，同类相求。”“云从龙，风从虎，圣人作而万物睹。”伯夷、叔齐虽贤，得夫子而名益彰。颜渊虽笃学，附骥尾而行益显。此见天之报施善人以其名也。岩穴之士，趣舍有时若此，类名堙灭而不称，结篇首悲吊由、光案。悲夫！闾巷之人，欲砥行立名者，非附青云之士，恶能施于后世哉？【眉批】太史公言夷齐不能无怨，得夫子言之以益显，若由、光义至高而不少概见，故后世无闻焉。是以砥行立名者，必附青云士也。此一篇大旨，首尾相贯处。

管晏列传 全

【眉批】此传纵横自得，非轨辙可寻，盖所谓神化者耶？此传凡三段，俱有缴结。管仲夷吾者，颍上人也。少时常与鲍叔牙游，鲍叔知其贤。管仲贫困，常欺鲍叔，鲍叔终善遇之，不以为言。已而鲍叔事齐公子小白，管仲事公子纠。及小白立为桓公，公子纠死，管仲囚焉。鲍叔遂进管仲。管仲既用，任政于齐，齐桓公以霸，九合诸侯，一匡天下，管仲之谋也。一结。┃管仲曰：【眉批】两述管仲自言，而叙事即在其中矣。“吾始困时，尝与鲍叔贾，分财利多自与，应前。鲍叔不以我为贪，知我贫也。吾尝为鲍叔谋事而更穷困，插入此段，应“终善遇之”句。鲍叔不以我为愚，知时有利不利也。吾尝三仕三见逐于君，鲍叔不以我为不肖，知我不遭时也。吾尝三战三走，鲍叔不以我为怯，知我有老母也。公子纠败，应前。召忽死之，吾幽囚受辱，鲍叔不以我为无耻，知我不羞小节而耻功名不显于天下也。生我者父母，知我者鲍子也。”【眉批】五用“知”字，而以“知我者鲍子”结之。鲍叔既进管仲，插入赞语。以身下之。子孙世禄于齐，有封邑者十余世，常为名大夫。【眉批】以上并次鲍叔之贤，客以形主之体。天下不多管仲之贤而多鲍叔能知人了鲍叔案。也。┃二结。管仲既任政相齐，以区区之齐在海滨，通货积财，富国强兵，与俗同好恶。纲。故其称曰：“仓廪实而知礼节，衣食足而知荣辱，上服度则六亲固。四维不张，国乃灭亡。下令如流水之原，令顺民心。”故论卑而易行。俗之所欲，因而予之；俗之所否，因而去之。目。【眉批】连用六“因”字。其为政也，善因祸而为福，转败而为功。【眉批】“善因祸”数句，得仲子骨髓。下三事即因祸为福，转败为功，所谓轻重权衡也。贵轻重，慎权衡。纲。桓公实怒少姬，目。南袭蔡，管仲因而伐楚，责包茅不入贡于周室。桓公实北征山戎，目。而管仲因而令燕修召公之政。于柯之会，目。桓公欲背曹沫之约，管仲因而信之，诸侯由是归齐。故曰：“知与之为取，政之宝也。”｜ 三结。管仲富拟于公室，有三归、反坫，齐人不以为侈。管仲卒，齐国遵其政，常强于诸侯。结。后百余年而有晏子焉。过脉。

晏平仲婴者，莱之夷维人也。事齐灵公、庄公、景公，以节俭力行重于齐。【眉批】“节俭”句道尽晏子。既相齐，食不重肉，妾不衣帛。其在朝，君语及之，即危言；语不及之，即危行。国有道，即顺命；无道，即衡命。【眉批】虚语叙事，欧公志文多用此法。以此三世显名于诸侯。｜ 越石父贤，在缧绁中。晏子出，遭之涂，解左骖赎之，载归。弗谢，入闺。久之，越石父请绝。晏子戄然，摄衣冠谢曰：“婴虽不仁，免子于厄，何子求绝之速也？”石父曰：“不然。吾闻君子诎于不知己而信于知己者。方吾在缧绁中，彼不知我也。夫子既以感寤而赎我，是知己；知己而无礼，固不如在缧绁之中。”【眉批】晏子之事多矣，而太史公详载此，有深意焉。晏子于是延入为上客。｜ 锁。晏子为齐相，出，其御之妻从门间而窥其夫。其夫为相御，拥大盖，策驷马，意气扬扬，甚自得也。情状宛然。既而归，其妻请去。夫问其故。妻曰：“晏子长不满六尺，身相齐国，名显诸侯。今者妾观其出，志念深矣，常有以自下者。今子长八尺，乃为人仆御，然子之意自以为足，妾是以求去也。”其后夫自抑损。晏子怪而问之，御以实对。晏子荐以为大夫。锁。

【眉批】先总说，后分说，抑扬反复，曲尽其妙。太史公曰：吾读管氏《牧民》、《山高》、《乘马》、《轻重》、《九府》，及《晏子春秋》，总。详哉其言之也。有此句，方见传当略。既见其著书，欲观其行事，故次其传。至其书，世多有之，是以不论，论其轶事。｜ 管仲世所谓贤臣，分。然孔子小之。岂以为周道衰微，桓公既贤，而不勉之至王，乃称霸哉？语曰“将顺其美，匡救其恶，故上下能相亲也”。岂管仲之谓乎？｜ 扬。方晏子伏庄公尸哭之，成礼然后去，不见之传中。岂所谓“见义不为无勇”者邪？抑。至其谏说，犯君之颜，此所谓“进思尽忠，退思补过”者哉！扬。假令晏子而在，余虽为之执鞭，【眉批】执盖之妇犹羞为御，而太史公愿为执鞭，盖自伤不遇晏子，无能为赎腐刑而过激仰美之谓耳。所欣慕焉。有感慨。

老庄申韩列传 全

【眉批】老子清净无为，本无事迹可考。太史公只据其语孔子，与孔子语令尹喜语，以概其平生，而以“莫知所终”结之。中间连用“或曰”、“或言”而又结以“莫知其然否”，以应“莫知所终”句。“隐君子”一句，乃老子断案也。“世之学老子”数句，正儒、老不相能本旨。“无为”二句，一篇纲领，却于末后锁之，万钧力也。此传始终变幻，真犹龙哉！老子者，楚苦县厉乡曲仁里人也，姓李氏，名耳，字伯阳，谥曰聃，周守藏室之史也。孔子适周，将问礼于老子。老子曰：“子所言者，其人与骨皆已朽矣，独其言在耳。且君子得其时则驾，不得其时则蓬累而行。吾闻之，良贾深藏若虚，君子盛德，容貌若愚。去子之骄气与多欲，态色与淫志，是皆无益于子之身。吾所以告子，若是而已。”孔子去，谓弟子曰：“鸟，吾知其能飞；鱼，吾知其能游；兽，吾知其能走。走者可以为罔，游者可以为纶，飞者可以为矰。至于龙吾不能知，其乘风云而上天。吾今日见老子，其犹龙邪！”┃ 老子修道德，其学以自隐无名为务。┃ 居周久之，见周之衰，乃遂去。至关，关令尹喜曰：“子将隐矣，强为我著书。”于是老子乃著书上下篇，言道德之意五千余言而去，莫知其所终。┃ 结。或曰：老莱子亦楚人也，奇格。著书十五篇，言道家之用，与孔子同时云。盖老子百有六十余岁，或言二百余岁，以其修道而养寿也。┃ 自孔子死之后百二十九年，而史记周太史儋见秦献公曰：“始秦与周合而离，离五百岁而复合，合七十岁而霸王者出焉。”或曰儋即老子，或曰非也，┃ 世莫知应前“莫知”句。其然否。┃ 结。老子，隐君子也。【眉批】“隐君子”句，结上数段，与“自隐无名”、“身将隐矣”相应。老子之子名宗，宗为魏将，封于段干。宗子注，注子宫，宫玄孙假，假仕于汉孝文帝。而假之子解为胶西王卬太傅，因家于齐焉。┃ 世之学老子者则绌儒学，儒学亦绌老子。“道不同不相为谋”，岂谓是邪？李耳无为自化，清静自正。纲领。【眉批】传后先缀数语以赞老子，亦变体也。

【眉批】此传思极微，势极曲折。庄子者，蒙人也，名周。周尝为蒙漆园吏，与梁惠王、齐宣王同时。其学无所不窥，然其要本归于老子之言。纲领。故其著书十余万言，大抵率寓言也。作《渔父》、《盗跖》、《胠箧》，以诋訿孔子之徒，以明老子之术。与“本归老子”相应。《畏累虚》、《亢桑子》之属，皆空语无事实。即前所谓寓言。然善属书离辞，指事类情，用剽剥儒、墨，虽当世宿学不能自解免也。其言洸洋自恣以适己，故自王公大人不能器之。虚。【眉批】自“王公大人”以上叙其学，以下叙其事，总是以自隐无名为务，不离“其要本归于老子之言”一句意。楚威王闻庄周贤，实。使使厚币迎之，许以为相。庄周笑谓楚使者曰：“千金，重利；卿相，尊位也。子独不见郊祭之牺牛乎？养食之数岁，衣以文绣，以入太庙。当是之时，虽欲为孤豚，岂可得乎？子亟去，无污我。我宁游戏污渎之中自快，无为有国者所羁，终身不仕，以快吾志焉。”【眉批】适己快志，前后相首尾。

申不害者，京人也，故郑之贱臣。学术以干韩昭侯，昭侯用为相。内修政教，外应诸侯，十五年。终申子之身，国治兵强，无侵韩者。申子之学本于黄老而主刑名。纲领。著书二篇，号曰《申子》。

韩非者，韩之诸公子也。喜刑名法术之学，而其归本于黄老。纲领。非为人口吃，不能道说，而善著书。与李斯俱事荀卿，斯自以为不如非。非见韩之削弱，数以书谏韩王，韩王不能用。| 于是韩非疾“疾”字贯下。治国不务修明其法制，执势以御其臣下，富国强兵而以求人任贤，反举浮淫之蠹而加之于功实之上。以为用“以为”转语。儒者用文乱法，而侠者以武犯禁。宽则宠名誉之人，急则用介胄之士。今者所养非所用，所用非所养。悲“悲”字贯下。廉直不容于邪枉之臣，观往者得失之变，故作《孤愤》、《五蠹》、《内外储》、《说林》、《说难》十余万言。| 然韩非知说之难，为《说难》书甚具，终死于秦，不能自脱。《说难》曰：【眉批】通篇以知难为主。先以三“非”

字反说引起，既用名高厚利作眼，衍三节结，以“不可不知”为一段。又用“身危”作眼，衍六节，以“故曰”带下，亦结以“不可不知”为一段。又“知饰所说”至“所以亲近不疑”为一段，而以“知”字起句。又“知尽之难”至“此说之成”为一段，亦以“知”字起句。末三段引一喻作结，而中云“处知则难”及“不可不察”句，盖惟知难而后不轻说，此一篇之大旨也。凡说之难，非吾知之有以说之难也；又非吾辩之难能明吾意之难也；又非吾敢横失作佚。能尽之难也。凡说之难，在知所说之心，可以吾说当之。所说出于为名高者也，而说之以厚利，则见下节而遇卑贱，必弃远矣。所说出于厚利者也，而说之以名高，则见无心而远事情，必不收矣。所说实作阴。为厚利而显为名高者也，而说之以名高，则阳收其身而实疏之；若说之以厚利，则阴用其言而显弃其身。此之不可不知也。| 结。夫事以密成，语以泄败。未必其身泄之也，而语及其所匿之事，如是者身危。贵人有过端，而说者明言善议以推其恶者，则身危。周泽未渥也而语极知，说行而有功则德亡，说不行而有败则见疑，如是者身危。夫贵人得计而欲自以为功，说者与知焉，则身危。彼显有所出事，乃自以为也故，说者与知焉，则身危。强之以其所必不为，止之以其所不能已者，身危。| 故曰：与之论大人，则以为间己；与之论细人，则以为鬻权。论其所爱，则以为借资；论其所憎，则以为尝己。径省其辞，则不知而屈之；泛滥博文，则多而久之。厌其多，倦其久。顺事陈意，则曰怯懦而不尽；虑事广肆，则曰草野而倨侮。此说之难，不可不知也。| 结。凡说之务，在知饰所说之所敬，而灭其所丑。彼自知其计，自以为得计。则无以其失穷之；自勇其断，则无以其敌怒之；自多其力，则无以其难概之。规异事与同计，誉异人与同行者，则以饰之无伤也。有与同失者，则明饰其无失也。大忠无所拂辞，悟言无所击排，乃后申其辩知焉。此所以亲近不疑，| 知尽之难也。得旷日弥久，而周泽既渥，深计而不疑，交争而不罪，乃明计利害以致其功，直指是非以饰其身，以此相持，

此说之成也。┃ 伊尹为庖，百里奚为虏，皆所由干其上也。故此二子者，皆圣人也，犹不能无役身而涉世如此其污也，则非能仕之所设也。┃ 《韩子》作“能士之所耻也”。一引证。宋有富人，天雨墙坏。其子曰“不筑且有盗”，其邻人之父亦云，暮而果大亡其财，其家甚知其子而疑邻人之父。昔者郑武公欲伐胡，乃以其子妻之。因问群臣曰：“吾欲用兵，谁可伐者？”关其思曰：“胡可伐。”乃戮关其思，曰：“胡，兄弟之国也，子言伐之，何也？”胡君闻之，以郑为亲己而不备郑。郑人袭胡，取之。此二说者，其知皆当矣，二引证。然而甚者为戮，薄者见疑。非知之难也，处知则难矣。┃ 昔者弥子瑕见爱于卫君。卫国之法，窃驾君车者罪至刖。既而弥子之母病，人闻，往夜告之，弥子矫驾君车而出。君闻之而贤之曰：“孝哉，为母之故而犯刖罪！”与君游果园，弥子食桃而甘，不尽而奉君。君曰：“爱我哉，忘其口而念我！”及弥子色衰而爱弛，得罪于君。君曰：“是尝矫驾吾车，又尝食我以其余桃。”故弥子之行未变于初也，前见贤而后获罪者，爱憎之至变也。三引证。故有爱于主，则知当而加亲；见憎于主，则罪当而加疏。故谏说之士不可不察爱憎之主而后说之矣。┃ 【眉批】此篇意极渊深，辞极富丽，句极奇崛，调极古雅，自是先秦文字。夫龙之为虫也，引喻结出“说难”主意。可扰狎而骑也。然其喉下有逆鳞径尺，人有婴之，则必杀人。人主亦有逆鳞，说之者能无婴人主之逆鳞，则几矣。人或传其书至秦。秦王见《孤愤》、《五蠹》之书，曰：“嗟乎，寡人得见此人与之游，死不恨矣！”李斯曰：“此韩非之所著书也。”秦因急攻韩。韩王始不用非，及急，乃遣非使秦。秦王悦之，未信用。李斯、姚贾害之，毁之曰：“韩非，韩之诸公子也。今王欲并诸侯，非终为韩不为秦，此人之情也。今王不用，久留而归之，此自遗患也，不如以过法诛之。”秦王以为然，下吏治非。李斯使人遗非药，使自杀。韩非欲自陈，不得见。秦王后悔之，使人赦之，非已死矣。┃ 申子、韩子皆著书，传于后世，牵连。学者多有。余独悲韩子为《说难》而不能自脱耳。应前。

太史公曰：老子所贵道，虚无，因应变化于无为，故著书辞称微妙难识。| 庄子散道德，放论，要亦归之自然。| 申子卑卑，施之于名实。| 韩子引绳墨，切事情，明是非，其极惨礉少恩。| 皆原于道德之意，而老子深远矣。【眉批】太史公合老、庄、申、韩为一家，而推老子为深远，大较得之。

司马穰苴列传 论

太史公曰：余读《司马兵法》，闳廓深远，虽三代征伐，未能竟其义，如其文也，亦少褒矣。溢美也。若夫穰苴，区区为小国行师，何暇及《司马兵法》之揖让乎？世既多《司马兵法》，以故不论，著穰苴之列传焉。

孙吴列传 论

太史公曰：世俗所称师旅，皆道孙子十三篇，吴起兵法，世多有，故弗论，论其行事所施设者。语曰："能行之者未必能言，能言之者未必能行。"指两人言。孙子筹策庞涓明矣，扬。然不能蚤救患于被刑。抑无筹策。吴起说武侯以形势不如德，扬。然行之于楚，抑。以刻暴少恩亡其躯。悲夫！无德。

伍子胥列传 全

伍子胥者，楚人也，名员。员父曰伍奢。员兄曰伍尚。其先曰伍举，倒叙世系。以直谏事楚庄王，有显，故其后世有名于楚。▎楚平王有太子名曰建，使伍奢为太傅，费无忌为少傅。无忌不忠于太子建。总案。平王使无忌为太子取妇于秦，祸根。秦女好，无忌驰归报平王曰："秦女绝美，王可自取，而更为太子取妇。"平王遂自取秦女而绝爱幸之，生子轸。更为太子取妇。▎无忌既以秦女自媚于平王，因去太子而事平王。恐一旦平王卒而太子立，杀己，乃因谗太子建。按摩无忌心事。建母，蔡女也，无宠于平王。平王稍益疏建，使建守城父，备边兵。顷之，无忌又日夜言太子短于王曰："太子以秦女之故，不能无怨望，愿王少自备也。自太子居城父，将兵，外交诸侯，且欲入为乱矣。"平王乃召其太傅伍奢考问之。伍奢知无忌谗太子于平王，因曰："王独奈何以谗贼小臣疏骨肉之亲乎？"无忌曰："王今不制，其事成矣。王且见禽。"于是平王怒，囚伍奢，而使城父司马奋扬往杀太子。行未至，奋扬使人先告太子："太子急去，不然将诛。"告太子语。太子建亡奔宋。伏后案。无忌言于平王曰："伍奢有二子，皆贤，不诛且为楚忧。可以其父质而召之，不然且为楚患。"王使使谓伍奢曰："能致汝二子则生，不能则死。"伍奢曰："尚为人仁，呼必来。员为人刚戾忍诟，能成大事，彼见来之并禽，其势必不来。"王不听，使人召二子曰："来，吾生汝父；不来，今杀奢也。"伍尚欲往，员曰："楚之召我兄弟，非欲以生我父也，恐有脱者后生患，故以父为质，诈召二子。二子去，则父子俱死。何益父之死？往而令仇不得报耳。不如奔他国，借力以雪父之耻，俱灭，无为也。"伍尚曰："我知往终不能全父命。然恨父召我以求生而不往，后不能雪耻，终为天下笑耳。"谓员："可去矣！汝能报杀父之仇，我将归死。"尚既就执，使者捕伍胥。伍胥贯弓执矢向使者，使者不敢进，伍胥遂亡。闻太子建之在宋，往从之。

奢闻子胥之亡也，曰："楚国君臣且苦兵矣。"为后破楚案。伍尚至楚，楚并杀奢与尚也。▎伍胥既至宋，宋有华氏之乱，乃与太子建俱奔于郑。郑人甚善之。太子建又适晋，晋顷公曰："太子既善郑，郑信太子。太子能为我内应，而我攻其外，灭郑必矣。灭郑而封太子。"太子乃还郑。事未会，会自私欲杀其从者，从者知其谋，乃告之于郑。郑定公与子产诛杀太子建。建有子名胜。伍胥惧，乃与胜俱奔吴。到昭关，昭关欲执之。伍胥遂与胜独身步走，描画极工。几不得脱。追者在后。至江，江上有一渔父乘船，知伍胥之急，乃渡伍胥。伍胥既渡，解其剑曰："此剑直百金，以与父。"父曰："楚国之法，得伍胥者赐粟五万石，爵执珪，岂徒百金剑邪！"不受。▎伍胥未至吴而疾，止中道，乞食。至于吴，吴王僚方用事，公子光为将。伍胥乃因公子光以求见吴王。久之，楚平王以其边邑钟离与吴边邑卑梁氏俱蚕，两女子争桑相攻，乃大怒，至于两国举兵相伐。吴使公子光伐楚，拔其钟离、居巢而归。伍子胥说吴王僚曰："楚可破也。愿复遣公子光。"公子光谓吴王曰："彼伍胥父兄为戮于楚，而劝王伐楚者，欲以自报其仇耳。伐楚未可破也。"伍胥知公子光有内志，欲杀王而自立，未可说以外事，乃进专诸于公子光，退而与太子建之子胜耕于野。【眉批】不曰胜而曰太子建之子胜，此书法也。五年而楚平王卒。断而连。初，平王所夺太子建秦女生子轸，不厌其复而详。及平王卒，轸竟立为后，是为昭王。吴王僚因楚丧，使二公子将兵往袭楚。楚发兵绝吴兵之后，不得归。吴国内空，而公子光乃令专诸袭刺吴王僚而自立，是为吴王阖庐。阖庐既立，得志，乃召伍员以为行人，而与谋国事。楚诛其大臣郤宛、伯州犁，伯州犁之孙伯嚭亡奔吴，吴亦以嚭为大夫。▎暗对伍胥。前王僚所遣二公子将兵伐楚者，道绝暂结前一事。不得归。后闻阖庐弑王僚自立，遂以其兵降楚，楚封之于舒。【眉批】此下一段为前伍奢云。阖庐立三年，乃兴师与伍胥、伯嚭伐楚，拔舒，遂禽故吴反二将军。因欲至郢，将军孙武曰："民劳，未可，且待之。"乃归。四年，吴伐楚，取六与潜。五年，伐越，败之。六年，楚昭王使公子囊瓦将兵伐吴。吴使伍员迎击，大破楚军于豫章，取楚之居巢。九年，吴王阖庐谓子胥、孙武曰："始子言郢未可入，今果何如？"二子对曰："楚将囊瓦贪，而唐、蔡皆怨之。王必欲大伐之，必先得唐、蔡乃可。"阖庐听之，悉兴师与唐、蔡伐楚，与楚夹汉水而陈。吴王之弟夫概将兵请从，王不听，遂以其属五千人击楚将子常。子常败走，奔郑。于时吴乘胜而前，五战，遂至郢。己卯，楚昭王出奔。庚辰，吴王入郢。昭王出亡，入云梦；盗击王，王走郧。郧公弟怀曰："平王杀我父，我杀其子，不亦可乎！"郧公恐其弟杀王，与王奔随。吴兵围随，谓随人曰："周之子孙在汉川者，楚尽灭之。"随人欲杀王，王子綦匿王，己自为王以当之。随人卜与王于吴，不吉，乃谢吴不与王。‖ 始伍员与申包胥为交，员之亡也，谓包胥曰："我必覆楚。"包胥曰："我必存之。"及吴兵入郢，伍子胥求昭王。既不得，乃掘楚平王墓，出其尸，鞭之三百，然后已。

申包胥亡于山中，使人谓子胥曰："子之报仇，其以甚乎！吾闻之，人众者胜天，天定亦能破人。今子故平王之臣，亲北面而事之，今至于僇死人，此岂其无天道之极乎！"伍子胥曰："为我谢申包胥曰，吾日暮途远，吾故倒行而逆施之。"说出心事。于是申包胥走秦告急，求救于秦。秦不许。包胥立于秦廷，昼夜哭，七日七夜不绝其声。秦哀公怜之，曰："楚虽无道，有臣若是，可无存乎！"乃遣车五百乘救楚击吴。六月，败吴兵于稷。会吴王久留楚求昭王，而阖庐弟夫概乃亡归，自立为王。阖庐闻之，乃释楚而归，击其弟夫概。夫概败走，遂奔楚。楚昭王见吴有内乱，乃复入郢。封夫概于堂谿，为堂谿氏。楚复与吴战，败吴，吴王乃归。后二岁，阖庐使太子夫差将兵伐楚，取番。楚惧吴复大来，乃去郢，徙于都。当是时，吴

以伍子胥、孙武之谋，西破强楚，北威齐晋，南服越人。【眉批】子胥之入吴也，以报父仇。一番事业已了，故特著一总案。| 收前案。其后四年，孔子相鲁。| 附见。后五年，伐越。越王勾践迎击，败吴于姑苏，当作檇李。伤阖庐指，军却。阖庐病创将死，谓太子夫差曰："尔忘勾践杀尔父乎？"夫差对曰："不敢忘。"是夕，阖庐死。夫差既立为王，以伯嚭为太宰，习战射。二年后伐越，败越于夫湫。越王勾践乃以余兵五千人棲于会稽之上，使大夫种厚币遗吴太宰嚭以请和，求委国为臣妾。吴王将许之。伍子胥谏曰："越王为人能辛苦。今王不灭，后必悔之。"吴王不听，【眉批】连下"吴王不听"句，为眼目。用太宰嚭计，与越平。

其后五年，而吴王闻齐景公死而大臣争宠，新君弱，乃兴师北伐齐。伍子胥谏曰："勾践食不重味，吊死问疾，且欲有所用之也。此人不死，必为吴患。今吴之有越，犹人之有腹心疾也。而王不先越而乃务齐，不亦谬乎！"吴王不听，伐齐，大败齐师于艾陵，遂灭邹鲁之君以归。益疏子胥之谋。【眉批】"与谋国事"，"以子胥之谋"，"益疏子胥之谋"，此三"谋"字相呼应。其后四年，吴王将北伐齐，越王勾践用子贡之谋，乃率其众以助吴，而重宝以献遗太宰嚭。太宰嚭既数受越赂，其爱信越殊甚，日夜为言于吴王。吴王信用嚭之计。伍子胥谏曰："夫越，腹心之病，今信其浮辞诈伪而贪齐。破齐，譬犹石田，无所用之。且盘庚之诰曰：'有颠越不恭，劓殄灭之，俾无遗育，无使易种于兹邑。'此商之所以兴。愿王释齐而先越；若不然，后将悔之无及。"而吴王不听，使子胥于齐。子胥临行，谓其子曰："吾数谏王，王不用，吾今见吴之亡矣。汝与吴俱亡，无益也。"乃属其子于齐鲍牧，而还报吴。吴太宰嚭既与子胥有隙，因谗曰：【眉批】言谗而文自佳，足以动吴王矣。"子胥为人刚暴，少恩，猜贼，其怨望恐为深祸也。前日王欲伐齐，子胥以为不可，王卒伐之而有大功。子胥耻其计谋不用，乃反怨望。而今王又复伐齐，子胥专愎强谏，沮毁用事，徒幸吴之败以自胜其计谋耳。今王自行，悉国中武力以伐齐，而子胥谏不用，因辍谢，详病不行。巧中。王不可不备，此起祸不难。且嚭使人微伺之，其使于齐也，乃属其子于齐之鲍氏。深入。夫为人臣，内不得意，外倚诸侯，自以为先王之谋臣，今不见用，常鞅鞅怨望。愿王早图之。”吴王曰：“微子之言，吾亦疑之。”乃使使赐伍子胥属镂之剑，曰：“子以此死。”伍子胥仰天叹曰：“嗟乎！谗臣嚭为乱矣，王乃反诛我。我令若父霸。【眉批】数句连用“我”、“若”字，文法奇崛，与张仪檄楚相语同。自若未立时，诸公子争立，我以死争之于先王，几不得立。若既得立，欲分吴国予我，我顾不敢望也。然今若听谀臣言以杀长者。”乃告其舍人曰：“必树吾墓上以梓，令可以为器；而抉吾眼县吴东门之上，以观越寇之入灭吴也。”乃自刭死。吴王闻之大怒，乃取子胥尸盛以鸱夷革，浮之江中。吴人怜之，为立祠于江上，因命曰胥山。

【眉批】此下并叙吴王所以中伯嚭之奸而亡，以为子胥结案。吴王既诛伍子胥，遂伐齐。齐鲍氏杀其君悼公而立阳生。吴王欲讨其贼，不胜而去。其后二年，吴王召鲁卫之君会之橐皋。其明年，因北大会诸侯于黄池，以令周室。越王勾践袭杀吴太子，破吴兵。吴王闻之，乃归，使使厚币与越平。后九年，越王勾践遂灭吴，杀王夫差；而诛太宰嚭，以不忠于其君，而外受重赂，与己比周也。| 断结前案。【眉批】此下并叙胜事，了前案。伍子胥初所与俱亡故太子建之子胜者，太史公专用长句法叙事。在于吴。吴王夫差之时，楚惠王欲召胜归楚。葉公谏曰：“胜好勇而阴求死士，殆有私乎！”惠王不听。遂召胜，使居楚之边邑鄢，号为白公。白公归楚三年而吴诛子胥。白公胜既归楚，怨郑之杀其父，乃阴养死士求报郑。归楚五年，请伐郑，楚令尹子西许之。兵未发而晋伐郑，郑请救于楚。楚使子西往救，与盟而还。白公胜怒曰：“非郑之仇，乃子西也。”胜自砺剑，人问曰：“何以为？”胜曰：“欲以杀子西。”子西闻之，笑曰：“胜如卵耳，

何能为也。”其后四岁，白公胜与石乞袭杀楚令尹子西、司马子綦于朝。石乞曰：“不杀王，不可。”乃劫之，王如高府。石乞从者一作惠王从者。屈固负楚惠王亡走昭夫人之宫。叶公闻白公为乱，率其国人攻白公。白公之徒败，亡走山中，自杀。而虏石乞，而问白公尸处，不言将亨。石乞曰：“事成为卿，不成而亨，固其职也。”终不肯告其尸处。【眉批】白公为父报仇，石乞为主尽忠，与子胥一例也。附此一段，正以见子胥之长耳。遂亨石乞，而求惠王复立之。

【眉批】太史公盖以自见。太史公曰：怨毒之于人甚矣哉！王者尚不能行之于臣下，况同列乎！┃ 向令伍子胥从奢俱死，何异蝼蚁。弃小义，雪大耻，名垂于后世，悲夫！方子胥窘于江上，道乞食，志岂尝须臾忘郢邪？故隐忍就功名，【眉批】子胥以忍成功，白公不忍故废。非烈丈夫孰能致此哉？┃ 白公如不自立为君者，其功谋亦不可胜道者哉！

仲尼弟子列传　子贡

【眉批】苏子由《古史考》谓齐之伐鲁，本于悼公之怒季姬而非陈恒；吴之伐齐，本怒悼公之反复而非子贡；吴齐之战，陈乞犹在而恒未任事。然则太史公所记，盖当时倾谋之臣，设为之辞，而太史公信之耳。若其计其文，即战国策士不过是已，予故录之，以备览焉。田常欲作乱于齐，惮高、国、鲍、晏，故移其兵欲以伐鲁。孔子闻之，谓门弟子曰："夫鲁，坟墓所处，父母之国，国危如此，二三子何为莫出？"子路请出，孔子止之。子张、子石请行，孔子弗许。子贡请行，孔子许之。遂行，至齐，说田常曰："君之伐鲁过矣。夫鲁，难伐之国，其城薄以卑，其地狭以泄，其君愚而不仁，大臣伪而无用，其士民又恶甲兵之事，此不可与战。君不如伐吴。夫吴，城高以厚，地广以深，甲坚以新，士选以饱，重器精兵尽在其中，又使明大夫守之，此易伐也。"田常忿然作色曰："子之所难，人之所易；子之所易，人之所难：而以教常，何也？"【眉批】先反言难易，以激其问而后进其说，战国策士故智也。子贡曰："臣闻之，忧在内者攻强，忧在外者攻弱。今君忧在内。五按：中华书局版《史记》"五"作"吾"。闻君三封而三不成者，大臣有不听者也。今君破鲁以广齐，战胜以骄主，破国以尊臣，而君之功不与焉，则交日疏于主。是君上骄主心，下恣群臣，求以成大事，难矣。夫上骄则恣，臣骄则争，是君上与主有郤，下与大臣交争也。如此，则君之立于齐危矣。故曰不如伐吴。申结前句。伐吴不胜，民人外死，大臣内空，是君上无强臣之敌，下无民人之过，孤主制齐者唯君也。"田常曰："善。虽然，吾兵业已加鲁矣，去而之吴，大臣疑我，奈何？"子贡曰："君按兵无伐，臣请往使吴王，令之救鲁而伐齐，君因以兵迎之。"田常许之，｜使子贡南见吴王，说曰："臣闻之，王者不绝世，霸者无强敌，千钧之重加铢两而移。今以万乘之齐而私千乘之鲁，与吴争强，窃为王危之。且夫救鲁，显名也；伐齐，大利也。

以抚泗上诸侯，诛暴齐以服强晋，利莫大焉。名存亡鲁，实困强齐，【眉批】两用“名”、“实”字，宛是战国气习。智者不疑也。”吴王曰：“善。虽然，吾尝与越战，棲之会稽。越王苦身养士，有报我心。子待我伐越而听子。”子贡曰：“越之劲不过鲁，吴之强不过齐，王置齐而伐越，则齐已平鲁矣。且王方以存亡继绝为名，夫伐小越而畏强齐，非勇也。夫勇者不避难，仁者不穷约，智者不失时，王者不绝世，以立其义。今存越示诸侯以仁，救鲁伐齐，威加晋国，诸侯必相率而朝吴，霸业成矣。【眉批】与上“霸”字相顾。且王必恶越，臣请东见越王，令出兵以从，此实空越，名从诸侯以伐也。”吴王大说，┃乃使子贡之越。越王除道郊迎，身御至舍而问曰：“此蛮夷之国，大夫何以俨然辱而临之？”子贡曰：“今者吾说吴王以救鲁伐齐，其志欲之而畏越，曰‘待我伐越乃可’。如此，破越必矣。且夫无报人之志而令人疑之，拙也；有报人之意，使人知之，殆也；事未发而先闻，危也。三者举事之大患。”勾践顿首再拜曰：“孤尝不料力，乃与吴战，困于会稽，痛入于骨髓，日夜焦唇舌乾，徒欲与吴王接踵而死，孤之愿也。”遂问子贡。子贡曰：“吴王为人猛暴，群臣不堪；国家敝于数战，士卒弗忍；百姓怨上，大臣内变；子胥以谏死，太宰嚭用事，顺君之过以安其私：是残国之治也。今王诚发士卒佐之以徼其志，重宝以说其心，卑辞以尊其礼，其伐齐必也。彼战不胜，王之福矣。战胜，必以兵临晋，臣请北见晋君，令共攻之，弱吴必矣。其锐兵尽于齐，重甲困于晋，而王制其敝，此灭吴必矣。”越王大说，许诺。送子贡金百镒，剑一，良矛二。子贡不受，遂行。┃报吴王曰：“臣敬以大王之言告越王，越王大恐，曰：‘孤不幸，少失先人，内不自量，抵罪于吴，军败身辱，棲于会稽，国为虚莽，赖大王之赐，使得奉俎豆而修祭祀，死不敢忘，何谋之敢虑！’”后五日，越使大夫种顿首言于吴王曰：“东海役臣孤勾践使者臣种，敢修下吏问于左右。今窃闻大王将兴大义，诛强救弱，困暴齐而抚周室，请

悉起境内士卒三千人，孤请自被坚执锐，以先受矢石。因越贱臣种奉先人藏器，甲二十领，𫓧一无“𫓧”字。屈虑按：中华书局版《史记》“虑”作“卢”。矛名。之矛，步光之剑，以贺军吏。”吴王大说，以告子贡曰：“越王欲身从寡人伐齐，可乎？”子贡曰：“不可。夫空人之国，悉人之众，又从其君，不义。君受其币，许其师，而辞其君。”吴王许诺，乃谢越王。于是吴王乃遂发九郡兵伐齐。| 子贡因去之晋，谓晋君曰：“臣闻之，虑不先定不可以应卒，兵不先辨不可以胜敌。今夫齐与吴将战，彼战而不胜，越乱之必矣；与齐战而胜，必以其兵临晋。”【眉批】说越、说晋连用“胜”、“不胜”字，所以深著伐吴之两利也，故又连用“必”字以决之。晋君大恐，曰：“为之奈何？”子贡曰：“修兵休卒以待之。”晋君许诺。子贡去而之鲁。吴王果与齐人战于艾陵，大破齐师，获七将军之兵而不归，果以兵临晋，与晋人相遇黄池之上。吴晋争强。晋人击之，大败吴师。越王闻之，涉江袭吴，去城七里而军。吴王闻之，去晋而归，与越战于五湖。三战不胜，城门不守，越遂围王宫，杀夫差而戮其相。破吴三年，东向而霸。故子贡一出，存鲁，乱齐，破吴，强晋而霸越。【眉批】说五国事，一言收括殆尽。子贡一使，使势相破，十年之中，五国各有变。

商君列传 全

商君者，卫之诸庶孽公子也，名鞅，姓公孙氏，其祖本姬姓也。鞅少好刑名之学，纲领。【眉批】太史公首言"鞅好刑名之学"，则鞅所以说君而君说者刑名也。故通篇以"法"字作骨，曰"鞅欲变法"，曰"卒定变法之令"，曰"于是太子犯法"，曰"将法太子"，而终之曰"嗟乎！为法之敝一至此"。血脉何等贯串！事魏相公叔痤为中庶子。公叔痤知其贤，未及进。会痤病，魏惠王亲往问病，曰："公叔病有如不可讳，将奈社稷何？"公叔曰："痤之中庶子公孙鞅，年虽少，有奇才，愿王举国而听之。"王嘿然。王且去，痤屏人言曰："王即不听用鞅，伏后"恨不用痤言"。必杀之，无令出境。"王许诺而去。公叔痤召鞅谢曰："今者王问可以为相者，我言若，王色不许我。我方先君后臣，因谓王即弗用鞅，当杀之。王许我。汝可疾去矣，且见禽。"鞅曰："彼王不能用君之言任臣，又安能用君之言杀臣乎？卒不去。惠王既去，接。而谓左右曰："公叔病甚，悲乎，欲令寡人以国听公孙鞅也，岂不悖哉！"公叔既死，公孙鞅闻秦孝公下令国中求贤者，将修缪公之业，东复侵地，乃遂西入秦，因孝公宠臣景监以求见孝公。孝公既见卫鞅，语事良久，孝公时时睡，弗听。罢而孝公怒景监曰："子之客妄人耳，安足用邪！"景监以让卫鞅。卫鞅曰："吾说公以帝道，【眉批】商鞅非说以帝王之道，盖先以迂阔久远之事使秦王之心厌，以益坚其用伯之志，见伯之效速耳。其志不开悟矣。"后五日，复求见鞅。鞅复见孝公，益愈，然而未中旨。罢而孝公复让景监，景监亦让鞅。鞅曰："吾说公以王道而未入也。请复见鞅。"鞅复见孝公，孝公善之而未用也。罢而去。孝公谓景监曰："汝客善，可与语矣。"鞅曰："吾说公以霸道，其意欲用之矣。诚复见我，我知之矣。"卫鞅复见孝公。公与语，不自知膝之前于席也。光景。语数日不厌。【眉批】君臣合谋本此。景监曰："子何以中吾君？吾君之欢甚也。"鞅曰："吾说君以帝王之道比三代，而君曰：‘久远，吾不能待。且贤君者，各及其身显名天下，安能邑邑待数十百年以成帝王乎？’故吾以强国之术说君，君大说之耳。然亦难以比德于殷周矣。”

【眉批】此与赵武灵变胡服、韩长孺议伐匈奴同一文法。孝公既用卫鞅，鞅欲变法，恐天下议己。卫鞅曰：“疑行无名，疑事无功。且夫有高人之行者，固见非于世；有独知之虑者，必见敖于民。愚者暗于成事，知者见于未萌。民不可与虑始而可与乐成。论至德者不和于俗，成大功者不谋于众。是以圣人苟可以强国，不法其故；苟可以利民，不循其礼。”【眉批】反复论难，俱以法故循礼可不可为纲领。孝公曰：“善。”甘龙曰：“不然。圣人不易民而教，知者不变法而治。因民而教，不劳而成功；缘法而治者，吏习而民安之。”卫鞅曰：“龙之所言，世俗之言也。常人安于故俗，学者溺于所闻。以此两者居官守法可也，非所与论于法之外也。三代不同礼而王，五伯不同法而霸。智者作法，愚者制焉；贤者更礼，不肖者拘焉。”杜挚曰：“利不百，不变法；功不十，不易器。法古无过，循礼无邪。”卫鞅曰：“治世不一道，便国不法古。故汤武不循古而王，夏殷不易礼而亡。反古者不可非，而循理者不足多。”孝公曰：“善。”以卫鞅为左庶长，卒定变法之令。与上“欲变法”相顾。令民为什伍，【眉批】连下“令”字为眼目。而相收司连坐。不告奸者腰斩，告奸者与斩敌首同赏，匿奸者与降敌同罚。民有二男以上不分异者，倍其赋。有军功者，各以率音律。受上爵；为私斗者，各以轻重被刑大小。僇力本业，耕织致粟帛多者复其身。事末利及怠而贫者，举以为收孥。宗室非有军功论，不得为属籍。明尊卑爵秩等级，各以差次名田宅，臣妾衣服以家次。有功者显荣，无功者虽富无所芬华。令既具，未布，恐民之不信，已乃立三丈之木于国都市南门，募民有能徙置北门者予十金。民怪之，莫敢徙。复曰“能徙者予五十金”。有一人徙之，辄予五十金，以明不欺。卒下令。令行于民期年，秦民之国都言初令之不便者以千数。于是太子犯法。卫鞅曰："法之不行，自上犯之。"将法太子。太子，君嗣也，不可施刑，刑其傅公子虔，伏后告商君反案。黥其师公孙贾。明日，秦人皆趋令。行之十年，秦民大说，道不拾遗，山无盗贼，家给人足。民勇于公战，怯于私斗，乡邑大治。秦民初言令不便者有来言令便者，卫鞅曰"此皆乱化之民也"，尽迁之于边城。其后民莫敢议令。

于是以鞅为大良造。将兵围魏安邑，降之。居三年，作为筑冀阙宫庭于咸阳，【眉批】既云"作为"，又云"筑"，恐有衍字。秦自雍徙都之。而令民父子兄弟同室内息者为禁。而集小都乡邑聚为县，置令、丞，凡三十一县。为田开阡陌封疆，而赋税平。平斗桶权衡丈尺。行之四年，公子虔复犯约，劓之。居五年，【眉批】此三年、四年、五年，即前行之十年，后相秦十年也。秦人富强，天子致胙于孝公，诸侯毕贺。其明年，齐败魏兵于马陵，虏其太子申，杀将军庞涓。其明年，卫鞅说孝公曰："秦之与魏，譬若人之有腹心疾，非魏并秦，秦即并魏。何者？魏居岭阨之西，都安邑，与秦界河而独擅山东之利。利则西侵秦，病则东收地。今以君之贤圣，国赖以盛。而魏往年大破于齐，诸侯畔之，可因此时伐魏。魏不支秦，必东徙。伏后徙大梁案。东徙，秦据河山之固，东乡以制诸侯，此帝王之业也。"孝公以为然，使卫鞅将而伐魏。魏使公子卬将而击之。军既相距，卫鞅遗魏将公子卬书曰："吾始与公子欢，今俱为两国将，不忍相攻，可与公子面相见，盟，乐饮而罢兵，以安秦魏。"魏公子卬以为然。会盟已，饮，而卫鞅伏甲士而袭虏魏公子卬，伏后魏弗受案。因攻其军，尽破之以归秦。魏惠王兵数破于齐秦，国内空，日以削，恐，乃使使割河西之地献于秦以和。而魏遂去安邑，徙都大梁。梁惠王曰："寡人恨不用公叔痤之言也。"应前。卫鞅既破魏还，秦封之於、商十五邑，号为商君。|

商君相秦十年，宗室贵戚多怨望者。赵良见商君。【眉批】鞅之得见，谓始尝得见良也。商君曰："鞅之得见也，从孟兰皋，今鞅请得交，可乎？”赵良曰：“仆弗敢愿也。孔丘有言曰：‘推贤而戴者进，聚不肖而王者退。’仆不肖，故不敢受命。仆闻之曰：‘非其位而居之曰贪位，非其名而有之曰贪名。’仆听君之义，则恐仆贪位贪名也。故不敢闻命。”【眉批】赵良说商君，皆正言。商君曰：“子不说吾治秦与？”赵良曰：“反听之谓聪，内视之谓明，自胜之谓强。虞舜有言曰：‘自卑也尚矣。’君不若道虞舜之道，无为问仆矣。”商君曰：“始秦戎翟之教，父子无别，同室而居。今我更制其教，而为其男女之别，大筑冀阙，营如鲁卫矣。子观我治秦也，孰与五羖大夫贤？”赵良曰：“千羊之皮，不如一狐之掖；千人之诺诺，不如一士之谔谔。武王谔谔以昌，殷纣墨墨以亡。君若不非武王乎，则仆请终日正言而无诛，可乎？”商君曰：“语有之矣，貌言华也，至言实也，苦言药也，甘言疾也。夫子果肯终日正言，鞅之药也。鞅将事子，子又何辞焉！”赵良曰：“夫五羖大夫，荆之鄙人也。闻秦缪公之贤而愿望见，行而无资，自粥于秦客，被褐食牛。期年，缪公知之，举之牛口之下，而加之百姓之上，秦国莫敢望焉。相秦六七年，而东伐郑，三置晋国之君，一救荆国之祸。发教封内，而巴人致贡；施德诸侯，而八戎来服。由余闻之，款关请见。┃五羖大夫之相秦也，劳不坐乘，暑不张盖，行于国中，不从车乘，不操干戈，功名藏于府库，德行施于后世。五羖大夫死，秦国男女流涕，童子不歌谣，舂者不相杵。此五羖大夫之德也。┃今君之见秦王也，【眉批】此下一切应商君本传，又一一反五羖大夫。因嬖人景监以为主，非所以为名也。相秦不以百姓为事，而大筑冀阙，非所以为功也。刑黥太子之师傅，此下明与五羖大夫施德相反。残伤民以峻刑，是积怨畜祸也。教之化民也深于命，民之效上也捷于令。今君又左建外易，非所以为教也。君又南面而称寡人，日绳秦之贵公子。《诗》曰：‘相鼠有体，人而无礼，人而无礼，何不遄死。’以《诗》观之，非所以为寿也。公子虔杜门不出已八年矣，君又杀祝懽而黥公孙贾。《诗》曰：‘得人者兴，失人者崩。’此数事者，非所以得人也。▎君之出也，从车十数，从车载甲，此下明与五羖大夫行于国中相反。多力而骈胁者为骖乘，持矛而操阘戟者旁车而趋。此一物不具，君固不出。《书》曰：‘恃德者昌，恃力者亡。’君之危若朝露，尚将欲延年益寿乎？则何不归十五都，灌园于鄙，劝秦王显岩穴之士，养老存孤，敬父兄，序有功，尊有德，可以少安。君尚将贪商於之富，宠秦国之教，畜百姓之怨，秦王一旦捐宾客而不立朝，秦国之所以收君者，岂其微哉？亡可翘足而待。”商君弗从。后五月而秦孝公卒，太子立。公子虔之徒告商君欲反，应前。发吏捕商君。【眉批】赵良先见如此。商君亡至关下，欲舍客舍。客人不知其是商君也，曰：“商君之法，舍人无验者坐之。”商君喟然叹曰：“嗟乎，为法之敝一至此哉！”【眉批】摹写商君峻法，有此一著才工。去之魏。魏人怨其欺公子卬而破魏，应前。弗受。商君欲之他国。魏人曰：“商君，秦之贼。秦强而贼入魏，弗归，不可。”遂内秦。商君既复入秦，走商邑，与其徒属发邑兵北出击郑。秦发兵攻商君，杀之于郑黾池。秦惠王车裂商君以徇，曰：“莫如商鞅反者！”遂灭商君之家。

【眉批】此赞总结传中意。太史公曰：商君，其天资刻薄人也。一句断尽。迹其欲干孝公以帝王术，挟持浮说，非其质矣。且所因由嬖臣，及得用，刑公子虔，欺魏将卬，不师赵良之言，亦足发明商君之少恩矣。余尝读商君《开塞耕战书》，与其人行事相类。卒受恶名于秦，有以也夫！【眉批】“以”字总刻薄少恩。

苏秦列传 全

【眉批】此传全用《战国策》而略删减。苏秦者，东周雒阳人也。东事师于齐，而习之于鬼谷先生。出游数岁，大困而归。兄弟嫂妹妻妾窃皆笑之，伏后案。曰："周人之俗，治产业，力工商，逐什二以为务。今子释本而治口舌，困，不亦宜乎！"苏秦闻之而惭，自伤，乃闭室不出，出其书遍观之。曰："夫士业已屈首受书，而不能以取尊荣，虽多亦奚以为！"于是得《周书》、《阴符》，伏而读之。期年，以出揣摩，曰："此可以说当世之君矣。"【眉批】揣摩"说当世之君"，此一篇骨子，后面许多"说"字皆根此。┃ 求说周显王。显王左右素习知苏秦，伏后案。皆少之。弗信。┃ 乃西至秦。秦孝公卒。说惠王曰："秦四塞之国，被山带渭，东有关河，西有汉中，南有巴蜀，北有代马，此天府也。以秦士民之众，兵法之教，可以吞天下，称帝而治。"【眉批】苏秦之说六国，大略各因其情以为长短之说，而六国者既已入于秦之揣摩，则不能不举国以从也。秦王曰："毛羽未成，不可以高蜚；文理未明，不可以并兼。"词工。方诛商鞅，疾辩士，弗用。┃ 乃东之赵。赵肃侯令其弟成为相，号奉阳君。奉阳君弗说之。伏后案。┃ 去游燕，岁余而后得见。说燕文侯曰："燕东有朝鲜、辽东，北有林胡、楼烦，西有云中、九原，南有嘑沱、易水，地方二千余里，带甲数十万，车六百乘，骑六千匹，粟支数年。南有碣石、雁门之饶，北有枣栗之利，民虽不佃作而足于枣栗矣。此所谓天府者也。此言燕之强。"夫安乐无事，不见覆军杀将，无过燕者。大王知其所以然乎？夫燕之所以不犯寇被甲兵者，以赵之为蔽其南也。秦赵五战，秦再胜而赵三胜。秦赵相毙，而王以全燕制其后，此燕之所以不犯寇也。且夫秦之攻燕也，逾云中、九原，过代、上谷，弥地数千里，虽得燕城，秦计固不能守也。秦之不能害燕亦明矣。今赵之攻燕也，发号出令，不至十日而数十万之军军于东垣矣。渡嘑沱，涉易水，不至四五日而距国都矣。故曰秦之攻燕也，战于千里之外；赵之攻燕也，战于百里之内。夫不忧百里之患而重千里之外，计无过于此者。是故愿大王与赵从亲，天下为一，则燕国必无患矣。”【眉批】燕于秦稍远矣，而赵则为燕之蔽，秦不能逾赵而攻燕，而赵则能攻之，故说之亲赵以摈秦。文侯曰：“子言则可，然吾国小，西迫强赵，南近齐，齐、赵强国也。子必欲合从以安燕，寡人请以国从。”

于是资苏秦车马金帛以至赵。而奉阳君已死，应前。即因说赵肃侯曰：“天下卿相人臣及布衣之士，皆高贤君之行义，皆愿奉教陈忠于前之日久矣。虽然，奉阳君妒君而不任事，是以宾客游士莫敢自尽于前者。今奉阳君捐馆舍，君乃今复与士民相亲也，揣摩。臣故敢进其愚虑。| 窃为君计者，莫若安民无事，【眉批】说赵篇言合从与否之利害，为说六王说词之要领。“安民”二句，又此篇之要领。连用七“安”字，不觉其复。且无庸有事于民也。安民之本，在于择交，纲。择交而得则民安，后皆分应。择交而不得则民终身不安。请言外患：齐秦为两敌而民不得安，倚秦攻齐而民不得安，倚齐攻秦而民不得安。故夫谋人之主，伐人之国，常苦出辞断绝人之交也。愿君慎勿出于口。请别白黑，所以异阴阳而已矣。| 指从衡。君诚能听臣，燕必致旃裘狗马之地，齐必致鱼盐之海，楚必致橘柚之园，韩、魏、中山皆可使致汤沐之奉，而贵戚父兄皆可以受封侯。夫割地包利，五伯之所以覆军禽将而求也；封侯贵戚，汤武之所以放弑而争也。今君高拱而两有之，此臣之所以为君愿也。| 以上言交得之利。今大王与秦，应“倚秦”。则秦必弱韩、魏；与齐，应“倚齐”。则齐必弱楚、魏。魏弱则割河外，韩弱则效宜阳，宜阳效则上郡绝，河外割则道不通，楚弱则无援。此三策者，不可不孰计也。“夫秦下轵道，则南阳危；劫韩包周，则赵氏自操兵；据卫取淇卷，则齐必入朝秦。【眉批】此言韩折于秦，则祸入赵。秦欲已得乎山东，则必举兵而向赵矣。秦甲渡河逾漳，据番吾，则兵必战于邯郸之下矣。此臣之所为君患也。【眉批】此

言魏折于秦，则祸入赵。▎以上言交不得之害。当今之时，山东之建国莫强于赵。赵地方二千余里，带甲数十万，车千乘，骑万匹，粟支数年。西有常山，南有河漳，东有清河，北有燕国。燕固弱国，不足畏也。秦之所害于天下者莫如赵，此言赵之强。然而秦不敢举兵伐赵者，何也？畏韩、魏之议其后也。【眉批】“畏韩、魏之议其后”，与说燕以赵蔽其南之意同。然则韩、魏，赵之南蔽也。秦之攻韩、魏也，无有名山大川之限，稍蚕食之，傅国都而止。韩、魏不能支秦，必入臣于秦。秦无韩、魏之规，则祸必中于赵矣。【眉批】赵于秦亦稍远矣，赵所患者，韩、魏不支而入于秦，则赵随之，故说之亲韩、魏以摈秦。此臣之所为君患也。▎以上申言交不得之害。臣闻尧无三夫之分，舜无咫尺之地，以有天下；禹无百人之聚，以王诸侯；汤武之士不过三千，车不过三百乘，卒不过三万，立为天子：诚得其道也。是故明主外料其敌之强弱，内度其士卒贤不肖，不待两军相当而胜败存亡之机固已形于胸中矣，岂掩于众人之言而以冥冥决事哉！▎以上言欲其审度利害而决之。臣窃以天下之地图案之，诸侯之地此说六国大旨。五倍于秦，料度诸侯之卒十倍于秦，六国为一，并力西乡而攻秦，秦必破矣。今西面而事之，见臣于秦。夫破人之与见破于人也，臣人之与见臣于人也，岂可同日而论哉！▎以上言从之利，实择交而得之意。夫衡人者，皆欲割诸侯之地以予秦。秦成，则高台榭，美宫室，听竽瑟之音，前有楼阙轩辕，后有长姣美人，国被秦患而不与其忧。是故夫衡人日夜务以秦权恐愒诸侯以求割地，故愿大王孰计之也。▎以上言衡之害，实择交而不得之意。臣闻明主绝疑去谗，屏流言之迹，塞朋党之门，故尊主广地强兵之计臣得陈忠于前矣。故窃为大王计，莫如一韩、魏、齐、楚、燕、赵以从亲，以畔秦。一传主意。【眉批】六国攻守形势具见于此。令天下之将相会于洹水之上，通质，刳百按：中华书局版《史记》“百”作“白”。马而盟。要约曰：‘秦攻楚，齐、魏各出锐师以佐之，韩绝其粮道，赵涉河漳，燕守常山之北。秦攻韩魏，则楚绝其后，齐出锐师以佐之，赵涉河漳，燕守云中。秦攻齐，则楚绝其后，韩守成皋，魏塞其其，《国策》作“午”。道，赵涉河博阙，燕出锐师以佐之。秦攻燕，则赵守常山，楚军武关，齐涉勃海，韩、魏皆出锐师以佐之。秦攻赵，则韩军宜阳，楚军武关，魏军河外，齐涉清河，燕出锐师以佐之。【眉批】秦胸中计画天下，如博塞布子置路，历历在前，亦奇矣。诸侯有不如约者，以五国之兵共伐之。’六国从亲以宾秦，则秦甲必不敢出于函谷以害山东矣。以上言合从之意。如此，则霸王之业成矣。”赵王曰：“寡人年少，立国日浅，未尝得闻社稷之长计也。今上客有意存天下，安诸侯，寡人敬以国从。”乃饰车百乘，黄金千镒，白璧百双，锦绣千纯，以约诸侯。

是时周天子致文武之胙于秦惠王。惠王使犀首攻魏，禽将龙贾，取魏之雕阴，且欲东兵。苏秦恐秦兵之至赵也，乃激怒张仪，此是苏秦后门。入之于秦。于是说韩宣惠王曰：“韩北有巩洛、成皋之固，西有宜阳、商阪之塞，东有宛、穰、洧水，南有陉山，地方九百余里，带甲数十万，此言韩之强。天下之强弓劲弩皆从韩出。谿子、少府时力、距来者，皆射六百步之外。韩卒超足而射，百发不暇止，远者括蔽洞胸，近者镝弇心。韩卒之剑戟皆出于冥山、棠谿、墨阳、合赙、邓师、宛冯、龙渊、太阿，皆陆断牛马，水截鹄雁，当敌则斩坚甲铁幕，革抉㕹芮，无不毕具。以韩卒之勇，被坚甲，蹠劲弩，带利剑，一人当百，不足言也。收上文。夫以韩之劲与大王之贤，乃西面事秦，交臂而服，羞社稷而为天下笑，无大于此者矣。是故愿大王孰计之。大王事秦，秦必求宜阳、成皋。今兹效之，明年又复求割地。与则无地以给之，不与则弃前功而受后祸。且大王之地有尽而秦之求无已，以有尽之地而逆无已之求，此所谓市怨结祸者也，不战而地已削矣。臣闻鄙谚曰：‘宁为鸡口，无为牛后。’今西南交臂而臣事秦，何异于牛后乎？夫以大王之贤，挟强韩之兵，而有牛后之名，臣窃为大王羞之。”【眉批】韩，秦之近国也。韩所患者在割地，故此篇极言割地之失，而以“牛后”之喻激之，论衡害可谓彻尽。苏明允《六国论》全出于此。于是韩王勃然作色，攘臂瞋目，按剑仰天大息曰：“寡人虽不肖，必不能事秦。今主君诏以赵王之教，敬奉社稷以从。”┃又说魏襄王曰：“大王之地，南有鸿沟、陈、汝南、许、郾、昆阳、召陵、舞阳、新都、新郪，东有淮、颍、煮枣、无胥，西有长城之界，北有河外、卷、衍、酸枣，地方千里。此言魏之强。地名虽小，然而田舍庐庑之数，曾无所刍牧。人民之众，车马之多，日夜行不绝，輷輷殷殷，若有三军之众。臣窃量大王之国不下楚。然衡人怵王交强虎狼之秦以侵天下，卒有秦患，不顾其祸。夫挟强秦之势以内劫其主，罪无过此者。此连衡之害。魏，天下之弱国也；王，天下之贤王也。今乃有意西面而事秦，称东藩，筑帝宫，受冠带，祠春秋，臣窃为大王耻之。臣闻越王勾践战敝卒三千人，禽夫差于干遂；武王卒三千人，革车三百乘，制纣于牧野：岂其士卒众哉，诚能奋其威也。今窃闻大王之卒，武士二十万，苍头二十万，奋击二十万，厮徒十万，车六百乘，骑五千匹。此其过越王勾践、武王远矣，今乃听于群臣之说而欲臣事秦。夫事秦必割地以效实，故兵未用而国已亏矣。凡群臣之言事秦者，皆奸人，非忠臣也。夫为人臣，割其主之地以求外交，偷取一时之功而不顾其后，破公家而成私门，【眉批】魏亦秦之近国也，魏所患者亦以割地，故说魏之词大概与说韩同，中间明衡人及群臣皆不忠，而公私内外之言尤为明白。外挟强秦之势以内劫其主，以求割地，愿大王孰察之。《周书》曰：‘绵绵不绝，蔓蔓奈何？毫釐不伐，将用斧柯。’前虑不定，后有大患，将奈之何？大王诚能听臣，六国从亲，专心并力壹意，则必无强秦之患。故敝邑赵王使臣效愚计，奉明约，在大王之诏诏之。”魏王曰：“寡人不肖，未尝得闻明教。今主君以赵王之诏诏之，敬以国从。”

因东说齐宣王曰：“齐南有泰山，东有琅邪，西有清河，北有勃海，此所谓四塞之国也。此言齐之强。齐地方二千余里，带甲数十万，粟如丘山。三军之良，五家之兵，进如锋矢，战如雷霆，解如风雨。即有军役，未尝倍泰山，绝清河，涉勃海也。临菑之中七万户，臣窃度之，不下户三男子，三七二十一万，不待发于远县，而临菑之卒固已二十一万矣。临菑甚富而实，其民无不吹竽鼓瑟，弹琴击筑，斗鸡走狗，六博蹋鞠者。临菑之涂，车毂击，人肩摩，连衽成帷，举袂成幕，挥汗成雨，家殷人足，志高气扬。夫以大王之贤与齐之强，天下莫能当。今乃西面而事秦，臣窃为大王羞之。且夫韩、魏之所以重畏秦者，为与秦接境壤界也。此言二国近秦，患而轻事秦。兵出而相当，不出十日而战胜存亡之机决矣。韩、魏战而胜秦，则兵半折，四境不守；战而不胜，则国已危亡随其后。是故韩、魏之所以重与秦战，而轻为之臣也。今秦之攻齐则不然。倍韩、魏之地，此言秦之不能害齐。过卫阳晋之道，径乎亢父之险，车不得方轨，骑不得比行，百人守险，千人不敢过也。秦虽欲深入，则狼顾，恐韩、魏之议其后也。【眉批】此与说赵王同辞，然不言韩、魏为蔽者，以齐强而秦交之也。是故恫疑虚喝，骄矜而不敢进，则秦之不能害齐亦明矣。夫不深料秦之无奈齐何，而欲西面而事之，【眉批】齐与秦为两大之国而齐又最远，当无患于秦，故特以事秦辱之。是群臣之计过也。今无臣事秦之名而有强国之实，臣是故愿大王少留意计之。”齐王曰：“寡人不敏，僻远守海，穷道东境之国也，未尝得闻余教。今足下以赵王诏诏之，敬以国从。”

乃西南说楚威王曰：“楚，天下之强国也；王，天下之贤王也。西有黔中、巫郡，东有夏州、海阳，南有洞庭、苍梧，北有陉塞、郇阳，地方五千余里，带甲百万，车千乘，骑万匹，粟支十年。此霸王之资也。此言楚之强。夫以楚之强与王之贤，天下莫能当也。今乃欲西面而事秦，则诸侯莫不西面而朝于章台之下矣。秦之所害莫如楚，楚强则秦弱，秦强则楚弱，其势不两立。【眉批】楚与秦亦为两大之国，无怨于秦，故以势不两立者激之。故为大王计，莫如从亲以孤秦。

大王不从，秦必起两军，一军出武关，一军下黔中，则鄢郢动矣。臣闻治之其未乱也，为之其未有也。患至其后忧之，则无及已。故愿大王蚤孰计之。大王诚能听臣，臣请令山东之国奉四时之献，以承大王之明诏，委社稷，奉宗庙，练士厉兵，在大王之所用之。大王诚能用臣之愚计，则韩、魏、齐、燕、赵、卫之妙音美人必充后宫，燕、代橐驼良马必实外厩。自"诚听臣计"至此，言"从合则楚王"之意。故从合则楚王，衡成则秦帝。纲。【眉批】秦楚其势不两大，"从合则楚王，衡成则秦帝"，说词之纲也。今释霸王之业，而有事人之名，臣窃为大王不取也。【眉批】此意与说魏同。夫秦，虎狼之国也，有吞天下之心。秦，天下之仇雠也。衡人皆欲割诸侯之地以事秦，此所谓养仇而奉雠者也。夫为人臣，割其主之地以外交强虎狼之秦，以侵天下，卒有秦患，不顾其祸。夫外挟强秦之威以内劫其主，以求割地，【眉批】从、衡两策，即是推上文楚王、秦帝之意也。盖上所云但帝秦而已，犹未切肤也，至此以割地歆之，则利害尤切，故重言之。大逆不忠，无过此者。以上言衡成则秦帝之意。故从亲则诸侯割地以事楚，衡合则楚割地以事秦，此两策者相去远矣，二者大王何居焉？故敝邑赵王使臣效愚计，奉明约，在大王诏之。"楚王曰："寡人之国西与秦接境，秦有举巴蜀并汉中之心。秦，虎狼之国，不可亲也。而韩、魏迫于秦患，不可与深谋，与深谋恐反人以入于秦，故谋未发而国已危矣。寡人自料以楚当秦，不见胜也；内与群臣谋，不足恃也。寡人卧不安席，食不甘味，心摇摇然如县旌而无所终薄。今主君欲一天下，收诸侯，存危国，寡人谨奉社稷以从。"

于是六国从合而并力焉。苏秦为从约长，并相六国。北报赵王，乃行过雒阳，车骑辎重，诸侯各发使送之甚众，拟于王者。此段尽力摹写。周显王闻之恐惧，应前。除道，使人郊劳。苏秦之昆弟妻嫂侧目不敢仰视，俯伏侍取食。应前。苏秦笑谓其嫂曰："何前倨而后恭也？"嫂委蛇蒲服，以面掩地而谢曰："见季子位高金多也。"苏秦喟然叹曰："此一人之身，富贵则亲戚畏惧之，贫贱则轻易之，况众人乎！且使我有雒阳负郭田二顷，吾岂能佩六国相印乎！"于是散千金以赐宗族朋友。▎初，苏秦之燕，插。贷百钱为资，及得富贵，以百金偿之。遍报诸所尝见德者。其从者有一人独未得报，乃前自言。苏秦曰："我非忘子。子之与我至燕，再三欲去我易水之上，方是时，我困，故望子深，是以后子。子今亦得矣。"▎苏秦既约六国从亲，接上。归赵，赵肃侯封为武安君，乃投从约书于秦。秦兵不敢窥函谷关十五年。【眉批】秦十五年不敢窥函谷关，由苏秦激张仪西入秦而从中制之耳。太史公于说赵之后特入张仪一段，意正在此。▎其后秦使犀首欺齐、魏，与共伐赵，欲败从约。齐、魏伐赵，赵王让苏秦。苏秦恐，请使燕，必报齐。苏秦去赵而从约皆解。▎结案。

秦惠王以其女为燕太子妇。开后案。是岁，文侯卒，太子立，是为燕易王。易王初立，齐宣王因燕丧伐燕，取十城。易王谓苏秦曰："往日先生至燕，而先王资先生见赵，遂约六国从。今齐先伐赵，次至燕，以先生之故为天下笑，先生能为燕得侵地乎？"苏秦大惭，曰："请为王取之。"苏秦见齐王，再拜，俯而庆，仰而吊。齐王曰："时何庆吊相随之速也？"苏秦曰："臣闻饥人所以饥而不食乌喙者，为其愈充腹而与饿死同患也。今燕虽弱小，即秦王之少婿也。大王利其十城而长与强秦为仇。今使弱燕为雁行而强秦敝其后，以招天下之精兵，是食乌喙之类也。"齐王愀然变色曰："然则奈何？"苏秦曰："臣闻古之善制事者，转祸为福，因败为功。大王诚能听臣计，即归燕之十城。燕无故而得十城，必喜；秦王知以己之故而归燕之十城，亦必喜。此所谓弃仇雠而得石交者也。夫燕、秦俱事齐，则大王号令天下，莫敢不听。是王以虚辞附秦，以十城取天下。此霸王之业也。"王曰："善。"于是乃归燕之十城。▎

人有毁苏秦者曰："左右卖国反覆之臣也，将作乱。"苏秦恐得罪归，而燕王不复官也。苏秦见燕王曰："臣，东周之鄙人也，无有分寸之功，而王亲拜之于庙而礼之于廷。今臣为王却齐之兵而攻得十城，宜以益亲。今来而王不官臣者，人必有以不信伤臣于王者。臣之不信，王之福也。臣闻忠信者，所以自为也；进取者，所以为人也。且臣之说齐王，曾非欺之也。臣弃老母于东周，固去自为而行进取也。今有孝如曾参，廉如伯夷，信如尾生。得此三人者以事大王，何若？”王曰：“足矣。”苏秦曰：“孝如曾参，义不离其亲一宿于外，王又安能使之步行千里而事弱燕之危王哉？廉如伯夷，义不为孤竹君之嗣，不肯为武王臣，不受封侯而饿死首阳山下。有廉如此，王又安能使之步行千里而行进取于齐哉？信如尾生，与女子期于梁下，女子不来，水至不去，抱柱而死。有信如此，王又安能使之步行千里却齐之强兵哉？臣所谓以忠信得罪于上者也。”燕王曰：“若不忠信耳，岂有以忠信而得罪者乎？”苏秦曰：“不然。臣闻客有远为吏而其妻私于人者，其夫将来，其私者忧之，妻曰‘勿忧，吾已作药酒待之矣’。居三日，其夫果至，妻使妾举药酒进之。妾欲言酒之有药，则恐其逐主母也，欲勿言乎，则恐其杀主父也。于是乎详僵而弃酒。主父大怒，笞之五十。故妾一僵而覆酒，上存主父，下存主母，然而不免于笞，恶在乎忠信之无罪也？夫臣之过，不幸而类是乎！”燕王曰：“先生复就故官。”益厚遇之。

易王母，文侯夫人也，与苏秦私通。燕王知之，而事之加厚。苏秦恐诛，乃说燕王曰：“臣居燕不能使燕重，而在齐则燕必重。”燕王曰：“唯先生之所为。”于是苏秦详为得罪于燕而亡走齐，齐宣王以为客卿。齐宣王卒，湣王即位，说湣王厚葬以明孝，高宫室大苑囿以明得意，欲破敝齐而为燕。燕易王卒，燕哙立为王。其后齐大夫多与苏秦争宠者，而使人刺苏秦，不死，殊而走。齐王使人求贼，不得。苏秦且死，乃谓齐王曰：“臣即死，车裂臣以徇于市，曰‘苏秦为燕作乱于齐’，如此则臣之贼必得矣。”于是如其言，而杀苏秦者果自出，齐王因而诛之。燕闻之曰：“甚矣，齐之为苏生报仇也!”应上，结案。苏秦既死，其事大泄。齐后闻之，乃恨怒燕。燕甚恐。

苏秦之弟曰代，代弟苏厉，见兄遂，亦皆学。及苏秦死，代乃求见燕王，欲袭故事。曰：“臣，东周之鄙人也。窃闻大王义甚高，鄙人不敏，释鉏耨而干大王。至于邯郸，所见者绌于所闻于东周，臣窃负其志。及至燕廷，观王之群臣下吏，王，天下之明王也。”燕王曰：【眉批】此说燕昭，而史误属于燕哙也。“子所谓明王者何如也？”对曰：“臣闻明王务闻其过，不欲闻其善，臣请谒王之过。夫齐、赵者，燕之仇雠也；韩、按：中华书局版《史记》“韩”作“楚”。魏者，燕之援国也。今王奉仇雠以伐援国，非所以利燕也。王自虑之，此则计过，无以闻者，非忠臣也。”王曰：“夫齐者固寡人之仇，所欲伐也，直患国敝力不足也。子能以燕伐齐，则寡人举国委子。”对曰：“凡天下战国七，燕处弱焉。独战则不能，有所附则无不重。南附楚，楚重；西附秦，秦重；中附韩、魏，韩、魏重。且苟所附之国重，此必使王重矣。【眉批】转“王重”一语，尤精彩。今夫齐，长主而自用也。南攻楚五年，畜聚竭；西困秦三年，士卒罢敝；北与燕人战，覆三军，得二将。然而以其余兵南面举五千乘之大宋，而包十二诸侯。此其君欲得，其民力竭，恶足取乎！且臣闻之，数战则民劳，久师则兵敝矣。”燕王曰：“吾闻齐有清济、浊河可以为固，长城、钜防足以为塞，诚有之乎？”对曰：“天时不与，虽有清济、浊河，恶足以为固！民力罢敝，虽有长城、钜防，恶足以为塞！且异日济西不师，所以备赵也；河北不师，所以备燕也。今济西河北尽已役矣，封内敝矣。夫骄君必好利，而亡国之臣必贪于财。王诚能无羞宠子母弟以为质，宝珠玉帛以事左右，彼将有德燕而轻亡宋，则齐可亡已。”燕王曰：“吾终以子受命于天矣。”燕乃使一子质于齐。而苏厉因燕质子而求见齐王。联。齐王怨苏秦，欲囚苏厉。【眉批】前言代，此言厉，盖代发其端而与厉同往也。燕质子为谢，已遂委质为齐臣。

燕相子之与苏代婚，而欲得燕权，乃使苏代侍质子于齐。齐使代报燕，燕王哙问曰：“齐王其霸乎？”曰：“不能。”曰：“何也？”曰：“不信其臣。”于是燕王专任子之，已而让位，燕大乱。齐伐燕，杀王哙、子之。燕立昭王，而苏代、苏厉遂不敢入燕，皆终归齐，伏后。齐善待之。

苏代过魏，魏为燕执代。齐使人谓魏王曰：“齐请以宋地封泾阳君，秦必不受。秦非不利有齐而得宋地也，不信齐王与苏子也。今齐魏不和如此其甚，则齐不欺秦。秦信齐，齐秦合，泾阳君有宋地，非魏之利也。故王不如东苏子，秦必疑齐而不信苏子矣。齐秦不合，天下无变，伐齐之形成矣。”于是出苏代。▎代之宋，宋善待之。齐伐宋，宋急，苏代乃遗燕昭王书曰：夫列在万乘而寄质于齐，名卑而权轻；奉万乘助齐伐宋，民劳而实费；夫破宋，残楚淮北，肥大齐，仇强而国害：此三者皆国之大败也。然且王行之者，将以取信于齐也。齐加不信于王，而忌燕愈甚，是王之计过矣。夫以宋加之淮北，强万乘之国也，而齐并之，是益一齐也。北夷方七百里，加之以鲁、卫，强万乘之国也，而齐并之，是益二齐也。夫一齐之强，燕犹狼顾而不能支，今以三齐临燕，其祸必大矣。虽然，智者举事，因祸为福，转败为功。齐紫，败素也，而贾十倍；越王勾践棲于会稽，复残强吴而霸天下：此皆因祸为福，转败为功者也。今王若欲因祸为福，转败为功，则莫若挑霸齐而尊之，使使盟于周室，焚秦符，曰“其大上计，破燕；按：中华书局版《史记》“燕”作“秦”。其次，必长宾之”。秦挟宾以待破，秦王必患之。秦五世伐诸侯，今为齐下，秦王之志苟得穷齐，不惮以国为功。然则王何不使辩士以此言说秦王曰：“燕、赵破宋肥齐，尊之为之下者，燕、赵非利之也。燕、赵不利而势为之者，以不信秦王也。然则王何不使可信者接收燕、赵，令泾阳君、高陵君先于燕、赵？秦有变，因以为质，则燕、赵信秦。秦为西帝，燕为北帝，赵为中帝，立三帝以令于天下。韩、魏不听则秦伐之，齐不听则燕、赵伐之，天下孰敢不听？天下服听，因驱韩、魏以伐齐，曰‘必反宋地，归楚淮北’。反宋地，归楚淮北，燕、赵之所利也；并立三帝，燕、赵之所愿也。夫实得所利，尊得所愿，燕、赵弃齐如脱躧矣。今不收燕、赵，齐霸必成。诸侯赞齐而王不从，是国伐也；诸侯赞齐而王从之，是名卑也。今收燕、赵，国安而名尊；不收燕、赵，国危而名卑。夫去尊安而取危卑，智者不为也。”秦王闻若说，必若刺心然。则王何不使辩士以此苦按：中华书局版《史记》“苦”作“若”。言说秦？秦必取，齐必伐矣。夫取秦，厚交也；伐齐，正利也。尊厚交，务正利，圣王之事也。燕昭王善其书，曰：“先人尝有德苏氏，子之之乱而苏氏去燕。燕欲报仇于齐，非苏氏莫可。”乃召苏代，应。复善待之，与谋伐齐。竟破齐，湣王出走。

【眉批】此篇文甚明快，曲尽秦之强诈反复。久之，秦召燕王，燕王欲往，苏代约燕王曰：“楚得枳而国亡，齐得宋而国亡，齐、楚不得以有枳、宋而事秦者，何也？则有功者，秦之深仇也。秦取天下，非行义也，暴也。关键。秦之行暴，正告天下。【眉批】“正告”而下三段，此以威恐喝诸侯以事暴也。告楚曰：‘蜀地之甲，乘船浮于汶，乘夏水而下江，五日而至郢。汉中之甲，乘船出于巴，乘夏水而下汉，四日而至五渚。寡人积甲宛东下随，智者不及谋，勇士不及怒，寡人如射隼矣。王乃欲待天下之攻函谷，不亦远乎！’楚王为是故，十七年事秦。┃秦正告韩曰：‘我起乎少曲，一日而断太行。我起乎宜阳而触平阳，二日而莫不尽繇。我离两周而触郑，五日而国举。’韩氏以为然，故事秦。┃秦正告魏曰：‘我举安邑，塞女戟，韩氏太原卷。我下轵，道南阳，封冀，包两周。乘夏水，浮轻舟，强弩在前，锬戈在后，决荥口，魏无大梁；决白马之口，魏无外黄、济阳；决宿胥之口，魏无虚、顿丘。陆攻则击河内，水攻则灭大梁。’魏氏以为然，故事秦。┃秦欲攻安邑，【眉批】“秦欲攻安邑”以下五段，此以诈欺绐诸侯，以成其攻取之计也。恐齐救之，则以宋委于齐。曰：‘宋王无道，为木人以写寡人，射其面。寡人地绝兵远，不能攻也。王苟能破宋有之，寡人如自得之。’已得安邑，塞女戟，地名。因以破宋为齐罪。【眉批】前说“正告”，此乃“诡告”也。▎秦欲攻韩，恐天下救之，则以齐委于天下。曰：‘齐王四与寡人约，四欺寡人，必率天下以攻寡人者三。有齐无秦，有秦无齐，必伐之，必亡之。’已得宜阳、少曲，致蔺石，因以破齐为天下罪。▎秦欲攻魏重楚，则以南阳委于楚。曰：‘寡人固与韩且绝矣。残均陵，塞鄳阸，苟利于楚，寡人如自有之。’魏弃与国而合于秦，因以塞鄳阸为楚罪。▎兵困于林中，重燕、赵，以胶东委于燕，以济西委于赵。赵得讲于魏，至公子延，与“质”同。因犀首属行而攻赵。▎兵伤于谯石，遇败于阳马，而重魏，则以葉、蔡委于魏。已得讲于赵，则劫魏，不为割。困则使太后弟穰侯为和，嬴则兼欺舅与母。▎适责也。燕者曰‘以胶东’，【眉批】“适燕”而下五句，所以缴前“欲攻安邑”以下之语。适赵者曰‘以济西’，适魏者曰‘以葉、蔡’，适楚者曰‘以塞鄳阸’，适齐者曰‘以宋’。此必令言如循环，用兵如刺蜚，母不能制，舅不能约。龙贾之战，岸门之战，封陵之战，高商之战，赵庄之战，秦之所杀三晋之民数百万，今其生者皆死秦之孤也。西河之外，上雒之地，三川晋国之祸，三晋之半，秦祸如此其大也。而燕、赵之秦者，皆以争事秦说其主，此臣之所大患也。”燕昭王不行。苏代复重于燕。燕使约诸侯从亲如苏秦时，点出苏秦作结案。或从或不，而天下由此宗苏氏之从约。代、厉皆以寿死，名显诸侯。

太史公曰：苏秦兄弟三人，皆游说诸侯以显名，扬。其术长于权变。而苏秦被反间以死，天下共笑之，抑。讳学其术。然世言苏秦多异，异时事有类之者皆附之苏秦。夫苏秦起闾阎，连六国从亲，此其智有过人者。扬。吾故列其行事，次其时序，毋令独蒙恶声焉。

张仪列传

入秦始末
诳楚始末
陈轸
论

张仪者，魏人也。始尝与苏秦俱事鬼谷先生，学术，苏秦自以不及张仪。张仪已学而游说诸侯。尝从楚相饮，为后檄告楚相眼目。已而楚相亡璧，门下意张仪，曰："仪贫无行，必此盗相君之璧。"共执张仪，掠笞数百，不服，醳之。其妻曰：嘻！子毋读书游说，安得此辱乎？"张仪谓其妻曰："视吾舌尚在不？"其妻笑曰："舌在也。"【眉批】"舌在"，是一篇骨子。仪曰："足矣。"苏秦已说赵王而得相约从亲，然恐秦之攻诸侯，败约后负，念莫可使用于秦者，乃使人微感张仪曰："子始与苏秦善，今秦已当路，子何不往游，以求通子之愿？"张仪于是之赵，上谒求见苏秦。苏秦乃诫门下人不为通，又使不得去者数日。已而见之，坐之堂下，赐仆妾之食。因而数让之曰："以子之材能，乃自令困辱至此。吾宁不能言而富贵子，子不足收也。"【眉批】描写苏秦激怒张仪西入秦处，极工。谢去之。张仪之来也，又振入一层。自以为故人，求益，反见辱，怒，念诸侯莫可事，独秦能苦赵，乃遂入秦。苏秦已而告其舍人曰："张仪，天下贤士，吾殆弗如也。今吾幸先用，而能用秦柄者，独张仪可耳。然贫，无因以进。吾恐其乐小利而不遂，故召辱之，以激其意。子为我阴奉之。"乃言赵王，发金币车马，使人微随张仪，与同宿舍，稍稍近就之，奉以车马金钱，所欲用，为取给，而弗告。张仪遂得以见秦惠王。惠王以为客卿，与谋伐诸侯。苏秦之舍人乃辞去。张仪曰："赖子得显，方且报德，何故去也？"舍人曰：至此才说出来。"臣非知君，知君乃苏君。苏君忧秦伐赵败从约，以为非君莫能得秦柄，故感怒君，使臣阴奉给君资，尽苏君之计谋。今君已用，请归报。”张仪曰：“嗟乎，此吾在术中而不悟，吾不及苏君明矣！吾又新用，安能谋赵乎？为吾谢苏君，苏君之时，仪何敢言。且苏君在，仪宁渠能乎！”才了苏君一段案。张仪既相秦，为文檄告楚相曰：“始吾从若饮，我不盗而璧，应前。若笞我。若善守汝国，我愿按：中华书局版《史记》“愿”作“顾”。且盗而城！”【眉批】连五句用“若”、“而”字，文法奇崛。

秦欲伐齐，齐楚从亲，于是张仪往相楚。楚怀王闻张仪来，虚上舍而自馆之。曰：“此僻陋之国，子何以教之？”仪说楚王曰：“大王诚能听臣，闭关绝约于齐，臣请献商於之地六百里，使秦女得为大王箕帚之妾，秦楚娶妇嫁女，长为兄弟之国。此北弱齐而西益秦也，计无便此者。”【眉批】《楚世家》亦载此，叙事同而文法异，宜并观之。楚王大说而许之。群臣皆贺，陈轸独吊之。楚王怒曰：“寡人不兴师发兵得六百里地，群臣皆贺，子独吊，何也？”陈轸对曰：“不然，以臣观之，商於之地不可得而齐秦合，齐秦合则患必至矣。”楚王曰：“有说乎？”陈轸对曰：“夫秦之所以重楚者，以其有齐也。今闭关绝约于齐，则楚孤。秦奚贪夫孤国，而与之商於之地六百里？张仪至秦，必负王，是北绝齐交，西生患于秦也，而两国之兵必俱至。善为王计者，不若阴合而阳绝于齐，使人随张仪。苟与吾地，绝齐未晚也；不与吾地，阴合谋计也。”楚王曰：“愿陈子闭口毋复言，伏案。以待寡人得地。”乃以相印授张仪，厚赂之。于是遂闭关绝约于齐，使一将军随张仪。张仪至秦，详失绥堕车，不朝三月。楚王闻之，曰：“仪以寡人绝齐未甚耶？”乃使勇士至宋，借宋之符，北骂齐王。齐王大怒，折节而下秦。秦齐之交合，张仪乃朝，谓楚使者曰：“臣有奉邑六里，愿以献大王左右。”楚使者曰：“臣受令于王，以商於之地六百里，不闻六里。”还报楚王，楚王大怒，发兵而攻秦。陈轸曰：“轸可发口言乎？应上。攻之不如割地反以赂秦，与之并兵而攻齐，是我出地于秦，取偿于齐也，王国尚可存。”楚王不听，卒发兵而使将军屈匄击秦。秦齐共攻楚，斩首八万，杀屈匄，遂取丹阳、汉中之地。楚又复益发兵而袭秦，至蓝田，大战，楚大败，于是楚割两城以与秦平。秦要楚欲得黔中地，欲以武关外易之。楚王曰："不愿易地，愿得张仪而献黔中地。"秦王欲遣之，口弗忍言。张仪乃请行。惠王曰："彼楚王怒子之负以商於之地，是且甘心于子。"张仪曰："秦强楚弱，臣善靳尚，尚得事楚夫人郑袖，袖所言皆从。且臣奉王之节使楚，楚何敢加诛。假令诛臣而为秦得黔中之地，臣之上愿。"遂使楚。楚怀王至则囚张仪，将杀之。靳尚谓郑袖曰："子亦知子之贱于王乎？"郑袖曰："何也？"靳尚曰："秦王甚爱张仪而不欲出之，今将以上庸之地六县赂楚，以美人聘楚，以宫中善歌讴者为媵。楚王重地尊秦，秦女必贵而夫人斥矣。不若为言而出之。"于是郑袖日夜言怀王曰："人臣各为其主用。今地未入秦，秦使张仪来，至重王。王未有礼而杀张仪，秦必大怒攻楚。妾请子母俱迁江南，毋为秦所鱼肉也。"怀王后悔，赦张仪，厚礼之如故。

陈轸者，游说之士。【眉批】起首不叙邑里而直曰"游说之士"，与传虞卿、廉颇、李牧同例。与张仪俱事秦惠王，皆贵重，争宠。张仪恶陈轸于秦王曰："轸重币轻使秦楚之间，将为国交也。今楚不加善于秦而善轸者，轸自为厚而为王薄也。且轸欲去秦而之楚，王胡不听乎？"王谓陈轸曰："吾闻子欲去秦之楚，有之乎？"轸曰："然。"王曰："仪之言果信矣。"轸曰："非独仪知之也，行道之士尽知之矣。昔子胥忠于其君而天子争以为臣，曾参孝于其亲而天下愿以为子。故卖仆妾不出闾巷而售者，良仆妾也；出妇嫁于乡曲者，良妇也。今轸不忠其君，楚亦何以轸为忠乎？忠且见弃，轸不之楚何归乎？"【眉批】轸之计出张仪之右，此传亦出张仪右。轸之辨类捷给，而其所称譬皆当于人心，不诡于正论。王以其言为然，遂善待之。居秦期年，秦惠王终相张仪，而陈轸奔楚。楚未之重也，而使陈轸使于秦。过梁，欲见犀首。

犀首谢弗见。轸曰：“吾为事来，公不见轸，轸将行，不得待异日。”犀首见之。陈轸曰：“公何好饮也？”犀首曰：“无事也。”曰：“吾请令公厌事可乎？”欲令其多事。曰：“奈何？”曰：“田需约诸侯从亲，楚王疑之，未信也。公谓于王曰：‘臣与燕、赵之王有故，数使人来，曰：“无事何不相见”，愿谒行于王。’王虽许公，公请毋多车，以车三十乘，可陈之于庭，明言之燕、赵。”燕、赵客闻之，驰车告其王，使人迎犀首。楚王闻之大怒，曰：“田需与寡人约，而犀首之燕、赵，是欺我也。”怒而不听其事。齐闻犀首之北，使人以事委焉。犀首遂行，三国相事皆断于犀首。轸遂至秦。韩魏相攻，期年不解。秦惠王欲救之，问于左右。左右或曰救之便，或曰勿救便，惠王未能为之决。陈轸适至秦，惠王曰：“子去寡人之楚，亦思寡人不？”陈轸对曰：“王闻夫越人庄舄乎？”王曰：“不闻。”曰：“越人庄舄仕楚执珪，有顷而病。楚王曰：‘舄故越之鄙细人也，今仕楚执珪，贵富矣，亦思越不？’中谢对曰：‘凡人之思故，在其病也。彼思越则越声，不思越则楚声。’使人往听之，犹尚越声也。今臣虽弃逐之楚，岂能无秦声哉！”惠王曰：“善。今韩魏相攻，期年不解，或谓寡人救之便，或曰勿救便，寡人不能决，愿子为子主计之余，为寡人计之。”【眉批】置余字句，言为其主计之之余，即为我计之，故下文曰“臣主与王何异”。陈轸对曰：“亦尝有以夫卞庄子刺虎闻于王者乎？庄子欲刺虎，馆竖子止之，曰：‘两虎方且食牛，食甘必争，争则必斗，斗则大者伤，小者死，从伤而刺之，一举必有双虎之名。’卞庄子以为然，立须之。有顷，两虎果斗，大者伤，小者死。庄子从伤者而刺之，一举果有双虎之功。今韩魏相攻，期年不解，是必大国伤，小国亡，从伤而伐之，一举必有两实。此犹庄子刺虎之类也。臣主与王何异也。”惠王曰：“善。”卒弗救。大国果伤，小国亡，秦兴兵而伐，大克之。此陈轸之计也。锁语。

【眉批】观此《赞》，颇亦有与苏而抑仪者，而仪之载亦不如苏之精严。太史公曰：三晋多权变之士，夫言从衡强秦者大抵皆三晋之人也。夫张仪之行事甚于苏秦，然世恶苏秦者，以其先死，而仪振暴其短以扶其说，成其衡道。要之，此两人真倾危之士哉！

樗里子甘茂列传 论

太史公曰：樗里子以骨肉重，固其理，而秦人称其智，故颇采焉。┃ 甘茂起下蔡闾阎，显名诸侯，重强齐楚。甘罗年少，然出一奇计，声称后世。虽非笃行之君子，然亦战国之策士也。方秦之强时，天下尤趋谋诈哉。

穰侯列传 论

太史公曰：穰侯，昭王亲舅也。而秦所以东益地，弱诸侯，尝称帝于天下，天下皆西乡稽首者，穰侯之功也。及其贵极富溢，肯綮在此四字。一夫开说，身折势夺而以忧死，况于羁旅之臣乎！

白起王翦列传 论

太史公曰：鄙语云“尺有所短，寸有所长”。白起料敌合变，出奇无穷，声震天下，扬。然不能救患于应侯。抑。王翦为秦将，夷六国，当是时，翦为宿将，始皇师之，扬。然不能辅秦建德，固其根本，偷合取容，以至圽身。抑。及孙王离为项羽所虏，不亦宜乎！彼各有所短也。应上。

史记精华 卷三

孟子荀卿列传　孟子 淳于髡 荀卿

太史公曰：余读《孟子》书，至梁惠王问“何以利吾国”，未尝不废书而叹也。曰：嗟乎，利诚乱之始也！夫子罕言利者，常防其原也。故曰“放于利而行，多怨”。自天子至于庶人，好利之弊何以异哉！

【眉批】《孟子传》与《伯夷传》书法略相似。孟轲，邹人也。受业子思之门人。道既通，游事齐宣王，宣王不能用。适梁，梁惠王不果所言，则见以为迂远而阔于事情。当是之时，秦用商君，富国强兵；楚、魏用吴起，战胜弱敌；齐威王、宣王用孙子、田忌之徒，而诸侯东面朝齐。天下方务于合从连衡，以攻伐为贤，而孟轲乃述唐、虞、三代之德，是以所如者不合。此句作骨，生下许多议论。退而与万章之徒序《诗》、《书》，述仲尼之意，作《孟子》七篇。

其后有驺子之属。齐有三驺子。其前邹忌，以鼓琴干威王，因及国政，封为成侯而受相印，先孟子。其次驺衍，后孟子。驺衍睹有国者益淫侈，不能尚德，若大雅整之于身，施及黎庶矣。乃深观阴阳消息而作怪迂之变，终始、大圣之篇十余万言。【眉批】此叙孟子而以驺衍形之，则孔孟之不合于时，其道可知。又举孔子“岂有意阿世苟合”，则驺子之见尊礼，其道又可知。其曰“倘有牛鼎”句，则语不露而意隽永，最文字之妙者。其语闳大不经，一句提尽，下复详之。必先验小物，推而大之，【眉批】三段叠用“先”字、“推”字，文法错综变化。至于无垠。先序今以上至黄帝，学者所共术，大并世盛衰，因载其禨祥度制，推而远之，至天地未生，窈冥不可考而原也。先列中国名山大川，通谷禽兽，水土所殖，物类所珍，因而推之，及海外人之所不能睹。称引天地剖判以来，五德转移，治各有宜，而符应若兹。以为儒者所谓中国者，于天下乃八十一分居其一分耳。中国名曰赤县神州。赤县神州内自有九州，禹之序九州是也，不得为州数。中国外如赤县神州者九，乃所谓九州也。于是有裨海环之，人民禽兽莫能相通者，如一区中者，乃为一州。如此者九，乃有大瀛海环其外，天地之际焉。其术皆此类也。一句收。然要其归，又掉。必止乎仁义节俭，君臣上下六亲之施，始也滥耳。【眉批】“滥耳”，言滥漫于耳，即所谓“怪迂不经”也。王公大人初见其术，惧然顾化，其后不能行之。是以驺子重于齐。适梁，梁惠王郊迎，执宾主之礼。适赵，平原君侧行襒席。如燕，昭王拥彗先驱，请列弟子之座而受业，筑碣石宫，身亲往师之。作《主运》。书篇名。其游诸侯见尊礼如此，岂开。与仲尼菜色陈蔡，孟轲困于齐梁同乎哉！

故合。武王以仁义伐纣而王，伯夷饿不食周粟；卫灵公问陈，而孔子不答；梁惠王谋欲攻赵，是轲答滕文公语。孟轲称太王去邠。此岂有意阿世俗苟合而已哉！应前“所如不合”。持方枘欲内圜凿，其能入乎？┃ 或曰，伊尹负鼎而勉汤以王，百里奚饭牛车下而缪公用霸，作先合，然后引之大道。【眉批】此段叙衍见尊礼，与孔孟穷厄不同，然孔孟实不为此也；故又引伯夷等事，见孔子虽困厄，不肯阿世苟容以取尊礼也；又引尹奚之事为衍解释，言其迂怪之术，实欲先合而引之于大道也。驺衍其言虽不轨，又开。傥亦有牛鼎之意乎？┃ 自驺衍与齐之稷下先生，如淳于髡、慎到、环渊、接子、田骈、驺奭了三驺子案。之徒，提出六人名，作过接脉络。各著书言治乱之事，又合。以干世主，岂可胜道哉！【眉批】至末方重孟子，陋诸子，此最抑扬开合之妙。

淳于髡，【眉批】太史公传申、韩于老、庄之后者，所以讥老、庄。而传淳于髡诸子于孟荀之间者，所以长孟、荀也。齐人也。博闻强记，学无所主。其陈说，慕晏婴之为人也，然而承意观色为务。一篇柱子。客有见髡于梁惠王，惠王屏左右，独坐而再见之，终无言也。惠王怪之，以让客曰：“子之称淳于先生，管、晏不及，及见寡人，寡人未有得也。岂寡人不足为言邪？何故哉？”客以谓髡。髡曰：“固也。吾前见王，王志在驱逐；后复见王，王志在音声：正承意观色处。吾是以默然。”客具以报王，王大骇，曰：“嗟乎，淳于先生诚圣人也！前淳于先生之来，人有献善马者，应“志在驱逐”。寡人未及视，会先生至。后先生之来，人有献讴者，应“志在音声”。未及试，亦会先生来。寡人虽屏人，然私心在彼，有之。”后淳于髡见，壹语连三日三夜无倦。惠王欲以卿相位待之，髡因谢去。于是送以安车驾驷，束帛加璧，黄金百镒。终身不仕。

荀卿，赵人。年五十始来游学于齐。驺衍之术迂大而闳辩；奭也文具难施；淳于髡久与处，时有得善言。故齐人颂曰：“谈天衍，雕龙奭，炙毂过髡。”田骈之属皆已死齐襄王时，而荀卿最为老师。齐尚修列大夫之缺，而荀卿三为祭酒焉。齐人或谗荀卿，荀卿乃适楚，而春申君以为兰陵令。春申君死而荀卿废，因家兰陵。李斯尝为弟子，已而相秦。荀卿嫉浊世之政，亡国乱君相属，不遂大道而营于巫祝，信禨祥，鄙儒小拘，如庄周等又滑稽乱俗，于是推儒、墨、道德之行事兴坏，序列著数万言而卒。【眉批】荀亦能守道不变者，故太史公进之与孟子等。因葬兰陵。而赵亦有公孙龙为坚白同异之辩，剧子之言；魏有李悝，尽地力之教；楚有尸子、长卢；阿之吁子焉。自如孟子至于吁子，总。世多有其书，故不论其传云。| 盖墨翟，【眉批】抽出墨翟，更换文法，而以一“盖”字起句，用二“或曰”字叙之。何等潇洒！宋之大夫，善守御，为节用。或曰并孔子时，或曰在其后。见当列在传后。

孟尝君列传 全

【眉批】此传借用《国策》语，至其摹写孟尝君养士而得养士之报，则太史公手笔也。孟尝君名文，姓田氏。文之父曰靖郭君田婴。田婴者，齐威王少子而齐宣王庶弟也。田婴自威王时任职用事，与成侯邹忌及田忌将而救韩伐魏。成侯与田忌争宠，成侯卖田忌。【眉批】因记婴与忌同将，故并计忌事。田忌惧，袭齐之边邑，不胜，亡走。会威王卒，宣王立，知成侯卖田忌，乃复召田忌以为将。宣王二年，田忌与孙膑、田婴俱伐魏，败之马陵，虏魏太子申而杀魏将庞涓。宣王七年，田婴使于韩、魏，韩、魏服于齐。婴与韩昭侯、魏惠王会齐宣王东阿南，盟而去。明年，复与梁惠王会甄。是岁，梁惠王卒。宣王九年，田婴相齐。齐宣王与魏襄王会徐州而相王也。楚威王闻之，怒田婴。明年，楚伐败齐师于徐州，而使人逐田婴。田婴使张丑说楚威王，威王乃止。田婴相齐十一年，宣王卒，湣王即位。即位三年，而封田婴于薛。┃ 初，田婴有子四十余人，其贱妾有子名文，文以五月五日生。婴告其母曰："勿举也。"其母窃举生之。及长，其母因兄弟而见其子文于田婴。田婴怒其母曰："吾令若去此子，而敢生之，何也？"文顿首，因曰："君所以不举五月子者，何故？"婴曰："五月子者，长与户齐，将不利其父母。"文曰："人生受命于天乎？将受命于户邪？"婴默然。文曰："必受命于天，君何忧焉。必受命于户，则高其户耳，谁能至者！"婴曰："子休矣。"久之，文承间问其父婴曰："子之子为何？"曰："为孙。""孙之孙为何？"曰："为玄孙。""玄孙之孙为何？"曰："不能知也。"伏后"遗所不知"。文曰："君用事相齐，至今三王矣，齐不加广而君私家富累万金，门下不见一贤者。文之游侠兆此。文闻将门必有将，相门必有相。今君后宫蹈绮縠而士不得短褐，仆妾余粱肉而士不厌糟糠。今君又尚厚积余藏，欲以遗所不知何人，应前"不能知"。而忘公家之事日损，文窃怪之。”于是婴乃礼文，使主家待宾客。【眉批】此传以“待宾客”为纲领，故篇中“客”字凡四十见。宾客日进，名声闻于诸侯。诸侯皆使人请薛公田婴以文为太子，婴许之。婴卒，谥为靖郭君。而文果代立于薛，是为孟尝君。

孟尝君在薛，招致诸侯宾客及亡人有罪者，皆归孟尝君。【眉批】《赞》中谓孟尝君招致天下任侠奸人入薛中，盖指此。孟尝君舍业厚遇之，以故倾天下之士。食客数千人，无贵贱一与文等。以上数句，孟尝君总案。孟尝君待客坐语，以下逐节详之。而屏风后常有侍史，主记君所与客语，问亲戚居处。客去，孟尝君已使使存问，献遗其亲戚。孟尝君曾待客夜食，有一人蔽火光。客怒，以饭不等，辍食辞去。孟尝君起，自持其饭比之。应“一与文等”。客惭，自刭。士以此多归孟尝君。以下又总。孟尝君客无所择，根。皆善遇之。人人各自以为孟尝君亲己。┃ 秦昭王闻其贤，乃先使泾阳君为质于齐，以求见孟尝君。孟尝君将入秦，宾客莫欲其行，谏，不听。苏代谓曰：“今旦代从外来，见木偶人与土偶人相与语。木偶人曰：‘天雨，子将败矣。’土偶人曰：‘我生于土，败则归土。今天雨，流子而行，未知所止息也。’今秦，虎狼之国也，而君欲往，如有不得还，君得无为土偶人所笑乎？”孟尝君乃止。┃ 齐湣王二十五年，复卒使孟尝君入秦，昭王即以孟尝君为秦相。人或说秦昭王曰：“孟尝君贤，而又齐族也，今相秦，必先齐而后秦，秦其危矣。”于是秦昭王乃止。囚孟尝君，谋欲杀之。孟尝君使人抵昭王幸姬求解。幸姬曰：“妾愿得君狐白裘。”此时孟尝君有一狐白裘，直千金，天下无双，入秦献之昭王，更无他裘。孟尝君患之，遍问客，莫能对。最下坐有能为狗盗者，枝。曰：“臣能得狐白裘。”养客之效。乃夜为狗，以入秦宫藏中，取所献狐白裘至，以献秦王幸姬。幸姬为言昭王，昭王释孟尝君。孟尝君得出，即驰去，更封传，变名姓以出关。夜半至函谷关。秦昭王后悔出孟尝君，求之已去，即使人驰传逐之。孟尝君至关，关法鸡鸣而出客，孟尝君恐追至，客之居下坐者有能为鸡鸣，枝。而鸡尽鸣，养客之效。遂发传出。出如食顷，秦追果至关，已后孟尝君出，乃还。始孟尝君列此二人于宾客，宾客尽羞之，及孟尝君有秦难，卒此二人拔之。自是之后，客皆服。孟尝君过赵，赵平原君客之。赵人闻孟尝君贤，出观之，皆笑曰："始以薛公为魁然也，今视之，乃眇小丈夫耳。"孟尝君闻之，怒。客与俱者下，斫击杀数百人，遂灭一县以去。齐湣王不自得，以其遣孟尝君。孟尝君至，则以为齐相，任政。孟尝君怨秦，将以齐为韩、魏攻楚，因与韩、魏攻秦，而借兵食于西周。苏代为西周谓曰："君以齐为韩、魏攻楚九年，取宛、叶以北以强韩、魏，今复攻秦以益之。韩、魏南无楚忧，西无秦患，则齐危矣。韩、魏必轻齐畏秦，臣为君危之。君不如令弊邑深合于秦，而君无攻，又无借兵食。君临函谷而无攻，令弊邑以君之情谓秦昭王曰'薛公必不破秦以强韩、魏。其攻秦也，欲王之令楚王割东国以与齐，而秦出楚怀王以为和'。君令弊邑以此惠秦，秦得无破而以东国自免也，秦必欲之。楚王得出，必德齐。齐得东国益强，而薛世世无患矣。秦不大弱，而处三晋之西，三晋必重齐。"薛公曰："善。"因令韩、魏贺秦，使三国无攻，而不借兵食于西周矣。是时，楚怀王入秦，秦留之，故欲必出之。秦不果出楚怀王。结。孟尝君相齐，其舍人魏子为孟尝君收邑入，三反而不致一入。孟尝君问之，对曰："有贤者，窃假与之，以故不致入。"孟尝君怒而退魏子。【眉批】魏子冯驩，岂一事而传闻异耶？居数年，人或毁孟尝君于齐湣王曰："孟尝君将为乱。"及田甲劫湣王，湣王意疑孟尝君，孟尝君乃奔。魏子所与粟贤者闻之，养客之效。乃上书言孟尝君不作乱，请以身为盟，遂自刭宫门以明孟尝君。湣王乃惊，而踪迹验问，孟尝君果无反谋，乃复召孟尝君。孟尝君因谢病，归老于薛。湣王许之。

其后，秦亡将吕礼相齐，欲困苏代。代乃谓孟尝君曰："周最于齐，至厚也，而齐王逐之，而听亲弗人姓名。相吕礼者，欲取秦也。

齐、秦合，则亲弗与吕礼重矣。有用，齐、秦必轻君。君不如急北兵，趋赵以和秦、魏，收周最以厚行，且反齐王之信，又禁天下之变。齐无秦，则天下集齐，亲弗必走，则齐王孰与为其国也！”于是孟尝君从其计，而吕礼嫉害于孟尝君。孟尝君惧，乃遗秦相穰侯魏冉书曰：“吾闻秦欲以吕礼收齐，齐，天下之强国也，子必轻矣。齐秦相取以临三晋，吕礼必并相矣，是子通齐以重吕礼也。若齐免于天下之兵，其仇子必深矣。子不如劝秦王伐齐。齐破，吾请以所得封子。齐破，秦畏晋之强，秦必重子以取晋。晋国弊于齐而畏秦，晋必重子以取秦。是子破齐以为功，挟晋以为重；是子破齐定封，秦、晋交重子。若齐不破，吕礼复用，子必大穷。”于是穰侯言于秦昭王伐齐，而吕礼亡。| 后齐湣王灭宋，益骄，欲去孟尝君。孟尝君恐，乃如魏。魏昭王以为相，西合于秦、赵，与燕共伐破齐。齐湣王亡在莒，遂死焉。齐襄王立，而孟尝君中立于诸侯，无所属。齐襄王新立，畏孟尝君，与连和，复亲薛公。文卒，谥为孟尝君。【眉批】前提是为孟尝君，此结谥为孟尝君，首尾唤应。诸子争立，而齐魏共灭薛。孟尝绝嗣无后也。暗应“五月之子”之说。

【眉批】以下食客之争，与前所叙不相属，故别为疏之于后。初，冯驩闻孟尝君好客，追叙。蹑屩而见之。孟尝君曰：“先生远辱，何以教文也？”冯驩曰：“闻君好士，以贫身归于君。”孟尝君置传舍十日，孟尝君问传舍长曰：“客何所为？”答曰：“冯先生甚贫，犹有一剑耳，又蒯草名。缑。把剑之处。弹其剑而歌曰‘长铗归来乎，食无鱼’。”孟尝君迁之幸舍，食有鱼矣。五日，又问传舍长。答曰：“客复弹剑而歌曰‘长铗归来乎，出无舆’。”孟尝君迁之代舍，出入乘舆车矣。五日，孟尝君复问传舍长。舍长答曰：“先生又尝弹剑而歌曰‘长铗归来乎，无以为家’。”孟尝君不悦。居期年，冯驩无所言。冷语。【眉批】叙驩事，大变《国策》，文自佚宕。孟尝君时相齐，封万户于薛。其食客三千人。邑入不足以奉客，使人出钱于薛。岁余不入，贷钱者多不能与其息，客奉将不给。孟尝君忧之，问左右：“何人可使收债于薛者？”传舍长曰：“代舍客冯公形容状貌甚辩，长者，无他伎能，宜可令收债。”孟尝君乃进冯驩而请之曰：“宾客不知文不肖，幸临文者三千余人，邑入不足以奉宾客，故贷息钱于薛。薛岁不入，民颇不与其息。今客食恐不给，愿先生责之。”冯驩曰；“诺。”辞行，至薛，召取孟尝君钱者皆会，得息钱十万。乃多酿酒，买肥牛，召诸取钱者，能与息者皆来，不能与息者亦来，皆持取钱之券书合之。齐为会，日杀牛置酒。酒酣，乃持券如前合之，能与息者，与为期；贫不能与息者，取其券而烧之。曰：“孟尝君所以贷钱者，为民之无者以为本业也；所以求息者，为无以奉客也。令富给者以要期，贫穷者燔券书以捐之。诸君强饮食。有君如此，岂可负哉！”坐者皆起，再拜。孟尝君闻冯驩烧券书，怒而使使召驩。驩至，孟尝君曰：“文食客三千人，故贷钱于薛。文奉邑少，而民尚多不以时与其息，客食恐不足，故请先生收责之。闻先生得钱，即以多具牛酒而烧券书，何？”冯驩曰：“然。不多具牛酒即不能毕会，无以知其有余不足。有余者，为要期。不足者，虽守而责之十年，息愈多，急，即以逃亡自捐之。若急，终无以偿，上则为君好利不爱士民，下则有离上抵负之名，非所以厉士民彰君声也。焚无用虚债之券，捐不可得之虚计，令薛民亲君而彰君之善声也，君有何疑焉！”孟尝君乃拊手而谢之。

齐王惑于秦、楚之毁，以为孟尝君名高其主而擅齐国之权，遂废孟尝君。诸客见孟尝君废，皆去。冯驩曰：“借臣车一乘，可以入秦者，必令君重于国而奉邑益广，可乎？”孟尝君乃约车币而遣之。冯驩乃西说秦王曰：“天下之游士冯轼结靷西入秦者，无不欲强秦而弱齐；冯轼结靷东入齐者，无不欲强齐而弱秦。此雄雌之国也，势不两立为雄，雄者得天下矣。”秦王跽而问之曰：“何以使秦无为雌而可？”冯驩曰：“王亦知齐之废孟尝君乎？”秦王曰：“闻之。”冯驩曰："使齐重于天下者，孟尝君也。今齐王以毁废之，其心怨，必背齐；背齐入秦，则齐国之情，人事之诚，尽委之秦，齐地可得也，岂直为雄也！君急使使载币阴迎孟尝君，不可失时也。如有齐觉悟，复用孟尝君，则雌雄之所在未可知也。"秦王大悦，乃遣车十乘黄金百镒以迎孟尝君。冯驩辞以先行，至齐，说齐王曰：叠语前。"天下之游士凭轼结靷东入齐者，无不欲强齐而弱秦者；凭轼结靷西入秦者，无不欲强秦而弱齐者。夫秦齐雄雌之国，秦强则齐弱矣，此势不两雄。今臣窃闻秦遣使车十乘载黄金百镒以迎孟尝君。孟尝君不西则已，西入相秦则天下归之，秦为雄而齐为雌，雌则临淄、即墨危矣。王何不先秦使之未到，复孟尝君，而益与之邑以谢之？孟尝君必喜而受之。秦虽强国，岂可以请人相而迎之哉！折秦之谋，而绝其霸强之略。"齐王曰："善。"乃使人至境候秦使。秦使车适入齐境，使还驰告之，王召孟尝君而复其相位，而与其故邑之地，又益以千户。【眉批】冯驩一说，使孟尝君益封复相，与苏代及甘茂之事同。秦之使者闻孟尝君复相齐，还车而去矣。

【眉批】传末复申此一段，见孟尝君所以"遇客如故"之故。自齐王毁废孟尝君，诸客皆去。后召而复之，冯驩迎之。未到，孟尝君太息叹曰："文常好客，遇客无所敢失，食客三千有余人，先生所知也。客见文一日废，皆背文而去，莫顾文者。今赖先生得复其位，客亦有何面目复见文乎？如复见文者，必唾其面而大辱之。"冯驩结辔下拜。孟尝君下车接之，曰："先生为客谢乎？"冯驩曰："非为客谢也，为君之言失。夫物有必至，事有固然，君知之乎？"孟尝君曰："愚不知所谓也。"曰："生者必有死，物之必至也；富贵多士，贫贱寡友，事之固然也。君独不见夫朝趋市者乎？明旦，侧肩争门而入；日暮之后，过市朝者掉臂而不顾。非好朝而恶暮，所期物忘其中。今君失位，宾客皆去，不足以怨士而徒绝宾客之路。愿君遇客如故。"孟尝君再拜曰："敬从命矣。闻先生之言，敢不奉教焉。"

【眉批】此《赞》具好客，美刺俱显。太史公曰：吾尝过薛，其俗闾里率多暴桀子弟，与邹、鲁殊。问其故，曰："孟尝君招致天下任侠，奸人入薛中盖六万余家矣。"世之传孟尝君好客自喜，【眉批】太史公断之曰"自喜"，盖以斥其非公好云。名不虚矣。

平原君虞卿列传 全

平原君赵胜者，赵之诸公子也。诸子中胜最贤，喜宾客，【眉批】“喜宾客”三字，是一篇纲领。后凡四节，皆是“喜宾客”实迹。故篇中“客”凡八见。宾客盖至者数千人。平原君相赵惠文王及孝成王，三去相，三复位，封于东武城。┃ 平原君家楼临民家。民家有躄者，槃散行汲。平原君美人居楼上，临见，大笑之。明日，躄者至平原君门，请曰：“臣闻君之喜士，士不远千里而至者，以君能贵士而贱妾也。臣不幸有罢癃之病，而君之后宫临而笑臣，臣愿得笑臣者头。”平原君笑应曰：“诺。”躄者去，平原君笑曰：“观此竖子，乃欲以一笑之故杀吾美人，不亦甚乎！”终不杀。居岁余，宾客门下舍人稍稍引去者过半。平原君怪之，曰：“胜所以待诸君者未尝敢失礼，而去者何多也？”门下一人前对曰：“以君之不杀笑躄者，以君为爱色而贱士，士即去耳。”于是平原君乃斩笑躄者美人头，自造门进躄者，因谢焉。其后门下乃复稍稍来。【眉批】独举斩美人一节，此割要领法。“稍稍来”，与上“稍稍去”相顾。┃ 是时齐有孟尝，魏有信陵，楚有春申，故争相倾以待士。发平原心事。

秦之围邯郸，赵使平原君求救，合从于楚，约与食客门下有勇力文武备具者二十人偕。平原君曰：“使文能取胜，则善矣。文不能取胜，则歃血于华屋之下，必得定从而还。士不外索，取于食客门下足矣。”得十九人，余无可取者，无以满二十人。【眉批】太史公摹写好士，于孟尝则曰“最下坐者”，于平原则曰“无以满二十人”。虽不显言，而褒贬寓矣。门下有毛遂者，前，自赞于平原君曰：“遂闻君将合从于楚，约与食客门下二十人偕，不外索。今少一人，愿君即以遂备员而行矣。”平原君曰：“先生处胜之门下几年于此矣？”【眉批】叠用五“先生”字，与《檀弓》、《沐浴》、《珮玉》句法同。毛遂曰：“三年于此矣。”平原君曰：“夫贤士之处世也，譬若锥之处囊中，其末立见。今先生处胜之门下三年于此矣，左右未有所称诵，胜未有所闻，是先生无所有也。先生不能，先生留。”毛遂曰：“臣乃今日请处囊中耳。使遂蚤得处囊中，乃颖脱而出，非特其末见而已。”平原君竟与毛遂偕。十九人相与目笑之而未发也。毛遂比至楚，与十九人论议，十九人皆服。平原君与楚合从，言其利害，日出而言之，日中不决。十九人谓毛遂曰：“先生上。”毛遂按剑历阶而上，谓平原君曰：“从之利害，两言而决耳。今日出而言从，日中不决，何也？”楚王谓平原君曰：“客何为者也？”【眉批】每段首尾二句相唤应，如“客何为者也”之类，凡五见，亦奇甚矣。平原君曰：“是胜之舍人也。”楚王叱曰：“胡不下！吾乃与而君言，汝何为者也！”毛遂按剑而前曰：“王之所以叱遂者，以楚国之众也。今十步之内，王不得恃楚国之众也，王之命悬于遂手。吾君在前，叱者何也？且遂闻汤以七十里之地王天下，文王以百里之壤而臣诸侯，岂其士卒众多哉，诚能据其势而奋其威。今楚地方五千里，持戟百万，此霸王之资也。以楚之强，天下弗能当。白起，小竖子耳，率数万之众，兴师以与楚战，一战而举鄢郢，再战而烧夷陵，三战而辱王之先人。此百世之怨而赵之所羞，而王弗知恶焉。合从者为楚，非为赵也。吾君在前，叱者何也？”楚王曰：“唯唯，诚若先生之言，谨奉社稷而以从。”毛遂曰：“从定乎？”楚王曰：“定矣。”毛遂谓楚王之左右曰：“取鸡狗马之血来。”毛遂奉铜盘而跪进之楚王曰：“王当歃血而定从，次者吾君，次者遂。”遂定从于殿上。毛遂左手持盘血而右手招十九人曰：“公相与歃此血于堂下。公等录录，所谓因人成事者也。”【眉批】其英姿雄风，千载而下犹可想见。平原君已定从而归，归至于赵，曰：“胜不敢复相士。胜相士多者千人，寡者百数，自以为不失天下之士，今乃于毛先生而失之也。反应前“先生不能”。毛先生一至楚，而使赵重于九鼎大吕。毛先生以三寸之舌，【眉批】又叠用三“毛先生”字。强于百万之师。胜不敢复相士。”遂以为上客。

平原君既返赵，楚使春申君将兵赴救赵，魏信陵君亦矫夺晋鄙军往救赵，皆未至。秦急围邯郸，邯郸急，且降，平原君甚患之。邯郸传舍吏子李同说平原君曰："君不忧赵亡邪？"平原君曰："赵亡则胜为虏，何为不忧乎？"李同曰："邯郸之民，炊骨易子而食，可谓急矣，而君之后宫以百数，婢妾被绮縠，余粱肉，而民褐衣不完，糟糠不厌。民困兵尽，或剡木为矛矢，而君器物钟磬自若。使秦破赵，君安得有此？使赵得全，君何患无有？今君诚能令夫人以下编于士卒之间，分功而作，家之所有尽散以飨士，士方其危苦之时，易德耳。"于是平原君从之，得敢死之士三千人。李同遂与三千人赴秦军，秦军为之却三十里。亦会楚、魏救至，【眉批】"至"字与上"至"字相呼应。秦兵遂罢，邯郸复存。李同战死，封其父为李侯。

【眉批】虞卿之请，帝王懋赏之举；公孙龙之谏，明哲让功之谊。虞卿欲以信陵君之存邯郸为平原君请封。公孙龙闻之，夜驾见平原君曰："龙闻虞卿欲以信陵君之存邯郸为君请封，有之乎？"平原君曰："然。"龙曰："此甚不可。且王举君而相赵者，非以君之智能为赵国无有也。割东武城而封君者，非以君为有功也，而以国人无勋，乃以君为亲戚故也。君受相印不辞无能，割地不言无功者，亦自以为亲戚故也。今信陵君存邯郸而请封，是亲戚受城而国人计功也。此甚不可。且虞卿操其两权，事成，操右券以责；事不成，以虚名德君。君必勿听也。"平原君遂不听虞卿。| 平原君以赵孝成王十五年卒。子孙代，后竟与赵俱亡。| 平原君厚待公孙龙。公孙龙善为坚白之辩，及邹衍过赵言至道，乃绌公孙龙。

【眉批】此传全袭《国语》，而前后布置少异。虞卿者，游说之士也。蹑跻担簦说赵孝成王。一见，赐黄金百镒，白璧一双；再见，为赵上卿，故号为虞卿。| 秦赵战于长平，赵不胜，亡一都尉。赵王召楼昌与虞卿曰："军战不胜，尉复死，寡人使束甲而趋之，何如？"楼昌曰："无益也，不如发重使为媾。"虞卿曰："昌言媾者，以为

不媾军必破也。而制媾者在秦。且王之论秦也，欲破赵之军乎，不邪？”王曰：“秦不遗余力矣，必且欲破赵军。”虞卿曰：【眉批】虞卿可见者，只合从赵、齐以摈秦一事，然从横之谈，妙尽于此。“王听臣，发使出重宝以附楚、魏，楚、魏欲得王之重宝，必内吾使。赵使入楚、魏，秦必疑天下之合从，且必恐。如此，则媾乃可为也。”【眉批】此段论不当媾秦。赵王不听，与平阳君为媾，发郑朱入秦。秦内之。赵王召虞卿曰：“寡人使平阳君为媾于秦，秦已内郑朱矣，卿以为奚如？”虞卿对曰：“王不得媾，军必破矣。天下贺战胜者皆在秦矣。郑朱，贵人也，入秦，秦王与应侯必显重以示天下。楚、魏以赵为媾，必不救王。秦知天下不救王，则媾不可得成也。”应侯果显郑朱以示天下贺战胜者，终不肯媾。【眉批】此段论郑朱媾秦不成。长平大败，遂围邯郸，为天下笑。

秦既解邯郸围，而赵王入朝，使赵郝约事于秦，割六县而媾。虞卿谓赵王曰：“秦之攻王也，倦而归乎？王以其力尚能进，爱王而弗攻乎？”王曰：“秦之攻我也，不遗余力矣，必以倦而归也。”虞卿曰：“秦以其力攻其所不能取，倦而归，王又以其力之所不能取以送之，是助秦自攻也。来年秦复攻王，王无救矣。”王以虞卿之言告赵郝。【眉批】曰“王以虞卿之言告赵郝”，曰“王以告虞卿”，曰“王又以虞卿之言告楼缓”：此是篇中过脉。赵郝曰：“虞卿诚能尽秦力之所至乎？诚知秦力之所不能进，此弹丸之地弗予，令秦来年复攻王，王得无割其内而媾乎？”王曰：“请听子割矣，子能必使来年秦之不复攻我乎？”【眉批】此篇亦二段，首尾相唤应。赵郝对曰：“此非臣之所敢任也。他日三晋之交于秦，相善也。今秦善韩、魏而攻王，王之所以事秦必不如韩、魏也。今臣为足下解负亲之攻，开关通币，齐交韩、魏，至来年而王独取攻于秦，此王之所以事秦必在韩、魏之后也。此非臣之所敢任也。”王以告虞卿。虞卿对曰：【眉批】此段因赵郝以辩媾秦之不可。“郝言‘不媾，来年秦复攻王，王得无割其内而媾乎’。今媾，郝又以不能必秦之不复攻也。今虽割六城，何益！来年复攻，又割其力之所不能取而媾，此自尽之术也，不如无媾。秦虽善攻，不能取六县；赵虽不能守，终不失六城。秦倦而归，兵必罢。我以六城收天下以攻罢秦，是我失之于天下而取偿于秦也。吾国尚利，孰与坐而割地，自弱以强秦哉？今郝曰‘秦善韩、魏而攻赵者，必以为韩魏不救赵也，而王之军必孤，又以王之事秦不如韩、魏也’，是使王岁以六城事秦也，即坐而城尽。来年秦复求割地，王将与之乎？弗与，是弃前功而挑秦祸也；与之，则无地而给之。语曰‘强者善攻，弱者不能守’。今坐而听秦，秦兵不弊而多得地，是强秦而弱赵也。以益强之秦而割愈弱之赵，其计固不止矣。且王之地有尽而秦之求无已，以有尽之地而给无已之求，其势必无赵矣。”

赵王计未定，楼缓从秦来，赵王与楼缓计之，曰：“予秦地何如毋予，孰吉？”缓辞让曰：“此非臣之所能知也。”王曰：“虽然，试言公之私。”楼缓对曰：“王亦闻夫公甫文伯母乎？公甫文伯仕于鲁，病死，女子为自杀于房中者二人。其母闻之，弗哭也。其相室曰：‘焉有子死而弗哭者乎？’其母曰：‘孔子，贤人也，逐于鲁，而是人不随也。今死而妇人为之自杀者二人，若是者必其于长者薄而于妇人厚也。’故从母言之，是为贤母；从妻言之，是必不免为妒妻。故其言一也，言者异则人心变矣。今臣新从秦来而言勿予，则非计也；言予之，恐王以臣为为秦也：故不敢对。使臣得为大王计，不如予之。”王曰：“诺。”虞卿闻之，入见王曰：“此饰说也，王慎勿予！”楼缓闻之，往见王。王又以虞卿之言告楼缓。楼缓对曰：“不然。虞卿得其一，不得其二。夫秦赵构难而天下皆说，何也？曰‘吾且因强而乘弱矣’。今赵兵困于秦，天下之贺战胜者则必尽在于秦矣。故不如亟割地为和，以疑天下而慰秦之心。不然，天下将因秦之强怒，乘赵之弊，瓜分之。赵且亡，何秦之图乎？故曰虞卿得其一，不得其二。愿王以此决之，勿复计也。”虞卿闻之，往见王曰：【眉批】此段因楼缓以辩媾秦之不可。“危哉楼子之所以为秦者，是愈疑天下，而何慰秦之心哉？独不言其示天下弱乎？且臣言勿予者，非固勿予而已也。秦索六城于王，而王以六城赂齐。齐，秦之深仇也，得王之六城，并力西击秦，齐之听王，不待辞之毕也。则是王失之于齐而取偿于秦也。而齐、赵之深仇可以报矣，而示天下有能为也。王以此发声，兵未窥于境，臣见秦之重赂至赵而反媾于王也。从秦为媾，韩、魏闻之，必尽重王；重王，必出重宝以先于王。则是王一举而结三国之亲，而与秦易道也。”赵王曰：“善。”则使虞卿东见齐王，与之谋秦。虞卿未返，秦使者已在赵矣。楼缓闻之，亡去。赵于是封虞卿以一城。

居顷之，而魏请为从。赵孝成王召虞卿谋。过平原君，平原君曰：“愿卿之论从也。”虞卿入见王。王曰：“魏请为从。”对曰：“魏过。”王曰：“寡人固未之许。”对曰：“王过。”王曰：“魏请从，卿曰魏过，寡人未之许，又曰寡人过，然则从终不可乎？”对曰：“臣闻小国之与大国从事也，有利则大国受其福，有败则小国受其祸。今魏以小国请其祸，而王以大国辞其福，臣故曰王过，魏亦过。窃以为从便。”王曰：“善。”乃合魏为从。┃虞卿既以魏齐之故，详《范雎传》。不重万户侯卿相之印，与魏齐间行，卒去赵，困于梁。魏齐已死，不得意，乃著书，上采《春秋》，下观近世，曰《节义》、《称号》、《揣摩》、《政谋》，凡八篇。以刺讥国家得失，世传之曰《虞氏春秋》。

太史公曰：平原君，翩翩浊世之佳公子也，扬。【眉批】在浊世为佳公子，清世则否矣，褒贬在言外。然未睹大体。抑。鄙语曰“利令智昏”，平原君贪冯亭邪说，使赵陷长平兵四十余万众，邯郸几亡。┃虞卿料事揣情，为赵画策，扬。何其工也！及不忍魏齐，卒困于大梁，庸夫且知其不可，况贤人乎？抑。然掉。虞卿非穷愁，亦不能著书以自见于后世云。【眉批】非穷愁不能著书，太史公亦因以自见云。

信陵君列传 全

【眉批】此传不袭《国策》，是太史公得意文。魏公子无忌者，魏昭王少子而魏安釐王异母弟也。昭王薨，安釐王即位，封公子为信陵君。| 是时范雎亡魏相秦，以怨魏齐故，秦兵围大梁，破魏华阳下军，走芒卯。魏王及公子患之。| 未了。公子为人仁而下士，【眉批】"公子为人"一段，一篇纲领；而"贤，多客"三字，又此段之纲领。故传内"贤"字凡三见，"客"字凡二十四见。士无贤不肖皆谦而礼交之，不敢以其富贵骄士。士以此方数千里争往归之，致食客三千人。当是时，诸侯以公子贤，多客，不敢加兵谋魏十余年。| 公子与魏王博，而北境传举烽，言"赵寇至，且入界"。魏王释博，欲召大臣谋。公子止王曰："赵王田猎耳，非为寇也。"复博如故。王恐，心不在博。居顷，复从北方来传言曰："赵王猎耳，非为寇也。"魏王大惊，曰："公子何以知之？"公子曰："臣之客有能探得赵王阴事者，救赵之端。赵王所为，客辄以报臣，臣以此知之。"是后魏王畏公子之贤能，不敢任公子以国政。| 魏有隐士曰侯嬴，【眉批】叙侯生事，累累如贯珠。年七十，家贫，为大梁夷门监者。公子闻之，往请，欲厚遗之。不肯受，曰："臣修身洁行数十年，终不以监门困故而受公子财。"公子于是乃置酒大会宾客。坐定，公子从车骑，虚左，自迎夷门侯生。侯生摄弊衣冠，直上载公子上坐，不让，欲以观公子。公子执辔愈恭。【眉批】叙公子礼侯生，及夺晋鄙兵救赵事，极有笔力。侯生又谓公子曰："臣有客在市屠中，愿枉车骑过之。"公子引车入市，侯生下见其客朱亥，俾倪，不正视也。故久立与其客语，微察公子。公子颜色愈和。当是时，魏将相宗室宾客满堂，待公子举酒。市人皆观公子执辔。从骑皆窃骂侯生。侯生视公子色终不变，乃谢客就车。至家，公子引侯生坐上坐，遍赞宾客，宾客皆惊。酒酣，公子起，为寿侯生前。侯生因谓公子曰：【眉批】按前"欲以观公子"，"微察公子"两段形容，皆为"侯生

因谓公子”一段张本。“今日嬴之为公子亦足矣。嬴乃夷门抱关者也，而公子亲枉车骑，自迎嬴于众人广坐之中，不宜有所过，今公子故过之。然嬴欲就公子之名，故久立公子车骑市中，过客以观公子，公子愈恭。市人皆以嬴为小人，而以公子为长者能下士也。”【眉批】与《张释之传》王生语同。于是罢酒，侯生遂为上客。结。侯生谓公子曰：“臣所过屠者朱亥，此子贤者，世莫能知，故隐屠间耳。”公子往数请之，朱亥故不复谢，伏后案。公子怪之。

魏安釐王二十年，秦昭王已破赵长平军，接。又进兵围邯郸。公子姊为赵惠文王弟平原君夫人，数遗魏王及公子书，请救于魏。魏王使将军晋鄙将十万众救赵。秦王使使者告魏王曰：“吾攻赵旦暮且下，而诸侯敢救者，已拔赵，必移兵先击之。”魏王恐，使人止晋鄙，留军壁邺，名为救赵，实持两端以观望。平原君使者冠盖相属于魏，让魏公子曰：“胜所以自附为婚姻者，以公子之高义，为能急人之困。【眉批】平原让信陵，以“急人之困”一语相抑扬，与鲁仲连让平原语同。今邯郸旦暮降秦而魏救不至，安在公子能急人之困也！且公子纵轻胜，弃之降秦，独不怜公子姊邪？”公子患之，数请魏王，及宾客辩士说王万端。魏王畏秦，终不听公子。【眉批】魏其欲救灌将军语意，仿此。公子自度终不能得之于王，计不独生而令赵亡，乃请宾客，约车骑百余乘，欲以客往赴秦军，与赵俱死。行过夷门，见侯生，具告所以欲死秦军状。扬。辞决而行，侯生曰：“公子勉之矣，老臣不能从。”公子行数里，心不快，曰：“吾所以待侯生者备矣，天下莫不闻，今吾且死而侯生曾无一言半辞送我，我岂有所失哉？”复引车还，问侯生。侯生笑曰：“臣固知公子之还也。”曰：“公子喜士，名闻天下。今有难，无他端而欲赴秦军，譬若以肉投馁虎，何功之有哉？尚安事客？然公子遇臣厚，公子往而臣不送，以是知公子恨之复返也。”公子再拜，因问。侯生乃屏人间语，曰：“嬴闻晋鄙之兵符常在王卧内，而如姬最幸，出入王卧内，力能窃之。嬴闻如姬父为人所杀，如姬资畜也。之三年，自王以下欲求报其父仇，莫能得。如姬为公子泣，公子使客斩其仇头，敬进如姬。如姬之欲为公子死，无所辞，顾未有路耳。公子诚一开口请如姬，如姬必许诺，则得虎符夺晋鄙军，北救赵而西却秦，此五霸之伐也。”公子从其计，请如姬。如姬果盗晋鄙兵符与公子。公子行，侯生曰：“将在外，主令有所不受，以便国家。公子即合符，而晋鄙不授公子兵而复请之，事必危矣。臣客屠者朱亥可与俱，此人力士。晋鄙听，大善；不听，可使击之。”于是公子泣。侯生曰：“公子畏死邪？何泣也？”公子曰：“晋鄙嚄唶宿将，【眉批】嚄唶，即项羽喑哑叱咤之状。往恐不听，必当杀之，是以泣耳，岂畏死哉？”于是公子请朱亥。朱亥笑曰：“臣乃市井鼓刀屠者，而公子亲数存之，所以不报谢者，应。以为小礼无所用。今公子有急，此乃臣效命之秋也。”遂与公子俱。公子过谢侯生。侯生曰：“臣宜从，老不能。请数公子行日，以至晋鄙军之日，北乡自刭，以送公子。”公子遂行。至邺，矫魏王令代晋鄙。晋鄙合符，疑之，举手视公子曰：“今吾拥十万之众，屯于境上，国之重任，今单车来代之，何如哉？”欲无听。朱亥袖四十斤铁椎，椎杀晋鄙，公子遂将晋鄙军。勒兵下令军中曰：“父子俱在军中，父归；兄弟俱在军中，兄归；独子无兄弟，归养。”【眉批】《国语》叙越王伐吴，所以遣恤军士者亦此意。得选兵八万人，进兵击秦军。秦军解去，遂救邯郸，存赵。一句截住有力。【眉批】太史公详处在信陵君所以得士，略处在秦军所以却。赵王及平原君自迎公子于界，平原君负韊矢谓盛矢。为公子先引。赵王再拜曰：“自古贤人未有及公子者也。”当此之时，平原君不敢自比于人。公子与侯生决，至军，侯生果北乡自刭。了前语。

魏王怒公子之盗其兵符，矫杀晋鄙，公子亦自知也。已却秦存赵，使将将其军归魏，而公子独与客留赵。┃数句收上起下。赵孝成王德公子之矫夺晋鄙兵而存赵，乃与平原君计，以五城封公子。公子闻之，意骄矜而有自功之色。客有说公子曰：“物有不可忘，或有不可不忘。夫人有德于公子，公子不可忘也；公子有德于人，愿公子忘之也。且矫魏王令，夺晋鄙兵以救赵，于赵则有功矣，于魏则未为忠臣也。公子乃自矫而功之，窃为公子不取也。”于是公子立自责，似若无所容者。赵王扫除自迎，执主人之礼，引公子就西阶。公子侧行辞让，从东阶上。自言罪过，以负于魏，无功于赵。赵王侍酒至暮，口不忍献五城，以公子退让也。┃ 公子竟留赵。赵王以鄗为公子汤沐邑，魏亦复以信陵奉公子。公子留赵。公子闻赵有处士毛公藏于博徒，薛公藏于卖浆家，公子欲见两人，两人自匿不肯见公子。公子闻所在，乃间步往从此两人游，甚欢。平原君闻之，谓其夫人曰：“始吾闻夫人弟公子天下无双，今吾闻之，乃妄从博徒卖浆者游，公子妄人耳。”夫人以告公子。公子乃谢夫人去，曰：“始吾闻平原君贤，故负魏王而救赵，以称平原君。平原君之游，徒豪举耳，不求士也。无忌自在大梁时，常闻此两人贤，至赵，恐不得见。以无忌从之游，尚恐其不我欲也，今平原君乃以为羞，其不足从游。”乃装为去。夫人具以语平原君。平原君乃免冠谢，固留公子。平原君门下闻之，半去平原君归公子，天下士复往归公子，公子倾平原君客。

公子留赵十年不归。秦闻公子在赵，日夜出兵东伐魏。魏王患之，使使往请公子。公子恐其怒之，乃诫门下：“有敢为魏王使通者，死。”宾客皆背魏之赵，莫敢劝公子归。毛公、薛公两人往见公子曰：“公子所以重于赵，名闻诸侯者，徒以有魏也。今秦攻魏，魏急而公子不恤，使秦破大梁而夷先王之宗庙，公子当何面目立天下乎？”【眉批】两人正论，非侯生、朱亥诈力比。语未及卒，公子立变色，告车趣驾归救魏。【眉批】信陵君谏书载在《魏世家》。魏王见公子，相与泣，而以上将军印授公子，公子遂将。魏安釐王三十年，公子使使遍告诸侯。诸侯闻公子将，各遣将将兵救魏。公子率五国之兵破秦军于河外，走蒙骜。遂乘胜逐秦军至函谷关，抑秦兵，秦兵不敢出。与“不

敢加兵”相应。当是时，公子威振天下，诸侯之客进兵法，公子皆名之，故世俗称《魏公子兵法》。秦王患之，乃行金万斤于魏，求晋鄙客，令毁公子于魏王曰：“公子亡在外十年矣，今为魏将，诸侯将皆属，诸侯徒闻魏公子，不闻魏王。公子亦欲因此时定南面而王，诸侯畏公子之威，方欲共立之。”秦数使反间，伪贺公子得立为魏王未也。魏王日闻其毁，不能不信，后果使人代公子将。公子自知再以毁废，乃谢病不朝，与宾客为长夜饮，饮醇酒，多近妇女。日夜为乐饮者四岁，竟病酒而卒。其岁，魏安釐王亦薨。秦闻公子死，使蒙骜攻魏，拔二十城，初置东郡。其后秦稍蚕食魏，十八岁而虏魏王，屠大梁。【眉批】以魏亡系《信陵君传》，见信陵系国之存亡。| 高祖始微少时，数闻公子贤。及即天子位，每过大梁，常祠公子。高祖十二年，从击黥布还，为公子置守冢五家，世世岁以四时奉祠公子。

太史公曰：吾过大梁之墟，求问其所谓夷门。夷门者，城之东门也。天下诸公子亦有喜士者矣，然信陵君之接岩穴隐者，不耻下交，有以也。名冠诸侯，不虚耳。【眉批】《赞》中言天下诸公子，盖独有取于信陵也。高祖每过之而令民奉祠不绝也。

春申君列传 全

【眉批】此传前叙春申君以智能安楚而就封于吴，后叙春申君以奸谋盗楚而身死棘门为天下笑。模写情事，春申君殆两截人。太史公谓平原君利令智昏，余于春申君亦云。春申君者，楚人也，名歇，姓黄氏。游学博闻，事楚顷襄王。顷襄王以歇为辩，使于秦。秦昭王使白起攻韩、魏，败之于华阳，禽魏将芒卯，韩、魏服而事秦。秦昭王方令白起与韩、魏共伐楚，未行，而楚使黄歇适至于秦，闻秦之计。当是之时，秦已前使白起攻楚，追前事发案。取巫、黔中之郡，拔鄢郢，东至竟陵，楚顷襄王东徙治于陈县。黄歇见楚怀王之为秦所诱而入朝，遂见欺，留死于秦。顷襄王，其子也，秦轻之，恐壹举兵而灭楚。【眉批】揣摩春申君所以上书之故。歇乃上书说秦昭王曰：天下莫强于秦、楚。今闻大王欲伐楚，此犹两虎相与斗。两虎相与斗指秦楚。而驽犬受其弊，指韩魏。不如善楚。臣请言其说：臣闻物至则反，冬夏是也；致或作安。至则危，累棋是也。今大国之地，遍天下有其二垂，此从生民已来，万乘之地未尝有也。先帝文王、庄王之身，三世不忘接地于齐，以绝从亲之要。今王使盛桥守事于韩，盛桥以其地入秦，是王不用甲，不信威，而得百里之地。王可谓能矣。王又举甲而攻魏，杜大梁之门，举河内，拔燕、酸枣、虚、桃，入邢，魏之兵云翔而不敢救。王之功亦多矣。王休甲息众，三年而后复之；又并蒲、衍、首、垣，以临仁、平丘，黄、济阳婴城而魏氏服；王又割濮磨之北，注齐秦之要，绝楚赵之脊，天下五合六聚而不敢救。王之威亦单尽也。矣。【眉批】虽为楚说秦，亦是确论。王若能持功守威，绌攻取之心而肥仁义之地，使无后患，三王不足四，五伯不足六也。王若负人徒之众，仗兵革之强，乘毁魏之威，而欲以力臣天下之主，臣恐其有后患也。《诗》曰“靡不有初，鲜克有终”。《易》曰“狐涉水，濡其尾”。此言始之易，终之难也。何以知其然也？昔智氏见伐赵之利而不知榆次之祸，吴见伐齐之便而不知干隧之败。此二国者，非无大功也，没利于前而易患于后也。【眉批】“没利”者，为利所没溺；“易患”者，易视后日之患不预防也。吴之信越也，从而伐齐，既胜齐人于艾陵，还为越王禽三渚之浦。智氏之信韩、魏也，从而伐赵，攻晋阳城，胜有日矣，韩、魏叛之，杀智伯瑶于凿台之下。【眉批】引二国以过信得败，正见韩、魏不可信。今王妒楚之不毁也，而忘毁楚之强韩、魏也，臣为王虑而不取也。《诗》曰“大武远宅而不涉”。从此观之，楚国，援也；邻国，敌也。《诗》云“趯趯毚兔，遇犬获之。他人有心，余忖度之”。今王中道而信韩、魏之善王也，此正吴之信越也。臣闻之，敌不可假，时不可失。臣恐韩、魏卑辞除患而实欲欺大国也。何则？王无重世之德于韩、魏，而有累世之怨焉。夫韩、魏父子兄弟接踵而死于秦者将十世矣。本国残，社稷坏，宗庙毁。【眉批】慨切激荡，词旨悲惋，不容听者不入也。刳腹绝肠，折颈摺颐，首身分离，暴骸骨于草泽，头颅僵仆，相望于境，父子老弱系脰束手为群虏者相及于路。鬼神孤伤，无所血食。人民不聊生，族类离散，流亡为仆妾者，盈满海内矣。故韩、魏之不亡，秦社稷之忧也，今王资之与攻楚，不亦过乎！且王攻楚将恶出兵？王将借路于仇雠之韩、魏乎？兵出之日而王忧其不返也，是王以兵资于仇雠之韩、魏也。王若不借路于仇雠之韩、魏，必攻随水右壤。随水右壤，此皆广川大水，山林谿谷，不食之地也，王虽有之，不为得地。是王有毁楚之名而无得地之实也。且王攻楚之日，四国必悉起兵以应王。秦、楚之兵构而不离，魏氏将出而攻留、方与、铚、湖陵、砀、萧、相，故宋必尽。齐人南面攻楚，泗上必举。此皆平原四达，膏腴之地，而使独攻。王破楚以肥韩、魏于中国而劲齐。韩、魏之强，足以校于秦。齐南以泗水为境，东负海，北倚河，而无后患，天下之国莫强于齐、魏，齐、魏得地葆利而详事下吏，一年之后，为帝未能，其于禁王之为帝有余矣。夫以王壤土之博，人徒之众，兵革之强，壹举事而树怨于楚，迟令韩、魏归帝重于齐，是王失计也。臣为王计，莫若善楚。【眉批】此书议论反复，其要归只在“莫若善楚”一句，文字何等紧严！秦、楚合而为一以临韩，韩必敛手。王施以东山之险，带以曲河之利，韩必为关内之侯。若是而王以十万戍郑，梁氏寒心，许、鄢陵婴城，而上蔡、召陵不往来也，如此而魏亦关内侯矣。王壹善楚，而关内两万乘之主注地于齐，齐右壤可拱手而取也。王之地一经两海，要约天下，是燕、赵无齐、楚，齐、楚无燕、赵也。谓四国不得相救也。然后危动燕、赵，直摇齐、楚，此四国者不待痛而服矣。昭王曰：“善。”于是乃止白起而谢韩、魏。发使赂楚，约为与国。

黄歇受约归楚，楚使歇与太子完入质于秦，秦留之数年。楚顷襄王病，太子不得归。而楚太子与秦相应侯善，于是黄歇乃说应侯曰：“相国诚善楚太子乎？”应侯曰：“然。”歇曰：“今楚王恐不起疾，秦不如归其太子。太子得立，其事秦必重而德相国无穷，是亲与国而得储万乘也。若不归，则咸阳一布衣耳；楚更立太子，必不事秦。夫失与国而绝万乘之和，非计也。愿相国孰虑之。”应侯以闻秦王。秦王曰：“令楚太子之傅先往问楚王之疾，返而后图之。”黄歇为楚太子计曰：“秦之留太子也，欲以求利也。今太子力未能有以利秦也，歇忧之甚。而阳文君子二人在中，王若卒大命，太子不在，阳文君子必立为后，太子不得奉宗庙矣。不如亡秦，与使者俱出；臣请止，以死当之。”楚太子因变衣服为楚使者御以出关，而黄歇守舍，常为谢病。度太子已远，秦不能追，歇乃自言秦昭王曰：“楚太子已归，出远矣。歇当死，愿赐死。”昭王大怒，欲听其自杀也。应侯曰：“歇为人臣，出身以徇其主，太子立，必用歇，故不如无罪而归之，以亲楚。”秦因遣黄歇。歇至楚三月，楚顷襄王卒，太子完立，是为考烈王。┃ 考烈王元年，以黄歇为相，封为春申君，赐淮北地十二县。后十五岁，黄歇言之楚王曰：“淮北地边齐，其事急，请以为郡便。”因并献淮北十二县，请封于江东。考烈王许之。春申君因城故吴墟，以自为都邑。

春申君既相楚，是时齐有孟尝君，赵有平原君，魏有信陵君，方争下士，招致宾客，以相倾夺，辅国持权。春申君为楚相四年，秦破赵之长平军四十余万。五年，围邯郸。邯郸告急于楚，楚使春申君将兵往救之，秦兵亦去，春申君归。春申君相楚八年，【眉批】四年、五年、八年，即前十五岁内事。为楚北伐灭鲁，以荀卿为兰陵令。当是时，楚复强。┃ 一句关锁有力。赵平原君使人于春申君，春申君舍之于上舍。赵使欲夸楚，为瑇瑁簪，刀剑室以珠玉饰之，请命春申君客。春申君客三千余人，其上客皆蹑珠履以见赵使，赵使大惭。春申君相十四年，伏篇末起案。秦庄襄王立，以吕不韦为相，封为文信侯。取东周。┃ 春申君相二十二年，诸侯患秦攻伐无已时，乃相与合从，西伐秦，而楚王为从长，春申君用事。至函谷关，秦出兵攻，诸侯兵皆败走。楚考烈王以咎春申君，春申君以此益疏。┃ 客有观津人朱英，谓春申君曰："人皆以楚为强而君用之弱，其于英不然。先君时善秦二十年而不攻楚，何也？秦逾黾隘之塞而攻楚，不便；假道于两周，背韩、魏而攻楚，不可。今则不然，魏旦暮亡，不能爱许、鄢陵，其许魏割以与秦。秦兵去陈百六十里，臣之所观者，见秦、楚之日斗也。"楚于是去陈徙寿春；而秦徙卫野王，作置东郡。春申君由此就封于吴，行相事。

楚考烈王无子，春申君患之，求妇人宜子者进之，甚众，卒无子。赵人李园持其女弟，欲进之楚王，闻其不宜子，恐久毋宠。李园求事春申君为舍人，已而谒归，故失期。还谒，春申君问之状，对曰："齐王使使求臣之女弟，与其使者饮，故失期。"春申君曰："娉入乎？"对曰："未也。"春申君曰："可得见乎？"曰："可。"于是李园乃进其女弟，即幸于春申君。知其有身，李园乃与其女弟谋。园女弟承间以说春申君曰："楚王之贵幸君，虽兄弟不如也。今君相楚二十余年，而王无子，即百岁后将更立兄弟，则楚更立君后，亦各贵其故所亲，君又安得长有宠乎？非徒然也，君贵用事久，多失礼于王兄弟，兄弟诚立，祸且及身，何以保相印江东之封乎？今妾自知有身矣，而人莫知。妾幸君未久，诚以君之重而进妾于楚王，王必幸妾；妾赖天有子男，则是君之子为王也，楚国尽可得，孰与身临不测之罪乎？”春申君大然之，乃出李园女弟，谨舍而言之楚王。楚王召入幸之，遂生子男，立为太子，以李园女弟为王后。

楚王贵李园，园用事。李园既入其女弟，立为王后，子为太子，恐春申君语泄而益骄，阴养死士，欲杀春申君以灭口，而国人颇有知之者。伏朱英起案。春申君相二十五年，楚考烈王病。朱英谓春申君曰："世有毋望之福，又有毋望之祸。今君处毋望之世，事毋望之主，安可以无毋望之人乎？"春申君曰："何谓毋望之福？"曰："君相楚二十余年矣，虽名相国，实楚王也。今楚王病，旦暮且卒，而君相少主，因而代立当国，如伊尹、周公，王长而反政，不即遂南面称孤而有楚国？此所谓毋望之福也。"春申君曰："何谓毋望之祸？"曰："李园不治国而君之仇也，不为兵而养死士之日久矣，楚王卒，李园必先入据权而杀君以灭口。此所谓毋望之祸也。"春申君曰："何谓毋望之人？"对曰："君置臣郎中，楚王卒，李园必先入，臣为君杀李园。此所谓毋望之人也。"春申君曰："足下置之。李园，弱人也，仆又善之，且又何至此！"朱英知言不用，恐祸及身，乃亡去。┃后十七日，楚考烈王卒，李园果先入，伏死士于棘门之内。春申君入棘门，园死士侠刺春申君，斩其头，投之棘门外。于是遂使吏尽灭春申君之家。而李园女弟初幸春申君有身而入之王所生子者遂立，书法。是为楚幽王。结案。是岁也，秦始皇帝立九年矣。嫪毐亦为乱于秦，觉，夷其三族，而吕不韦废。【眉批】传后复入不韦事，以与春申事偶相合，故伏之于前而此复及之耳。文之妙正在此处。

太史公曰：吾适楚，观春申君故城，宫室盛矣哉！初，春申君之说秦昭王，及出身遣太子归，何其智之明也！后制于李园，旄音耄。矣。语曰：“当断不断，反受其乱。”春申君失朱英之谓邪？

范雎蔡泽列传 全

【眉批】此传议论词说悉本《国策》，而叙事贯串则太史公笔也。范雎者，魏人也，字叔。【眉批】此传闳深奥衍，壮丽奇博，如人观帝台天阙，层宫属观，规模宏远，恍然失矣。游说诸侯，欲事魏王，家贫无以自资，乃先事魏中大夫须贾。须贾为魏昭王使于齐，范雎从。留数月，未得报。齐襄王闻雎辩口，乃使人赐雎金十斤及牛酒，雎辞谢不敢受。须贾知之，大怒，以为雎持魏国阴事告齐，伏后雎数贾三罪案。故得此馈，令雎受其牛酒，还其金。既归，心怒雎，以告魏相。魏相，魏之诸公子，曰魏齐。魏齐大怒，使舍人笞击雎，折胁摺齿。雎佯死，即卷以箦，置厕中。宾客饮者醉，更溺雎，故僇辱以惩后，令无妄言者。雎从箦中谓守者曰："公能出我，我必厚谢公。"守者乃请出弃箦中死人。魏齐醉，曰："可矣。"范雎得出。后魏齐悔，复召求之。魏人郑安平闻之，乃遂操范雎亡，伏匿，更名姓曰张禄。当此时，秦昭王使谒者王稽于魏。郑安平诈为卒，侍王稽。王稽问："魏有贤人可与俱西游者乎？"郑安平曰："臣里中有张禄先生，欲见君，言天下事。其人有仇，不敢昼见。"王稽曰："夜与俱来。"郑安平夜与张禄见王稽。语未究，王稽知范雎贤，谓曰："先生待我于三亭之南。"与私约而去。王稽辞魏去，过载范雎入秦。至湖关，望见车骑从西来。范雎曰："彼来者为谁？"王稽曰："秦相穰侯东行县邑。"范雎曰：吾闻穰侯专秦权，恶内诸侯客，此恐辱我，我宁且匿车中。"【眉批】穰侯祸胎在此，范雎乘从间亦从此。"有顷，穰侯果至，劳王稽，因立车而语曰："关东有何变？"曰："无有。"又谓王稽曰："谒君得无与诸侯客子俱来乎？无益，徒乱人国耳。"王稽曰："不敢。"即别去。范雎曰："吾闻穰侯智士也，其见事迟，乡者疑车中有人，忘索之。"于是范雎下车走，曰："此必悔之。"行十余里，果使骑还索车中，无客，乃已。【眉批】雎料穰侯若烛肝膈。王稽遂与范雎入咸阳。已报使，因言曰："魏有张禄先生，天下辩士也。曰'秦王之国危于累卵，暗含后来倾穰侯等案。得臣则安。然不可以书传也'。臣故载来。"秦王弗信，使舍食草具。待命岁余。

当是时，昭王已立三十六年。承上起下。南拔楚之鄢郢，楚怀王幽死于秦。秦东破齐。湣王常称帝，后去之。数困三晋。厌天下辩士，无所信。穰侯，华阳君，昭王母宣太后之弟也；而泾阳君、高陵君皆昭王同母弟也。伏后废四贵案。穰侯相，三人者更将，有封邑，以太后故，私家富重于王室。伏后宝器珍怪多于王室。及穰侯为秦将，且欲越韩、魏而伐齐纲寿，欲以广其陶封。【眉批】将叙范雎上书，先提时事与用事之人一段，下文方有头绪。范雎乃上书曰：臣闻明主立政，有功者不得不赏，有能者不得不官，劳大者其禄厚，功多者其爵尊，能治众者其官大。故无能者不敢当职焉，有能者亦不得蔽隐。【眉批】虽从《国策》来，每易一句一字自佳。使以臣之言为可，愿行而益利其道；以臣之言为不可，久留臣无为也。语曰："庸主赏所爱而罚所恶；明主则不然，赏必加于有功，而刑必断于有罪。"今臣之胸不足以当椹质，而要不足以待斧钺，岂敢以疑事尝试于王哉！虽以臣为贱人而轻辱，独不重任臣者之无反复于王邪？且臣闻周有砥砨，宋有结绿，梁有县藜，楚有和璞，此四宝者，土之所生，良工之所失也，而为天下名器。然则圣王之所弃者，独不足以厚国家乎？臣闻善厚家者取之于国，善厚国者取之于诸侯。天下有明主则诸侯不得擅厚者，何也？为其割荣也。【眉批】"割荣"意已指穰侯而不可明言，故微及之。良医知病人之死生，而圣主明于成败之事，利则行之，害则舍之，疑则少尝之，虽舜禹复生，弗能改已。语之至者，臣不敢载之于书，其浅者又不足听也。意者臣愚而不概于王心邪？【眉批】情竭辞急，不如是不足感人。亡其言臣者贱而不可用乎？【眉批】"亡其"，转语，犹言"无乃"也。自非然者，臣愿得少赐游观之间，望见颜色。一语无效，请伏斧质。于是秦昭王大说，乃谢王稽，使以传车召范雎。

于是范睢乃得见于离宫，详为不知永巷而入其中。王来而宦者怒，逐之，曰："王至！"范睢缪为曰："秦安得王？秦独有太后、穰侯耳。"欲以感怒昭王。【眉批】秦王国事之非在尊太后、穰侯，范睢说秦之路在废太后、穰侯，故未见秦王而先设此计以感之，预为进言地耳。昭王至，闻其与宦者争言，遂延迎，谢曰："寡人宜以身受命久矣，会义渠之事急，寡人旦暮自请太后；今义渠之事已，寡人乃得受命。窃闵然不敏，敬执宾主之礼。"范睢辞让。是日观范睢之见者，群臣莫不洒然变色易容者。秦王屏左右，宫中虚无人。秦王跽而请曰："先生何以幸教寡人？"范睢曰："唯唯。"有间，秦王复跽而请曰："先生何以幸教寡人？"范睢曰："唯唯。"若是者三。【眉批】此处欲言不言最妙，然非善形容不能见其次序。秦王跽曰："先生卒不幸教寡人邪？"范睢曰："非敢然也。臣闻昔者吕尚之遇文王也，身为渔父而钓于渭滨耳。若是者，交疏也。已说而立为太师，载与俱归者，其言深也。故文王遂收功于吕尚而卒王天下。乡使文王疏吕尚而不与深言，是周无天子之德，而文武无与成其王业也。今臣羁旅之臣也，交疏于王，而所愿陈者皆匡君之事，处人骨肉之间，暗伏太后、穰侯。愿效愚忠而未知王之心也。此所以王三问而不敢对者也。臣非有畏而不敢言也。【眉批】"臣非有畏"句，为下文"患忧耻"之纲，下文"患忧耻"三句，即"非有畏"之意，又为下二段之纲。臣知今日言之于前而明日伏诛于后，然臣不敢避也。此感动处。大王信行臣之言，死不足以为臣患，亡不足以为臣忧，漆身为厉被发为狂不足以为臣耻。且以五帝之圣焉而死，应上"死"字。三王之仁焉而死，五伯之贤焉而死，乌获、任鄙之力焉而死，成荆、孟贲、王庆忌、夏育之勇焉而死。死者，人之所必不免也。处必然之势，可以少补于秦，此臣之所大愿也，臣又何患哉！应上"患"字。【眉批】此段申言"死不足以为臣患"也。伍子胥橐载而出昭关，夜行昼伏，应上"亡"字。至于陵水，无以糊其口，膝行蒲伏，稽首肉袒，鼓腹吹篪，乞食于吴市，卒兴吴国，阖闾为伯。使臣得尽谋如伍子胥，加之以幽囚，终身不复见，是臣之说行也，臣又何忧？应上“忧”字。【眉批】此段申言“亡不足以为臣忧”也。箕子、接舆漆身为厉，被发为狂，应上“为厉为狂”。无益于主。假使臣得同行于箕子，可以有补所贤之主，是臣之大荣也，臣有何耻？应上“耻”字。【眉批】此段申言“为厉为狂”，“不足以为臣耻”也。臣之所恐者，独恐臣死之后，天下见臣之尽忠而身死，因以是杜口裹足，莫肯乡秦耳。此感动处。足下上畏太后之严，至此才说出。下惑于奸臣之态，居深宫之中，不离阿保之手，终身迷惑，无与昭奸。大者宗庙灭覆，小者身以孤危，此臣之所恐耳。若夫穷辱之事，应上“为厉为狂”。死亡之患，应上“死亡”。臣不敢畏也。应上“非有畏”。臣死而秦治，是臣死贤于生。”秦王跽曰：“先生是何言也！夫秦国辟远，寡人愚不肖，【眉批】六用“先生”字，五用“寡人”字。先生乃幸辱至于此，是天以寡人慁先生而存先王之宗庙也。寡人得受命于先生，是天所以幸先王，而不弃其孤也。先生奈何而言若是！事无小大，上及太后，下至大臣，愿先生悉以教寡人，无疑寡人也。”范睢拜，秦王亦拜。

范睢曰：“大王之国，四塞以为固，北有甘泉、谷口，南带泾、渭，右陇、蜀，左关、阪，奋击百万，战车千乘，利则出攻，不利则入守，此王者之地也。民怯于私斗而勇于公战，此王者之民也。王并此二者而有之。夫以秦卒之勇，车骑之众，以治诸侯，譬若驰韩卢而搏蹇兔也，霸王之业可致也，而群臣莫当其位。至今闭关十五年，不敢窥兵于山东者，是穰侯为秦谋不忠，浅言之。而大王之计有所失也。”秦王跽曰：“寡人愿闻失计。”然左右多窃听者，与“左右无人”相应。范睢恐，未敢言内，先言外事，以观秦王之俯仰。因进曰：“夫穰侯越韩、魏而攻齐纲、寿，非计也。少出师则不足以伤齐，多出师则害于秦。臣意王之计，欲少出师而悉韩、魏之兵也，则不义矣。今见与国之不亲也，越人之国而攻，可乎？其于计疏矣。且昔齐湣王南攻楚，破军杀将，再辟地千里，而齐尺寸之地无得焉者，岂不欲得地哉，形势不能有也。诸侯见齐之罢弊，君臣之不和也，兴兵而伐齐，大破之。士辱兵顿，皆咎其王，曰：‘谁为此计者乎？’王曰：‘文子为之。’大臣作乱，文子出奔。故齐所以大破者，以其伐楚而肥韩、魏也。此所谓借贼兵赍盗粮者也。王不如远交而近攻，一篇主意。【眉批】秦之伯业定于“远交近攻”之一言。得寸则王之寸也，得尺亦王之尺也。今释此而远攻，不亦缪乎！且昔者中山之国地方五百里，赵独吞之，功成名立而利附焉，天下莫之能害也。今夫韩、魏，中国之处而天下之枢也，王其欲霸，必亲中国以为天下枢，以威楚、赵。楚强则附赵，赵强则附楚，楚、赵皆附，齐必惧矣。齐惧，必卑辞重币以事秦。齐附而韩、魏因可虏也。”昭王曰：“吾欲亲魏久矣，而魏多变之国也，寡人不能亲。请问亲魏奈何？”对曰：“王卑词重币以事之；不可，则割地而赂之；不可，因举兵而伐之。”王曰：“寡人敬闻命矣。”乃拜范雎为客卿，谋兵事。卒听范雎谋，使五大夫绾伐魏，拔怀。后二岁，拔邢丘。客卿范雎复说昭王曰：“秦韩之地形，相错如绣。秦之有韩也，譬如木之有蠹也，人之有心腹之病也。天下无变则已，天下有变，其为秦患者孰大于韩乎？王不如收韩。”昭王曰：“吾固欲收韩，韩不听，为之奈何？”对曰：“韩安得无听乎？王下兵而攻荥阳，则巩、成皋之道不通；北守太行之道，则上党之师不下。王一兴兵而攻荥阳，则其国断而为三。夫韩见必亡，安得不听乎？若韩听，而霸事因可虑矣。”王曰：“善。”且欲发使于韩。范雎日益亲，复说用数年矣，因请间说曰：“臣居山东时，闻齐之有田文，《国策》作“单”。不闻其有王也；闻秦之有太后、穰侯、华阳、高陵、泾阳，不闻其有王也。【眉批】根深而后动。夫擅国之谓王，能利害之谓王，制杀生之威之谓王。今太后擅行不顾，穰侯出使不报，华阳、泾阳等击断无讳，高陵进退不请。四贵备而国不危者，未之有也。为此四贵者下，乃所谓无王也。然则权安得不倾，令安得从王出乎？臣闻善治国者，乃内固其威而外重其权。穰侯使者操王之重，决制于诸侯，剖符于天下，政適伐国，莫敢不听。战胜攻取则利归于陶，国弊御于诸侯；战败则结怨于百姓，而祸归于社稷。《诗》曰‘木实繁者披其枝，披其枝者伤其心；大其都者危其国，尊其臣者卑其主’。崔杼、淖齿管齐，典齐权也。射王股，擢王筋，县之于庙梁，宿昔而死。李兑管赵，囚主父于沙邱，百日而饿死。今臣闻秦太后、穰侯用事，高陵、华阳、泾阳佐之，卒无秦王，此亦淖齿、李兑之类也。且夫三代所以亡国者，君专授政，纵酒驰骋弋猎，不听政事。其所授者，妒贤嫉能，御下蔽上，以成其私，不为主计，而主不觉悟，故失其国。今自有秩以上至诸大吏，下及王左右，无非相国之人者。见王独立于朝，臣窃为王恐，万世之后，有秦国者非王子孙也。”至此才危言。昭王闻之大惧，曰：“善。”于是废太后，逐穰侯、高陵、华阳、泾阳君于关外。秦王乃拜范睢为相。收穰侯之印，使归陶，因使县官给车牛以徙，千乘有余。到关，关阅其宝器，宝器珍怪多于王室。应前。秦封范睢以应，号为应侯。当是时，秦昭王四十一年也。

【眉批】以前写范睢之入秦而挠四贵之权，以后写睢之报复魏齐本末。范睢既相秦，秦号曰张禄，而魏不知，以为范睢已死久矣。魏闻秦且东伐韩、魏，魏使须贾于秦。范睢闻之，为微行，敝衣间步之邸，见须贾。须贾见之而惊曰：“范叔固无恙乎！”范睢曰：“然。”须贾笑曰：“范叔有说于秦邪？”曰：“不也。睢前日得过于魏相，故亡逃至此，安敢说乎！”须贾曰：“今叔何事？”范睢曰“臣为人庸赁。”须贾意哀之，留与坐饮食，曰：“范叔一寒如此哉！”乃取其一绨袍以赐之。须贾因问曰：“秦相张君，【眉批】只范睢诈变姓名为张禄一句，描写千情万态，亦略处反详之调。公知之乎？吾闻幸于王，天下之事皆决于相君。今者事之去留在张君。孺子岂有客习于相君者哉？”范睢曰：“主人翁习知之。唯睢亦得谒，睢请为君见于张君。”须贾曰：“吾马病，车轴折，非大车驷马，吾固不出。”范睢曰：“愿为君借大车驷马于主人翁。”范雎归取大车驷马，为须贾御之，入秦相府。府中望见，有识者皆避匿。须贾怪之。至相舍门，谓须贾曰：“待我，我为君先入通于相君。”须贾待门下，持车良久，问门下曰：“范叔不出，何也？”门下曰：“无范叔。”须贾曰：“乡者与我载而入者。”门下曰：“乃吾相张君也。”须贾大惊，自知见卖，乃肉袒膝行，因门下人谢罪。于是范雎盛帷帐，侍者甚众，见之。须贾顿首言死罪，曰：“贾不意君能自致于青云之上，贾不敢复读天下之书，不敢复与天下之事。贾有汤镬之罪，请自屏于胡貉之地，唯君死生之！”范雎曰：“汝罪有几？”曰：“擢贾之发以续续、赎，古通用。贾之罪，尚未足。”范雎曰：“汝罪有三耳。昔者楚昭王时而申包胥为楚却吴军，楚王封之以荆五千户，包胥辞不受，为丘墓之寄于荆也。今雎之先人丘墓亦在魏，公前以雎为有外心于齐而恶雎于魏齐，公之罪一也。当魏齐辱我于厕中，公不止，罪二也。更醉而溺我，公其何忍乎？罪三矣。应前。然公之所以得无死者，以绨袍恋恋，有故人之意，故释公。”乃谢罢。入言之昭王，罢归须贾。须贾辞于范雎，范雎大供具，尽请诸侯使，与坐堂上，食饮甚设。而坐须贾于堂下，置莝豆其前，令两黥徒夹而马食之。数曰：“为我告魏王，急持魏齐头来！不然者，我且屠大梁。”须贾归，以告魏齐。魏齐恐，亡走赵，匿平原君所。伏后案。

范雎既相，王稽谓范雎曰：“事有不可知者三，有不可奈何者亦三。宫车一日晏驾，是事之不可知者一也。君卒然捐馆舍，是事之不可知者二也。使臣卒然填沟壑，是事之不可知者三也。宫车一日晏驾，君虽恨于臣，恨不及用也。无可奈何。君卒然捐馆舍，君虽恨于臣，亦无可奈何。使臣卒然填沟壑，君虽恨于臣，亦无可奈何。”范雎不怿，乃入言于王曰：“非王稽之忠，莫能内臣于函谷关；非大王之贤圣，莫能贵臣。今臣官至于相，爵在列侯，王稽之官尚止于谒者，非其内臣之意也。”昭王召王稽，拜为河东守，暗伏后。三岁不上计。又任郑安平，暗伏后。昭王以为将军。范雎于是散家财物，尽以报所尝困厄者。一饭之德必偿，睚眦之怨必报。范雎相秦二年，秦昭王之四十二年，东伐韩少曲、高平，拔之。秦昭王闻魏齐在平原君所，【眉批】专写雎之辱于魏齐显于秦，因以报复于魏，故于恩怨处尽力袅娜。欲为范雎必报其仇，乃详为好书遗平原君曰："寡人闻君之高义，愿与君为布衣之友，君幸过寡人，寡人愿与君为十日之饮。"平原君畏秦，且以为然，而入秦见昭王。昭王与平原君饮数日，昭王谓平原君曰："昔周文王得吕尚以为太公，齐桓公得管夷吾以为仲父，今范君亦寡人之叔父也。范君之仇在君之家，愿使人归取其头来；不然，吾不出君于关。"平原君曰："贵而为友者，为贱也；富而为交者，为贫也。夫魏齐者，胜之友也，在，固不出也，今又不在臣所。"昭王乃遗赵王书曰："王之弟在秦，范君之仇魏齐在平原君之家。王使人疾持其头来；不然，吾举兵而伐赵，又不出王之弟于关。"赵孝成王乃发卒围平原君家，急，魏齐夜亡出，见赵相虞卿。虞卿度赵王终不可说，乃解其相印，与魏齐亡，间行，念诸侯莫可以急抵者，乃复走大梁，欲因信陵君以走楚。信陵君闻之，畏秦，犹豫未肯见，曰："虞卿何如人也？"时侯嬴在旁，曰："人固未易知，知人亦未易也。夫虞卿蹑屩担簦，一见赵王，赐白璧一双，黄金百镒；再见，拜为上卿；三见，卒受相印，封万户侯。当此之时，天下争知之。夫魏齐穷困过虞卿，虞卿不敢重爵禄之尊，解相印，捐万户侯而间行。急士之穷而归公子，公子曰'何如人'。人固未易知，知人亦未易也！"信陵君大惭，驾如野迎之。魏齐闻信陵君之初难见之，怒而自刭。赵王闻之，卒取其头予秦。秦昭王乃出平原君归赵。结。

昭王四十三年，秦攻韩汾陉，拔之，因城河上广武。后五年，昭王用应侯谋，纵反间卖赵，赵以其故，令马服子代廉颇将。秦大破赵于长平，遂围邯郸。已而与武安君白起有隙，言而杀之。任郑安平，使将击赵。郑安平为赵所围，急，以兵二万人降赵。客。应侯席藁请罪。秦之法，任人而所任不善者，各以其罪罪之。于是应侯罪当收三族。应。秦昭王恐伤应侯之意，乃下令国中："有敢言郑安平事者，以其罪罪之。"而加赐相国应侯食物日益厚，以顺适其意。后二岁，王稽为河东守，与诸侯通，坐法诛。应。而应侯日益以不怿。与前"不怿"相应。昭王临朝叹息，应侯进曰："臣闻'主忧臣辱，主辱臣死'。今大王中朝而忧，臣敢请其罪。"昭王曰："吾闻楚之铁剑利而倡优拙。夫铁剑利则士勇，倡优拙则思虑远。夫以远思虑而御勇士，吾恐楚之图秦也。夫物不素具，不可以应卒，今武安君既死，而郑安平等畔，内无良将而外多敌国，吾是以忧。"欲以激励应侯。应侯惧，不知所出。蔡泽闻之，往入秦也。【眉批】与下文为一篇，血脉贯通。

【眉批】《蔡泽传》不详他事业，只了当范雎事。蔡泽者，燕人也。游学干诸侯小大甚众，不遇。而从唐举相，冷案。曰："吾闻先生相李兑，曰'百日之内持国秉政'，有之乎？"曰："有之。"曰："若臣者何如？"唐举孰视而笑曰："先生曷鼻，巨肩，魋颜，蹙齃，膝挛。吾闻圣人不相，殆先生乎？"蔡泽知唐举戏之，乃曰："富贵吾所自有，吾所不知者寿也，愿闻之。"唐举曰："先生之寿，从今以往者四十三岁。"蔡泽笑谢而去，谓其御者曰："吾持粱刺齿肥，【眉批】刺齿，当作"啮"，谓食肥肉也。跃马疾驱，怀黄金之印，结紫绶于要，揖让人主之前，食肉富贵，四十三年足矣。"去之赵，见逐。入韩、魏，遇夺釜鬲于涂。闻应侯任郑安平、王稽皆负重罪于秦，暗接上。应侯内惭，蔡泽乃西入秦。【眉批】范雎以亡囚而欲间骨肉，蔡泽以羁旅欲代相，行而无媒，犯天下之所至难，其势非危言则不能以警动。故泽之宣言困雎者，即雎之缪言无王也，皆危而激之之辞。将见昭王，使人宣言以感怒应侯曰："燕客蔡泽，天下雄俊弘辩智士也。彼一见秦王，秦王必困君而夺君之位。"应侯闻，曰："五帝三代之事，百家之说，吾既知之，众口之辩，吾皆摧之，是恶能困我而夺我位乎？"使人召蔡泽。蔡泽入，则揖应侯。应侯固不快，及见之，又倨，应侯因让之曰："子常宣言欲代我相秦，宁有之乎？"对曰："然。"应侯曰："请闻其说。"蔡泽曰："吁，君何见之晚也！夫四时之序，【眉批】"四时"二句，一篇主意，先提在此。成功者去。夫人生百体坚强，手足便利，耳目聪明而心圣智，岂非士之愿与？"应侯曰："然。"蔡泽曰："质仁秉义，行道施德，得志于天下，天下怀乐敬爱而尊慕之，皆愿以为君王，岂不辩智之期与？"应侯曰："然。"蔡泽复曰："富贵显荣，成理万物，使各得其所；性命寿长，终其天年而不夭伤；天下继其统，守其业，传之无穷；名实纯粹，泽流千里，世世称之而无绝，与天地终始：岂道德之符而圣人所谓吉祥善事者与？"应侯曰："然。"蔡泽曰："若夫秦之商君，楚之吴起，越之大夫种，其卒然亦可愿与？"应侯知蔡泽之欲困己以说，复谬曰："何为不可？夫公孙鞅之事孝公也，极身无贰虑，尽公而不顾私；设刀锯以禁奸邪，信赏罚以致治；披腹心，示情素，蒙怨咎，欺旧友，夺魏公子卬，安秦社稷，利百姓，卒为秦禽将破敌，攘地千里。吴起之事悼王也，使私不得害公，谗不得蔽忠，言不取苟合，行不取苟容，不为危易行，行义不辟难，然为霸主强国，不辞祸凶。大夫种之事越王也，主虽困辱，悉忠而不解，主虽绝亡，尽能而弗离，成功而弗矜，贵富而不骄怠。若此三子者，固义之至也，忠之节也。是故君子以义死难，视死如归；生而辱不如死而荣。士固有杀身以成名，唯义之所在，虽死无所恨。何为不可哉？"蔡泽曰："主圣臣贤，天下之盛福也；君明臣直，国之福也；父慈子孝，夫信妻贞，家之福也。故比干忠而不能存殷，子胥智而不能完吴，申生孝而晋国乱。是皆有忠臣孝子，而国家灭乱者，何也？无明君贤父以听之，故天下以其君父为僇辱而怜其臣子。【眉批】虽欲睢退位，而实称其贤，故词可入，然说亦正。今商君、吴起、大夫种之为人臣，是也；其君，非也。故世称三子致功而不见德，岂慕不遇世死乎？【眉批】只将一"死"字难倒范睢，终篇竟以"死"恐之。

夫待死而后可以立忠成名，是微子不足仁，孔子不足圣，管仲不足大也。夫人之立功，岂不期于成全邪？身与名俱全者，上也。名可法而身死者，其次也。名在僇辱而身全者，下也。”于是应侯称善。蔡泽少得间，因曰：“夫商君、吴起、大夫种，其为人臣尽忠致功则可愿矣，闳夭事文王，周公辅成王也，岂不亦忠圣乎？以君臣论之，商君、吴起、大夫种其可愿孰与闳夭、周公哉？”应侯曰：“商君、吴起、大夫种弗若也。”蔡泽曰：“然则君之主慈仁任忠，惇厚旧故，其贤智与有道之士为胶漆，义不倍功臣，孰与秦孝公、楚悼王、越王乎？”应侯曰：“未知何如也。”蔡泽曰：“今主亲忠臣，不过秦孝公、楚悼王、越王，君之设智，能为主安危修政，治乱强兵，批患折难，广地殖谷，富国足家，强主，尊社稷，显宗庙，天下莫敢欺犯其主，主之威盖震海内，功彰万里之外，声名光辉传于千世，君孰与商君、吴起、大夫种？”应侯曰：“不若。”蔡泽曰：“今主之亲忠臣不忘旧故结上。不若孝公、悼王、勾践，而君之功绩爱信亲幸又不若商君、吴起、大夫种，然而君之禄位贵盛，【眉批】陡然直指，若利刃铦锋，得窾即入，安得不迎刃而解！私家之富过于三子，而身不退者，恐患之甚于三子，窃为君危之。语曰‘日中则移，月满则亏’。物盛则衰，天地之常数也。应“四时之序”二句。进退盈缩，与时变化，圣人之常道也。故‘国有道则仕，国无道则隐’。圣人曰‘飞龙在天，利见大人’。‘不义而富且贵，于我如浮云’。今君之怨已仇而德已报，说出雎心事。意欲至矣，而无变计，窃为君不取也。【眉批】蔡泽见得范雎是个快意恩仇人，故以此说之。且夫翠、鹄、犀、象，其处势非不远死也，而所以死者，惑于饵也。苏秦、智伯之智，非不足以辟辱远死也，而所以死者，惑于贪利不止也。是以圣人制礼节欲，取于民有度，使之以时，用之有止，故志不溢，行不骄，常与道俱而不失，故天下承而不绝。昔者齐桓公九合诸侯，一匡天下，至于葵邱之会，有骄矜之志，畔者九国。吴王夫差兵无敌于天下，勇强以轻诸侯，陵齐晋，故遂以杀身亡国。夏育、太史噭叱呼骇三军，然而身死于庸夫。此皆乘至盛而不返道理，不居卑退处俭约之患也。【眉批】此言国君履盛满而不以卑退自居者，犹未免于畔且亡，以引起下文相人国者之不可以成功久处也。此后虽分三段，总是一意。┃ 夫商君为秦孝公明法令，禁奸本，尊爵必赏，有罪必罚，平权衡，正度量，调轻重，决裂阡陌，以静生民之业而一其俗，劝民耕农利土，一室无二事，力田蓄积，习战陈之事，是以兵动而地广，兵休而国富，故秦无敌于天下，立威诸侯，成秦国之业。功已成矣，而遂以车裂。┃ 楚地方数千里，持戟百万，白起率数万之师以与楚战，一战举鄢郢以烧夷陵，再战南并蜀汉。又越韩、魏而攻强赵，北坑马服，诛屠四十余万之众，尽之于长平之下，流血成川，沸声若雷，遂入围邯郸，使秦有帝业。楚、赵天下之强国而秦之仇敌也，自是之后，楚、赵皆慑伏不敢攻秦者，白起之势也。身所服者七十余城，功已成矣，而遂赐剑死于杜邮。【眉批】前言商君、吴起、大夫种，此特增一白起，不惟激以事，而且动其心，尤切也。┃ 吴起为楚悼王立法，卑减大臣之威重，罢无能，废无用，损不急之官，塞私门之请，一楚国之俗，禁游客之民，精耕战之士，南收扬越，北并陈、蔡，破横散从，使驰说之士无所开其口，禁朋党以励百姓，定楚国之政，兵震天下，威服诸侯。功已成矣，而卒枝解。┃ 大夫种为越王深谋远计，免会稽之危，以亡为存，因辱为荣，垦草入邑，辟地殖谷，率四方之士，专上下之力，辅勾践之贤，报夫差之仇，卒擒劲吴，令越成霸。功已彰而信矣，勾践终负而杀之。┃ 此四子者，功成不去，祸至于身。此所谓信而不能诎，往而不能返者也。┃ 结一段。范蠡知之，超然辟世，长为陶朱公。【眉批】历叙四子以不善居功以致奇祸，而陶朱公独以见几令终，一去一不去，得失判然。反复剧论，要不外成功者退一语。君独不观夫博者乎？或欲大投，或欲分功，此皆君之所明知也。今君相秦，计不下席，谋不出廊庙，坐制诸侯，利施三川，以实宜阳，决羊肠之险，塞太行之道，又斩范、中行之涂，六国不得合从，栈道千里，通于蜀汉，使天下皆畏秦，秦之欲得矣，君之功极矣，此亦秦之分功之时也。如是而不退，则商君、白公、吴起、大夫种是也。吾闻之，‘鉴于水者见面之容，鉴于人者知吉与凶’。《书》曰‘成功之下，不可久处’。四子之祸，君何居焉？┃ 结二段。君何不以此时归相印，让贤者而授之，退而岩居川观，必有伯夷之廉，长为应侯，世世称孤，而有许由、延陵季子之让，乔松之寿，孰与以祸终哉？即君何居焉？┃ 结三段。忍不能自离，疑不能自决，必有四子之祸矣。《易》曰‘亢龙有悔’，此言上而不能下，信而不能诎，往而不能自返者也。愿君孰计之！”应侯曰：“善。吾闻‘欲而不知止，失其所以欲；有而不知足，失其所以有’。先生幸教，睢敬受命。”于是乃延入坐，为上客。后数日，入朝，言于秦昭王曰：“客新有从山东来者曰蔡泽，其人辩士，明于三王之事，五伯之业，世俗之变，足以寄秦国之政。臣之见人甚众，莫及，臣不如也。臣敢以闻。”秦昭王召见，与语，大说之，拜为客卿。应侯因谢病请归相印。昭王强起应侯，应侯遂称病笃。范睢免相，昭王新说蔡泽计画，遂拜为秦相，东收周室。【眉批】太史公写范睢恩怨处，烟波千里；写蔡泽一言而夺相处，转丸掌上。蔡泽相秦数月，人或恶之，惧诛，乃谢病归相印，号为纲成君。居秦十余年，事昭王、孝文王、庄襄王。卒事始皇帝，为秦使于燕，三年而燕使太子丹入质于秦。

太史公曰：韩子称“长袖善舞，多钱善贾”，信哉是言也！范睢、蔡泽世所谓一切辩士，然游说诸侯至白首无所遇者，非计策之拙，所为说力少也。及二人羁旅入秦，继踵取卿相，垂功于天下者，扬。固强弱之势异也。然士亦有偶合，抑。贤者多如此二子，不得尽意，岂可胜道哉！然二子不困厄，掉。恶能激乎？

乐毅列传 乐毅始末

【眉批】读《乐毅传》令人顿生肘翼，为之愤咽而流涕云。乐毅者，其先祖曰乐羊。乐羊为魏文侯将，伐取中山，魏文侯封乐羊以灵寿。乐羊死，葬于灵寿，其后子孙因家焉。中山复国，至赵武灵王时复灭中山，而乐氏后有乐毅。乐毅贤，好兵，赵人举之。及武灵王有沙丘之乱，乃去赵适魏。闻燕昭王以子之之乱而齐大败燕，燕昭王怨齐，未尝一日而忘报齐也。燕国小，辟远，力不能制，于是屈身下士，先礼郭隗以招贤者。乐毅于是为魏昭王使于燕，燕王以客礼待之。【眉批】详叙乐毅入燕始末，总为惠王让乐毅，乐毅遗惠王两书张本。乐毅辞让，遂委质为臣，燕昭王以为亚卿，久之。当是时，齐湣王强，南败楚相唐昧按：中华书局版《史记》"昧"作"眛"。于重丘，西摧三晋于观津，遂与三晋击秦，助赵灭中山，破宋，广地千余里。与秦昭王争重为帝，已而复归之。诸侯皆欲背秦而服于齐。【眉批】先以齐之强提出立案，正以见毅之功大。湣王自矜，百姓弗堪。于是燕昭王问伐齐之事。乐毅对曰："齐，霸国之余业也，地大人众，未易独攻也。王必欲伐之，莫如与赵及楚、魏。"于是使乐毅约赵惠文王，别使连楚、魏，令赵嚪秦以伐齐之利。诸侯害齐湣王之骄暴，皆争合从与燕伐齐。【眉批】毅之伐齐，约赵连楚、魏，嚪秦合诸侯，如许事而约之以两三言，于此才见笔力。乐毅还报，燕昭王悉起兵，使乐毅为上将军，赵惠文王以相国印授乐毅。乐毅于是并护赵、楚、韩、魏、燕之兵以伐齐，破之济西。诸侯兵罢归，而燕军乐毅独追，至于临菑。齐湣王之败济西，亡走，保于莒。乐毅独留徇齐，【眉批】两下"独"字，见其功大而专。齐皆城守。乐毅攻入临菑，尽取齐宝财物祭器输之燕。燕昭王大说，亲至济上劳军，行赏飨士，封乐毅于昌国，号昌国君。于是燕昭王收齐卤获以归，而使乐毅复以兵平齐城之不下者。乐毅留徇齐五岁，下齐七十余城，皆为郡县以属燕，唯独莒、即墨未服。会燕昭王死，子立为燕惠王。惠王自为太子时尝不快于乐毅，及即位，齐之田单闻之，乃纵反间于燕，曰：“齐城不下者两城耳。然所以不早拔者，闻乐毅与燕新王有隙，欲连兵且留齐，南面而王。齐之所患，唯恐他将之来。”于是燕惠王固已疑乐毅，得齐反间，乃使骑劫代将，而召乐毅。乐毅知燕惠王之不善代之，畏诛，遂西降赵。赵封乐毅于观津，号曰望诸君。尊宠乐毅以警动于燕、齐。齐田单后与骑劫战，果设诈诳燕军，遂破骑劫于即墨下，而转战逐燕，北至河上，尽复得齐城，而迎襄王于莒，入于临菑。

燕惠王后悔使骑劫代乐毅，以故破军亡将失齐；又怨乐毅之降赵，恐赵用乐毅而乘燕之弊以伐燕。【眉批】数句内写悔、怨、恐三意，惠王之心事具见。燕惠王乃使人让乐毅，且谢之曰：【眉批】惠王让毅之书，委曲恳至，足以饰前非而动众志。“先王举国而委将军，将军为燕破齐，报先王之仇，天下莫不震动，寡人岂敢一日而忘将军之功哉！会先王弃群臣，寡人新即位，左右误寡人。寡人之使骑劫代将军，为将军久暴露于外，故召将军休且计事。将军过听，以与寡人有隙，遂捐燕归赵。将军自为计则可矣，而亦何以报先王之所以遇将军之意乎？”【眉批】两书一一应前。乐毅报遗燕惠王书曰：【眉批】书词明白，洞见肺腑。“臣不佞，不能奉承王命，以顺左右之心，恐伤先王之明，有害足下之义，故遁逃走赵。今足下使人数之以罪，臣恐侍御者不察先王之所以畜幸臣之理，又不白臣之所以事先王之心，【眉批】“恐侍御者不察先王”二句，一篇大旨。中间多是说此二句意。故敢以书对。臣闻贤圣之君不以禄私亲，其功多者赏之，其能当者处之。故察能而授官者，成功之君也；论行而结交者，立名之士也。臣窃观先王之举也，见有高世主之心，应“论行而结交”句。故假节于魏，以身得察于燕。先王过举，厕之宾客之中，立之群臣之上，应“察能而授官”句。不谋父兄，以为亚卿。【眉批】以上自叙所以事先王之由。臣窃不自知，自以为奉令承教，可幸无罪，故受令而不辞。先王命之曰：顶上“令”字。‘我有积怨深怒于齐，不量轻弱，而欲以齐为事。’臣曰：‘夫齐，霸国之余业而最胜之遗事也。练于兵甲，习于战攻。王若欲伐之，必与天下图之。与天下图之，莫若结于赵。且又淮北、宋地，楚魏之所欲也，赵若许而约四国攻之，齐可大破也。’先王以为然，具符节南使臣于赵。顾反命，起兵击齐。应上“受令不辞”。以天之道，先王之灵，【眉批】毅不归功于己而托以天之道，先王之灵，最是宛曲处。河北之地随先王而举之济上。济上之军受命击齐，大败齐人。轻卒锐兵，长驱至国。齐王遁而走莒，仅以身免；珠玉财宝车甲珍器尽收入于燕。齐器设于宁台，大吕陈于元英，故鼎反乎磨室，蓟丘之植植于汶篁，自五伯已来，功未有及先王者也。【眉批】以上叙先王所以畜臣之由。先王以为慊于志，故裂地而封之，使得比小国诸侯。臣窃不自知，【眉批】“窃不自知”两段，首尾唤应，以自白事先王之心。自以为奉命承教，可幸无罪，是以受命不辞。臣闻贤圣之君，功立而不废，接上“成功之君”。故著于《春秋》；蚤知之士，名成而不毁，接上“立名之士”。故称于后世。若先王之报怨雪耻，夷万乘之强国，收八百岁之蓄积，及至弃群臣之日，余教未衰，执政任事之臣，修法令，慎庶孽，施及乎萌隶，皆可以教后世。【眉批】以上言己佐燕之有余泽。臣闻之，善作者不必善成，善始者不必善终。昔伍子胥说听于阖闾，而吴王远迹至郢；夫差弗是也，赐之鸱夷而浮之江。吴王不寤先论之可以立功，暗指惠王。故沈子胥而不悔；暗指己。子胥不蚤见主之不同量，是以至于入江而不化。夫免身立功，以明先王之迹，臣之上计也。【眉批】以上自白所以去燕之由与不敢背燕之意。离毁辱之诽谤，堕先王之名，臣之所大恐也。临不测之罪，以幸为利，即所谓乘燕之敝者。义之所不敢出也。【眉批】此明己不辅赵以攻燕，以解惠王之疑。末结己所以通书之意，以应篇首。臣闻古之君子，交绝不出恶声；忠臣去国，不洁其名。臣虽不佞，数奉教于君子矣。恐侍御者之亲左右之说，不察疏远之行，

故敢献书以闻，唯君王之留意焉。”| 于是燕王复以乐毅子乐间为昌国君；而乐毅往来复通燕，燕、赵以为客卿。乐毅卒于赵。

廉颇蔺相如列传 全

【眉批】太史公作颇、相如传，而附之奢、牧，赵之兴亡著焉。一时烈丈夫英风伟概令人千载起兴，而史笔之妙，开合变化，又足以曲尽形容。奇哉！廉颇者，赵之良将也。赵惠文王十六年，廉颇为赵将伐齐，大破之，取晋阳，拜为上卿，以勇气闻于诸侯。

蔺相如者，赵人也，为赵宦者令缪贤舍人。暗伏案。赵惠文王时，得楚和氏璧。秦昭王闻之，使人遗赵王书，愿以十五城请易璧。赵王与大将军廉颇插入颇。诸大臣谋：欲予秦，秦城恐不可得，徒见欺；欲勿予，即患秦兵之来。计未定，求人可使报秦者，未得。宦者令缪贤曰："臣舍人蔺相如可使。"专叙相如。王问"何以知之？"对曰："臣尝有罪，窃计欲亡走燕，臣舍人相如止臣，曰：'君何以知燕王？'臣语曰：'臣尝从大王与燕王会境上，燕王私握臣手，曰"愿结友"。以此知之，故欲往。'相如谓臣曰：'夫赵强而燕弱，而君幸于赵王，故燕王欲结于君。今君乃亡赵走燕，燕畏赵，其势必不敢留君，而束君归赵矣。君不如肉袒伏斧质请罪，则幸得脱矣。'臣从其计，大王亦幸赦臣。臣窃以为其人勇士，有智谋，宜可使。"于是王召见，问蔺相如曰："秦王以十五城请易寡人之璧，可予不？"相如曰："秦强而赵弱，不可不许。"王曰："取吾璧，不予我城，奈何？"相如曰："秦以城求璧而赵不许，曲在赵。赵予璧而秦不予赵城，曲在秦。均之二策，宁许以负秦曲。"王曰："谁可使者？"相如曰："王必无人，臣愿奉璧往使。城入赵而璧留秦；本谋。城不入，臣请完璧归赵。"赵王于是遂遣相如奉璧西入秦。秦王坐章台见相如，重璧。相如奉璧奏秦王。秦王大喜，传以示美人及左右，左右皆呼万岁。相如视秦王无意偿赵城，乃前曰："璧有瑕，请指示王。"王授璧，相如因持璧却立，倚柱，怒发上冲冠，谓秦王曰："大王欲得璧，使人发书至赵王，赵王悉召群臣议，皆曰'秦贪，负其强，以空言求璧，偿城恐不可得’。议不欲予秦璧。臣以为布衣之交尚不相欺，况大国乎！且以一璧之故逆强秦之欢，不可。于是赵王乃斋戒五日，使臣奉璧，拜送书于庭。何者？严大国之威以修敬也。今臣至，大王见臣列观，礼节甚倨；得璧，传之美人，以戏弄臣。臣观大王无意偿赵王城邑，故臣复取璧。大王必欲急臣，臣头今与璧俱碎于柱矣！”相如持其璧睨柱，欲以击柱。秦王恐其破璧，乃辞谢固请，召有司按图，指从此以往十五都予赵。相如度秦王特以诈佯为予赵城，实不可得，乃谓秦王曰：“和氏璧，天下所共传宝也，赵王恐，不敢不献。赵王送璧时，斋戒五日，今大王亦宜斋戒五日，设九宾于廷，臣乃敢上璧。”秦王度之，【眉批】二“度”字文势相应。终不可强夺，遂许斋五日，舍相如广成传舍。相如度秦王虽斋，决负约不偿城，乃使其从者衣褐，怀其璧，从径道亡，归璧于赵。秦王斋五日后，乃设九宾礼于廷，引赵使者蔺相如。相如至，谓秦王曰：“秦自缪公以来二十余君，未尝有坚明约束者也。臣诚恐见欺于王而负赵，故令人持璧归，间至赵矣。且秦强而赵弱，大王遣一介之使至赵，赵立奉璧来。今以秦之强而先割十五都予赵，赵岂敢留璧而得罪于大王乎？臣知欺大王之罪当诛，臣请就汤镬，唯大王与群臣熟计议之。”秦王与群臣相视而嘻。左右或欲引相如去，秦王因曰：“今杀相如，终不能得璧也，而绝秦赵之欢，不如因而厚遇之，使归赵，赵王岂以一璧之故欺秦邪！”卒廷见相如，毕礼而归之。相如既归，赵王以为贤大夫，使不辱于诸侯，拜相如为上大夫。秦亦不以城予赵，赵亦终不予秦璧。┃结。其后秦伐赵，拔石城。明年，复攻赵，杀二万人。

秦王使使者告赵王，欲与王为好会于西河外渑池。赵王畏秦，欲毋行。廉颇、蔺相如计曰：合叙。“王不行，示赵弱且怯也。”赵王遂行，相如从。廉颇送至境，与王诀曰：“王行，度道里会遇之礼毕，还，不过三十日。三十日不还，则请立太子为王，以绝秦望。”王许之，遂与秦王会渑池。【眉批】描写精神。秦王饮酒酣，曰：“寡人窃闻赵王好音，请奏瑟。”赵王鼓瑟。秦御史前书曰“某年月日，秦王与赵王会饮，令赵王鼓瑟”。蔺相如前曰：专叙相如。“赵王窃闻秦王善为秦声，请奉盆缻秦王，以相娱乐。”秦王怒，不许。于是相如前进缻，因跪请秦王。秦王不肯击缻。相如曰：“五步之内，相如请得以颈血溅大王矣！”左右欲刃相如，相如张目叱之，左右皆靡。于是秦王不怿，为一击缻。相如顾召赵御史书曰“某年月日，秦王为赵王击缻”。秦之群臣曰：“请以赵十五城为秦王寿”。蔺相如亦曰：“请以秦之咸阳为赵王寿。”秦王竟酒，终不能加胜于赵。赵亦盛设兵以待秦，秦不敢动。既罢归国，以相如功大，拜为上卿，位在廉颇之右。廉颇曰：合叙。“我为赵将，有攻城野战之大功，而蔺相如徒以口舌为劳，而位居我上，且相如素贱人，吾羞，不忍为之下。”宣言曰：“我见相如，必辱之。”相如闻，不肯与会。相如每朝时，常称病，不欲与廉颇争列。已而相如出，望见廉颇，相如引车避匿。于是舍人相与谏曰：“臣所以去亲戚而事君者，徒慕君之高义也。今君与廉颇同列，廉君宣恶言而君畏匿之，恐惧殊甚，且庸人尚羞之，况于将相乎！臣等不肖，请辞去。”蔺相如固止之，曰：“公之视廉将军孰与秦王？”曰：“不若也。”相如曰：“夫以秦王之威，而相如廷叱之，借前事。辱其群臣，相如虽驽，独畏廉将军哉？顾吾念之，强秦之所以不敢加兵于赵者，徒以吾两人在也。今两虎共斗，其势不俱生。吾所以为此者，以先国家之急而后私仇也。”廉颇闻之，肉袒负荆，因宾客至蔺相如门谢罪。曰：“鄙贱之人，不知将军宽之至此也。”卒相与欢，为刎颈之交。一篇领袖。【眉批】此传只叙相如完璧、击缻二事，而廉颇独以战功称最，却于始末处略叙数句见之，极得错综轻重之法。

是岁，廉颇东攻齐，破其一军。居二年，廉颇复伐齐幾，邑名。拔之。后三年，廉颇攻魏之防陵、安阳，拔之。后四年，蔺相如将而攻齐，至平邑而罢。其明年，赵奢破秦军阏与下。结前起后。

【眉批】此传前叙赵奢事，后叙括之死于秦，而以颇之奔魏接之，总见赵将

亡之兆云。赵奢者，赵之田部吏也。收租税突起。而平原君家不肯出，赵奢以法治之，杀平原君用事者九人。平原君怒，将杀奢。奢因说曰："君于赵为贵公子，今纵君家而不奉公则法削，法削则国弱，国弱则诸侯加兵，诸侯加兵是无赵也，君安得有此富乎？以君之贵，奉公如法则上下平，上下平则国强，国强则赵固，而君为贵戚，岂轻于天下邪？"平原君以为贤，言之于王。王用之治国赋，国赋大平，民富而府库实。| 秦伐韩，接上赵奢破秦军。军于阏与。王召廉颇而问曰："可救不？"对曰："道远险狭，难救。"又召乐乘而问焉，乐乘对如廉颇言。又召问赵奢，奢对曰："其道远险狭，譬之犹两鼠斗于穴中，将勇者胜。"王乃令赵奢将，救之。兵去邯郸三十里，而令军中曰："有以军事谏者死。"秦军军武安西，秦军鼓噪勒兵，武安屋瓦尽振。军中候有一人言急救武安，赵奢立斩之。坚壁，留二十八日不行，复益增垒。秦间来入，赵奢善食而遣之。间以报秦将，秦将大喜曰："夫去国三十里而军不行，乃增垒，阏与非赵地也。"赵奢既已遣秦间，乃卷甲而趋之，二日一夜至，令善射者去阏与五十里而军。军垒成，秦人闻之，悉甲而至。军士许历请以军事谏，赵奢曰："内之。"许历曰："秦人不意赵师至此，其来气盛，将军必厚集其阵以待之。不然，必败。"赵奢曰："请受令。"许历曰："请就𫓧质之诛。"赵奢曰："胥后令邯郸。"邯郸当作欲战。【眉批】奢不用前令，故云"胥后令"。许历复请谏，曰："先据北山上者胜，后至者败。"赵奢许诺，即发万人趋之。秦兵后至，争山不得上，赵奢纵兵击之，大破秦军。秦军解而走，遂解阏与之围而归。赵惠文王赐奢号为马服君，以许历为国尉。赵奢于是与廉颇、蔺相如同位。

后四年，赵惠文王卒，子孝成王立。七年，秦与赵兵相距长平，时赵奢已死，而蔺相如病笃，伏案冷语。赵使廉颇将攻秦，秦数败赵军，赵军固壁不战。秦数挑战，廉颇不肯。赵王信秦之间。秦之间言曰：【眉批】三人同功一体。"秦之所恶，独畏马服君赵奢之子赵括为将耳。”赵王因以括为将，代廉颇。蔺相如曰：“王以名使括，若胶柱而鼓瑟耳。括徒能读其父书传，不知合变也。”赵王不听，遂将之。赵括自少时学兵法，言兵事，以天下莫能当。尝与其父奢言兵事，奢不能难，然不谓善。括母问奢其故，奢曰：“兵，死地也，而括易言之。使赵不将括即已，若必将之，破赵军者必括也。”及括将行，其母上书言于王曰：“括不可使将。”王曰：“何以？”对曰：“始妾事其父，时为将，身所奉饭饮而进食者以十数，所友者以百数，大王及宗室所赏赐者尽以予军吏士大夫，受命之日，不问家事。今括一旦为将，东向而朝，军吏无敢仰视之者，王所赐金帛，归藏于家，而日视便利田宅可买者买之。王以为何如其父？父子异心，愿王勿遣。”王曰：“母置之，吾已决矣。”括母因曰：“王终遣之，即有如不称，妾得无随坐乎？”王许诺。┃暗伏后案。赵括既代廉颇，悉更约束，易置军吏。秦将白起闻之，纵奇兵，佯败走，而绝其粮道，分断其军为二，士卒离心。四十余日，军饿，赵括出锐卒自搏战，秦军射杀赵括。括军败，数十万之众遂降秦，秦悉坑之。赵前后所亡凡四十五万。明年，秦兵遂围邯郸，岁余，几不得脱。赖楚、魏诸侯来救，乃得解邯郸之围。赵王亦以括母先言，竟不诛也。┃应。

自邯郸围解五年，而燕用栗腹之谋，曰“赵壮者尽于长平，其孤未壮”，举兵击赵。【眉批】以下廉颇本末，当入廉颇传，而顾入此者，以赵将自赵奢而下，次复廉颇，颇废用括，括死复用颇，颇免复乐乘，乘与颇走，复任李牧，故索连著于此耳。赵使廉颇将，击，大破燕军于鄗，又入颇。杀栗腹，遂围燕。燕割五城请和，乃听之。赵以尉文封廉颇为信平君，为假相国。廉颇之免长平归也，失势之时，故客尽去。及复用为将，客又复至。廉颇曰：“客退矣！”客曰：“吁！君何见之晚也？夫天下以市道交，【眉批】“市道交”，即冯驩所谓“趋市”者也。君有势，我则从君，君无势则去，此固其理也，有何怨乎？”┃居六年，赵使廉颇伐魏之繁阳，拔之。赵孝成王卒，子悼襄王立，使乐乘代廉

颇。廉颇怒，攻乐乘，乐乘走。廉颇遂奔魏之大梁。| 其明年，赵乃以李牧为将而攻燕，插入牧。拔武遂、方城。| 廉颇居梁久之，接上。魏不能信用。赵以数困于秦兵，赵王思复得廉颇，廉颇亦思复用于赵。赵王使使者视廉颇尚可用否。廉颇之仇郭开多与使者金，令毁之。赵使者既见廉颇，廉颇为之一饭斗米，肉十斤，被甲上马，以示尚可用。赵使还报王曰："廉将军虽老，尚善饭，然与臣坐，顷之三遗矢矣。"赵王以为老，遂不召。楚闻廉颇在魏，阴使人迎之。廉颇一为楚将，无功，曰："我思用赵人。"廉颇卒死于寿春。冷语收。

李牧者，赵之北边良将也。常居代雁门，备匈奴。以便宜置吏，市租皆输入莫府，为士卒费。日击数牛飨士，习射骑，谨烽火，多间谍，厚遇战士。为约曰："匈奴即入盗，急入收保，有敢捕虏者斩。"匈奴每入，烽火谨，辄入收保，不敢战。如是数岁，亦不亡失。然匈奴以李牧为怯，虽赵边兵亦以为吾将怯。赵王让李牧，李牧如故。赵王怒，召之，使他人代将。岁余，匈奴每来，出战。一一反牧。出战，数不利，失亡多，边不得田畜。复请李牧。牧杜门不出，固称疾。赵王乃复强起使将兵。牧曰："王必用臣，臣如前，乃敢奉令。"王许之。李牧至，如故约。【眉批】守如处女，距如脱兔。匈奴数岁无所得。应前"不亡"及他将多失亡。终以为怯。边士日得赏赐而不用，皆愿一战。于是乃具选车得千三百乘，选骑得万三千匹，百金之士五万人，彀者十万人，悉勒习战。【眉批】叙战处便见兵阵形势。大纵畜牧，人民满野。匈奴小入，佯北不胜，以数千人委之。单于闻之，大率众来入。李牧多为奇陈，张左右翼击之，大破杀匈奴十余万骑。灭襜褴，破东胡，降林胡，单于奔走。其后十余岁，匈奴不敢近赵边城。

赵悼襄王元年，廉颇既亡入魏，插入。赵使李牧攻燕，接上奢传，赵以牧攻燕。拔武遂、方城。居二年，庞煖破燕军，杀剧辛。后七年，秦破赵，杀将扈辄于武遂城，斩首十万。赵乃以李牧为大将军，击

秦军于宜安，大破秦军，走秦将桓齮。封李牧为武安君。居三年，秦攻番吾，李牧击破秦军，南距韩、魏。| 赵王迁七年，秦使王翦攻赵，赵使李牧、司马尚御之。秦多与赵王宠臣郭开金，为反间，与奢传文异。言李牧、司马尚欲反。赵王乃使赵葱及齐将颜聚代李牧。李牧不受命，赵使人微捕得李牧，斩之。废司马尚。后三月，王翦因急击赵，大破杀赵葱，虏赵王迁及其将颜聚，遂灭赵。【眉批】此传叙赵之存亡，系相如、颇、牧之去留死生，故言李牧诛及王迁虏以终之。

太史公曰：知死必勇，【眉批】此“勇”字直应传中“勇气”、“勇士”二句。非死者难也，处死者难。方蔺相如引璧睨柱，及叱秦王左右，势不过诛，然士或怯懦而不敢发。相如一奋其气，威信敌国，退而让颇，名重太山，其处智勇，可谓兼之矣！

田单列传 全

田单者，齐诸田疏属也。湣王时，单为临菑市掾，不见知。及燕使乐毅伐破齐，齐湣王出奔，已而保莒城。燕师长驱平齐，而田单走安平，令其宗人尽断其车轴末而傅铁笼。伏案。已而燕军攻安平，城坏，齐人走，争涂，以轊折车败，为燕所虏，唯田单宗人以铁笼故得脱，应。东保即墨。燕既尽降齐城，唯独莒、即墨不下。燕军闻齐王在莒，并兵攻之。淖齿既杀湣王于莒，因坚守，距燕军，数年不下。燕引兵东围即墨，即墨大夫出与战，败死。城中相与推田单，曰："安平之战，田单宗人以铁笼得全，应。习兵。"立以为将军，以即墨距燕。顷之，燕昭王卒，惠王立，与乐毅有隙。田单闻之，乃纵反间于燕，【眉批】传内次宣言者三，纵反间者二，见单将略全是以奇胜人。宣言曰："齐王已死，城之不拔者二耳。乐毅畏诛而不敢归，以伐齐为名，实欲连兵南面而王齐。齐人未附，故且缓攻即墨以待其事。齐人所惧，唯恐他将之来，即墨残矣。"燕王以为然，使骑劫代乐毅。乐毅因归赵，燕人士卒忿。而田单乃令城中人食必祭其先祖于庭，飞鸟悉翔舞城中下食。燕人怪之。田单因宣言曰："神来下教我。"【眉批】单起自卒伍，故为计以自神，与陈涉、吴广意同。乃令城中人曰："当有神人为我师。"有一卒曰："臣可以为师乎？"因反走。田单乃起，引还，东乡坐，师事之。卒曰："臣欺君，诚无能也。"田单曰："子勿言也！"因师之。每出约束，必称神师。乃宣言曰："吾唯惧燕军之劓所得齐卒，置之前行，与我战，即墨败矣。"燕人闻之，如其言。城中人见齐诸降者尽劓，皆怒，坚守，唯恐见得。单又纵反间曰："吾惧燕人掘吾城外冢墓，僇先人，可为寒心。"燕军尽掘垄墓，烧死人。即墨人从城上望见，皆涕泣，共欲出战，怒自十倍。怒之使斗。田单知士卒之可用，乃身操版插，与士卒分功，妻妾编于行伍之间，【眉批】果使妻妾编于行伍间，与李同教平原君意同。尽散饮食飨士。令甲卒皆伏，使老弱女子乘城，遣使约降于燕，强示之弱。燕军皆呼万岁。田单又收民金，得千溢，一作镒。令即墨富豪遗燕将，曰："即墨即降，愿无虏掠吾族家妻妾，令安堵。"燕将大喜，许之。燕军由此益懈。懈然后击之。田单乃收城中得千余牛，为绛缯衣，画以五彩龙文，束兵刃于其角，而灌脂束苇于尾，烧其端。凿城数十穴，夜纵牛，壮士五千人随其后。牛尾热，怒而奔燕军，燕军夜大惊。牛尾炬火光明炫耀，燕军视之皆龙文，乱而取之。所触尽死伤。【眉批】火牛计固奇，然以齐人之怒，燕师之懈，故以此取胜耳。太史公写得节次委曲如画。五千人因衔枚击之，而城中鼓噪从之，老弱皆击铜器为声，声动天地。燕军大骇，败走。齐人遂夷杀其将骑劫。燕军扰乱奔走，齐人追亡逐北，所过城邑皆畔燕而归田单，兵日益多，乘胜，燕日败亡，卒至河上，而齐七十余城皆复为齐。乃迎襄王于莒，入临菑而听政。襄王封田单，号曰安平君。

太史公曰：兵以正合，以奇胜。善之者，出奇无穷。奇正还相生，如环之无端。夫始如处女，适人开户；后如脱兔，【眉批】处女、脱兔，出《孙子·九地》篇，与太史公所谓"先见弱于敌而后战"同意。适不及距：其田单之谓邪！

鲁仲连邹阳列传 全

【眉批】仲连事皆可称，而不肯帝秦一节尤伟。鲁仲连者，齐人也。好奇伟俶傥之画策，一篇领袖。而不肯仕宦任职，好持高节。游于赵。|赵孝成王时，而秦王使白起破赵长平之军前后四十余万，秦兵遂东围邯郸。赵王恐，诸侯之救兵莫敢击秦军。魏安釐王使将军晋鄙救赵，畏秦，止于荡阴不进。魏王使客将军新垣衍间入邯郸，因平原君谓赵王曰："秦所为急围赵者，前与齐湣王争强为帝，已而复归帝；今齐湣王已益弱，方今唯秦雄天下，此非必贪邯郸，其意欲复求为帝。赵诚发使尊秦昭王为帝，秦必喜，罢兵去。"平原君犹豫未有所决。【眉批】以上并客案。此时鲁仲连适游赵，应前"游于赵"句。会秦围赵，闻魏将欲令赵尊秦为帝，乃见平原君曰："事将奈何？"平原君曰："胜也何敢言事！前亡四十万之众于外，今又内围邯郸而不能去。魏王使客将军新垣衍令赵帝秦，今其人在是。胜也何敢言事！"【眉批】此等重沓文法，势如风行于上而水波自生，天下之至文也。鲁仲连曰："吾始以君为天下之贤公子也，吾乃今然后知君非天下之贤公子也。梁客新垣衍安在？吾请为君责而归之。"平原君曰："胜请为绍介而见之于先生。"平原君遂见新垣衍曰："东国有鲁仲连先生者，今其人在此，胜请为绍介，交之于将军。"新垣衍曰："吾闻鲁仲连先生，齐国之高士也。衍人臣也，使事有职，吾不愿见鲁仲连先生。"平原君曰："胜既已泄之矣。"新垣衍许诺。鲁仲连见新垣衍而无言。新垣衍曰："吾视居此围城之中者，皆有求于平原君者也；今吾观先生之玉貌，非有求于平原君者也，曷为久居此围城之中而不去？"鲁仲连曰："世以鲍焦为无从颂而死者，皆非也。焦饬行非世，抱水而死，世谓其不能自从容。众人不知，谓其无以自养，不知其非世。则为一身。【眉批】仲连引言留赵不去者非为一身。彼秦者，弃礼义而上首功之国也，权使其士，虏使其民。彼即肆然而为帝，过而为政于天下，则连有

蹈东海而死耳，吾不忍为之民也。所为见将军者，欲以助赵也。”【眉批】仲连不肯帝秦，是战国一大节目。新垣衍曰：“先生助之将奈何？”鲁连曰：“吾将使梁及燕助之，【眉批】“使梁助”者，反言以发其端也。齐、楚则固助之矣。”【眉批】连用六“助”字。新垣衍曰：“燕则吾请以从矣；若乃梁者，则吾乃梁人也，先生恶能使梁助之？”鲁连曰：“梁未睹秦称帝之害故耳。使梁睹秦称帝之害，则必助赵矣。”新垣衍曰：“秦称帝之害何如？”鲁连曰：【眉批】仲连反复言帝秦之害，有功于当时；而雄俊明辨，可为论事之助。“昔者齐威王尝为仁义矣，率天下诸侯而朝周。周贫且微，诸侯莫朝，而齐独朝之。居岁余，周烈王崩，齐后往，周怒，赴于齐曰：‘天崩地坼，天子下席。东藩之臣因齐后至，则斮。’齐威王勃然怒曰：‘叱嗟，而母婢也！’骂语。卒为天下笑。故生则朝周，死则叱之，诚不忍其求也。彼天子固然，其无足怪。”┃新垣衍曰：“先生独不见夫仆乎？十人而从一人者，宁力不胜而智不若邪？畏之也。”鲁仲连曰：“呜呼！梁之比于秦若仆邪？”激之。新垣衍曰：“然。”鲁仲连曰：“吾将使秦王烹醢梁王。”又激之。【眉批】比之于仆，所以甚辱而激之，衍既甘处为仆，则义分不能激矣，故以生死而骇激之。此文亦有轻世肆志之意。新垣衍怏然不悦，曰：“噫嘻，亦太甚矣先生之言也！先生又恶能使秦王烹醢梁王？”鲁仲连曰：“固也，吾将言之。昔者九侯、鄂侯、文王，纣之三公也。九侯有子而好，献之于纣，纣以为恶，醢九侯。鄂侯争之强，辩之疾，故脯鄂侯。文王闻之，喟然而叹，故拘之羑里之库百日，欲令之死。曷为与人俱称王，【眉批】“曷为”句，其力千钧。卒就脯醢之地？┃见能“烹醢梁王”。齐湣王将之鲁，夷维子为执策而从，谓鲁人曰：‘子将何以待吾君？’鲁人曰：‘吾将以十太牢待子之君。’夷维子曰：‘子安取礼而来吾君？彼吾君者，天子也。天子巡狩，诸侯辟舍，纳筦籥，摄衽抱机，视膳于堂下，天子已食，乃退而听朝也。’鲁人投其籥，不果纳。不得入于鲁，将之薛，假途于邹。当是时，邹君死，湣王欲入吊，夷维子谓邹之孤曰：‘天子吊，主人必将倍殡棺，设北面于南方，然后天子南面吊也。’邹之群臣曰：‘必若此，吾将伏剑而死。’固不敢入于邹。邹、鲁之臣，生则不得事养，死则不得赙襚，然且欲行天子之礼于邹、鲁，邹、鲁之臣不果纳。｜今秦万乘之国也，梁亦万乘之国也。俱据万乘之国，各有称王之名，【眉批】激昂慷慨，虽懦夫吐气矣。睹其一战而胜，欲从而帝之，是使三晋之大臣暗指衍。不如邹、鲁之仆妾也。且秦无已而帝，则且变易诸侯之大臣。暗危衍。彼将夺其所不肖而与其所贤，夺其所憎而与其所爱。彼又将使其子女谗妾为诸侯妃姬，处梁之宫。梁王安得晏然而已乎？而将军又何以得故宠乎？”于是新垣衍起，到此才破衍之心。再拜谢曰：【眉批】前责以大义不动，至此利害切身，遽起拜谢矣。“始以先生为庸人，吾乃今日知先生为天下之士也。吾请出，不敢复言帝秦。”秦将闻之，为却军五十里。适会魏公子无忌夺晋鄙军以救赵，击秦军，秦军遂引而去。｜于是平原君欲封鲁连，鲁连辞让使者三，终不肯受。平原君乃置酒，酒酣起前，以千金为鲁连寿。鲁连笑曰：“所谓贵于天下之士者，为人排患释难解纷乱而无取也。即有取者，是商贾之事也，而连不忍为也。”遂辞平原君而去，终身不复见。

【眉批】以上不肯帝秦，以下谕燕将令下。其后二十余年，燕将攻下聊城，聊城人或谗之燕，燕将惧诛，因保守聊城，不敢归。齐田单攻聊城岁余，士卒多死而聊城不下。鲁连乃为书，约之矢以射城中，遗燕将。书曰：【眉批】此书文势纵横，辞法严密，当是战国时第一等文章。吾闻之，智者不倍时而弃利，勇士不怯死而灭名，忠臣不先身而后君。今公行一朝之忿，不顾燕王之无臣，非忠也；杀身亡聊城，而威不信于齐，非勇也；功败名灭，后世无称焉，非智也。三者世主不臣，说士不载，故智者不再计，勇士不怯死。今死生荣辱，贵贱尊卑，此时不再至，愿公详计而无与俗同。｜且楚攻齐之南阳，魏攻平陆，而齐无南面之心，以为亡南阳之害小，不如得济北即聊城地。

之利大，故定计审处之。明齐之必攻聊城。今秦人下兵，魏不敢东面；衡秦之势成，楚国之形危；齐弃南阳，断右壤，定济北，计犹且为之也。且夫齐之必决于聊城，【眉批】言齐虽弃南阳，尚必攻聊城，今楚、魏既退，则齐可专心而攻，聊城必不能支矣。其文参错意深。公勿再计。今楚魏交退于齐，而燕救不至。以全齐之兵，无天下之规，与聊城共据期年之敝，则臣见公之不能得也。| 且燕国大乱，君臣失计，上下迷惑，栗腹以十万之众五折于外，指他燕之将失。以万乘之国被围于赵，壤削主困，为天下僇笑。国敝而祸多，民无所归心。| 今公又以敝聊之民推聊城之守之得。距全齐之兵，是墨翟之守也。食人炊骨，士无反外之心，是孙膑之兵也。能见于天下。【眉批】以全齐见败，以一城婴守，所以见其能。| 虽然，为公计者，不如全车甲以报于燕。车甲全而归燕，说之归燕。燕王必喜；身全而归于国，士民如见父母，交游攘臂而议于世，功业可明。上辅孤主以制群臣，下养百姓以资说士，矫国更俗，功名可立也。| 亡意亦捐燕弃世，东游于齐乎？开之降齐。裂地定封，富比乎陶、卫，世世称孤，与齐久存，又一计也。此两计者，显名厚实也，愿公详计而审处一焉。| 且吾闻之，规小节者不能成荣名，恶小耻者不能立大功。昔者管夷吾射桓公中其钩，篡也；遗公子纠不能死，怯也；束缚桎梏，辱也。【眉批】归燕之说，特唤起东游于齐意耳，恐其未知所处，再把"篡"、"怯"、"辱"三字反前"忠"、"勇"、"智"三字，而引管仲、曹沫因败为功之事以讽之。若此三行者，世主不臣而乡里不通。乡使管子幽囚而不出，身死而不反于齐，则亦名不免为辱人贱行矣。臧获且羞与之同名矣，况世俗乎！故管子不耻身在缧绁之中而耻天下之不治，不耻不死公子纠而耻威之不信于诸侯，故兼三行之过而为五霸首，名高天下而光烛邻国。| 曹子为鲁将，三战三北，而亡地五百里。乡使曹子计不反顾，议不还踵，刎颈而死，则亦名不免为败军禽将矣。曹子弃三北之耻，而退与鲁君计。桓公朝天下，会诸侯，曹子以一剑之任，枝桓公之心于坛坫

之上，颜色不变，辞气不悖，三战之所亡一朝而复之，天下震动，诸侯惊骇，威加吴、越。| 若此二士者，非不能成小廉而行小节也，以为杀身亡躯，绝世灭后，功名不立，非智也。【眉批】此书虽以“智”、“勇”、“忠”三字起，实重“智者不倍时”一句，故亦即以“时不再至”句申之，至篇末复揭出“智”字以应之。故去感忿之怨，立终身之名；弃忿悁之节，定累世之功。是以业与三王争流，而名与天壤相弊也。愿公择一而行之。| 燕将见鲁连书，泣三日，犹豫不能自决。欲归燕，已有隙，恐诛；欲降齐，所杀虏于齐甚众，恐已降而后见辱。喟然叹曰：“与人刃我，宁自刃。”乃自杀。聊城乱，田单遂屠聊城。归而言鲁连，欲爵之。鲁连逃隐于海上，结案。曰：“吾与富贵而诎于人，宁贫贱而轻世肆志焉。”

【眉批】此书千翻百转，愈出愈高，书所未有之者。或嫌其用字太多，盖情事窘迫，故反复引喻，不能自已耳。邹阳者，齐人也。游于梁，与故吴人庄忌夫子、淮阴枚生之徒交。上书而介犹间厕也。于羊胜、公孙诡之间。胜等嫉邹阳，恶之梁孝王。孝王怒，下之吏，将欲杀之。邹阳客游，以谗见禽，摹写阳意。恐死而负累，乃从狱中上书曰：臣闻忠无不报，信不见疑，【眉批】“忠无不报，信不见疑”二句，意实相连，是一篇柱子。“岂足道哉”以上段段发明此意，每一援引，一结束即以“是以”字、“故”字接下，断而不断，一笔呵成。臣常以为然，徒虚语耳。昔者荆轲慕燕丹之义，白虹贯日，太子畏之；卫先生为秦画长平之事，太白蚀昴，而昭王疑之。夫精变天地而信不喻两主，岂不哀哉！今臣尽忠竭诚，毕议愿知，左右不明，卒从吏讯，为世所疑，是使荆轲、卫先生复起，而燕、秦不悟也。结。愿大王孰察之。| 昔卞和献宝，楚王刖之；李斯竭忠，胡亥极刑。是以箕子佯狂，接舆辟世，恐遭此患也。愿大王孰察卞和、李斯之意，结。而后楚王、胡亥之听，无使臣为箕子、接舆所笑。| 臣闻比干剖心，子胥鸱夷，臣始不信，乃今知之。愿大王孰察，少加怜焉。| 谚曰：“有白头如新，倾盖如

故。”何则？知与不知也。【眉批】篇首三段，三用“愿大王孰察”句，迫切之情可想。又翻出一“知”字，亦只是“信”字意。故昔樊於期逃秦之燕，藉荆轲首以奉丹之事；王奢去齐之魏，临城自刭以却齐而存魏。夫王奢、樊於期非新于齐、秦而故于燕、魏也，结。所以去二国死两君者，行合于志而慕义无穷也。| 是以苏秦不信于天下，而为燕尾生；守信如尾生。白圭战亡六城，为魏取中山。何则？诚有以相知也。苏秦相燕，燕人恶之于王，王按剑而怒，食以駃騠；白圭显于中山，中山人恶之魏文侯，文侯投之以夜光之璧。何则？两主二臣，剖心折肝相信，岂移于浮辞哉！| 结。故女无美恶，承上起下。入宫见妒；士无贤不肖，入朝见嫉。昔者司马喜髌脚于宋，卒相中山；范雎摺胁折齿于魏，卒为应侯。此二人者，皆信必然之画，捐朋党之私，挟孤独之位，故不能自免于嫉妒之人也。结。是以申徒狄自沈于河，徐衍负石入海。不容于世，义不苟取，比周于朝，以移主上之心。故百里奚乞食于路，即上樊於期以下意。缪公委之以政；宁戚饭牛车下，而桓公任之以国。此二人者，岂借宦于朝，假誉于左右，然后二主用之哉？结。感于心，合于行，亲于胶漆，昆弟不能离，岂惑于众口哉？| 即上“行合于志”，“岂移于浮辞”意。故偏听生奸，独任成乱。昔者鲁听季孙之说而逐孔子，宋信子罕之计而囚墨翟。夫以孔、墨之辩，不能自免于谗谀，而二国以危。结。何则？众口铄金，积毁销骨也。是以秦用戎人由余而霸中国，齐用越人蒙而强威、宣。【眉批】以上文法凡七变。至此方收拾前面意，然不能尽举，特举由余、子臧以见例，古人文字不拘于此。此二国，岂拘于俗，牵于世，系阿偏之辞哉？结。公听并观，应上“偏听独任”。垂名当世。| 故意合则胡越为昆弟，由余、越人蒙是矣；不合，则骨肉出逐不收，朱、象、管、蔡是矣。总结。今人主诚能用齐、秦之义，即前“察卞和”二句意。后宋、鲁之听，则五伯不足称，三王易为也。| 是以圣王觉寤，【眉批】此“是以”过下，文若不属而意实相承。捐子之之心，而能不说于田常之贤；封比干之后，

修孕妇之墓，故功业复就于天下。何则？欲善无厌也。| 结。夫晋文公亲其仇，强霸诸侯；齐桓公用其仇，而一匡天下。何则，慈仁殷勤，诚加于心，不可以虚辞借也。| 结。至夫秦用商鞅之法，东弱韩、魏，兵强天下，而卒车裂之；越用大夫种之谋，禽劲吴，霸中国，而卒诛其身。是以孙叔敖三去相而不悔，於陵子仲辞三公为人灌园。今人主诚能去骄傲之心，【眉批】连用"今人主"者三，亦即上三用"愿大王"意。怀可报之意，披心腹，见情素，堕肝胆，施德厚，终与之穷达，无爱于士，则桀之狗可使吠尧，而蹠之客可使刺由；许由。况因万乘之权，假圣王之资乎？总结。然则荆轲之湛七族，要离之烧妻子，岂足道哉！| 臣闻明月之珠，【眉批】"臣闻"以下言莫为先容。夜光之璧，以暗投人于道路，人无不按剑相眄者。何则？无因而至前也。蟠木根柢，轮囷离诡，而为万乘器者。何则？以左右先为之容也。故无因至前，虽出隋侯之珠，夜光之璧，犹结怨而不见德。故有人先谈，则以枯木朽株树功而不忘。【眉批】此段先以隋珠夜璧、枯木朽株设譬，然后入事，意思既新，文又顿伏。今夫天下布衣穷居之士，身在贫贱，虽包尧、舜之术，挟伊、管之辩，怀龙逢、比干之意，欲尽忠当世之君，而素无根柢之容，虽竭精思，欲开忠信，辅人主之治，则人主必有按剑相眄之迹，是使布衣不得为枯木朽株之资也。| 结上二意，二应前。是以圣王制世御俗，独化于陶钧之上，而不牵于卑乱之语，不夺于众多之口。【眉批】上面长喻广说，至此方正言之。故秦皇帝任中庶子蒙嘉之言，以信荆轲之说，而匕首窃发；周文王猎泾、渭，载吕尚而归，以王天下。故秦信左右而杀，周用乌集而王。何则？以其能越挛拘之语，驰域外之议，独观于昭旷之道也。| 结。今人主沈于谄谀之辞，牵于帷裳之制，使不羁之士与牛骥同皁，此鲍焦所以忿于世而不留富贵之乐也。| 臣闻盛饰入朝者不以利污义，【眉批】"臣闻"以下，言终不肯改志求合以结之。砥砺名号者不以欲伤行，故里名胜母而曾子不入，邑号朝歌而墨子回车。今欲使天下寥廓之士，摄于威重之权，

主于位势之贵，故回面污行以事谄谀之人而求亲近于左右，则士伏死堀穴岩岩之中耳，安肯有尽忠信而趋阙下者哉！书奏梁孝王，孝王使人出之，卒为上客。

太史公曰：鲁连其指意虽不合大义，抑。然余多其在布衣之位，扬。荡然肆志，不诎于诸侯，谈说于当世，折卿相之权。邹阳辞虽不逊，抑。然其比物连类，有足悲者，扬。亦可谓抗直不挠矣，【眉批】二人先抑后扬之，转在二“然”字。吾是以附之列传焉。

屈原列传 屈原论

【眉批】此传本淮南王词，以议论入叙事，中与《伯夷传》略同，盖传之变体也。屈原者，名平，楚之同姓也。为楚怀王左徒。博闻强志，明于治乱，娴音“闲”。于辞令。入则与王图议国事，以出号令；出则接遇宾客，应对诸侯。王甚任之。上官大夫与之同列，争宠而心害其能。怀王使屈原造为宪令，屈平属草藁未定。上官大夫见而欲夺之，屈平不与，因谗之曰：“王使屈平为令，众莫不知，每一令出，平伐其功曰：‘以为非我莫能为也’”王怒而疏屈平。屈平疾王听之不聪也，谗谄之蔽明也，邪曲之害公也，方正之不容也，故忧愁幽思而作《离骚》。【眉批】太史公作《屈原传》，其文便似《离骚》，其论《离骚》一节婉转凄怆，真得骚之趣者也。离骚者，犹离忧也。夫天者，人之始也；父母者，人之本也。人穷则反本，故劳苦倦极，未尝不呼天也；疾痛惨怛，未尝不呼父母也。屈平正道直行，竭忠尽智以事其君，谗人间之，可谓穷矣。信而见疑，忠而被谤，能无怨乎？屈平之作《离骚》，盖自怨生也。《国风》好色而不淫，《小雅》怨诽而不乱。若《离骚》者，可谓兼之矣。上称帝喾，下道齐桓，中述汤武，以刺世事。明道德之广崇，治乱之条贯，靡不毕见。其文约，其辞微，其志洁，其行廉，其称文小而其指极大，举类迩而见义远。其志洁，故其称物芳。其行廉，故死而不容自疏。濯淖污泥之中，蝉蜕于浊秽，以浮游尘埃之外，不获世之滋垢，皭然泥而不滓者也。推此志也，虽与日月争光可也。以上推《离骚》本旨。

屈平既绌，其后秦欲伐齐，客。齐与楚从亲，惠王患之，乃令张仪详去秦，【眉批】详张仪始终事，为屈原谏楚张本。厚币委质事楚，曰：“秦甚憎齐，齐与楚从亲，楚诚能绝齐，秦愿献商於之地六百里。”楚怀王贪而信张仪，遂绝齐，使使如秦受地。张仪诈之曰：“仪与王约六里，不闻六百里。”楚使怒去，归告怀王。怀王怒，大兴师伐秦。秦发兵击之，大破楚师于丹、淅，斩首八万，虏楚将屈匄，遂取楚之汉中地。怀王乃悉发国中兵以深入击秦，战于蓝田。魏闻之，袭楚至邓。楚兵惧，自秦归。而齐竟怒不救楚，楚大困。明年，秦割汉中地与楚以和。楚王曰：“不愿得地，愿得张仪而甘心焉。”张仪闻，乃曰：“以一仪而当汉中地，臣请往如楚。”如楚，又因厚币用事者臣靳尚，省。而设诡辩于怀王之宠姬郑袖。怀王竟听郑袖，复释去张仪。是时屈平既疏，不复在位，使于齐，顾反，谏怀王曰：“何不杀张仪？”怀王悔，追张仪不及。其后诸侯共击楚，大破之，杀其将唐眛。按：中华书局版《史记》“眛”作“眜”。▍时秦昭王与楚婚，欲与怀王会。怀王欲行，屈平曰：“秦虎狼之国，不可信，不如无行。”怀王稚子子兰劝王行：“奈何绝秦欢！”怀王卒行。入武关，秦伏兵绝其后，因留怀王，以求割地。怀王怒，不听。亡走赵，赵不内。复之秦，竟死于秦而归葬。长子顷襄王立，以其弟子兰为令尹。楚人既咎子兰以劝怀王入秦而不反也。

屈平既嫉之，虽放流，眷顾楚国，以下推屈平本意。系心怀王，不忘欲反，冀幸君之一悟，俗之一改也。其存君兴国而欲反覆之，一篇之中三致志焉。忽又转到《离骚》上。然终无可奈何，故不可以反，卒以此见怀王之终不悟也。人君无愚智贤不肖，莫不欲求忠以自为，举贤以自佐，然亡国破家相随属，而圣君治国累世而不见者，其所谓忠者不忠，而所谓贤者不贤也。怀王以不知忠臣之分，故内惑于郑袖，外欺于张仪，疏屈平而信上官大夫、令尹子兰。兵挫地削，亡其六郡，身客死于秦，为天下笑。此不知人之祸也。《易》曰：“井渫不食，为我心恻，可以汲。王明，并受其福。”王之不明，岂足福哉！令尹子兰闻之接上“屈平既嫉之”。大怒，卒使上官大夫短屈原于顷襄王，顷襄王怒而迁之。▍屈原至于江滨，即《渔夫》篇中语。被发行吟泽畔。颜色憔悴，形容枯槁。渔父见而问之曰：“子非三闾大夫欤？何故而至此？”屈原曰：“举世混浊而我独清，众人皆醉而我独醒，是以见放。”渔父曰：“夫圣人者，不凝滞于物而能与世推移。举世混浊，何不随其流而扬其波？众人皆醉，何不铺其糟而啜其醨？何故怀瑾握瑜而自令见放为？”屈原曰：“吾闻之，新沐者必弹冠，新浴者必振衣，人又谁能以身之察察，受物之汶汶者乎！【眉批】老子《异俗》篇：“俗人昭昭，我独若昏；俗人察察，我独闷闷。”汶汶，即“闷闷”也。宁赴常流而葬乎江鱼腹中耳，又安能以皓皓之白而蒙世之温蠖乎！”乃作《怀沙》之赋。其辞云云。于是怀石遂自投汨罗以死。【眉批】太史公连用“屈平既绌”、“屈平既疏”、“屈平既嫉之”三句，盖反复状其不遇，为投汨罗死地耳。┃ 屈原既死之后，楚有宋玉、唐勒、景差之徒者，皆好辞而以赋见称；然皆祖屈原之从容辞令，终莫敢直谏。其后楚日以削，数十年竟为秦所灭。自屈原沈汨罗后百有余年，汉有贾生，为长沙王太傅，过湘水，投书以吊屈原。

太史公曰：余读《离骚》、《天问》、《招魂》、《哀郢》，悲其志。适长沙，观屈原所自沈渊，未尝不垂涕，想见其为人。┃ 及见贾生吊之，又怪屈原以彼其材，游诸侯，何国不容，而自令若是。┃ 读《服乌赋》，同死生，轻去就，又爽然自失矣。

刺客列传 全

曹沫者，鲁人也，以勇力事鲁庄公。庄公好力。曹沫为鲁将，与齐战，三败北。鲁庄公惧，乃献遂邑之地以和。犹复以为将。齐桓公许与鲁会于柯而盟。桓公与庄公既盟于坛上，曹沫执匕音比。首劫齐桓公，桓公左右莫敢动，而问曰："子将何欲？"曹沫曰："齐强鲁弱，而大国侵鲁亦以甚矣。今鲁城坏即压齐境，君其图之。"桓公乃许尽归鲁之侵地。既已言，曹沫投其匕首，下坛，北面就群臣之位，颜色不变，辞令如故。【眉批】非"投匕首"数句，则沫直一粗勇人耳。桓公怒，欲倍其约。管仲曰："不可。夫贪小利以自快，弃信于诸侯，失天下之援，不如与之。"于是桓公乃遂割鲁侵地，曹沫三战所亡地尽复予鲁。复提。其后百六十有七年而吴有专诸之事。过脉。

专诸者，吴堂邑人也。伍子胥之亡楚而如吴也，知专诸之能。伍子胥既见吴王僚，说以伐楚之利。吴公子光曰："彼伍员父兄皆死于楚而员言伐楚，欲自为报私仇也，非能为吴。"吴王乃止。伍子胥知公子光之欲杀吴王僚，冷语。乃曰："彼光将有内志，未可说以外事。"谓伐楚。乃进专诸于公子光。┃ 光之父曰吴王诸樊。【眉批】"光之父"以下，却逆叙光有内志之由，变化颠倒，不拘常法。诸樊弟三人：次曰馀祭，次曰夷昧，按：中华书局版《史记》"昧"作"眛"，下同。次曰季子札。诸樊知季子札贤而不立太子，以次传三弟，欲卒致国于季子札。只三句，包尽多少！诸樊既死，传余祭。余祭死，传夷昧。夷昧死，当传季子札；季子札逃不肯立，吴人乃立夷昧之子僚为王。公子光曰："使以兄弟次邪，季子当立；必以子乎，则光真嫡嗣，当立。"故尝阴养谋臣以求立。光既得专诸，善客待之。九年而楚平王死。春，吴王僚欲因楚丧，使其二弟公子盖馀、属庸将兵围楚之潜；使延陵季子于晋，以观诸侯之变。楚发兵绝吴将盖馀、属庸路，吴兵不得还。于是公子光谓专诸曰："此时不可失，不求何获！且光真王嗣，当立，季子虽来，不吾废也。”专诸曰：“王僚可杀也。母老子弱，而两弟将兵伐楚，楚绝其后。方今吴外困于楚，而内空无骨鲠之臣，指季子。是无如我何。”公子光顿首曰：“光之身，子之身也。”四月丙子，光伏甲士于窟室中，而具酒请王僚。王僚使兵陈自宫至光之家，门户阶陛左右，皆王僚之亲戚也。夹立侍，皆持长铍。【眉批】描写专诸难下手处。酒既酣，公子光详为足疾，入窟室中，使专诸置匕首鱼炙之腹中而进之。既至王前，专诸擘鱼，因以匕首刺王僚，王僚立死。左右亦杀专诸，王人扰乱。公子光出其伏甲以攻王僚之徒，尽灭之，遂自立为王，是为阖闾。阖闾乃封专诸之子以为上卿。结。其后七十余年而晋有豫让之事。

豫让者，晋人也，故尝事范中行氏，而无所知名。伏后案。去而事智伯，智伯甚尊宠之。【眉批】“无所知名”，便是以众人遇我，“甚尊宠之”，即所谓国士遇也，皆为下文让言张本。及智伯伐赵襄子，赵襄子与韩、魏合谋灭智伯，灭智伯之后而三分其地。赵襄子最怨智伯，漆其头以为饮器。豫让遁逃山中，曰：“嗟乎！士为知己者死，女为说己者容。今智伯知我，我必为报仇而死，以报智伯，则吾魂魄不愧矣。”乃变名姓为刑人，入宫涂厕，中挟匕首，欲以刺襄子。襄子如厕，心动，执问涂厕之刑人，则豫让，内持刀兵，曰：“欲为智伯报仇！”左右欲诛之。襄子曰：“彼义人也，吾谨避之耳。且智伯亡无后，而其臣欲为报仇，此天下之贤人也。”卒释去之。居顷之，豫让又漆身为厉，音赖。吞炭为哑，使形状不可知，行乞于市。其妻不识也。行见其友，其友识之，曰：“汝非豫让邪？”曰：“我是也。”其友为泣曰：“以子之才，委质而臣事襄子，襄子必近幸子。近幸子，乃为所欲，顾不易邪？何必残身苦行，欲以求报襄子，不亦难乎！”【眉批】借友人摹写让之苦心处。豫让曰：“既已委质臣事人，而求杀之，是怀二心以事其君也。且吾所为者极难耳！然所以为此者，将以愧天下后世之为人臣怀二心以事其君者也。”

既去，顷之，襄子当出，豫让伏于所当过之桥下。襄子至桥，马惊，襄子曰："此必是豫让也。"使人问之，果豫让也。于是襄子乃数豫让曰："子不尝事范中行氏乎？智伯尽灭之，而子不为报仇，而反委质臣于智伯。智伯亦已死矣，而子独何以为之报仇之深也？"豫让曰："臣事范中行氏，应。范中行氏皆众人遇我，我故众人报之。应"无所知名"。至于智伯，国士遇我，我故国士报之。"应"甚尊宠之"。襄子喟然叹息而泣曰："嗟乎豫子！子之为智伯，名既成矣，而寡人赦子，亦已足矣。子其自为计，寡人不复释子！"使兵围之。豫让曰："臣闻名主不掩人之美，而忠臣有死名之义。前君已宽赦臣，天下莫不称君之贤。今日之事，臣固伏诛，然愿请君之衣而击之，焉以致报仇之意，则虽死不恨。非所敢望也，敢布腹心！"于是襄子大义之，乃使使持衣与豫让。豫让拔剑三跃而击之，曰："吾可以下报智伯矣！"遂伏剑自杀。【眉批】非豫让无此光景，非太史公无此描写。死之日，赵国志士闻之，皆为涕泣。其后四十余年而轵有聂政之事。

【眉批】此段全用《国策》。聂政者，轵深井里人也。伏后。杀人避仇，与母、姊如齐，根。以屠为事。久之，濮阳严仲子事韩哀侯，与韩相侠累有郤。严仲子恐诛，亡去，游求人可以报侠累者。至齐，齐人或言聂政勇敢士也，避仇隐于屠者之间。严仲子至门请，数反，然后具酒自畅《国策》作觞。聂政母前。酒酣，严仲子奉黄金百镒，前为聂政母寿。聂政惊怪其厚，固谢严仲子。严仲子固进，而聂政谢曰："臣幸有老母，家贫，客游以为狗屠，可以旦夕得甘毳音脆。以养亲。亲供养备，不敢当仲子之赐。"严仲子辟人，因为聂政言曰："臣有仇，而行游诸侯众矣；然至齐，窃闻足下义甚高，故进百金者，将用为大人粗粝之费，得以交足下之欢，岂敢以有求望邪！"聂政曰："臣所以降志辱身居市井屠者，徒幸以养老母；老母在，政身未敢以许人也。"【眉批】此传以"母姊"二字作骨。始辞仲子者，以老母在也；继从仲子者，以老母亡也；终皮面决眼者；虑祸及姊也；末归重仲子知人，极得要领。非太史公笔力，政之心事，孰能表暴至此？严仲子固让，【眉批】二“固”字相应。聂政竟不肯受也。然严仲子卒备宾主之礼而去。久之，聂政母死。既已葬，除服，聂政曰：“嗟乎！政乃市井之人，鼓刀以屠；而严仲子乃诸侯之卿相也，不远千里，枉车骑而交臣。臣之所以待之，至浅鲜矣，未有大功可以称者，而严仲子奉百金为亲寿，我虽不受，然是者徒深知政也。【眉批】二“然”字转语。夫贤者以感忿睚眦之意而亲信穷僻之人，而政独安得嘿然而已乎！且前日要政，政徒以老母；老母今以天年终，政将为知己者用。”【眉批】叙此一段，乃见聂政心事。乃遂西至濮阳，见严仲子曰：“前日所以不许仲子者，徒以亲在；今不幸而母以天年终。仲子所欲报仇者为谁？请得从事焉！”严仲子具告曰：“臣之仇韩相侠累，侠累又韩君之季父也，宗族甚多，居处兵卫甚设，臣欲使人刺之，众终莫能就。今足下幸而不弃，请益其车骑壮士可为足下辅翼者。”聂政曰：“韩之与卫，相去中间不甚远，今杀人之相，相又国君之亲，此其势不可以多人，多人不能无生得失，生得失则语泄，语泄是韩举国而与仲子为仇，岂不殆哉！”遂谢车骑人徒，聂政乃辞。【眉批】太史公传刺客，不得不铺张之，而于《年表》则书盗杀韩相侠累，独得《春秋》法。

独行杖剑至韩，韩相侠累方坐府上，持兵戟而卫侍者甚众。聂政直入，上阶刺杀侠累，左右大乱。聂政大呼，所击杀者数十人，因自皮面决眼，自屠出肠，自灭家迹。遂以死。韩取聂政尸暴于市，购问莫知谁子。于是韩购县之，有能言杀相侠累者予千金。久之莫知也。【眉批】两“莫知”处，思致极工。政姊荣闻人有刺杀韩相者，贼不得，国不知其名姓，暴其尸而县之千金，乃于邑曰：“其是吾弟与？嗟乎，严仲子知吾弟！”立起，如韩，之市，而死者果政也，伏尸哭极哀，曰：“是轵深井里所谓聂政者也。”应。【眉批】此段缓急起伏，宛然当时气象。市行者诸众人皆曰：“此人暴虐吾国相，王县购其名姓千金，夫人不闻与？何敢来识之也？”丨 荣应之曰：“闻之。然政所以蒙污辱自弃于市贩之间者，为老母幸无恙，妾未嫁也。亲既以天年下世，妾已嫁夫，严仲子乃察举吾弟困污之中而交之，泽厚矣，可奈何！士固为知己者死，应。今乃以妾尚在之故，重自刑以绝从，音踪。妾其奈何畏殁身之诛，终灭贤弟之名！”大惊韩市人。乃大呼天者三，雄。卒于邑悲哀而死政之旁。晋、楚、齐、卫闻之，借人言作结，并赞三人。皆曰：“非独政能也，乃其姊亦烈女也。乡使一转有余味。【眉批】“乡使”而下四句，一气不可断，谓政知其姊必如此，未必以身许仲子也。政诚知其姊无濡忍之志，不重暴骸之难，必绝险千里以列其名，姊弟俱僇于韩市者，亦未必敢以身许严仲子也。严仲子亦可谓知人能得士矣！”【眉批】前云“仲子知吾弟”，此云“仲子可谓知人”，太史公两借人言以赞仲子。其后二百二十余年秦有荆轲之事。

【眉批】此传叙燕多慷慨之士，因荆卿而波及田光、樊於期、高渐离辈，其时意气所激而成风欤？荆轲者，卫人也。其先乃齐人，徙于卫，卫人谓之庆卿。而之燕，燕人谓之荆卿。┃ 荆卿好读书击剑，以术说卫元君，卫元君不用。其后秦伐魏，置东郡，徙卫元君之支属于野王。荆轲尝游过榆次，与盖聂论剑，伏后案。盖聂怒而目之。荆轲出，人或言复召荆卿。盖聂曰：“曩者吾与论剑有不称者，吾目之；试往，是宜去，不敢留。”【眉批】此下以行文而叙事。使使往之主人，荆卿则已驾而去榆次矣。怯。使者还报，盖聂曰：“固去也，吾曩者目摄之！”┃ 荆轲游于邯郸，鲁句践与荆轲博，伏后案。争道，鲁句践怒而叱之，荆轲嘿而逃去，又怯。遂不复会。【眉批】太史公摹写荆轲怯处，与蔺相如、韩信具同。荆轲既至燕，爱燕之狗屠及善击筑者高渐离。荆轲嗜酒，日与狗屠及高渐离饮于燕市，酒酣以往，高渐离击筑，荆轲和而歌于市中，相乐也，已而相泣，旁若无人者。【眉批】无故之乐，无故之悲，无限深情，令人断肠。荆轲虽游于酒人乎，然其为人沈深好书；其所游诸侯，尽与其贤豪长者相结。其之燕，燕之处士田光先生亦善待之，根。知其非庸人也。

居顷之，会燕太子丹质秦亡归燕。纲。燕太子丹者，故尝质于赵，目。而秦王政生于赵，其少时与丹欢。及政立为秦王，而丹质于秦。秦王之遇燕太子丹不善，故丹怨而亡归。归而求为报秦王者，国小，力不能。其后秦日出兵山东以伐齐、楚、三晋，稍蚕食诸侯，且至于燕，燕君臣皆恐祸之至。太子丹患之，问其傅鞠武。武对曰："秦地遍天下，威胁韩、魏、赵氏，北有甘泉、谷口之固，南有泾、渭之沃，擅巴、汉之饶，右陇、蜀之山，左关、殽之险，民众而士厉，兵革有余。意有所出，则长城之南，易水以北，未有所定也。奈何以见陵之怨，欲批其逆鳞哉！"丹曰："然则何由？"对曰："请入图之。"居有间，秦将樊於期得罪于秦王，亡之燕，太子受而舍之。鞠武谏曰："不可。夫以秦王之暴而积怒于燕，足为寒心，又况闻樊将军之所在乎？是谓'委肉当饿虎之蹊'也，祸必不振救也。矣！虽有管、晏，不能为之谋也。愿太子疾遣樊将军入匈奴以灭口。请西约三晋，南连齐、楚，北购于单于，其后乃可图也。"太子曰："太傅之计，旷日弥久，心惛然，恐不能须臾。且非独于此也，夫樊将军穷困于天下，归身于丹，丹终不以迫于强秦而弃所哀怜之交，置之匈奴，是固丹命卒之时也。愿太傅更虑之。"鞠武曰："夫行危欲求安，造祸而求福，计浅而怨深，连结一人之后交，不顾国家之大害，此谓'资怨而助祸'矣。夫以鸿毛燎于炉炭之上，必无事矣。且以雕鸷之秦，行怨暴之怒，岂足道哉！燕有田光先生，其为人智深而勇沈，可与谋。"太子曰："愿因太傅而得交于田先生，可乎？"鞠武曰："敬诺。"出见田先生，道"太子愿图国事于先生也"。田光曰："敬奉教。"乃造焉。太子逢迎，却行为导，跪而蔽席。田光坐定，左右无人，太子避席而请曰："燕秦不两立，愿先生留意也。"田光曰："臣闻骐骥盛壮之时，一日而驰千里；至其衰老，驽马先之。今太子闻光盛壮之时，不知臣精已消亡矣。虽然，光不敢以图国事，所善荆卿可使也。"【眉批】到此引入荆卿。太子曰："愿因先生得结交于荆卿，可乎？”田光曰：“敬诺。”即起，趋出。太子送至门，戒曰：“丹所报，先生所言者，国之大事也，愿先生勿泄也！”田光俛而笑曰：“诺。”偻行见荆卿，曰：“光与子相善，燕莫不知。今太子闻光壮盛之时，不知吾形已不逮也，幸而教之曰‘燕秦不两立，愿先生留意也’。光窃不自外，言足下于太子也，愿足下过太子于宫。”荆轲曰：“谨奉教。”田光曰：“吾闻之，长者为行，不使人疑之。今太子告光曰：‘所言者，国之大事也，愿先生勿泄’，是太子疑光也。夫为行而使人疑之，非节侠也。”欲自杀以激荆卿，曰：“愿足下急过太子，言光已死，明不言也。”因遂自刎而死。荆轲遂见太子，言田光已死，致光之言。太子再拜而跪，膝行流涕，有顷而后言曰：“丹所以诫田先生毋言者，欲以成大事之谋也。今田先生以死明不言，岂丹之心哉！”荆轲坐定，与前“田光坐定”遥应。太子避席顿首曰：“田先生不知丹之不肖，使得至前，敢有所道，此天之所以哀燕而不弃其孤也。今秦有贪利之心，而欲不可足也。非尽天下之地，臣海内之王者，其意不厌。今秦已虏韩王，尽纳其地。又举兵南伐楚，北临赵；王翦将数十万之众距漳、邺，而李信出太原、云中。赵不能支秦，必入臣，入臣则祸至燕。燕小弱，数困于兵，今计举国不足以当秦。诸侯服秦，莫敢合从。丹之私计，愚以为诚得天下之勇士使于秦，窥诱也。以重利；秦王贪，其势必得所愿矣。诚得劫秦王，使悉反诸侯侵地，若曹沫之与齐桓公，则大善矣；则不可，因而刺杀之。彼秦大将擅兵于外而内有乱，则君臣相疑，以其间诸侯得合从，其破秦必矣。此丹之上愿，而不知所委命，唯荆卿留意焉。”久之，荆轲曰：“此国之大事也，臣驽下，恐不足任使。”太子前顿首，固请毋让，然后许诺。

于是尊荆卿为上卿，舍上舍。太子日造门下，供太牢具，异物间进，车骑美女恣荆轲所欲，以顺适其意。久之，荆轲未有行意。秦将王翦破赵，虏赵王，尽收入其地，进兵北略地至燕南界。太子丹恐惧，乃请荆轲曰："秦兵旦暮渡易水，则虽欲长侍足下，岂可得哉！"荆轲曰："微太子言，臣愿谒之。今行而毋信，则秦未可亲也。夫樊将军，秦王购之金千斤，邑万家。诚得樊将军首与燕督亢之地图，奉献秦王，秦王必说见臣，臣乃得有以报。"太子曰："樊将军穷困来归丹，丹不忍以己之私而伤长者之意，愿足下更虑之！"荆轲知太子不忍，乃遂私见樊於期曰："秦之遇将军可谓深矣，父母宗族皆为戮没。今闻购将军首金千斤，邑万家，将奈何？"於期仰天太息流涕曰："於期每念之，常痛于骨髓，顾计不知所出耳！"荆轲曰："今有一言可以解燕国之患，报将军之仇者，何如？"於期乃前曰："为之奈何？"荆轲曰："愿得将军之首以献秦王，秦王必喜而见臣，伏后案。臣左手把其袖，右手揕其胸，然则将军之仇报而燕见陵之愧除矣。将军岂有意？"樊於期偏袒搤捥而进曰："此臣之日夜切齿腐心也，乃今得闻教！"遂自刭。太子闻之，驰往，伏尸而哭，极哀。既已不可奈何，乃遂盛樊於期首函封之。于是太子豫求天下之利匕首，得赵人徐夫人匕首，取之百金，使工以药焠之，以试人，血濡缕，人无不立死者。【眉批】叙匕首缕缕，亦惜荆卿之虚发也。乃装为遣荆卿。燕国有勇士秦舞阳，蓦接。年十三，杀人，人不敢忤视。乃令秦舞阳为副。荆轲有所待，欲与俱；其人居远未来，而为治行。顷之，未发，太子迟之，疑其改悔，乃复请曰："日已尽矣，荆卿岂有意哉？丹请得先遣秦舞阳。"荆轲怒，叱太子曰："何太子之遣？往而不反者，竖子也！指舞阳。且提一匕首入不测之强秦，仆所以留者，待吾客与俱。今太子迟之，请辞决矣！"遂发。太子及宾客知其事者，皆白衣冠以送之。至易水之上，既祖，取道，高渐离击筑，荆轲和而歌，为变徵之声，士皆垂泪涕泣。又前而歌曰："风萧萧兮易水寒，壮士一去兮不复还！"复为羽声忼慨，士皆瞋目，发尽上指冠。于是荆轲就车而去，终已不顾。【眉批】何等摹写，何等风神！

遂至秦，持千金之资币物，厚遗秦王宠臣中庶子蒙嘉。嘉为先言于秦王曰："燕王诚振怖大王之威，不敢举兵以逆军吏，愿举国为内臣，比诸侯之列，给贡职如郡县，而得奉守先王之宗庙。恐惧不敢自陈，谨斩樊於期之头，及献燕督亢之地图，函封，燕王拜送于庭，使使以闻大王，唯大王命之。"秦王闻之，大喜，乃朝服，设九宾，见燕使者咸阳宫。荆轲奉樊於期头函，而秦舞阳奉地图匣，以次进。至陛，秦舞阳色变振恐，点缀。群臣怪之。荆轲顾笑舞阳，前谢曰："北蕃蛮夷之鄙人，未尝见天子，故振慑。愿大王少假借之，使得毕使于前。"秦王谓轲曰："取舞阳所持地图。"轲既取图奏之，秦王发图，图穷而匕首见。因左手把秦王之袖，而右手持匕首揕之。应。未至身，秦王惊，自引而起，袖绝。拔剑，剑长，操其室。鞘也。时惶急，【眉批】四"急"字、三"卒"字，摹写一时仓卒之变殆尽。剑坚，故不可立拔。荆轲逐秦王，秦王环柱而走。群臣皆愕，卒起不意，尽失其度。而秦法，群臣侍殿上者不得持尺寸之兵；又添此一影，有洗发。诸郎中执兵皆陈殿下，非有诏召不得上。方急时，不及召下兵，以故荆轲乃逐秦王。写不尽之情。而卒惶急，无以击轲，而以手共搏之。是时侍医夏无且以其所奉药囊提荆轲也。秦王方环柱走，卒惶急，不知所为，左右乃曰："王负剑！"负剑，遂拔以击荆轲，断其左股。荆轲废，乃引其匕首以擿秦王，不中，中桐柱。秦王复击轲，轲被八创。轲自知事不就，提醒人处。倚柱而笑，【眉批】两"笑"字，状其从容慷慨之意。箕倨以骂曰："事所以不成者，以欲生劫之，必得约契以报太子也。"应前"诚得刺秦王"。于是左右既前杀轲，不见舞阳下落。秦王不怡者良久。已而论功，赏群臣及当坐者各有差，而赐夏无且黄金二百镒，曰："无且爱我，乃以药囊提荆轲也。"于是秦王大怒，益发兵诣赵，诏王翦军以伐燕。十月而拔蓟城。燕王喜、太子丹等尽率其精兵东保于辽东。秦将李信追击燕王急，代王嘉乃遗燕王喜书曰："秦所以尤追燕急者，以太子丹故也。今王诚杀丹献之秦王，秦王必解，而社稷幸得血食。"其后李信追丹，丹匿衍水中，燕王乃使使斩太子丹，欲献之秦。秦复进兵攻之。后五年，秦卒灭燕，虏燕王喜。其明年，秦并天下，立号为皇帝。于是秦逐太子丹、荆轲之客，皆亡。【眉批】末附高渐离一著，以为曲终之奏。高渐离变名姓为人庸保，匿作于宋子。久之，作苦，闻其家堂上客击筑，傍偟不能去。每出言曰："彼有善有不善。"从者以告其主，曰："彼庸乃知音，窃言是非。"家大人召使前击筑，一坐称善，赐酒。而高渐离念久隐畏约无穷时，乃退，出其装匣中筑与其善衣，更容貌而前。举坐客皆惊，下与抗礼，以为上客。使击筑而歌，客无不流涕而去者。【眉批】三涕泣处，血脉相联。宋子传客之，闻于秦始皇。秦始皇召见，人有识者，乃曰："高渐离也。"秦皇帝惜其善击筑，重赦之，乃矐其目。使击筑，未尝不称善。稍益近之，高渐离乃以铅置筑中，复进得近，举筑扑秦皇帝，不中。于是遂诛高渐离，结。终身不复近诸侯之人。┃ 鲁句践已闻荆轲之刺秦王，私曰："嗟乎，惜哉其不讲于刺剑之术也！甚矣吾不知人也！曩者吾叱之，彼乃以我为非人也！"应前。【眉批】以句践之言结传末，见轲之剑术未精。

太史公曰：世言荆轲，其称太子丹之命，"天雨粟，马生角"也，大过。又言荆轲伤秦王，皆非也。始公孙季功、董生与夏无且游，具知其事，为余道之如是。自曹沬至荆轲五人，此其义或成或不成，然其立意较然，不欺其志，名垂后世，岂妄也哉！

李斯列传 全

【眉批】此传叙斯佐秦功仅十之一二，而叙高亡秦特十之七八，见得为乱者高，而所以成此乱者斯为之也。此是太史公极用意文，极得大体处。李斯者，楚上蔡人也。年少时，为郡小吏，见吏舍厕中鼠食不洁，近人犬，数惊恐之。斯入仓，观仓中鼠，食积粟，居大庑之下，不见人犬之忧。于是李斯乃叹曰：叹一。“人之贤不肖譬如鼠矣，在所自处耳！”乃从荀卿学帝王之术。学已成，度楚王不足事，而六国皆弱，无可为建功者，欲西入秦。辞于荀卿曰：“斯闻得时无怠，今万乘方争时，【眉批】“时”字一篇血脉。游者主事。今秦王欲吞天下，称帝而治，此布衣驰骛之时而游说者之秋也。处卑贱之位而计不为者，此禽鹿视肉，人面而能强行者耳。故诟莫大于卑贱，而悲莫甚于穷困。久处卑贱之位，困苦之地，非世而恶利，自托于无为，此非士之情也。故斯将西说秦王矣。”┃ 至秦，会庄襄王卒，李斯乃求为秦相文信侯吕不韦舍人；不韦贤之，任以为郎。李斯因以得说，说秦王曰：“胥人者，胥吏。去其几也。成大功者，在因瑕衅而遂忍之。【眉批】言小人失其几事之会，成大功者则不然。昔者秦穆公之霸，终不东并六国者，何也？诸侯尚众，周德未衰，故五伯迭兴，更尊周室。自秦孝公以来，周室卑微，诸侯相兼，关东为六国，秦之乘胜役诸侯，盖六世矣。今诸侯服秦，譬若郡县。夫以秦之强，大王之贤，由灶上骚除，足以灭诸侯，成帝业，为天下一统，此万世之一时也。今怠而不急就，即前“得时无怠”意。诸侯复强，相聚约从，虽有黄帝之贤，不能并也。”秦王乃拜斯为长史，听其计，阴遣谋士赍持金玉以游说诸侯。【眉批】斯之本谋，故挈而提之于此。诸侯名士可下以财者，厚遗结之；不肯者，利剑刺之。离其君臣之计，秦王乃使其良将随其后。秦王拜斯为客卿。

会韩人郑国来间秦，以作注溉渠，已而觉。秦宗室大臣皆言秦王曰："诸侯人来事秦者，大抵为其主游间于秦耳，请一切逐客。"李斯议亦在逐中。斯乃上书曰：书一。【眉批】此书论物不出于秦而秦用之，独人材不出于秦而秦不用，反复议论，组织葩藻而意独至，千年以来所绝少者。臣闻吏议逐客，窃以为过矣。昔缪公求士，西取由余于戎，客。东得百里奚于宛，客。迎蹇叔于宋，客。求丕豹、公孙支于晋。客。此五子者，不产于秦，而缪公用之，并国二十，遂霸西戎。孝公用商鞅之法，客。移风易俗，民以殷盛，国以富强，百姓乐用，诸侯亲服，获楚、魏之师，举地千里，至今治强。【眉批】不引他国事，只以秦之先为言，切实动听。惠王用张仪之计，客。拔三川之地，西并巴、蜀，北收上郡，南取汉中，包九夷，制鄢、郢，东据成皋之险，割膏腴之壤，遂散六国之从，使之西面事秦，功施到今。昭王得范睢，客。废穰侯，逐华阳，强公室，杜私门，蚕食诸侯，使秦成帝业。此四君者，皆以客之功。由此观之，客何负于秦哉！一句斩截。【眉批】语意已尽，复总括上文，而复说之，文字开阖处。此下意有三段，而文法三变。向使四君却客而不内，疏士而不用，是使国无富利之实而秦无强大之名也。今陛下开。致昆山之玉，有随、和之宝，垂明月之珠，服太阿之剑，乘纤离之马，建翠凤之旗，树灵鼍之鼓。举重明轻。此数宝者，秦不生一焉，与上"五子者不产于秦"相应。而陛下说之，何也？┃ 必秦国之所生然后可，上是顺说，此又倒说。则是第一段转。夜光之璧不饰朝廷，犀象之器不为玩好，郑、卫之女不充后宫，而骏良駃騠不实外厩，江南金锡不为用，西蜀丹青不为采。┃ 所以第二段转。饰后宫充下陈娱心意说耳目者，必出于秦然后可，则是宛珠之簪，傅玑之珥，阿缟之衣，锦绣之饰不进于前，而随俗雅化佳冶窈窕赵女不立于侧也。┃ 专指女色，又倒说。夫第三段。击瓮叩缻弹筝搏髀，而歌呼呜呜快耳目者，真秦之声也；郑、卫、桑间、《昭》、《虞》、《武》、《象》者，异国之乐也。【眉批】三段一意，反复而语不相沿，益见精神。今弃击瓮叩缻而就郑卫，退弹筝而取《昭》、《虞》，若是者何也？【眉批】二

“何也”相应，词语激切，一言有万钧之势。快意当前，适观而已矣。今取人则不然。方正说。不问可否，不论曲直，非秦者去，为客者逐。然则是所重者在乎色乐珠玉，而所轻者在乎人民也。此非所以跨海内制诸侯之术也。臣闻地广者粟多，国大者人众，兵强则士勇。是以太山不让土壤，故能成其大；河海不择细流，故能就其深；王者不却众庶，故能明其德。是以地无四方，民无异国，四时充美，鬼神降福，此五帝、三王之所以无敌也。今乃弃黔首以资敌国，却宾客以业诸侯，使天下之士退而不敢西向，裹足不入秦，此所谓“藉寇兵而赍盗粮”者也。夫物不产于秦，可宝者多；士不产于秦，而愿忠者众。双结。今逐客以资敌国，损民以益仇，内自虚而外树怨于诸侯，求国无危，不可得也。秦王乃除逐客之令，复李斯官，| 卒用其计谋。官至廷尉。二十余年，竟并天下，尊主为皇帝，以斯为丞相。【眉批】斯之佐秦功业，总括于此。夷郡县城，销其兵刃，示不复用。使秦无尺土之封，不立子弟为王，功臣为诸侯者，使后无战攻之患。

始皇三十四年，置酒咸阳宫，博士仆射周青臣等颂称始皇威德。齐人淳于越进谏曰：“臣闻之，殷周之王千余岁，封子弟功臣自为支辅。今陛下有海内，而子弟为匹夫，卒有田常、六卿之患，臣无辅弼，何以相救哉？事不师古而能长久者，非所闻也。今青臣等又面谀以重陛下过，非忠臣也。”始皇下其议丞相。丞相缪按：中华书局版《史记》“缪”作“谬”。其说，绌其辞，【眉批】“谬”、“绌”二字，指摘李斯心病处。乃上书曰：书二。“古者天下散乱，莫能相一，是以诸侯并作，语皆道古以害今，饰虚言以乱实，人善其所私学，以非上所建立。今陛下并有天下，辩白黑而定一尊；而私学乃相与非法教之制，闻令下，即各以其私学议之，入则心非，出则巷议，非主以为名，异趣以为高，率群下以造谤。如此不禁，则主势降乎上，党与成乎下。禁之便。臣请诸有文学诗书百家语者，蠲除去之。令到满三十日弗去，黥为城旦。所不去者，医药卜筮种树之书。若有欲学者，以吏为师。”始皇可其议，收去诗书百家之语以愚百姓，使天下无以古非今。明法度，定律令，皆以始皇起。同文书。治离宫别馆，周遍天下。明年，又巡狩，外攘四夷，斯皆有力焉。总前。【眉批】“斯皆有力”句，与前“总其计，卒用其计谋”相应。斯长男由为三川守，诸男皆尚秦公主，女悉嫁秦诸公子。三川守李由告归咸阳，李斯置酒于家，百官长皆前为寿，门廷车骑以千数。李斯喟然而叹曰：叹二。“嗟乎！吾闻之荀卿曰结师荀卿一节。‘物禁太盛’。夫斯乃上蔡布衣，闾巷之黔首，伏后案。上不知其驽下，遂擢至此。当今人臣之位无居臣上者，可谓富贵极矣。物极则衰，吾未知所税驾也！”与观鼠、临刑二段暗相首尾。

始皇三十七年十月，行出游会稽，并海上，北抵琅邪。丞相斯、中车府令赵高兼行符玺令事，皆从。伏后矫制案。始皇有二十余子，长子扶苏以数直谏上，上使监兵上郡，蒙恬为将。少子胡亥爱，请从，上许之。余子莫从。其年七月，始皇帝至沙丘，病甚，令赵高为书赐公子扶苏曰：“以兵属蒙恬，与丧会咸阳而葬。”书已封，未授使者，始皇崩。书及玺皆在赵高所，独子胡亥、丞相李斯、赵高及幸宦者五六人知始皇崩，余群臣皆莫知也。李斯以为上在外崩，无真太子，【眉批】“真”字下得感切。故秘之。置始皇居辒辌车中，百官奏事上食如故，宦者辄从辒辌车中可诸奏事。赵高因留所赐扶苏玺书，而谓公子胡亥曰：“上崩，无诏封王诸子而独赐长子书。长子至，即立为皇帝，而子无尺寸之地，从李斯议罢分封来。为之奈何？”胡亥曰：“固也。吾闻之，明君知臣，明父知子。父捐命，不封诸子，何可言者！”赵高曰：“不然。方今天下之权，存亡在子与高及丞相耳，愿子图之。且夫臣人与见臣于人，制人与见制于人，岂可同日道哉！”胡亥曰：“废兄而立弟，是不义也；不奉父诏而畏死，是不孝也；能薄而材谫，强因人之功，是不能也：三者逆德，天下不服，身殆倾危，社稷不血食。”高曰：“臣闻汤、武弑其主，天下称义焉，不为不忠。卫君弑其父，而卫国载其德，孔子著之，不为不孝。夫大行不小谨，盛德不辞让，乡曲各有宜而百官不同功。故顾小而忘大，后必有害；狐疑犹豫，后必有悔。断而敢行，鬼神避之，后有成功。愿子遂之！”胡亥喟然叹曰：“今大行未发，丧礼未终，岂宜以此事干丞相哉！”赵高曰：“时乎时乎，间不及谋！赢粮跃马，唯恐后时！”【眉批】此“时”字亦暗与篇首“时”字相应。胡亥既然高之言，高曰：“不与丞相谋，恐事不能成，臣请为子与丞相谋之。”高乃谓丞相斯曰：“上崩，赐长子书，与丧会咸阳而立为嗣。书未行，今上崩，未有知者也。所赐长子书及符玺皆在胡亥所，定太子在君侯与高之口耳。事将何如？”斯曰：“安得亡国之言！此非人臣所当议也！”高曰：“君侯自料能孰与蒙恬？功高孰与蒙恬？谋远不失孰与蒙恬？无怨于天下孰与蒙恬？长子旧而信之孰与蒙恬？”【眉批】连用五“孰与”字，文法古朴。斯曰：“此五者皆不及蒙恬，而君责之何深也？”高曰：“高固内官之厮役也，幸得以刀笔之文进入秦宫，管事二十余年，未尝见秦免罢丞相功臣有封及二世者也，卒皆以诛亡。皇帝二十余子，皆君之所知。长子刚毅而武勇，信人而奋士，即位必用蒙恬为丞相，君侯终不怀通侯之印归于乡里，明矣。高受诏教习胡亥，使学以法事数年矣，未尝见过失。慈仁笃厚，轻财重士，辩于心而诎于口，尽礼敬士，秦之诸子未有及此者，可以为嗣。君计而定之。”斯曰：“君其反位！斯奉主之诏，听天之命，何虑之可定也？”高曰：“安可危也，危可安也。安危不定，何以贵圣？”斯曰：“斯，上蔡闾巷布衣也，上幸擢为丞相，封为通侯，子孙皆至尊位重禄者，故将以存亡安危属臣也。岂可负哉！夫忠臣不避死而庶几，孝子不勤劳而见危，人臣各守其职而已矣。君其勿复言，将令斯得罪。”高曰：“盖闻圣人迁徙无常，就变而从时，见末而知本，观指而睹归。物固有之，安得常法哉！方今天下之权命悬于胡亥，高能得志焉。且夫从外制中谓之惑，从下制上谓之贼。故秋霜降者草花落，水摇动者万物作，此必然之效也。君何见之晚？”斯曰：“吾闻晋易太子，三世不安；齐桓兄弟争位，身死为戮；纣杀亲戚，不听谏者，国为丘墟，遂危社稷：三者逆天，宗庙不血食。斯其犹人哉，安足为谋！”高曰：“上下合同，可以长久；中外若一，事无表里。君听臣之计，即长有封侯，世世称孤，必有乔松之寿，孔、墨之智。今释此而不从，祸及子孙，足以为寒心。善者因祸为福，君何处焉？”斯乃仰天而叹，叹三。垂泪太息曰：“嗟乎！独遭乱世，既以不能死，安托命哉！”于是斯乃听高。高乃报胡亥曰：“臣请奉太子之明命以报丞相，丞相斯敢不奉令！”于是乃相与谋，诈为受始皇诏丞相，立子胡亥为太子。更为书赐长子扶苏曰：“朕巡天下，祷祠名山诸神以延寿命。今扶苏与将军蒙恬将师数十万以屯边，十有余年矣，不能进而前，士卒多耗，无尺寸之功，乃反数上书直言诽谤我所为，以不得罢归为太子，日夜怨望。扶苏为人子不孝，其赐剑以自裁！将军恬与扶苏居外，不匡正，宜知其谋。为人臣不忠，其赐死，以兵属裨将王离。”封其书以皇帝玺，遣胡亥客奉书赐扶苏于上郡。使者至，发书，扶苏泣，入内舍，欲自杀。蒙恬止扶苏曰：“陛下居外，未立太子，使臣将三十万众守边，公子为监，此天下重任也。今一使者来，即自杀，安知其非诈？请复请，复请而后死，未暮也。”使者数趣之。扶苏为人仁，谓蒙恬曰：“父而赐子死，尚安复请！”即自杀。蒙恬不肯死，使者即以属吏，系于阳周。使者还报，胡亥、斯、高大喜。至咸阳，发丧，太子立为二世皇帝。以赵高为郎中令，常侍中用事。

二世燕居，乃召高与谋事，谓曰：“夫人生居世间也，譬犹骋六骥过决隙也。吾既已临天下矣，欲悉耳目之所好，穷心志之所乐，以安宗庙而乐万姓，长有天下，终吾年寿，其道可乎？”高曰：【眉批】载赵高言于斯传中，见同恶相济也。“此贤主之所能行也，而昏乱主之所禁也。臣请言之，不敢避斧钺之诛，愿陛下少留意焉。夫沙丘之谋，诸公子及大臣皆疑焉，而诸公子尽帝兄，大臣又先帝之所置也。今陛下初立，此其属意怏怏皆不服，恐为变。且蒙恬已死，蒙毅将兵居外，臣战战栗栗，唯恐不终。且陛下安得为此乐乎？”二世曰：“为之奈何？”赵高曰：“严法而刻刑，令有罪者相坐诛，至收族，灭大臣而远骨肉；贫者富之，贱者贵之。尽除去先帝之故臣，更置陛下之所亲信者近之。此则阴德归陛下，害除而奸谋塞，群臣莫不被润泽，蒙厚德，陛下则高枕肆志宠乐矣。计莫出于此。”二世然高之言，乃更为法律。于是群臣诸公子有罪，辄下高，令鞠治之。杀大臣蒙毅等，公子十二人僇死咸阳市，十公主矺死于杜，财物入于县官，相连坐者不可胜数。公子高欲奔，恐收族，乃上书曰：“先帝无恙时，臣入则赐食，出则乘舆。御府之衣，臣得赐之；中厩之宝马，臣得赐之。臣当从死而不能，为人子不孝，为人臣不忠。不忠者无名以立于世，臣请从死，愿葬郦山之足。唯上幸哀怜之。”书上，胡亥大悦，召赵高而示之，曰：“此可谓急乎？”赵高曰：“人臣当忧死而不暇，何变之得谋！”胡亥可其书，赐钱十万以葬。法令诛罚日益刻深，群臣人人自危，欲畔者众。又作阿房之宫，治直驰道，赋敛愈重，戍徭无已。于是楚戍卒陈胜、吴广等乃作乱，起于山东，杰俊相立，自置为侯王，叛秦，兵至鸿门而却。

李斯数欲请间谏，二世不许。而二世责问李斯曰：“吾有私议与本纪中词不同。而有所闻于韩子也，曰‘尧之有天下也，堂高三尺，采椽不斲，茅茨不翦，虽逆旅之宿不勤于此矣。冬日鹿裘，夏日葛衣，粢粝之食，藜藿之羹，饭土匦，啜土铏，虽监门之养不觳于此矣。禹凿龙门，通大夏，疏九河，曲九防，决渟水致之海，而股无胈，胫无毛，手足胼胝，面目黎黑，遂以死于外，葬于会稽，臣虏之劳不烈于此矣’。然则夫所贵于有天下者，岂欲苦形劳神，身处逆旅之宿，口食监门之养，手持臣虏之作哉？此不肖人之所勉也，非贤者之所务也。彼贤人之有天下也，专用天下适己而已矣，此所以贵于有天下也。夫所谓贤人者，必能安天下而治万民，今身且不能利，将恶能治天下哉！故吾愿肆志广欲，长享天下而无害，为之奈何？”李斯子由为三川守，群盗吴广等西略地，过去弗能禁。章邯已破逐广等兵，使者覆案三川相属，诮让斯居三公位，如何令盗如此。李斯恐惧，重爵禄，不知所出，乃阿二世意，欲求容，以书对曰：书三。夫贤主者，必且能全道而行督责之术者也。督责之，则臣不敢不竭能以徇其主矣。此臣主之分定，上下之义明，则天下贤不肖莫敢不尽力竭任以徇其君矣。是故主独制于天下而无所制也。能穷乐之极矣，贤明之主也，可不察焉！故申子曰“有天下而不恣睢，【眉批】督责之术，莫过于申、韩，篇中牵引申、韩为证，皆以“故”字转之。命之曰以天下为桎梏”者，无他焉，不能督责，而顾以其身劳于天下之民，若尧、禹然，故谓之“桎梏”也。夫不能修申、韩之明术，行督责之道，专以天下自适也，而徒务苦形劳神，以身徇百姓，则是黔首之役，非畜天下者也，何足贵哉！夫以人徇己，则己贵而人贱；以己徇人，则己贱而人贵。故徇人者贱，而人所徇者贵，自古及今，未有不然者也。凡古之所谓尊贤者，为其贵也；而所为恶不肖者，为其贱也。而尧、禹以身徇天下者也，因随而尊之，则亦失所为尊贤之心矣，夫可谓大缪矣。谓之为“桎梏”，不亦宜乎？不能督责之过也。故韩子曰：“慈母有败子而严家无格虏”者，何也？则能罚之加焉必也。【眉批】“罚之加焉必也”，六字而三助语，文益矫健。故商君之法，刑弃灰于道者。夫弃灰，薄罪也，而被刑，重罚也。彼唯明主为能深督轻罪。夫罪轻且督深，而况有重罪乎？【眉批】文字变化，妙不可言。故民不敢犯也。是故韩子曰“布帛寻常，庸人不释，铄金百镒，盗跖不搏”者，非庸人之心重，寻常之利深，而盗跖之欲浅也；又不以盗跖之行，为轻百镒之重也。【眉批】妙在转解。搏必随手刑，则盗跖不搏百镒；而罚不必行也，则庸人不释寻常。是故城高五丈，而楼季不轻犯也；泰山之高百仞，而跛牂牧其上。夫楼季也而难五丈之限，岂跛牂也而易百仞之高哉？峭堑之势异也。明主圣王之所以能久处尊位，长执重势，而独擅天下之利者，非有异道也，能独断而审督责，必深罚，故天下不敢犯也。今不务所以不犯，而事慈母之所以败子也，则亦不察于圣人之论矣。夫不能行圣人之术，则舍为天下役何事哉？可不哀邪！且夫俭节仁义之人立于朝，则荒肆之乐辍矣；谏说论理之臣开于侧，则流漫之志诎矣；烈士死节之行显于世，则淫康之虞废矣。故明主能外此三者，而独操主术以制听从之臣，而修其明法，故身尊而势重也。凡贤主者，必将能拂世摩俗，而废其所恶，立其所欲，故生则有尊重之势，死则有贤明之谥也。是以明君独断，故权不在臣也。然后能灭仁义之涂，掩驰说之口，困烈士之行，塞聪掩明，内独视听，故外不可倾以仁义烈士之行，而内不可夺以谏说忿争之辩。故能荦然独行恣睢之心而莫之敢逆。若此然后可谓能明申、韩之术，而修商君之法。法修术明而天下乱者，未之闻也。故曰“王道约而易操”也。唯明主为能行之。若此则谓督责之诚，则臣无邪，臣无邪则天下安，天下安则主严尊，主严尊则督责必，督责必则所求得，所求得则国家富，国家富则君乐丰。故督责之术设，则所欲无不得矣。群臣百姓救过不给，何变之敢图？若此则帝道备，而可谓能明君臣之术矣。虽申、韩复生，不能加也。书奏，二世悦。于是行督责益严，税民深者为明吏。二世曰：“若此则可谓能督责矣。”刑者相半于道，而死人日成积于市。杀人众者为忠臣。二世曰：“若此则可谓能督责矣。”【眉批】“督责”二字，凡十二用，而两以二世语结之，太史公变调也，可与《谏逐客书》并观。

初，赵高为郎中令，所杀及报私怨众多，恐大臣入朝奏事毁恶之，乃说二世曰：“天子所以贵者，但以闻声，群臣莫得见其面，故号曰‘朕’。秦之亡，惟此数语。且陛下富于春秋，未必尽通诸事，今坐朝廷，谴举有不当者，则见短于大臣，非所以示神明于天下也。

且陛下深拱禁中，与臣及侍中习法者待事，事来有以揆之。如此则大臣不敢奏疑事，天下称圣主矣。”【眉批】太史公十分详赵高奸恶，总来摹写李斯本末。二世用其计，乃不坐朝廷见大臣，居禁中。赵高常侍中用事，事皆决于赵高。高闻李斯以为言，乃见丞相曰：“关东群盗多，今上急发繇治阿房宫，聚狗马无用之物。臣欲谏，为位贱。此真君侯之事，君何不谏？”李斯曰：“固也，吾欲言之久矣。今时上不坐朝廷，上居深宫，吾有所言者，不可传也，欲见无间。”赵高谓曰：“君诚能谏，请为君候上间语君。”于是赵高待二世方燕乐，妇女居前，使人告丞相：“上方间，可奏事。”丞相至宫门上谒，如此者三。二世怒曰：“吾常多间日，丞相不来。吾方燕私，丞相辄来请事。丞相岂少我哉？且固陋也。我哉？”赵高因曰：“如此殆矣！夫沙丘之谋，丞相与焉。今陛下已立为帝，而丞相贵不益，此其意亦望裂地而王矣。且陛下不问臣，臣不敢言。丞相长男李由为三川守，楚盗陈胜等皆丞相傍县之子，以故楚盗公行，过三川，城守不肯击。高闻其文书相往来，未得其审，故未敢以闻。且丞相居外，权重于陛下。”二世以为然。欲案丞相，恐其不审，乃使人案验三川守与盗通状。李斯闻之。是时二世在甘泉，方作觳抵优俳之观。李斯不得见，因上书言赵高之短书四。曰：“臣闻之，臣疑其君，无不危国；妾疑其夫，无不危家。今有大臣于陛下擅利擅害，与陛下无异，此甚不便。昔者司城子罕相宋，身行刑罚，以威行之，期年遂劫其君。田常为简公臣，爵列无敌于国，私家之富与公家均，布惠施德，下得百姓，上得群臣，阴取齐国，杀宰予于庭，即弑简公于朝，遂有齐国。此天下所明知也。今高有邪佚之志，危反之行，如子罕相宋也；私家之富，若田氏之于齐也。兼行田常、子罕之逆道而劫陛下之威信，其志若韩玘为韩安相也。陛下不图，臣恐其为变也。”二世曰：“何哉？夫高，故宦人也，然不为安肆志，不以危易心，洁行修善，自使至此，以忠得进，以信守位，朕实贤之，而君疑之，何也？

且朕少失先人，无所识知，不习治民，而君又老，恐与天下绝矣。朕非属赵君，当谁任哉？且赵君为人精廉强力，下知人情，上能适朕，君其勿疑。”李斯曰：“不然。夫高，故贱人也，无识于理，贪欲无厌，求利不止，列势次主，求欲无穷，臣故曰殆。”每句反上。二世已前信赵高，恐李斯杀之，乃私告赵高。高曰：“丞相所患者独高，高已死，丞相即欲为田常所为。”于是二世曰：“其以李斯属郎中令！”赵高案治李斯。李斯拘执束缚，居囹圄中，仰天而叹叹四。曰：“嗟乎，悲夫！不道之君，何可为计哉！昔者桀杀关龙逢，纣杀王子比干，吴王夫差杀伍子胥。此三臣者，岂不忠哉，然而不免于死，身死而所忠者非也。今吾智不及三子，而二世之无道过于桀、纣、夫差，吾以忠死，宜矣。且二世之治岂不乱哉！日者夷其兄弟而自立也，杀忠臣而贵贱人，作为阿房之宫，赋敛天下。吾非不谏也，而不吾听也。凡古圣王，饮食有节，车器有数，宫室有度，出令造事，加费而无益于民利者禁，故能长久治安。今行逆于昆弟，不顾其咎；侵杀忠臣，不思其殃；大为宫室，厚赋天下，不爱其费：三者已行，天下不听。今反者已有天下之半矣，而心尚未寤也，而以赵高为佐，吾必见寇至咸阳，麋鹿游于朝也。”于是二世乃使高案丞相狱，治罪，责斯与子由谋反状，皆收捕宗族宾客。赵高治斯，榜掠千余，不胜痛，自诬服。斯所以不死者，自负其辩，有功，实无反心，幸得上书自陈，幸二世之寤而赦之。李斯乃从狱中上书曰：书五。【眉批】并载此书，见与前所对书阿二世者大相反。“臣为丞相治民，三十余年矣。逮秦地之狭隘。先王之时秦地不过千里，兵数十万。臣尽薄材，谨奉法令，阴行谋臣，资之金玉，使游说诸侯，阴修甲兵，饰政教，官斗士，尊功臣，盛其爵禄，故终以胁韩弱魏，破燕、赵，夷齐、楚，卒兼六国，虏其王，立秦为天子。罪一矣。地非不广，又北逐胡、貉，南定百越，以见秦之强。罪二矣。尊大臣，盛其爵位，以固其亲。罪三矣。立社稷，修宗庙，以明主之贤。罪四矣。更克画，平斗斛度量文章，布之天下，以树秦之名。罪五矣。治驰道，兴游观，以见主之得意。罪六矣。缓刑罚，薄赋敛，以遂主得众之心，万民戴主，死而不忘。罪七矣。若斯之为臣者，罪足以死固久矣。上幸尽其能力，乃得至今，愿陛下察之！”书上，赵高使吏弃去不奏，曰：“囚安得上书！”赵高使其客十余辈诈为御史、谒者、侍中，更往覆讯斯。斯更以其实对，辄使人复榜之。后二世使人验斯，斯以为如前，终不敢更言，辞服。奏当上，二世喜曰：“微赵君，几为丞相所卖。”及二世所使案三川之守至，则项梁已击杀之。使者来，会丞相下吏，赵高皆妄为反辞。二世二年七月，具斯五刑，论腰斩咸阳市。斯出狱，与其中子俱执，顾谓其中子曰：“吾欲与若复牵黄犬俱出上蔡东门逐狡兔，岂可得乎！”遂父子相哭，而夷三族。┃ 李斯已死，二世拜赵高为中丞相，事无大小辄决于高。高自知权重，乃献鹿，谓之马。二世问左右：“此乃鹿也？”左右皆曰“马也”。二世惊，自以为惑，乃召太卜，令卦之。太卜曰：“陛下春秋郊祀，奉宗庙鬼神，斋戒不明，故至于此。可依盛德而明斋戒。”于是乃入上林斋戒。日游弋猎，有行人入上林中，二世自射杀之。赵高教其女婿咸阳令阎乐劾不知何人贼杀人移上林。高乃谏二世曰：“天子无故贼杀不辜人，此上帝之禁也，鬼神不享，天且降殃，当远避宫以禳之。”二世乃出居望夷之宫。留三日，赵高诈诏卫士，令士皆素服持兵内乡，入告二世曰：“山东群盗兵大至！”二世上观而见之，与本纪不合。恐惧，高即因劫令自杀。引玺而佩之，左右百官莫从；上殿，殿欲坏者三。高自知天弗与，群臣弗许，乃召始皇弟，弟，盖“孙”之误也。授之玺。【眉批】详秦事者，所以罪斯之亡秦也。子婴即位，患之，乃称疾不听事，与宦者韩谈及其子谋杀高。高上谒，请病，因召入，令韩谈刺杀之，夷其三族。子婴立三月，沛公兵从武关入，至咸阳，群臣百官皆畔，不适。子婴与妻子自系其颈以组，降轵道旁。沛公因以属吏。项王至而斩之。斯（按：据文章内容“斯”当作“婴”。）之结局。

遂以亡天下。

太史公曰：李斯以闾阎历诸侯，入事秦，确论。因以瑕衅，以辅始皇，卒成帝业，斯为三公，可谓尊用矣。扬。斯知六艺之归，不务明政以补主上之缺，持爵禄之重，阿顺苟合，严威酷刑，听高邪说，废適立庶。诸侯已畔，斯乃欲谏争，不亦末乎！抑。人皆以斯极忠而被五刑死，察其本，乃与俗议之异。不然，斯之功且与周、召列矣。

蒙恬列传 论

太史公曰：吾适北边，自直道归，行观蒙恬所为秦筑长城亭障，堑山堙谷，通直道，固轻百姓力矣。夫秦之初灭诸侯，天下之心未定，痍伤者未瘳，而恬为名将，不以此时强谏，振百姓之急，养老存孤，务修众庶之和，而阿意兴功，此其兄弟遇诛，不亦宜乎！何乃罪地脉哉？

张耳陈馀列传 全

【眉批】此篇以张耳、陈馀之交为精神眼目，故叙其始为刎颈交，其后瑕衅相杀处更工。张耳者，大梁人也。其少时，及魏公子毋忌为客。张耳尝亡命游外黄。外黄富人女甚美，嫁庸奴，亡其夫，去抵父客。父客素知张耳，乃谓女曰："必欲求贤夫，从张耳。"女听，乃卒为请决，嫁之张耳。张耳是时脱身游，女家厚奉给张耳，张耳以故致千里客。【眉批】"致千里客"句，一篇纲领，后来许多"客"字皆根此。乃宦魏为外黄令。名由此益贤。结。

陈馀者，亦大梁人也，好儒术，数游赵苦陉。富人公乘氏以其女妻之，亦知陈馀非庸人也。馀年少，父事张耳，两人相与为刎颈交。【眉批】"两人相与为刎颈交"，是一篇柱子。传内连用"两人"字根此。秦之灭大梁也，张耳家外黄。高祖为布衣时，尝数从张耳游，为后从汉张本。客数月。秦灭魏数岁，已闻此两人魏之名士也，购求有得张耳千金，陈馀五百金。【眉批】金有多寡，此后成败之别也。太史公如此下字，皆非漫语。张耳、陈馀乃变名姓，俱之陈，为里监门以自食。两人相对。里吏尝有过笞陈馀，陈馀欲起，张耳蹑之，使受笞。吏去，张耳乃引陈馀之桑下而数之曰："始吾与公言何如？今见小辱而欲死一吏乎？"【眉批】此已识两人成败。陈馀然之。秦诏书购求两人，两人亦反用门者以令里中。陈涉起蕲，至入陈，兵数万。张耳、陈馀上谒陈涉。涉及左右生平数闻张耳、陈馀贤，未尝见，见即大喜。陈中豪杰父老乃说陈涉曰："将军身被坚执锐，率士卒以诛暴秦，复立楚社稷，存亡继绝，功德宜为王。且夫监临天下诸将，不为王不可，愿将军立为楚王也。"陈涉问此两人，两人对曰："夫秦为无道，破人国家，灭人社稷，绝人后世，罢百姓之力，尽百姓之财。将军瞋目张胆，出万死不顾一身之计，为天下除残也。今始至陈而王之，示天下私。愿将军毋王，急引兵而西，遣人立六国后，自为树党，为秦益敌也。敌多则力分，与众则兵强。如此野无交兵，县无守城，诛暴秦，据咸阳以令诸侯。诸侯亡而得立，以德服之，如此则帝业成矣。今独王陈，恐天下解也。”【眉批】此首事第一妙策，惜涉不用耳。陈涉不听，伏后“怨不用其策”。遂立为王。陈馀乃复说陈王曰：“大王举梁、楚而西，务在入关，未及收河北也。臣尝游赵，知其豪杰及地形，愿请奇兵北略赵地。”于是陈王以故所善陈人武臣为将军，邵骚为护军，以张耳、陈馀为左右校尉，伏后“怨不以为将”。予卒三千人，北略赵地。

武臣等从白马渡河，至诸县，说其豪杰曰：“秦为乱政虐刑以残贼天下，数十年矣。北有长城之域，《汉书》“域”作“役”，是。南有五岭之戍，外内骚动，百姓罢敝，头会箕敛，人头数出谷，以箕敛之。以供军费，财匮力尽，民不聊生。重之以苛法峻刑，使天下父子不相安。陈王奋臂为天下倡始，王楚之地，方二千里，莫不响应，家自为怒，人自为斗，各报其怨而攻其仇，县杀其令丞，郡杀其守尉。今已张大楚，王陈，使吴广、周文将卒百万西击秦。于此时而不成封侯之业者，非人豪也。诸君试相与计之！夫天下同心而苦秦久矣。因天下之力而攻无道之君，报父兄之怨而成割地有土之业，此士之一时也。”豪杰皆然其言。乃行收兵，得数万人，号武臣为武信君。下赵十城，余皆城守，莫肯下。乃引兵东北击范阳。范阳人蒯通说范阳令曰：“窃闻公之将死，故吊。【眉批】通之两说：一曰“故吊”，“此臣所以吊”；一曰“传檄而千里定”，“此臣所谓传檄而千里定”。俱首尾相唤应。虽然，贺公得通而生。”范阳令曰：“何以吊之？”对曰：“秦法重，足下为范阳令十年矣，杀人之父，孤人之子，断人之足，黥人之首，不可胜数。然而慈父孝子莫敢倳音胾，以物插地。刃公之腹中者，畏秦法耳。今天下大乱，秦法不施，入肘腋。然则慈父孝子且倳刃公之腹中以成其名，此臣之所以吊公也。今诸侯畔秦矣，武信君兵且至，而君坚守范阳，少年皆争杀君，下武信君。君急遣臣见武信君，可转祸为福，在今矣。”范阳令乃使蒯通见武信君曰：“足下必将战胜然后略地，攻得然后下城，臣窃以为过矣。诚听臣之计，可不攻而降城，不战而略地，传檄而千里定，可乎？”武君曰：“何谓也？”蒯通曰：“今范阳令宜整顿其士卒以守战者也，怯而畏死，贪而重富贵，故欲先天下降，畏君以为秦所置吏，诛杀如前十城也。然今范阳少年亦方杀其令，自以城距君。君何不赍臣侯印，拜范阳令，范阳令则以城下君，少年亦不敢杀其令。令范阳令乘朱轮华毂，使驱驰燕、赵郊。燕、赵郊见之，皆曰此范阳令，先下者也，即喜矣，燕、赵城可毋战而降也。此臣之所谓传檄而千里定者也。”【眉批】通说范阳令，开其所畏；说武信君，中其所欲。武信君从其计，因使蒯通赐范阳令侯印。赵地闻之，不战以城下者三十余城。

至邯郸，张耳、陈馀闻周章军入关，至戏地名。却；又闻诸将为陈王徇地，多以谗毁得罪诛，怨陈王不用其策应前。不以为将而以为校尉。应前。【眉批】只四五语，包括许多意，此叙事之妙。乃说武臣曰：“陈王起蕲，至陈而王，非必立六国后。将军今以三千人下赵数十城，独介特也。居河北，不王无以填之。且陈王听谗，还报，恐不脱于祸。又不如立其兄弟；【眉批】“又不如”二句，此陈王言。已言即免祸，陈王且立其兄弟或赵后，不予其武臣也。不，即立赵后。将军毋失时，时间不容息。”武臣乃听之，遂立为赵王。以陈馀为大将军，张耳为右丞相，邵骚为左丞相。使人报陈王，陈王大怒，欲尽族武臣等家，而发兵击赵。陈王相国房君谏曰：“秦未亡而诛武臣等家，此又生一秦也。不如因而贺之，使急引兵西击秦。”【眉批】此即张良说高祖封齐意。陈王然之，从其计，徙系武臣等家宫中，封张耳子敖为成都君。陈王使使者贺赵，令趣发兵西入关。张耳、陈馀说武臣曰：“王王赵，非楚意，特以计贺王。楚已灭秦，必加兵于赵。愿王毋西兵，北徇燕、代，南收河内以自广。赵南据大河，北有燕、代，楚虽胜秦，必不敢制赵。”赵王以为然，因不西兵，而使韩广略燕，李良略常山，张黡略上党。▎韩广至燕，燕人因立广为燕王。赵王乃与张耳、陈馀北略地燕界。赵王间出，为燕军所得。燕将囚之，欲与分赵地半，乃归王。使者往，燕辄杀之以求地。张耳、陈馀患之。有厮养卒谢其舍中曰："吾为公说燕，与赵王载归。"舍中皆笑曰："使者往十余辈，辄死，若何以能得王？"乃走燕壁。燕将见之，问燕将曰："知臣何欲？"燕将曰："若欲得赵王耳。"曰："君知张耳、陈馀何如人也？"燕将曰："贤人也。"曰："知其志何欲？"曰："欲得其王耳。"赵养卒乃笑曰："君未知此两人所欲也。夫武臣、张耳、陈馀杖马箠下赵数十城，此亦各欲南面而王，岂欲为卿相终已邪？夫臣与主岂可同日而道哉，顾其势初定，未敢参分而王，且以少长先立武臣为王，以持赵心。今赵地已服，此两人亦欲分赵而王，时未可耳。今君乃囚赵王。此两人名为求赵王，实欲燕杀之，此两人分赵自立。夫以一赵尚易燕，况以两贤王左提右挈，而责杀王之罪，灭燕易矣。"燕将以为然，乃归赵王，养卒为御而归。结案。【眉批】"养卒"，奇甚，太史公载之亦备至。"为御而归"，想见其时，亦为称快。

李良已定常山，还报，赵王复使良略太原。至石邑，秦兵塞井陉，未能前。秦将诈称二世使人遗李良书，不封，曰："良尝事我得显幸。良诚能反赵为秦，赦良罪，贵良。"良得书，疑不信。乃还之邯郸，益请兵。未至，道逢赵王姊出饮，从百余骑。李良望见，以为王，伏谒道傍。王姊醉，不知其将，使骑谢李良。李良素贵，起，惭其从官。从官有一人曰："天下畔秦，能者先立。且赵王素出将军下，今女儿乃不为将军下车，请追杀之。"李良已得秦书，固欲反赵，未决，因此怒，遣人追杀王姊道中，乃遂将其兵袭邯郸。邯郸不知，竟杀武臣、邵骚。赵人多为张耳、陈馀耳目者，以故得脱出。收其兵，得数万人。客有说张耳曰："两君羁旅，而欲附赵，难；独立，立赵后，扶以义，可就功。"乃求得赵歇，立为赵王，居信都。▎李良进兵击陈馀，陈馀败李良，李良走归章邯。【眉批】以上摹写两人之交，以下悉指其所为相杀处本末。章邯引兵至邯郸，皆徙其民河内，夷其城郭。张耳与赵王歇走入钜鹿城，王离围之。陈馀北收常山兵，得数万人，军钜鹿北。章邯军钜鹿南棘原，筑甬道属河，饷王离。王离兵食多，急攻钜鹿。钜鹿城中食尽兵少，张耳数使人召前陈馀，陈馀自度兵少，不敌秦，不敢前。数月，张耳大怒，怨陈馀，使张黡、陈泽往让陈馀曰："始吾与公为刎颈交，复应前。今王与耳旦暮且死，而公拥兵数万，不肯相救，安在其相为死！苟必信，胡不赴秦军俱死？且有十一二相全。"陈馀曰："吾度前终不能救赵，【眉批】三"前"字相应。徒尽亡军。且馀所以不俱死，欲为赵王、张君报秦。今必俱死，如以肉委饿虎，何益？"张黡、陈泽曰："事已急，要以俱死立信，安知后虑！"陈馀曰："吾死顾以为无益。【眉批】七"死"字相应，皆根刎颈交来。必如公言。"乃使五千人令张黡、陈泽先尝秦军，至皆没。【眉批】钜鹿之战，详《项羽本纪》，而此复详馀所以不肯为前救钜鹿处，以通篇只欲摹写两人之交，故精神独注于此。当是时，燕、齐、楚闻赵急，皆来救。张敖亦北收代兵，得万余人，来，皆壁馀傍，未敢击秦。项羽兵数绝章邯甬道，王离军乏食，项羽悉引兵渡河，遂破章邯。章邯引兵解，诸侯军乃敢击围钜鹿秦军，遂虏王离。涉间自杀。卒存钜鹿者，楚力也。结。于是赵王歇、张耳乃得出钜鹿，谢诸侯。

张耳与陈馀相见，责让陈馀以不肯救赵，及问张黡、陈泽所在。陈馀怒曰："张黡、陈泽以必死责臣，臣使将五千人先尝秦军，皆没不出。"张耳不信，以为杀之，数问陈馀。陈馀怒曰："不意君之望怨也。臣深也！岂以臣为重去将哉？"乃脱解印绶，推予张耳。张耳亦愕不受。陈馀起如厕。客有说张耳曰："臣闻'天与不取，反受其咎'。今陈将军与君印，君不受，反天不祥。急取之！"张耳乃佩其印，收其麾下。而陈馀还，亦望张耳不让，【眉批】两"望"字相应。遂趋出。张耳遂收其兵。陈馀独与麾下所善数百人之河上泽中渔猎。

由此陈馀、张耳遂有郤。【眉批】两人有郤，大略张耳先负陈馀，逮后各以权势相倾，则其罪均耳。┃ 关键。赵王歇复居信都。张耳从项羽诸侯入关。汉元年二月，项羽立诸侯王，张耳雅游，人多为之言，项羽亦素数闻张耳贤，乃分赵立张耳为常山王，治信都。信都更名襄国。陈馀客多说项羽曰："陈馀、张耳一体有功于赵。"项羽以陈馀不从入关，闻其在南皮，即以南皮旁三县以封之，而徙赵王歇王代。张耳之国，陈馀愈益怒，【眉批】楚王诸侯不平，岂独耳、馀哉？而馀客与馀之言独指张耳，以两人之衅深也。此点缀精神处。"愈益怒"本前陈馀怒来。曰："张耳与馀功等也，今张耳王，馀独侯，此项羽不平。"及齐王田荣畔楚，陈馀乃使夏说说田荣曰："项羽为天下宰不平，尽王诸将善地，徙故王王恶地，今赵王乃居代！愿王假臣兵，请以南皮为扞蔽。"田荣欲树党于赵以反楚，乃遣兵从陈馀。陈馀因悉三县兵袭常山王张耳。张耳败走，念诸侯无可归者，曰："汉王与我有旧故，应前。而项羽又强，立我，我欲之楚。"甘公曰："汉王之入关，五星聚东井。东井者，秦分也。先至必霸。楚虽强，后必属汉。"故耳走汉。汉王亦还定三秦，方围章邯废丘。张耳谒汉王，汉王厚遇之。┃ 陈馀已败张耳，皆复收赵地，迎赵王于代，复为赵王。赵王德陈馀，立以为代王。陈馀为赵王弱，国初定，不之国，留傅赵王，而使夏说以相国守代。汉二年，东击楚，使使告赵，欲与俱。陈馀曰："汉杀张耳乃从。"于是汉王求人类张耳者斩之，持其头遗陈馀。陈馀乃遣兵助汉。汉之败于彭城西，陈馀亦复觉张耳不死，即背汉。汉三年，韩信已定魏地，遣张耳与韩信击破赵井陉，斩陈馀泜水上，一篇结局。追杀赵王歇襄国。了馀案。

汉立张耳为赵王。汉五年，张耳薨，谥为景王。┃ 了馀（按：据文章内容"馀"当作"耳"。）案。子敖嗣立为赵王。【眉批】此下附耳子敖传。高祖长女鲁元公主为赵王敖后。汉七年，高祖从平城过赵，赵王朝夕袒韝蔽，自上食，礼甚卑，有子婿礼。高祖箕踞詈，甚慢易之。

赵相贯高、赵午等年六十余，疑有衍。故张耳客也。生平为气，乃怒曰："吾王孱王也！"说王曰："夫天下豪杰并起，能者先立。今王事高祖甚恭，而高祖无礼，【眉批】"高祖"字皆误。请为王杀之！"张敖啮其指出血，曰："君何言之误！且先人亡国，赖高祖得复国，德流子孙，秋毫皆高祖力也。愿君无复出口。"贯高、赵午等十余人皆相谓曰："乃吾等非也。吾王长者，不倍德。且吾等义不辱，今怨高祖辱我王，故欲杀之，何乃汚王为乎？令事成归王，事败独身坐耳。"【眉批】"事败独身坐"，此他日所以白其不反也，正是能立然诺处。汉八年，上从东垣还，过赵，贯高等乃壁人柏人，要之置。上过欲宿，心动，问曰："县名为何？"曰："柏人。""柏人者，迫于人也！"不宿而去。汉九年，贯高怨家知其谋，乃上变告之。于是上皆并逮捕赵王、贯高等。十余人皆争自刭，贯高独怒骂曰："谁令公为之？今王实无谋，而并捕王；公等皆死，谁白王不反者！"【眉批】"谁白王不反"，与下文"白张王不反"相顾应。乃槛车胶致，与王诣长安。治张敖之罪。上乃诏赵群臣宾客有敢从王皆族。贯高与客孟舒等十余人，皆自髡钳，【眉批】上既云"槛车胶致，与王诣长安"矣，此复云"与客自髡钳从来"，岂衍文邪？为王家奴，从来。贯高至，对狱，曰："独吾属为之，王实不知。"吏治榜笞数千，刺剟，身无可击者，终不复言。吕后数言张王以鲁元公主故，不宜有此。上怒曰："使张敖举天下，岂少而女乎！"不听。廷尉以贯高事辞闻，上曰："壮士！谁知者，以私问之。"中大夫泄公曰："臣之邑子，素知之。此固赵国立名义不侵为然诺者也。"上使泄公持节问之箯舆前。仰视曰："泄公邪？"泄公劳苦如生平欢，与语，问张王果有计谋不。高曰："人情宁不各爱其父母妻子乎？今吾三族皆以论死，岂以王易吾亲哉！顾为王实不反，【眉批】连用三"实"字，太史公亦为白其不反矣。独吾等为之。"具道本指所以为者王不知状。于是泄公入，具以报，上乃赦赵王。上贤贯高为人能立然诺，应。使泄公具告之，曰："张王已

出。”因赦贯高。贯高喜曰：【眉批】此“喜”字反应上“怒”字。“吾王审出乎？”泄公曰：“然。”泄公曰：“上多足下，故赦足下。”贯高曰：“所以不死一身无余者，白张王不反也。今王已出，吾责已塞，死不恨矣。且人臣有篡杀之名，何面目复事上哉！纵上不杀我，我不愧于心乎？”【眉批】此与田横谢使者语意相似。乃仰绝肮，遂死。当此之时，名闻天下。| 结。张敖已出，接。以尚鲁元故，封为宣平侯。【眉批】使贯高谋逆者，高祖之过也；使张敖亡国者，贯高之罪也。于是上贤张王诸客，余波。以钳奴从张王入关，无不为诸侯相、郡守者。及孝惠、高后、文帝、孝景时，张王客子孙皆得为二千石。| 张敖，高后六年薨。子偃为鲁元王。以母吕后女故，吕后封为鲁元王。元王弱，兄弟少，乃封张敖他姬子二人：寿为乐昌侯，侈为信都侯。高后崩，诸吕无道，大臣诛之，而废鲁元王及乐昌侯、信都侯。孝文帝即位，复封故鲁元王偃为南宫侯，续张氏。

太史公曰：张耳、陈馀，世传所称贤者；其宾客厮役，莫非天下俊杰，所居国无不取卿相者。| 然张耳、陈馀始居约时，相然信以死，岂顾问哉。不待回顾，通问也。及据国争权，卒相灭亡，何乡者相慕用之诚，后相倍之戾也！【眉批】四“相”字相应，皆有意。岂非以利哉？| 名誉虽高，宾客虽盛，所由殆与太伯、延陵季子异矣。太史公一篇主意。

魏豹彭越列传　论

太史公曰：魏豹、彭越虽故贱，然已席卷千里，南面称孤，喋血乘胜日有闻矣。怀畔逆之意，及败，不死而虏囚，身被刑戮，何哉？┃ 中材以上且羞其行，况王者乎！彼无异故，智略绝人，独患无身耳。得摄尺寸之柄，其云蒸龙变，欲有所会其度，【眉批】此《赞》曲折，意甚奇，能言豪杰意中事，谓其“喋血乘胜”，功名闻天下，而身反不死，以甘囚虏，盖志欲有为也。“其度”二字不可解，升庵谓度其故亮以此也，故属下句。以故幽囚而不辞云。

黥布列传 全

黥布者，六人也，姓英氏。秦时为布衣。少年，有客相之曰："当刑而王。"伏后立布、杀布案。及壮，坐法黥。布欣然笑曰；"人相我当刑而王，几是乎？"人有闻者，共俳笑之。布已论输丽山，丽山之徒数十万人，布皆与其徒长豪杰交通，乃率其曹偶，亡之江中为群盗。┃ 陈胜之起也，布乃见番君，与其众畔秦，聚兵数千人。番君以其女妻之。伏后故与番君婚案。章邯之灭陈胜，破吕臣军，布乃引兵北击秦左右校，破之清波，引兵而东。闻项梁定江东会稽，涉江而西。陈婴以项氏世为楚将，客。乃以兵属项梁，渡淮南，英布、蒲将军主。亦以兵属项梁。项梁涉淮而西，击景驹、秦嘉等，布常冠军。【眉批】曰"布常冠军"，曰"布数有利"，曰"布数以少败众"，曰"布常为军锋"，皆于叙事中提掇其功。项梁至薛，闻陈王定死，乃立楚怀王。项梁号为武信君，英布为当阳君。项梁败死定陶，怀王徙都彭城，诸将英布亦皆保聚彭城。当是时，秦急围赵，赵数使人请救。怀王使宋义为上将，范增为末将，项籍为次将，英布、蒲将军皆为将军，悉属宋义，北救赵。及项籍杀宋义于河上，怀王因立籍为上将军，诸将皆属项籍。项籍使布先涉渡河击秦，【眉批】连曰"使布"，曰"今九江王布"，曰"征兵九江"，即下文谓"所与者独九江王也"。布数有利，籍乃悉引兵涉河从之，遂破秦军，降章邯等。楚兵常胜，功冠诸侯。诸侯兵皆以服属楚者，以布数以少败众也。结。项籍之引兵西至新安，又使布等夜击坑章邯秦卒二十余万人。至关，不得入，又使布等先从间道破关下军，遂得入，至咸阳。布常为军锋。项王封诸将，立布为九江王，应前相当王。都六。汉元年四月，诸侯皆罢戏下，各就国。项氏立怀王为义帝，徙都长沙，乃阴令九江王布等行击之。其八月，布使将击义帝，追杀之郴县。汉二年，齐王田荣畔楚，项王往击齐，征兵九江，九江王布称病不往，【眉批】连用"不往"、"不佐"、"不敢往"，既极状布之倔强，方写出项羽所以不击布之故。何等次第！遣将将数千人行。暗伏何说案。汉之败楚彭城，布又称病不佐楚。项王由此怨布，数使使者诮让召布，布愈恐，不敢往。项王方北忧齐、赵，西患汉，所与者独九江王，又多布材，欲亲用之，以故未击。

汉三年，汉王击楚，大战彭城，不利，出梁地，至虞，谓左右曰："如彼等者，无足与计天下事。"谒者随何进曰："不审陛下所谓。"汉王曰："孰能为我使淮南，令之发兵倍楚，留项王于齐数月，我之取天下可以百全。"随何曰："臣请使之。"乃与二十人俱，使淮南。至，因太宰主舍也。之，三日不得见。随何因说太宰曰："王之不见何，必以楚为强，以汉为弱，此臣之所以为使。使何得见，言之而是邪，是大王所欲闻也；言之而非邪，使何等二十人伏斧质淮南市，以明王倍汉而与楚也。"【眉批】"强弱"二字，何说主意。太宰乃言之王，王见之。随何曰："汉王使臣敬进书大王御者，窃怪大王与楚和【眉批】"和"一作"何"。亲也。"淮南王曰："寡人北乡而臣事之。"随何曰："大王与项王俱列为诸侯，北乡而臣事之，必以楚为强，可以托国也。破其与楚。项王伐齐，身负板筑，以为士卒先，大王宜悉淮南之众，身自将之，为楚军前锋，今乃发四千人以助楚。夫北面而臣事人者，【眉批】"此（按：据文章内容"此"当作"北"。）面"三句，先挈布之情事，下面方一一破之。固若是乎？应。夫汉王战于彭城，项王未出齐也，大王宜骚淮南之兵渡淮，日夜会战彭城下，大王抚万人之众，无一人渡淮者，垂拱而观其孰胜。夫托国于人者，固若是乎？应。大王提空名以乡楚，而欲厚自托，臣窃为大王不取也。然而大王不背楚者，以汉为弱也。开其与汉。夫楚兵虽强，天下负之不义之名，以其背盟约而杀义帝也。然而楚王恃战胜自强，汉王收诸侯，还守成皋、荥阳，下蜀、汉之粟，深沟壁垒，分卒守徼乘塞，楚人还兵，间以梁地，深入敌国八九百里，欲战则不得，攻城则力不能，老弱转粮千里之外；楚兵至荥阳、成皋，汉坚守而不动，进则不得攻，退则不得解。故曰楚兵不足恃也。使楚胜汉，一转，又明切。则诸侯自危惧而相救。夫楚之强，适足以致天下之兵耳。故楚不如汉，【眉批】关键总在“楚不如汉”一句上。其势易见也。今大王不与万全之汉而自托于危亡之楚，臣窃为大王惑之。臣非以淮南之兵足以亡楚也。夫大王发兵而倍楚，项王必留；才说出主意。留数月，汉之取天下可以万全。臣请与大王提剑而归汉，汉王必裂地而封大王，又况淮南，淮南必大王有也。故汉王敬使使臣进愚计，首尾文法相应。愿大王之留意也。”淮南王曰：“请奉命。”阴许畔楚与汉，未敢泄也。【眉批】详次如画。楚使者在，方急责英布发兵，舍传舍。随何直入，坐楚使者上坐，曰：“九江王已归汉，楚何以得发兵？”布愕然。楚使者起。何因说布曰：“事以构，可遂杀楚使者，无使归，而疾走汉并力。”【眉批】观何说词与其行事，绝是战国说客风度。布曰：“如使者教，因起兵而击之耳。”于是杀使者，因起兵而攻楚。

楚使项声、龙且攻淮南，项王留而攻下邑。数月，龙且击淮南，破布军。布欲引兵走汉，恐楚王杀之，故间行与何俱归汉。淮南王至，上方踞床洗，召布入见，布甚大怒，悔来，欲自杀。出就舍，帐御饮食从官如汉王居，布又大喜过望。【眉批】布大怒、大喜，正见高祖颠倒豪杰处。于是乃使人入九江。楚已使项伯收九江兵，尽杀布妻子。布使者颇得故人幸臣，将众数千人归汉。汉益分布兵而与俱北，收兵至成皋。四年七月，立布为淮南王，与击项籍。汉五年，布使人入九江，得数县。六年，布与刘贾入九江，诱大司马周殷，周殷反楚，遂举九江兵与汉击楚，破之垓下。项籍死，天下定，┃ 上置酒。上折随何之功，谓何为腐儒，为天下安用腐儒。随何跪曰：“夫陛下引兵攻彭城，楚王未去齐也，陛下发步卒五万人，骑五千，能以取淮南乎？”上曰：“不能。”随何曰：“陛下使何与二十人使淮南，至，如陛下之意，是何之功贤于步卒五万人骑五千也。然而陛下谓何腐儒，为天下安用腐儒，何也？”上曰：“吾方图子之功。”

【眉批】“吾方图子之功”，与上折随何之功文法相顾。乃以随何为护军中尉。布遂剖符为淮南王，都六，九江、庐江、衡山、豫章郡皆属布。

七年，朝陈。八年，朝雒阳。九年，朝长安。十一年，高后诛淮阴侯，布因心恐。夏，汉诛梁王彭越，醢之，盛其醢遍赐诸侯。至淮南，淮南王方猎，见醢，因大恐，阴令人部聚兵，候伺旁郡警急。布所幸姬疾，请就医，医家与中大夫贲赫对门，姬数如医家，贲赫自以为侍中，乃厚馈遗，从姬饮医家。姬侍王，从容语次，誉赫长者也。王怒曰：“汝安从知之？”具说状。王疑其与乱。赫恐，称病。王愈怒，欲捕赫。赫言变事，乘传诣长安。布使人追，不及。赫至，上变，言布谋反有端，可先未发诛也。上读其书，语萧相国。相国曰：“布不宜有此，恐仇怨妄诬之。请系赫，使人微验淮南王。”淮南王布见赫以罪亡，上变，固已疑其言国阴事；汉使又来，颇有所验，遂族赫家，发兵反。反书闻，上乃赦贲赫，以为将军。上召诸将问曰：“布反，为之奈何？”皆曰；“发兵击之，坑竖子耳。何能为乎！”汝阴侯滕公召故楚令尹问之。令尹曰：“是固当反。”滕公曰：“上裂地而王之，疏爵而贵之，南面而立万乘之主，其反何也？”令尹曰：“往年杀彭越，前年杀韩信，言此三人者，同功一体之人也。自疑祸及身，【眉批】先两下“恐”字，而此云“自疑祸及身”，叙事脉络自贯。故反耳。”滕公言之上曰：“臣客故楚令尹薛公者，其人有筹策之计，可问。”上乃召见问薛公。薛公对曰：“布反不足怪也。使布出于上计，山东非汉之有也；出于中计，胜败之数未可知也；出于下计，陛下安枕而卧矣。”上曰：“何谓上计？”令尹对曰：“东取吴，西取楚，并齐取鲁，传檄燕、赵，固守其所，山东非汉之有也。”“何谓中计？”“东取吴，西取楚，并韩取魏，据敖仓之粟，塞成皋之口，胜败之数未可知也。”“何谓下计？”“东取吴，西取下蔡，归重于越，身归长沙，陛下安枕而卧，汉无事矣。”上曰：“是计将安出？”令尹对曰：“出下计。”上曰：“何谓废上中计而出下计？”

令尹曰："布故丽山之徒也，自致万乘之主，此皆为身，不顾后为百姓万世虑者也，故曰出下计。"上曰："善。"封薛公千户。乃立皇子长为淮南王。上遂发兵自将东击布。布之初反，谓其将曰："上老矣，厌兵，必不能来。使诸将，诸将独患淮阴、彭越，今皆已死，余不足畏也。"故遂反。果如薛公筹之，省。东击荆，荆王刘贾走死富陵。尽劫其兵，渡淮击楚。楚发兵与战徐、僮间，为三军，欲以相救为奇。或说楚将曰："布善用兵，民素畏之。且兵法，诸侯战其地为散地。今别为三，彼败吾一军，余皆走，安能相救！"不听。布果破其一军，其二军散走。遂西，与上兵遇蕲西，会甀。布兵精甚，上乃壁庸城，望布军置陈如项籍军，上恶之。与布相望见，遥谓布曰："何苦而反？"布曰："欲为帝耳。"上怒骂之，遂大战。布军败走，渡淮，数止战，不利，与百余人走江南。布故与番君婚，应前。以故长沙哀王使人绐布，伪与亡，诱走越，故信而随之番阳。番阳人杀布兹乡民田舍，遂灭黥布。应前相当刑。立皇子长为淮南王，【眉批】前书"立皇子长为淮南王"，布未灭而先立也；此书"立皇子长为淮南王"，总叙讨功而带言也，不嫌于复。封贲赫为期思侯，诸将率多以功封者。结案。

太史公曰：英布者，其先岂《春秋》所见楚灭英、六，皋陶之后哉？身被刑法，何其拔兴之暴也！【眉批】"兴"、"灭"二字关键。项氏之所坑杀人以千万数，而布常为首虐。功冠诸侯，用此得王，亦不免于身为世大僇。祸之兴自爱姬殖，妒媢生患，竟以灭国！

淮阴侯列传 全

【眉批】首叙其困穷，次以其杖剑封侯王而裂疆里，及报漂母与忘辱己少年故云云，乃才波荡耳。淮阴侯韩信者，淮阴人也。始为布衣时，贫无行，不得推择为吏，又不能治生商贾，常从人寄食饮，虚。人多厌之者。常数从其下乡南昌亭长寄食，实，伏后案。数月，亭长妻患之，乃晨炊蓐食。食时信往，不为具食。信亦知其意，怒，竟绝去。信钓于城下，诸母漂，有一母见信饥，饭信，伏后案。竟漂数十日。信喜，谓漂母曰："吾必有以重报母。"母怒曰："大丈夫不能自食，吾哀王孙而进食，岂望报乎！"淮阴屠中少年有侮信者，伏后案。曰："若虽长大，好带刀剑，中情怯耳。"众辱之曰："信能死，刺我；不能死，出我袴下。"于是信孰视之，【眉批】"孰视"之句，可见有忍意。俛出袴下，蒲伏。一市人皆笑信，以为怯。【眉批】两"怯"字相唤应。

及项梁渡淮，转眼。信杖剑从之，居戏下，无所知名。项梁败，接。又属项羽，羽以为郎中。数以策干项羽，羽不用。汉王之入蜀，信亡楚归汉，未得知名，为连敖。坐法当斩，其辈十三人皆已斩，次至信，信乃仰视，适见滕公，曰："上不欲就天下乎？何谓斩壮士！"滕公奇其言，连用三"奇"字。壮其貌，释而不斩。与语，大悦之。言于上，【眉批】滕公具眼人，却在萧何前。上拜以为治粟都尉，上未之奇也。信数与萧何语，何奇之。至南郑，诸将行道亡者数十人，暗伏沛公骂何案，连用九"亡"字。信度何等"等"字指滕公。已数言上，上不我用，即亡。何闻信亡，不及以闻，自追之。人有言上曰："丞相何亡。"上大怒，如失左右手。居一二日，何来谒上，上且怒且喜，骂何曰："若亡，何也？"何曰："臣不敢亡也，臣追亡者。"上曰："若所追者谁？"何曰："韩信也。"【眉批】何追信时正高祖所动心时，当其心动则遂决之，故易入。上复骂曰："诸将亡者以十数，公无所追；追信，诈也。"何曰："诸将易得耳。至如信者，国士无双。【眉批】

“国士无双”，四字两语。王必欲长王汉中，无所事信；必欲争天下，非信无所与计事者。顾王策安所决耳。”王曰：“吾亦欲东耳，安能郁郁久居此乎？”何曰：“王计必欲东，能用信，信即留；不能用，信终亡耳。”王曰：“吾为公以为将。”何曰：“虽为将，信必不留。”王曰：“以为大将。”何曰：“幸甚。”于是王欲召信拜之。何曰：“王素慢无礼，今拜大将如呼小儿耳，此乃信所以去也。王必欲拜之，择良日，斋戒，设坛场，具礼，乃可耳。”王许之。诸将皆喜，人人各自以为得大将。至拜大将，乃信也，一军皆惊。【眉批】模写情事。信拜礼毕，上坐。王曰：“丞相数言将军，将军何以教寡人计策？”信谢，因问王曰：“今东乡争权天下，岂非项王邪？”汉王曰：“然。”曰：“大王自料勇悍仁强孰与项王？”汉王默然良久，曰：“不如也。”信再拜贺曰：“惟信亦以为大王不如也。然臣尝事之，请言项王之为人也。项王喑哑叱咤，形容如见。千人皆废，然不能任属贤将，此特匹夫之勇耳。项王见人恭敬慈爱，言语呕呕，人有疾病，涕泣分食饮，至使人有功当封爵者，印刓弊，忍不能予，此所谓妇人之仁也。【眉批】匹夫之勇易见，妇人之仁难言。项王虽霸天下而臣诸侯，不居关中而都彭城。有背义帝之约，而以亲爱王，诸侯不平。诸侯之见项王迁逐义帝置江南，亦皆归逐其主而自王善地。项王所过无不残灭者，天下多怨，百姓不亲附，特劫于威强耳。名虽为霸，实失天下心。故曰其强易弱。【眉批】刘项兴亡，具数语中。今大王诚能反其道：任天下武勇，何所不诛！以天下城邑封功臣，何所不服！以义兵从思东归之士，何所不散！且三秦王为秦将，将秦子弟数岁矣，所杀亡不可胜计，又欺其众降诸侯，至新安，项王诈坑秦降卒二十余万，唯独邯、欣、翳得脱，秦父兄怨此三人，痛入骨髓。今楚强以威王此三人，秦民莫爱也。大王之入武关，秋毫无所害，除秦苛法，与秦民约，法三章耳，秦民无不欲得大王王秦者。于诸侯之约，大王当王关中，关中民咸知之。大王失职入汉中，秦民无不恨者。今大王举而东，【眉批】二“东”字，应前“吾意亦欲东”句。三秦可传檄而定也。”于是汉王大喜，自以为得信晚。遂听信计，部署诸将所击。

八月，汉王举兵东出陈仓，定三秦。汉二年，出关，收魏、河南，韩、殷王皆降。合齐、赵共击楚。四月，至彭城，汉兵败散而还。信复收兵与汉王会荥阳，复击破楚京、索之间，以故楚兵卒不能西。汉之败却彭城，塞王欣、翟王翳亡汉降楚，齐、赵欲反汉与楚和。六月，魏王豹谒归视亲疾，至国，即绝河关反汉，与楚约和。汉王使郦生说豹，不下。其八月，以信为左丞相，击魏。魏王盛兵蒲坂，塞临晋，信乃益为疑兵，陈船欲渡临晋，而伏兵从夏阳以木罂缻渡军，袭安邑。魏王豹惊，引兵迎信，信遂虏豹，定魏为河东郡。【眉批】此兵法所谓攻其无备，出其不意也。汉王遣张耳与信俱，引兵东，北击赵、代。后九月，破代兵，禽夏说阏與。| 信之下魏破代，汉辄使人收其精兵，诣荥阳以距楚。信与张耳以兵数万，欲东下井陉击赵。赵王、成安君陈馀闻汉且袭之也，聚兵井陉口，号称二十万。广武君李左车说成安君曰：【眉批】广武之策绝工，而韩却能反其策以为二。“闻汉将韩信涉西河，虏魏王，禽夏说，新喋血阏與，今乃辅以张耳，议欲下赵，此乘胜而去国远斗，其锋不可当。臣闻千里馈粮，士有饥色，樵苏后爨，师不宿饱。今井陉之道，车不得方轨，骑不得成列，行数百里，其势粮食必在其后。愿足下假臣奇兵三万人，从间道绝其辎重；足下深沟高垒，坚营勿与战。【眉批】叙事中议论。彼前不得斗，退不得还，吾奇兵绝其后，使野无所掠，不至十日，而两将之头可致于戏下。愿君留意臣之计。否，必为二子所禽矣。”成安君，儒者也，常称义兵不用诈谋奇计，曰：“吾闻兵法十则围之，倍则战之。今韩信兵号数万，其实不过数千。能千里而袭我，亦已罢极。今如此避而不击，后有大者，何以加之！则诸侯谓吾怯，而轻来伐我。”不听广武君策，广武君策不用。韩信使人间视，知其不用，还报，则大喜，乃敢引兵遂下。【眉批】摹写信战井陉情状殆尽。

未至井陉口三十里，止舍。夜半传发，选轻骑二千人，人持一赤帜，从间道萆山而望赵军，诫曰："赵见我走，必空壁逐我，若疾入赵壁，拔赵帜，立汉赤帜。"令其裨将传飱，曰："今日破赵会食！"诸将皆莫信，伏后问案。详应曰："诺。"谓军吏曰："赵已先据便地为壁，且彼未见吾大将旗鼓，未肯击前行，恐吾至险阻而还。"信乃使万人先行，利而诱之。出，背水陈。赵军望见而大笑。平旦，信建大将之旗鼓，鼓行出井陉口，赵开壁击之，大战良久。于是信、张耳详弃鼓旗，走水上军。【眉批】非为水上军，不可以致赵人之空壁而逐利；非拔旗帜而立汉帜，则成安君失利而还壁，信与赵相持之势成，而其事未可知也。故信之此举，谋定而后动，诚入虎口，一举而毙之矣。水上军开入之，复疾战。三字疑衍。赵果空壁争汉鼓旗，逐韩信、张耳。韩信、张耳已入水上军，军皆殊死战，不可败。信所出奇兵二千骑，共候赵空壁逐利，则驰入赵壁，皆拔赵旗，立汉赤帜二千。【眉批】信奇处全在拔赵旗帜上。赵军已不胜，不能得信等，欲还归壁，壁皆汉赤帜，而大惊，以为汉皆已得赵王将矣，兵遂乱，遁走，乱而取之。赵将虽斩之，不能禁也。于是汉兵夹击，大破虏赵军，斩成安君泜水上，禽赵王歇。信乃令军中毋杀广武君，有能生得者购千金。于是有缚广武君而致戏下者，信乃解其缚，东乡坐，西乡对，师事之。未了。诸将效首虏，休毕贺，因问信曰："兵法右倍山陵，前左水泽，今者将军令臣等反背水陈，曰破赵会食，臣等不服。然竟以胜，此何术也？"信曰："此在兵法，顾诸君不察耳。兵法不曰'陷之死地而后生，置之亡地而后存'？且信非得素拊循士大夫也，此所谓'驱市人而战之'，其势非置之死地，使人人自为战；今予之生地，皆走，宁尚可得而用之乎！"诸将皆服曰："善。非臣所及也。"

于是信问广武君曰：接"师事之"。"仆欲北攻燕，东伐齐，何若而有功？"广武君辞谢曰："臣闻败军之将，不可以言勇，亡国之大夫，不可以图存。今臣败亡之虏，何足以权大事乎！"信曰："仆闻

之，百里奚居虞而虞亡，在秦而秦霸，非愚于虞而智于秦也，用与不用，听与不听也。诚令成安君听足下计，若信者亦已为禽矣。以不用足下，故信得侍耳。”因固问曰：“仆委心归计，愿足下勿辞。”广武君曰：“臣闻智者千虑，必有一失；愚者千虑，必有一得。故曰‘狂夫之言，圣人择焉’。顾恐臣计未必足用，愿效愚忠。夫成安君有百战百胜之计，一旦而失之，军败鄗下，身死泜上。今将军涉西河，虏魏王，禽夏说阏與，一举而下井陉，不终朝破赵二十万众，诛成安君。名闻海内，威震天下，农夫莫不辍耕释耒，褕美也。衣甘食，倾耳以待命者。若此，将军之所长也。然而众劳卒罢，其实难用。今将军欲举倦罢之兵，顿之燕坚城之下，欲战恐久力不能拔，情见势屈，旷日粮竭，而弱燕不服，齐必距境以自强也。燕齐相持而不下，则刘项之权未有所分也。若此者，将军所短也。臣愚，窃以为亦过矣。故善用兵者不以短击长，而以长击短。”韩信曰：“然则何由？”广武君对曰：“方今为将军计，莫如案甲休兵，镇赵抚其孤，百里之内，牛酒日至，以飨士大夫醳兵，北首燕路，而后遣辩士奉咫尺之书，暴其所长于燕，燕必不敢不听从。燕已从，使喧言者东告齐，齐必从风而服，虽有智者，亦不知为齐计矣。如是，则天下事皆可图也。兵固有先声而后实者，此之谓也。”韩信曰：“善。”从其策，发使使燕，燕从风而靡。| 乃遣使报汉，因请立张耳为赵王，以镇抚其国。汉王许之，乃立张耳为赵王。

楚数使奇兵渡河击赵，赵王耳、韩信往来救赵，因行定赵城邑，发兵诣汉。楚方急围汉王于荥阳，汉王南出，之宛、叶间，得黥布，走入成皋，楚又复急围之。六月，汉王出成皋，东渡河，独与滕公俱，从张耳军修武。至，宿传舍。晨自称汉使，驰入赵壁。张耳、韩信未起，即其卧内上夺其印符，以麾召诸将，易置之。信、耳起，乃知汉王来，大惊。汉王夺两人军，【眉批】汉王之间入张耳、韩信壁而夺其军，何也？岂窭身出成皋后兵已散，一则欲收耳、信兵以南抗楚，一则恐耳、信瞰其兵折于楚而生离心，故为此计，易置诸将以示武邪？即令张耳备守赵地，拜韩信为相国，收赵兵未发者击齐。┃ 信引兵东，未渡平原，闻汉王使郦食其已说下齐，韩信欲止。范阳辩士蒯通说信曰：“将军受诏击齐，而汉独发间使下齐，宁有诏止将军乎？何以得毋行也！且郦生一士，伏轼掉三寸之舌，下齐七十余城，将军将数万众，岁余乃下赵五十余城，为将数岁，反不如一竖儒之功乎？”于是信然之，从其计，遂渡河。齐已听郦生，接上。即留纵酒，罢备汉守御。信因袭齐历下军，遂至临菑。齐王田广以郦生卖己，乃烹之，而走高密，使使至楚请救。韩信已定临菑，遂东追广至高密西。楚亦使龙且将，号称二十万，救齐。齐王广、龙且并军与信战，未合。人或说龙且曰：【眉批】此策亦与广武相似。“汉兵远斗穷战，其锋不可当。齐、楚自居其地战，兵易败散。不如深壁，令齐王使其信臣招所亡城，齐为主。亡城闻其王在，楚来救，必反汉。汉兵二千里客居，汉为客。齐城皆反之，其势无所得食，可无战而降也。”龙且曰：“吾平生知韩信为人，易与耳。且夫救齐不战而降之，吾何功？今战而胜之，齐之半可得，何为止！”遂战，与信夹潍水陈。韩信乃夜令人为万余囊，满盛沙，壅水上流，引军半渡，击龙且，详不胜，还走。龙且果喜曰：“固知信怯也。”【眉批】此“怯”字直应篇首“怯”字。遂追信渡水。信使人决壅囊，水大至。龙且军大半不得渡，即急击，杀龙且。龙且水东军散走，齐王广亡去。信遂追北至城阳，皆虏楚卒。汉四年，遂皆降平齐。使人言汉王曰：“齐伪诈多变，反覆之国也，南边楚，不为假王以镇之，其势不定。愿为假王便。”当是时，楚方急围汉王于荥阳，唤醒。韩信使者至，发书，汉王大怒，骂曰：“吾困于此，旦暮望若来佐我，乃欲自立为王！”张良、陈平蹑汉王足，【眉批】蹑足之谋，会兵垓下之策，皆所以疑帝之甚而置信于死者。因附耳语曰：“汉方不利，宁能禁信之王乎？不如因而立，善遇之，使自为守。不然，变生。”汉王亦悟，因复骂曰：“大丈夫定诸侯，即为真王耳，何以假为！”乃遣张良往立信为齐王，征其兵击楚。

楚已亡龙且，项王恐，使盱眙人武涉往说齐王信曰：“天下共苦秦久矣，相与戮力击秦。秦已破，计功割地，分土而王之，以休士卒。今汉王复兴兵而东，侵人之分，夺人之地，已破三秦，引兵出关，收诸侯之兵以东击楚，其意非尽吞天下者不休，其不知厌足如是甚也。且汉王不可必，身居项王掌握中数矣，项王怜而活之，然得脱，辄倍约，复击项王，其不可亲信如此。今足下虽自以与汉王为厚交，为之尽力用兵，终为之所禽矣。足下所以得须臾至今者，以项王尚存也。当今二王之事，权在足下。足下右投则汉王胜，左投则项王胜。项王今日亡，则次取足下。足下与项王有故，何不反汉与楚连和，三分天下王之？今释此时，而自必应上“必”字。于汉以击楚，且为智者固若此乎！”韩信谢曰：“臣事项王，官不过郎中，位不过执戟，言不听，画不用，故倍楚而归汉。汉王授我上将军印，予我数万众，解衣衣我，推食食我，言听计用，故吾得以至于此。夫人深亲信我，我倍之不祥，虽死不易。幸为信谢项王！”武涉已去，齐人蒯通知天下权在韩信，欲为奇策而感动之，以相人说韩信曰：“仆尝受相人之术。”韩信曰：“先生相人何如？”对曰：“贵贱在于骨法，忧喜在于容色，成败在于决断，重在此句。以此参之，万不失一。”韩信曰：“善。先生相寡人何如？”对曰：“愿少间。”信曰：“左右去矣。”通曰：“相君之面，不过封侯，又危不安。相君之背，贵乃不可言。”韩信曰：“何谓也？”蒯通曰：“天下初发难也，俊雄豪杰连号壹呼，天下之士云合雾集，鱼鳞杂遝，熛至风起。当此之时，忧在亡秦而已。今楚汉分争，使天下无罪之人肝胆涂地，父子暴骸骨于中野，不可胜数。楚人起彭城，阴扬楚。转斗逐北，至于荥阳，乘利席卷，威震天下。【眉批】详通说，称楚而蔑汉，是欲信反汉而兴楚也。然兵困于京、索之间，迫西山而不能进者，三年于此矣。【眉批】楚人威震，勇也；而迫西山，勇困。汉王阻险，智也；而败伤，智困。汉王将数十万之众，暗折汉。距巩、雒，阻山河之险，一日数战，无尺寸之功，折北不救，败荥阳，伤成皋，遂走宛、叶之间，此所谓智勇俱困者也。夫锐气挫于阻塞，而粮食竭于内府，百姓罢极怨望，容容无所倚。以臣料之，其势非天下之贤圣固不能息天下之祸。当今两主之命县于足下。足下为汉则汉胜，与楚则楚胜。臣愿披腹心，输肝胆，效愚计，恐足下不能用也。诚能听臣之计，莫若两利而俱存之，三分天下，鼎足而居，其势莫敢先动。夫以足下之贤圣，有甲兵之众，据强齐，从燕、赵，出空虚之地而制其后，因民之欲，西乡为百姓请命，则天下风走而响应矣，孰敢不听！割大弱强，以立诸侯，诸侯已立，天下服听而归德于齐。案齐之故，有胶、泗之地，怀诸侯之德，深拱揖让，则天下之君王相率而朝于齐矣。盖闻天与弗取，反受其咎；时至不行，反受其殃。愿足下熟虑之。”韩信曰：“汉王遇我甚厚，载我以其车，衣我以其衣，食我以其食。吾闻之，乘人之车者载人之患，衣人之衣者怀人之忧，食人之食者死人之事，吾岂可以乡利倍义乎！”蒯生曰：“足下自以为善汉王，欲建万世之业，臣窃以为误矣。始常山王、成安君为布衣时，相与为刎颈之交，后争张黡、陈泽之事，二人相怨。常山王背项王，奉项婴头而窜，逃归于汉王。汉王借兵而东下，杀成安君泜水之南，头足异处，卒为天下笑。此二人相与，天下至欢也。然而卒相禽者，何也？患生于多欲而人心难测也。【眉批】逼似《国策》。今足下欲行忠信以交于汉王，必不能固于二君之相与也，而事多大于张黡、陈泽。故臣以为足下必汉王之不危己，亦误矣。【眉批】其文略祖蔡泽。大夫种、范蠡存亡越，霸勾践，立功成名而身死亡。野兽已尽而猎狗亨。夫以交友言之，则不如张耳之与成安君者也；以忠信言之，则不过大夫种、范蠡之于勾践也。此二人者，足以观矣。愿足下深虑之。且臣闻勇略震主者身危，而功盖天下者不赏。臣请言大王功略：足下涉西河，虏魏王，禽夏说，引兵下井陉，诛成安君，徇赵，胁燕，定齐，南摧楚人之兵二十万，东杀龙且，西乡以报，此所谓功无二于天下，而略不世出者也。今足下戴震主之威，挟不赏之功，归楚，楚人不信；归汉，汉人震恐：足下欲持是安归乎？【眉批】揣摩亲切，发越慷慨。夫势在人臣之位而有震主之威，名高天下，窃为足下危之。”韩信谢曰：【眉批】此时信心略动，故太史公下“且休”、“将念”二句，为下文谋逆张本。“先生且休矣，吾将念之。”

后数日，蒯通复说曰：“夫听者事之候也，计者事之机也，听过计失而能久安者，鲜矣。听不失一二者，不可乱以言；计不失本末者，不可纷以辞。夫随厮养之役者，失万乘之权；守儋石之禄者，阙卿相之位。故知者决之断也，疑者事之害也，审毫厘之小计，遗天下之大数，智诚知之，决弗敢行者，百事之祸也。故曰‘猛虎之犹豫，不若蜂虿之致螫；骐骥之跼躅，不如驽马之安步；孟贲之狐疑，不如庸夫之必至也；虽有舜、禹之智，吟而不言，不如喑聋之指麾也’。【眉批】取譬反复，极人情所难言，此文在汉初第一。此言贵能行之。夫功者难成而易败，时者难得而易失也。时乎时乎，不再来。愿足下详察之。”韩信犹豫不忍倍汉，又自以为功多，汉终不夺我齐，遂谢蒯通。蒯通说不听，已详狂为巫。【眉批】观此，信岂庸庸武夫邪？汉王之困固陵，用张良计，客。召齐王信，遂将兵会垓下。项羽已破，高祖袭夺齐王军。汉五年正月，徙齐王信为楚王，都下邳。信至国，召所从食漂母，赐千金。应。及下乡南昌亭长，赐百钱，应。曰：“公，小人也，为德不卒。”召辱己之少年令出袴按：中华书局版《史记》“袴”作“胯”。下者以为楚中尉。应。告诸将相曰：“此壮士也。方辱我时，我宁不能杀之邪？杀之无名，故忍而就于此。”

项王亡将钟离昧按：中华书局版《史记》“昧”作“眛”，下同。家在伊庐，素与信善。项王死后，亡归信。汉王怨昧，闻其在楚，诏楚捕昧。信初之国，行县邑，陈兵出入。汉六年，人有上书告楚王信反。高帝以陈平计，天子巡狩会诸侯，南方有云梦，发使告诸侯会陈：“吾将游云梦。”实欲袭信，信弗知。高祖且至楚，信欲发兵反，自度无罪，欲谒上，恐见禽。人或说信曰：“斩眛谒上，上必喜，无患。”信见眛计事。眛曰：“汉所以不击取楚，以眛在公所。若欲捕我以自媚于汉，吾今日死，公亦随手亡矣。”乃骂信曰：“公非长者！”卒自刭。信持其首，谒高祖于陈。上令武士缚信，载后车。信曰：“果若人言，‘狡兔死，良狗亨；高鸟尽，良弓藏；敌国破，谋臣亡。’天下已定，我固当亨！”上曰：“人告公反。”遂械系信。至雒阳，赦信罪，以为淮阴侯。┃ 信知汉王畏恶其能，常称病不朝从。信由此日怨望，居常鞅鞅，羞与绛、灌等列。【眉批】如此心事，写得到髓。信尝过樊将军哙，哙跪拜送迎，言称臣，曰：“大王乃肯临臣！”信出门，笑曰：“生乃与哙等为伍！”上常从容与信言诸将能不，各有差。上问曰：“如我能将几何？”信曰：“陛下不过能将十万。”上曰：“于君何如？”曰：“臣多多而益善耳。”上笑曰：“多多益善，何为为我禽？”信曰：“陛下不能将兵，而善将将，此乃信之所以为陛下禽也。且陛下所谓天授，非人力也。”

【眉批】陈豨事疑出告变之语。考《豨传》：豨招致宾客，为周昌所疑，一时惧祸，遂陷大戮，非素蓄反谋也。且已部署而旷日待豨报，信亦不知兵机矣，此必吕后与相国文致之者。陈豨拜为钜鹿守，辞于淮阴侯。淮阴侯挈其手，辟左右与之步于庭，仰天叹曰：“子可与言乎？欲与子有言也。”豨曰：“唯将军令之。”淮阴侯曰：“公所居，天下精兵处也；而公，陛下之信幸臣也。人言公之畔，陛下必不信；再至，陛下乃疑矣；三至，必怒而自将。吾为公从中起，天下可图也。”陈豨素知其能也，信之，曰：“谨奉教！”汉十一年，陈豨果反。上自将而往，信病不从。阴使人至豨所，曰：“弟举兵，吾从此助公。”信乃谋与家臣夜诈诏赦诸官徒奴，欲发以袭吕后、太子。部署已定，待豨报。其舍人得罪于信，信囚，欲杀之。舍人弟上变，告信欲反状于吕后。吕后欲召，恐其党不就，乃与萧相国谋，诈舍人从上所来，言豨已得死，列侯群臣皆贺。相国绐信曰："虽疾，强入贺。"信入，吕后使武士缚信，斩之长乐钟室。信方斩，曰："吾悔不听蒯通之计，乃为儿女子所诈，岂非天哉！"遂夷信三族。▎高祖已从豨军来，至，见信死，且喜且怜之，问："信死亦何言？"一篇首尾，有生色。吕后曰："信言恨不用蒯通计。"高祖曰："是齐辩士也。"乃诏齐捕蒯通。蒯通至，上曰："若教淮阴侯反乎？"对曰："然，臣固教之。竖子不用臣之策，故令自夷于此。如彼竖子用臣之计，陛下安得而夷之乎！"上怒曰："亨之。"通曰："嗟乎，冤哉亨也！"上曰："若教韩信反，何冤？"对曰："秦之纲绝而维弛，山东大扰，异姓并起，英俊乌集。秦失其鹿，天下共逐之，于是高材疾足者先得焉。跖之狗吠尧，尧非不仁，狗固吠非其主。当是时，臣唯独知韩信，非知陛下也。且天下锐精持锋欲为陛下所为者甚众，顾力不能耳。又可尽亨之邪？"【眉批】必如此乃是辩士。高帝曰："置之。"乃释通之罪。

太史公曰：吾如淮阴，淮阴人为余言，韩信虽为布衣时，其志与众异。其母死，贫无以葬，然乃行营高敞地，令其旁可置万家。余视其母冢，良然。假令韩信学道谦让，不伐己功，不矜其能，则庶几哉，于汉家勋可以比周、召、太公之徒，后世血食矣。不务出此，而天下已集，乃谋畔逆，夷灭宗族，不亦宜乎！【眉批】多见评者以一两语囊括郑重，或取其大者为《赞》；不知《赞》在传外，直补所不足或寄颦笑，非必如后人书法与史评也。

卢绾列传 卢绾幸汉始末

卢绾者，丰人也，与高祖同里。卢绾亲与高祖太上皇相爱，┃及生男，高祖、卢绾同日生，里中持羊酒贺两家。┃及高祖、卢绾壮，俱学书，又相爱也。┃里中嘉两家亲相爱，复说。生子同日，壮又相爱，复贺两家羊酒。┃高祖为布衣时，有吏事辟匿，卢绾常随出入上下。┃及高祖初起沛，卢绾以客从，入汉中为将军，常侍中。┃从东击项籍，以太尉常从，出入卧内，┃衣被饮食赏赐，群臣莫敢望，┃虽萧曹等，特以事见礼，至其亲幸，莫及卢绾。┃绾封为长安侯。长安，故咸阳也。汉五年冬，以破项籍，乃使卢绾别将，与刘贾击临江王共尉，破之。七月还，从击燕王臧荼，臧荼降。高祖已定天下，诸侯非刘氏而王者七人。欲王卢绾，为群臣觖望。及虏臧荼，乃下诏诸将相列侯，择群臣有功者以为燕王。群臣知上欲王卢绾，皆言曰："太尉长安侯卢绾常从平定天下，功最多，可王燕。"诏许之。汉五年八月，乃立卢绾为燕王。诸侯王得幸莫如燕王。【眉批】曰"同里亲相爱"，曰"同日生"，曰"壮又相爱"，复合言之为一段。曰"常随出入上下"，曰"常侍中"，曰"常从，出入卧内"，为一段。曰"莫敢望"，曰"莫及卢绾"，曰"莫如燕王"，为一段。详次绾之见幸于汉，反复照应，委曲有情。

田儋列传 全

【眉批】文一串，似世家体。田儋者，狄人也，故齐王田氏族也。儋从弟田荣，荣弟田横，皆豪，宗强，能得人。【眉批】以“能得人”为柱子，故首尾唤应。┃陈涉之初起王楚也，使周市略定魏地，北至狄，狄城守。田儋详为缚其奴，从少年之廷，欲谒杀奴。见狄令，因击杀令，而召豪吏子弟曰：“诸侯皆反秦自立，齐，古之建国，儋，田氏，当王。”【眉批】儋自立为齐王，立儋子市为齐王；荣自立为齐王，立荣子广为齐王；横自立为齐王：此一传纲领，且为后兄弟三人更王句张本。遂自立为齐王，发兵以击周市。周市军还去，田儋因率兵东略定齐地。秦将章邯围魏王咎于临济，急。魏王请救于齐，齐王田儋将兵救魏。章邯夜衔枚击，大破齐、魏军，杀田儋于临济下。儋弟田荣收儋余兵走东阿。齐人闻王田儋死，一转。【眉批】田氏兄弟情事，凡十五转。乃立故齐王建之弟田假为齐王，田角为相，田间为将，以距诸侯。田荣之走东阿，章邯追围之。项梁闻田荣之急，乃引兵击破章邯军东阿下。章邯走而西，项梁因追之。┃不了语。而田荣怒齐之立假，二转。乃引兵归，击逐齐王假。假亡走楚。齐相角亡走赵；角弟田间前来救赵，因留不敢归。田荣乃立田儋子市为齐王，荣相之，田横为将，平齐地。

项梁既追章邯，接上。章邯兵益盛，项梁使使告赵、齐，发兵共击章邯。田荣曰：“使楚杀田假，三转。赵杀田角、田间，乃肯出兵。”楚怀王曰：“田假与国之王，穷而归我，杀之不义。”赵亦不杀田角、田间以市于齐。齐曰：“蝮螫手则斩手，螫足则斩足。何者？为害于身也。今田假、田角、田间于楚、赵，非直手足戚也，何故不杀？且秦复得志于天下，则齮龁用事者坟墓矣。”【眉批】斩手足则戚甚矣，今三田于楚、赵无亲，非特斩手足之戚也；而使秦得志，则坟墓齮龁，非但蝮螫之害身也，故曰“何故不杀？”楚、赵不听，齐亦怒，终不肯出兵。章邯果败杀项梁，破楚兵，楚兵东走，┃ 而章邯渡河围赵于钜鹿。项羽往救赵，由此怨田荣。┃ 四转。项羽既存赵，降章邯等，西屠咸阳，灭秦而立侯王也，乃徙齐王田市更王胶东，五转。治即墨。齐将田都从共救赵，因入关，故立都为齐王，治临淄。故齐王建孙田安，项羽方渡河救赵，田安下济北数城，引兵降项羽，项羽立田安为济北王，治博阳。┃ 田荣以负项梁六转。不肯出兵助楚、赵攻秦，故不得王；【眉批】次诸田之所以王，与田横（按：据文章内容“横”当作“荣”。）之所以独不得王，而以反楚灭诸田卒亡之故，如指诸掌。赵将陈馀亦失职，不得王：二人俱怨项王。┃ 项王既归，诸侯各就国，田荣使人将兵助陈馀，七转。令反赵地，而荣亦发兵以距击田都，田都亡走楚。

田荣留齐王市，八转。无令之胶东。市之左右曰：“项王强暴，而王当之胶东，不就国，必危。” 市惧，乃亡就国。田荣怒，追击杀齐王市于即墨，还攻杀济北王安。┃ 于是田荣乃自立为齐王，九转。尽并三齐之地。项王闻之，大怒，乃北伐齐。齐王田荣兵败，走平原，平原人杀荣。项王遂烧夷齐城郭，所过者尽屠之。齐人相聚畔之。┃ 荣弟横，十转。收齐散兵，得数万人，反击项羽于城阳。而汉王率诸侯败楚，入彭城。项羽闻之，乃释齐而归，击汉于彭城，因连与汉战，相距荥阳。以故田横复得收齐城邑，┃ 立田荣子广为齐王，十一转。而横相之，专国政，政无巨细皆断于相。横定齐三年，汉王使郦生往说下齐王广及其相国横。横以为然，解其历下军。汉将韩信引兵且东击齐。┃ 齐初使华无伤、田解军于历下以距汉，十二转。汉使至，乃罢守战备，纵酒，且遣使与汉平。汉将韩信已平赵、燕，重。用蒯通计，度平原，袭破齐历下军，因入临淄。齐王广、相横怒，以郦生卖己，而亨郦生。齐王广东走高密，相横走博阳，守相田光走城阳，将军田既军于胶东。┃ 楚龙且救齐，十三转。齐王与合军高密。汉将韩信与曹参破杀龙且，虏齐王广。汉将灌婴追得齐守相田光。至博阳，而横闻齐王死，自立为齐王，还击婴，婴败横

之军于嬴下。| 田横亡走梁，十四转。归彭越。彭越是时居梁地，客。中立，且为汉，且为楚。韩信已杀龙且，因令曹参进兵破杀田既于胶东，使灌婴破杀齐将田吸于千乘。韩信遂平齐，乞自立为齐假王，汉因而立之。后岁余，汉灭项籍，汉王立为皇帝，以彭越为梁王。

田横惧诛，十五转。而与其徒属五百余人入海，居岛中。高帝闻之，以为田横兄弟本定齐，齐人贤者多附焉，今在海中不收，后恐为乱，乃使使赦田横罪而召之。田横因谢曰："臣亨陛下之使郦生，今闻其弟郦商为汉将而贤，臣恐惧，不敢奉诏，请为庶人，守海岛中。"使还报，高皇帝乃诏卫尉郦商曰："齐王田横即至，人马从者敢动摇者致族夷！"乃复使使持节具告以诏商状，曰："田横来，大者王，小者乃侯耳；不来，且举兵加诛焉。"田横乃与其客二人乘传诣雒阳。未至三十里，至尸乡厩置，横谢使者曰："人臣见天子当洗沐。"止留。谓其客曰："横始与汉王俱南面称孤，今汉王为天子，而横乃为亡虏而北面事之，其耻固已甚矣。且吾亨人之兄，与其弟并肩而事其主，纵彼畏天子之诏，不敢动我，我独不愧于心乎？且陛下所以欲见我者，不过欲一见吾面貌耳。今陛下在洛阳，今斩吾头，驰三十里间，形容尚未能败，犹可观也。"遂自刭，令客奉其头，从使者驰奏之高帝。高帝曰："嗟乎，有以也夫！起自布衣，兄弟三人更王，岂不贤乎哉！"为之流涕，而拜其二客为都尉，发卒二千人，以王者礼葬田横。既葬，二客穿其冢旁孔，皆自刭，下从之。得人处。高帝闻之，乃大惊，以田横之客皆贤。吾闻其余尚五百人在海中，使使召之。至则闻田横死，亦皆自杀。得人处。于是乃知田横兄弟能得士也。结应。

太史公曰：甚矣蒯通之谋，乱齐骄淮阴，其卒亡此两人！韩信、田横。蒯通者，【眉批】史不为通立传，乃论著于此。善为长短说，论战国之权变，为八十一首。通善齐人安期生，安期生尝干项羽，项羽不能用其策。已而项羽欲封此两人，两人终不肯受，亡去。| 田横之

高节，宾客慕义而从横死，岂非至贤！余因而列焉。无不善画者，莫能图，何哉？【眉批】谓五百人皆至贤，无不善于筹画者，乃莫能图谋以存其国何哉？即昌黎所谓“以五百人不能脱剑铓”是也。

史记精华 卷四

樊郦滕灌列传 樊哙 论

【眉批】传中凡用"从"字、"别"字冠首，下即次以赐爵、益食、迁官之名数，是亦纪功一格。又传中语"破"、曰"定"、曰"下"、曰"绝"、曰"降"、曰"屠"、曰"围"、曰"取"、曰"却敌"、曰"先登"、曰"陷阵"、曰"最"，皆以各书其战阵之绩，大略与曹参、周勃同例。舞阳侯樊哙者，沛人也。以屠狗为事，与高祖俱隐。初从高祖起丰，攻下沛。高祖为沛公，以哙为舍人。从攻胡陵、方与，还守丰，击泗水监丰下，破之。复东定沛，破泗水守薛西。与司马尼战砀东，却敌，斩首十五级，赐爵国大夫。常从，沛公击章邯军濮阳，攻城先登，斩首二十三级，赐爵列大夫。复常从，从攻城阳，先登。下户牖，破李由军，斩首十六级，赐上间爵。从攻围东郡守尉于成武，却敌，斩首十四级，捕虏十一人，赐爵五大夫。从击秦军，出亳南。河间守军于扛里，破之。击破赵贲军开封北，以却敌先登，斩侯一人，首六十八级，捕虏二十七人，赐爵卿。从攻破杨熊军于曲遇。攻宛陵，先登，斩首八级，捕虏四十四人，赐爵封号贤成君。从攻长社、轘辕，绝河津，东攻秦军于尸，南攻秦军于犨。破南阳守齮于阳城。东攻宛城，先登。西至郦，以却敌，斩首二十四级，捕虏四十人，赐重封。攻武关，至霸上，斩都尉一人，首十级，捕虏百四十六人，降卒二千九百人。┃【眉批】以上纪哙战陈之功，甚略。及次哙救鸿门之急，独详。项羽在戏下，欲攻沛公。沛公从百余骑因项伯面见项羽，谢无有闭关事。项羽既飨军士，中酒，亚父谋欲杀沛公，令项庄拔剑舞坐中，欲击沛公，项伯常肩蔽之。时独沛公与张良得入坐，提醒。樊哙在营外，闻事急，乃持铁盾入到营。营卫止哙，哙直撞入，立帐下。项羽目之，问为谁。张良曰："沛公参乘樊哙。"项羽曰："壮士。"赐之卮酒彘肩。哙既饮酒，拔剑切肉食，尽之。项羽曰："能复饮乎？"

哙曰："臣死且不辞，岂特卮酒乎！且沛公先入定咸阳，暴师霸上，以待大王。大王今日至，听小人之言，与沛公有隙，臣恐天下解，心疑大王也。"项羽默然。沛公如厕，麾樊哙去。既出，沛公留车骑，独骑一马，与樊哙等四人步从，从间道山下归走霸上军，而使张良谢项羽。项羽亦因遂已，无诛沛公之心矣。是日微樊哙奔入营谯让项羽，沛公事几殆。┃ 一束收前，有万钧力。

明日，项羽入屠咸阳，立沛公为汉王。汉王赐哙爵为列侯，号临武侯。迁为郎中，从入汉中。还定三秦，别击西丞白水北，雍轻车骑于雍南，破之。从攻雍、斄城，先登。击章平军好畤，攻城，先登陷阵，斩县令丞各一人，首十一级，虏二十人，迁郎中骑将。从击秦军骑壤东，却敌，迁为将军。攻赵贲，下郿、槐里、柳中、咸阳；灌废丘，最。至栎阳，赐食邑杜之樊乡。从攻项籍，屠煮枣。击破王武、程处军于外黄。攻邹、鲁、瑕丘、薛。项羽败汉王于彭城，尽复取鲁、梁地。哙还至荥阳，益食平阴二千户，以将军守广武。一岁，项羽引而东。从高祖击项籍，下阳夏，虏楚周将军卒四千人。围项籍于陈，大破之。屠胡陵。项籍既死，汉王为帝，以哙坚守战有功，益食八百户。从高帝攻反燕王臧荼，虏荼，定燕地。楚王韩信反，哙从至陈，取信，定楚。更赐爵列侯，与诸侯剖符，世世勿绝，食舞阳，号为舞阳侯，除前所食。以将军从高祖攻反韩王信于代。自霍人以往至云中，与绛侯等共定之，益食千五百户。因击陈豨与曼丘臣军，战襄国，破柏人，先登，降定清河、常山凡二十七县，残东垣，迁为左丞相。破得綦毋卬、尹潘军于无终、广昌。破豨别将胡人王黄军于代南，因击韩信军于参合。军所将卒斩韩信，破豨胡骑横谷，斩将军赵既，虏代丞相冯梁、守孙奋、大将王黄、将军、太卜太仆解福等十人。与诸将共定代乡邑七十三。其后燕王卢绾反，哙以相国击卢绾，破其丞相抵蓟南，定燕地，凡县十八，乡邑五十一。益食邑千三百户，定食舞阳五千四百户。【眉批】

至此总数功劳，才不散漫。从，斩首百七十六级，虏二百八十八人。别，破军七，下城五，定郡六，县五十二，得丞相一人，将军十二人，二千石以下至三百石十一人。▎通总上。

哙以吕后女弟吕须为妇，生子伉，故其比诸将最亲。【眉批】先只叙战功而别事系之，后不以年月次也，则文体整洁。先黥布反时，追言。高祖尝病甚，恶见人，卧禁中，诏户者无得入群臣。群臣绛、灌等莫敢入。十余日，哙乃排闼直入，大臣随之。上独枕一宦者卧。哙等见上流涕曰：【眉批】“流涕”数语，三反四覆，情词俱竭，直是子长笔力。“始陛下与臣等起丰沛，定天下，何其壮也！今天下已定，又何惫也！且陛下病甚，大臣震恐，不见臣等计事，顾独与一宦者绝乎？且陛下独不见赵高之事乎？”高帝笑而起。▎其后卢绾反，高帝使哙以相国击燕。是时高帝病甚，人有恶哙党于吕氏，即上一日宫车晏驾，则哙欲以兵尽诛灭戚氏、赵王如意之属。高帝闻之大怒，乃使陈平载绛侯代将，而即军中斩哙。陈平畏吕后，执哙诣长安。至则高祖已崩，吕后释哙，使复爵邑。▎孝惠六年，樊哙卒，谥为武侯。子伉代侯。而伉母吕须亦为临光侯，【眉批】“亦为临光侯”句，笔端欲舞。▎高后时用事专权，大臣尽畏之。伉代侯九岁，高后崩。大臣诛诸吕、吕须婘属，因诛伉。舞阳侯中绝数月。孝文帝既立，乃复封哙他庶子市人为舞阳侯，复故爵邑。市人立二十九岁卒，谥为荒侯。子他广代侯。六岁，侯家舍人得罪他广，怨之，乃上书曰：“荒侯市人病不能为人，令其夫人与其弟乱而生他广，他广实非荒侯子，不当代后。”诏下吏。孝景中六年，他广夺侯为庶人，国除。

太史公曰：吾适丰沛，问其遗老，观故萧、曹、樊哙、滕公之冢，及其素，异哉所闻！方其鼓刀屠狗卖缯之时，岂自知附骥之尾，垂名汉庭，德流子孙哉？余与他广通，为言高祖功臣之兴时若此云。

郦生陆贾列传 郦生 陆贾

郦生食其者，陈留高阳人也。好读书，家贫落魄，无以为衣食业，为里监门吏。然县中贤豪不敢役，县中皆谓之狂生。【眉批】写郦生狂态，有生色。及陈胜、项梁等起，诸将徇地过高阳者数十人，郦生问其将皆握龊好苛礼自用，不能听大度之言，郦生乃深自藏匿。后闻沛公将兵略地陈留郊，沛公麾下骑士适郦生里中子也，沛公时时问邑中贤士豪俊。骑士归，郦生见谓之曰："吾闻沛公慢而易人，多大略，此真吾所愿从游，莫为我先。若见沛公，谓曰'臣里中有郦生，年六十余，长八尺，人皆谓之狂生，生自谓我非狂生'。"骑士曰："沛公不好儒，诸客冠儒冠来者，沛公辄解其冠，溲溺其中。与人言，常大骂。未可以儒生说也。"郦生曰："第言之。"骑士从容言如郦生所诫者。省。沛公至高阳传舍，使人召郦生。郦生至，入谒，沛公方倨床使两女子洗足，而见郦生。郦生入，则长揖不拜，曰："足下欲助秦攻诸侯乎？且欲率诸侯破秦也？"沛公骂曰："竖儒！夫天下同苦秦久矣，故诸侯相率而攻秦，何谓助秦攻诸侯乎？"郦生曰："必聚徒合义兵诛无道秦，不宜倨见长者。"于是沛公辍洗，起摄衣，延郦生上坐，谢之。郦生因言六国从横时。沛公喜，赐郦生食，问曰："计将安出？"郦生曰："足下起纠合之众，收散乱之兵，不满万人，欲以径入强秦，此所谓探虎口者也。夫陈留，天下之冲，四通五达之郊也，今其城又多积粟。臣善其令，请得使之，令下足下。即不听，足下举兵攻之，臣为内应。"于是遣郦生行，沛公引兵随之，遂下陈留。号郦食其为广野君。郦生言其弟郦商，使将数千人从沛公西南略地。郦生常为说客，驰使诸侯。

汉三年秋，项羽击汉，拔荥阳，汉兵遁保巩、洛。楚人闻淮阴侯破赵，彭越数反梁地，则分兵救之。淮阴方东击齐，汉王数困荥阳、成皋，计欲捐成皋以东，屯巩、洛以拒楚。郦生因曰："臣闻知天之天者，王事可成；不知天之天者，王事不可成。王者以民人为天，而民人以食为天。【眉批】"民人以食为天"句，此段纲领。夫敖仓，天下转输久矣，臣闻其下乃有藏粟甚多。楚人拔荥阳，不坚守敖仓，乃引而东，令適卒分守成皋，此乃天所以资汉也。方今楚易取而汉反却，自夺其便，臣窃以为过矣。且两雄不俱立，楚汉久相持不决，百姓骚动，海内摇荡，农夫释耒，工女下机，天下之心未有所定也。愿足下急复进兵，收取荥阳，据敖仓之粟，塞成皋之险，杜大行之道，距蜚狐之口，守白马之津，以示诸侯効实形制之势，则天下知所归矣。【眉批】"天下知所归"句，为下文说齐王曰"王知天下所归"句张本。方今燕、赵已定，唯齐未下。今田广据千里之齐，田间将二十万之众，军于历下，诸田宗强，负海阻河济，南近楚，人多变诈，足下虽遣数十万师，未可以岁月破也。臣请得奉明诏说齐王，使为汉而称东藩。"上曰："善。"乃从其画，复守敖仓，而使郦生说齐王曰："王知天下之所归乎？"【眉批】开口便得肯綮。王曰："不知也。"曰："王知天下之所归，则齐国可得而有也；若不知天下之所归，即齐国未可得保也。"齐王曰："天下何所归？"曰："归汉。"曰："先生何以言之？"曰："汉王与项王戮力西面击秦，约先入咸阳者王之。汉王先入咸阳，项王负约不与而王之汉中。项王迁杀义帝，汉王闻之，起蜀汉之兵击三秦，出关而责义帝之处，收天下之兵，立诸侯之后。降城即以侯其将，得赂即以分其士，与天下同其利，豪英贤才皆乐为之用。诸侯之兵四面而至，蜀汉之粟方船而下。项王有倍约之名，杀义帝之负；于人之功无所记，于人之罪无所忘；战胜而不得其赏，拔城而不得其封；非项氏莫得用事；为人刻印，刓而不能授；攻城得赂，积而不能赏：天下畔之，贤才怨之，而莫为之用。故天下之士归于汉王，【眉批】与前归汉句相唤应。可坐而策也。夫汉王发蜀汉，定三秦；涉西河之外，援上党之兵；下井陉，诛成安君；

破北魏，举三十二城：此蚩尤之兵也，非人之力也，天之福也。今已据敖仓之粟，塞成皋之险，守白马之津，杜大行之阪，距蜚狐之口，天下后服者先亡矣。王疾先下汉王，齐国社稷可得而保也；应前"齐国可得有"句。不下汉王，【眉批】上以知不知，此以下不下，首尾设为反正之词，以耸其听。危亡可立而待也。"应前"齐国未可保"句。田广以为然，乃听郦生，罢历下兵守战备，与郦生日纵酒。淮阴侯闻郦生伏轼下齐七十余城，乃夜度兵平原袭齐。齐王田广闻汉兵至，以为郦生卖己，乃曰："汝能止汉军，我活汝；不然，我将亨汝！"郦生曰："举大事不细谨，盛德不辞让。而公不为若更言！"【眉批】此数言益见郦生轻死生外身世之意。齐王遂亨郦生，引兵东走。汉十二年，曲周侯郦商以丞相将兵击黥布有功。高祖举列侯功臣，思郦食其。【眉批】结郦商前案。郦食其子郦疥数将兵，功未当侯，上以其父故，封疥为高梁侯。后更食武遂，嗣三世。元狩元年中，武遂侯平坐诈诏衡山王取百斤金，当弃市，病死，国除也。

陆贾者，楚人也。以客从高祖定天下，名为有口辩士，居左右，常使诸侯。及高祖时，中国初定，尉他平南越，因王之。高祖使陆贾赐尉他印为南越王。陆生至，尉他魋结魋其发而结之。箕倨见陆生。陆生因进说他曰："足下中国人，【眉批】"足下"以下数句，一一应在后。亲戚昆弟坟墓在真定。今足下反天性，弃冠带，欲以区区之越与天子抗衡为敌国，祸且及身矣。且夫秦失其政，诸侯豪杰并起，唯汉王先入关，据咸阳。项羽倍约，自立为西楚霸王，诸侯皆属，可谓至强。然汉王起巴蜀，鞭笞天下，劫略诸侯，遂诛项羽灭之。五年之间，海内平定，此非人力，天之所建也。天子闻君王王南越，不助天下诛暴逆，将相欲移兵而诛王，天子怜百姓新劳苦，故且休之，遣臣授君王印，剖符通使。君王宜郊迎，北面称臣，乃欲以新造未集之越，屈强于此。汉诚闻之，掘烧王先人冢，夷灭宗族，使一偏将将十万众临越，则越杀王降汉，如反覆手耳。"【眉批】"新造"二句，应上“区区之越”；“掘烧”二句，应上“亲戚昆弟”句；“使一偏将”三句，应上“祸且及身”句；下一“似”字活落语。于是尉他乃蹶然起坐，与前“箕踞”相应。谢陆生曰：“居蛮夷中久，殊失礼义。”因问陆生曰：“我孰与萧何、曹参、韩信贤？”陆生曰：“王似贤。”复曰：“我孰与皇帝贤？”陆生曰：“皇帝起丰沛，讨暴秦，诛强楚，为天下兴利除害，继五帝三皇之业，统理中国。中国之人以亿计，地方万里，居天下之膏腴，人众车舆，万物殷富，政由一家，自天地剖泮未始有也。今王众不过数十万，皆蛮夷，崎岖山海间，譬若汉一郡，王何乃比于汉！”尉他大笑曰：“吾不起中国，故王此。使我居中国，何渠遂也。不若汉？”【眉批】尉他意折，而语犹倔强。乃大说陆生，留与饮数月。曰：“越中无足与语，至生来，令我日闻所不闻。”赐陆生橐中装直千金，他送亦千金。陆生卒拜尉他为越王，【眉批】“拜尉他为越王”，应起处，而加一“卒”字于上，盖归功生云。令称臣奉汉约。归报，高祖大悦，拜贾为太中大夫。陆生时时前说称《诗》《书》。高帝骂之曰：“乃公居马上而得之，安事《诗》《书》！”陆生曰：“居马上得之，宁可以马上治之乎？且汤武逆取而以顺守之，文武并用，长久之术也。昔者吴王夫差、智伯极武而亡；秦任刑法不变，卒灭赵氏。乡使秦已并天下，行仁义，法先圣，陛下安得而有之？”高帝不怿而有惭色，乃谓陆生曰：“试为我著秦所以失天下，吾所以得之者何，及古成败之国。”陆生乃粗述存亡之征，凡著十二篇。每奏一篇，高帝未尝不称善，左右呼万岁，号其书曰“新语”。孝惠帝时，吕太后用事，欲王诸吕，畏大臣有口者，陆生自度不能争之，乃病免家居。以好畤田地善，可以家焉。有五男，【眉批】“有五男”以下，不满百字，而陆生智谋、口语、情性、日用、人情、世态，如见其家庭，问其委曲。乃出所使越得橐中装卖千金，分其子，子二百金，令为生产。陆生常安居驷马，从歌舞鼓琴瑟侍者十人，宝剑直百金，谓其子曰：“与汝约：过汝，汝给吾人马酒食，极欲，十日而更。所死家，得宝剑车骑侍从者。一岁中往来过他客，率不过再三过，数见不鲜，无久慁公为也。”【眉批】“数见不鲜”，言无见不鲜美之物以久慁我也。

吕太后时，接上。王诸吕，诸吕擅权，欲劫少主，危刘氏。右丞相陈平患之，力不能争，【眉批】上云贾“度不能争”，此云“平患之，力不能争”，盖两人同心为国，故贾能揣平之念如此。恐祸及己，常燕居深念。【眉批】连下“念”字而曲逆侯忧国之心具见。陆生往请，直入坐，而陈丞相方深念，不时见陆生。陆生曰：“何念之深也？”陈平曰：“生揣我何念？”陆生曰：“足下位为上相，食三万户侯，可谓极富贵无欲矣。然有忧念，不过患诸吕、少主耳。”陈平曰：“然。为之奈何？”陆生曰：“天下安，注意相；天下危，注意将。将相和调，则士务一作豫。附；士务附，天下虽有变，即权不分。为社稷计，在两君掌握耳。臣常欲谓太尉绛侯，绛侯与我戏，易吾言。君何不交欢太尉，深相结？”【眉批】生一言而定社稷。为陈平画吕氏数事。陈平用其计，乃以五百金为绛侯寿，厚具乐饮；太尉亦报如之。此两人深相结，则吕氏谋益衰。陈平乃以奴婢百人，车马五十乘，钱五百万，遗陆生为饮食费。陆生以此游汉廷公卿间，名声籍甚。及诛诸吕，立孝文帝，陆生颇有力焉。孝文帝即位，欲使人之南越。陈丞相等乃言陆生为太中大夫，往使尉他，令尉他去黄屋称制，令比诸侯，皆如意旨。语在《南越》语中。【眉批】使南越事，首尾《陆生传》，盖生佐汉之功，此其最著者，故亹亹云。陆生竟以寿终。

刘敬叔孙通列传 全

【眉批】《敬传》直叙四事：都关中，定万世之安，是矣；逆睹夷情，迁徙强宗，亦其智也；独启和亲之端，为万世耻耳。刘敬者，齐人也。汉五年，戍陇西，过洛阳，高帝在焉。娄敬脱輓辂，衣其羊裘，见齐人虞将军曰："臣愿见上言便事。"虞将军欲与之鲜衣，娄敬曰："臣衣帛，衣帛见；衣褐，衣褐见：终不敢易衣。"于是虞将军入言上。上召入见，赐食。已而问娄敬，娄敬说曰："陛下都洛阳，岂欲与周室比隆哉？"上曰："然。"娄敬曰："陛下取天下与周室异。周之先自后稷，尧封之邰，积德累善十有余世。【眉批】运用"德"字为眼目。公刘避桀居豳。大王以狄伐故，去豳，杖马箠居岐，国人争随之。及文王为西伯，断虞芮之讼，始受命，吕望、伯夷自海滨来归之。武王伐纣，不期而会孟津之上八百诸侯，皆曰纣可伐矣，遂灭殷。成王即位，周公之属傅相焉，乃营成周洛邑，以此为天下之中也，诸侯四方纳贡职，道里均矣，有德则易以王，无德则易以亡。凡居此者，欲令周务以德致人，不欲依阻险，令后世骄奢以虐民也。及周之盛时，天下和洽，四夷乡风，慕义怀德，附离而并事天子，不屯一卒，不战一士，八夷大国之民莫不宾服，效其贡职。及周之衰也，分而为两，天下莫朝，周不能制也。非其德薄也，而形势弱也。今陛下起丰击"击"字衍。沛，收卒三千人，以之径往而卷蜀汉，定三秦，与项羽战荥阳，争成皋之口，大战七十，小战四十，使天下之民肝脑涂地，父子暴骨中野，不可胜数，哭泣之声未绝，伤痍者未起，而欲比隆于成康之时，【眉批】"比隆"二字，首尾唤应。臣窃以为不侔也。┃ 且夫秦地被山带河，四塞以为固，卒然有急，百万之众可具也。因秦之故，资甚美膏腴之地，此所谓天府者也。陛下入关而都之，山东虽乱，秦之故地可全而有也。夫与人斗，不搤其亢，拊其背，未能全其胜也。今陛下入关而都，案秦之故地，此亦搤天下

之亢而拊其背也。”| 高帝问群臣，群臣皆山东人，争言周王数百年，秦二世即亡，不如都周。上疑未能决。及留侯明言入关便，略。即日车驾西都关中。【眉批】书“即日”见高帝从谏如转圜。于是上曰：“本言都秦地者娄敬，‘娄’者乃‘刘’也。”赐姓刘氏，拜为郎中，号为奉春君。

汉七年，韩王信反，高帝自往击之。至晋阳，闻信与匈奴欲共击汉，上大怒，使人使匈奴。匈奴匿其壮士肥牛马，但见老弱及羸畜。使者十辈来，皆言匈奴可击。上使刘敬复往使匈奴，还报曰：“两国相击，此宜夸矜见所长。今臣往，徒见羸瘠老弱，此必欲见短，伏奇兵以争利。愚以为匈奴不可击也。”【眉批】以“可击”、“不可击”为眼目。是时汉兵已逾句注，二十余万兵已业行。上怒，骂刘敬曰：“齐虏！以口舌得官，今乃妄言沮吾军。”械系敬广武。遂往，至平城，匈奴果出奇兵围高帝白登，七日然后得解。高帝至广武，赦敬，曰：“吾不用公言，以困平城。吾皆已斩前使十辈言可击者矣。”【眉批】“吾皆以斩”句，与上“使者十辈”句相顾应。乃封敬二千户，为关内侯，号为建信侯。| 高帝罢平城归，接。韩王信亡入胡。当是时，冒顿为单于，兵强，控弦三十万，数苦北边。上患之，问刘敬。刘敬曰：“天下初定，士卒罢于兵，未可以武服也。冒顿杀父代立，妻群母，以力为威，未可以仁义说也。独可以计久远子孙为臣耳，然恐陛下不能为。”上曰：“诚可，何为不能！顾为奈何？”刘敬对曰：“陛下诚能以適长公主妻之，厚奉遗之，彼知汉適女送厚，蛮夷必慕以为阏氏，生子必为太子，代单于。何者？贪汉重币。陛下以岁时汉所余彼所鲜数问遗，因使辩士风谕以礼节。冒顿在，固为子婿；死，则外孙为单于。岂尝闻外孙敢与大父抗礼者哉？兵可无战以渐臣也。若陛下不能遣长公主，而令宗室及后宫诈称公主，彼亦知，不肯贵近，无益也。”高帝曰：“善。”欲遣长公主。吕后日夜泣，曰：“妾唯太子、一女，奈何弃之匈奴！”上竟不能遣长公主，【眉批】

"竟不能遣"句，与上"欲遣"句相顾应。而取家人子名为长公主，妻单于。使刘敬往结和亲约。┃ 刘敬从匈奴来，因言"匈奴河南白羊、楼烦王，去长安近者七百里，轻骑一日一夜可以至秦中。秦中新破，少民，地肥饶，可益实。夫诸侯初起时，非齐诸田，楚昭、屈、景莫能兴。今陛下虽都关中，实少人。北近胡寇，东有六国之族，宗强，一日有变，陛下亦未得高枕而卧也。臣愿陛下徙齐诸田，楚昭、屈、景，燕、赵、韩、魏后，及豪杰名家居关中。无事，可以备胡；【眉批】"备胡"、"都关中"两事，结案在此。诸侯有变，亦足率以东伐。此强本弱末之术也"。上曰："善。"乃使刘敬徙所言关中十余万口。不载敬所终。

【眉批】此传专写通之希世取容，与时变化处。叔孙通者，薛人也。秦时以文学征，待诏博士。数岁，陈胜起山东，使者以闻，二世召博士诸儒生问曰："楚戍卒攻蕲入陈，于公如何？"博士诸生三十余人前曰："人臣无将，将即反，罪死无赦。愿陛下急发兵击之。"二世怒，作色。叔孙通前曰："诸生言皆非也。夫天下合为一家，毁郡县城，铄其兵，示天下不复用。且明主在其上，法令具于下，使人人奉职，四方辐辏，安敢有反者！此特群盗鼠窃狗盗耳，何足置之齿牙间。郡守尉今捕论，何足忧。"二世喜曰：【眉批】"喜"字与上"怒"字相顾。"善。"尽问诸生，诸生或言反，或言盗。于是二世令御史案诸生言反者下吏，非所宜言。诸言盗者皆罢之。乃赐叔孙通帛二十匹，衣一袭，拜为博士。叔孙通已出宫，反舍，诸生曰："先生何言之谀也？"通曰："公不知也，我几不脱于虎口！"乃亡去，之薛，薛已降楚矣。及项梁之薛，叔孙通从之。败于定陶，从怀王。怀王为义帝，徙长沙，叔孙通留事项王。汉二年，汉王从五诸侯入彭城，叔孙通降汉王。汉王败而西，因竟从汉。

叔孙通儒服，汉王憎之；乃变其服，希世。服短衣，楚制，汉王喜。叔孙通之降汉，从儒生弟子百余人，然通无所言进，专言诸故群盗壮士进之。希世。弟子皆窃骂曰：【眉批】叔孙弟子以不得进"窃骂"，至后得官则"皆喜"，至称为"圣人"。先言此，后言彼，文有贯串。"事先生数岁，幸得从降汉，今不能进臣等，专言大猾，何也？"叔孙通闻之，乃谓曰："汉王方蒙矢石争天下，诸生宁能斗乎？故先言斩将搴旗之士。诸生且待我，我不忘矣。"汉王拜叔孙通为博士，号稷嗣君。汉五年，已并天下，诸侯共尊汉王为皇帝于定陶，叔孙通就其仪号。高帝悉去秦苛仪法，为简易。群臣饮酒争功，醉或妄呼，拔剑击柱，高帝患之。叔孙通知上益厌之也，希世。说上曰："夫儒者难与进取，可与守成。臣愿征鲁诸生，与臣弟子共起朝仪。"高帝曰："得无难乎？"叔孙通曰："五帝异乐，三王不同礼。礼者，因时世人情为之节文者也。希世。故夏、殷、周之礼所因损益可知者，谓不相复也。臣愿颇采古礼与秦仪杂就之。"上曰："可试为之，令易知，度吾所能行为之。"于是叔孙通使征鲁诸生三十余人。鲁有两生不肯行，曰："公所事者且十主，皆面谀以得亲贵。今天下初定，死者未葬，伤者未起，又欲起礼乐。礼乐所由起，积德百年而后可兴也。吾不忍为公所为。公所为不合古，吾不行。公往矣，无污我！"叙两生不行语，摹写希世处。叔孙通笑曰："若真鄙儒也，不知时变。"遂与所征三十人西，及上左右为学者与其弟子百余人为绵蕞野外。习之月余，叔孙通曰："上可试观。"上既观，使行礼，曰："吾能为此。"【眉批】"为"字与上二"为"字相应。乃令群臣习隶，会十月。汉七年，长乐宫成，诸侯群臣皆朝十月。仪：【眉批】欲叙其下仪，先以"仪"字唤起，后连用"仪"字相应。先平明，谒者治礼，引以次入殿门，廷中陈车骑步卒卫宫，设兵张旗志。一作"帜"。传言"趋"。殿下郎中侠陛，陛数百人。功臣列侯诸将军军吏以次陈西方，东乡；文官丞相以下陈东方，西乡。大行设九宾，胪句传。于是皇帝辇出房，百官执职传警，引诸侯王以下至吏六百石以次奉贺。自诸侯王以下莫不振恐肃敬。【眉批】三用"以次"字，三用"以下"字，陈列整然，虽未尝至阙廷者，亦可以想汉仪矣。至礼毕，复置法酒。诸侍坐殿上皆伏抑首，以尊卑次起上寿。觞九行，谒者言“罢酒”。御史执法举不如仪者辄引去。竟朝置酒，无敢讙哗失礼者。结。于是高帝曰：“吾乃今日知为皇帝之贵也。”乃拜叔孙通为太常，赐金五百斤。叔孙通因进曰：“诸弟子儒生随臣久矣，与臣共为仪，愿陛下官之。”高帝悉以为郎。叔孙通出，皆以五百斤金赐诸生。诸生乃皆喜曰：【眉批】“喜”字与上“骂”字相顾。“叔孙生诚圣人也，知当世之要务。”反应“不知时变”。

汉九年，高帝徙叔孙通为太子太傅。汉十二年，高祖欲以赵王如意易太子，【眉批】“欲易太子”，与下“遂无易太子”首尾相唤应。叔孙通谏上曰：“昔者晋献公以骊姬之故废太子，立奚齐，晋国乱者数十年，为天下笑。秦以不早定扶苏，令赵高得以诈立胡亥，自使灭祀，此陛下所亲见。今太子仁孝，天下皆闻之；吕后与陛下攻苦食啖，其可背哉！陛下必欲废適而立少，臣愿先伏诛，以颈血污地。”【眉批】览通谏易太子数语，凛凛然有正气；然向使高帝未老，吕后不强度，如意可攘太子位，又安知不反其说以阿意邪？高帝曰：“公罢矣，吾直戏耳。”叔孙通曰：“太子天下本，本一摇天下振动，奈何以天下为戏！”高帝曰：“吾听公言。”及上置酒，见留侯所招客从太子入见，上乃遂无易太子志矣。┃ 高帝崩，孝惠即位，乃谓叔孙生曰：“先帝园陵寝庙，群臣莫能习。”徙为太常，定宗庙仪法。及稍定汉诸仪法，皆叔孙生为太常所论著也。孝惠帝为东朝长乐宫，及间往来，数跸烦人，乃作复道，方筑武库南。叔孙生奏事，因请间曰：“陛下何自筑复道高寝，衣冠月出游高庙？高庙，汉太祖，奈何令后世子孙乘宗庙道上行哉？”孝惠帝大惧，曰：“急坏之。”叔孙生曰：“人主无过举。此亦其人主之过希世余波处。今已作，百姓皆知之，今坏此，则示有过举。愿陛下为原庙渭北，衣冠月出游之，益广多宗庙，大孝之本也。”上乃诏有司立原庙。原庙起，以复道故。孝惠帝曾春出游离宫，叔孙生曰："古者有春尝果，方今樱桃孰，可献，愿陛下出，因取樱桃献宗庙。"上乃许之。诸果献由此兴。亦不载通所终。

太史公曰：语曰"千金之裘，非一狐之腋也；台榭之榱，非一木之枝也；三代之际，非一士之智也"。信哉！夫高祖起微细，定海内，谋计用兵，可谓尽之矣。然而刘敬脱輓辂一说，建万世之安，智岂可专邪！叔孙通希世度务，【眉批】"世"、"希"二字，是一篇柱子。制礼进退，与时变化，卒为汉家儒宗。"大直若诎，道固委蛇"，音移。【眉批】通先仕秦，既而降汉，故太史公曰"大直若诎，道固委蛇"也。盖谓是乎？

季布栾布列传 全

【眉批】此传逐段叙，段多有结。季布者，楚人也。为气任侠，有名于楚。一篇纲领。项籍使将兵，数窘汉王。及项羽灭，高祖购求布千金，敢有舍匿，罪及三族。季布匿濮阳周氏。周氏曰："汉购将军急，迹且至臣家，将军能听臣，臣敢献计；即不能，愿先自刭。"【眉批】此周氏在朱家上，是能用朱家者。季布许之。乃髡钳季布，衣褐衣，置广柳车中，并与其家童数十人，之鲁朱家所卖之。【眉批】并与其家童卖之，古人用心深厚处。朱家心知是季布，乃买而置之田。诫其子曰："田事听此奴，必与同食。"朱家乃乘轺车之洛阳，【眉批】乘一马车，见其急也。见汝阴侯滕公。滕公留朱家饮数日。因谓滕公曰："季布何大罪，而上求之急也？"滕公曰："布数为项羽窘上，上怨之，故必欲得之。"朱家曰："君视季布何如人也？"曰："贤者也。"朱家曰："臣各为其主用，季布为项籍用，职耳。项氏臣可尽诛邪？今上始得天下，独以己之私怨求一人，何示天下之不广也！且以季布之贤而汉求之急如此，此不北走胡即南走越耳。夫忌壮士以资敌国，此伍子胥所以鞭荆平王之墓也。君何不从容为上言邪？"汝阴侯滕公心知朱家大侠，【眉批】两"心知"字一意，皆史氏揣摩之言。意季布匿其所，乃许曰："诺。"待间，果言如朱家指。上乃赦季布。当是时，诸公皆多季布能摧刚为柔，朱家亦以此名闻当世。| 季布召见，谢，上拜为郎中。孝惠时，为中郎将。单于尝为书嫚吕后，不逊，吕后大怒，召诸将议之。上将军樊哙曰："臣愿得十万众，横行匈奴中。"诸将皆阿吕后意，曰"然"。季布曰："樊哙可斩也！夫高帝将兵四十余万众，困于平城，今哙奈何以十万众横行匈奴中，面欺！且秦以事于胡，陈胜等起。于今创痍未瘳，哙又面谀，欲摇动天下。"有生色。是时殿上皆恐，太后罢朝，遂不复议击匈奴事。

季布为河东守，孝文时，人有言其贤者，孝文召，欲以为御史大夫。复有言其勇，使酒难近。至，留邸一月，见罢。季布因进曰："臣无功窃宠，待罪河东。陛下无故召臣，此人必有以臣欺陛下者；今臣至，无所受事，罢去，此人必有以毁臣者。夫陛下以一人之誉而召臣，一人之毁而去臣，臣恐天下有识闻之有以窥陛下也。"上默然惭，良久曰："河东吾股肱郡，故特召君耳。"布辞之官。┃ 楚人曹邱生，辩士，数招权顾金钱。事贵人赵同等，与窦长君善。季布闻之，寄书谏窦长君曰："吾闻曹邱生非长者，勿与通。"及曹邱生归，欲得书请季布。窦长君曰："季将军不说足下，足下无往。"固请书，遂行。使人先发书，季布果大怒，待曹邱。曹邱至，即揖季布曰："楚人谚曰'得黄金百斤，不如得季布一诺'，足下何以得此声于梁楚间哉？且仆楚人，应上。足下亦楚人也。仆游扬足下之名于天下，顾不重邪？何足下距仆之深也！"【眉批】季布为曹丘生所收，只是一好誉乃堕其计耳。季布乃大悦，引入，留数月，为上客，厚送之。季布名所以益闻者，曹邱扬之也。结。┃ 季布弟季心，余波。气盖关中，遇人恭谨，为任侠，方数千里，士皆争为之死。尝杀人，亡之吴，从袁丝匿。长事袁丝，盎字。弟畜灌夫、籍福之属。【眉批】汉时，此辈为世所重。尝为中司马，中尉郅都不敢不加礼。少年多时时窃籍其名以行。当是时，季心以勇，布以诺，著闻关中。┃ 总结。【眉批】附丁公，只因高帝不杀季布上带来，见季布忠于项王。季布母弟丁公，余波。【眉批】数语连用十"丁公"字。为楚将。丁公为项羽逐窘高祖彭城西，短兵接，高祖急，顾丁公曰："两贤岂相厄哉！"于是丁公引兵而还，汉王遂解去。与"数窘汉王"相应。及项王灭，丁公谒见高祖。高祖以丁公徇军中，丁公为项王臣不忠，使项王失天下者，乃丁公也。遂斩丁公，曰："使后世为人臣者无效丁公！"

栾布者，梁人也。始梁王彭越为家人时，尝与布游。穷困，赁佣于齐，为酒人保。数岁，彭越去之巨野中为盗，而布为人所略卖，为奴于燕。为其家主报仇，燕将臧荼举以为都尉。臧荼后为燕王，以布为将。及臧荼反，汉击燕，虏布。梁王彭越闻之，乃言上，请赎布以为梁大夫。使于齐，未还，汉召彭越，责以谋反，夷三族。已而枭彭越头于雒阳下，诏曰："有敢收视者，辄捕之。"布从齐还，奏事彭越头下，祠而哭之。吏捕布以闻。上召布，骂曰："若与彭越反邪？吾禁人勿收，若独祠而哭之，与越反明矣。趣亨之。"方提趣汤，布顾曰："愿一言而死。"上曰："何言？"布曰："方上之困于彭城，败荥阳、成皋间，项王所以遂不能西徙，以彭王居梁地，与汉合从苦楚也。当是之时，彭王一顾，与楚则汉破，与汉而楚破。且垓下之会，微彭王，项氏不亡。天下已定，彭王剖符受封，亦欲传之万世。今陛下一征兵于梁，彭王病不行，而陛下疑以为反，反形未见，以苛小案诛灭之，臣恐功臣人人自危也。今彭王已死，臣生不如死，请就亨。"于是上乃释布罪，拜为都尉。孝文时，为燕相，至将军。布乃称曰："穷困不能辱身下志，非人也；富贵不能快意，非贤也。"【眉批】借布自言，概其生平，以结前案。于是尝有德者厚报之，有怨者必以法灭之。吴军反时，以军功封俞侯，复为燕相。燕齐之间皆为栾布立社，号曰栾公社。景帝中五年薨。子贲嗣，为太常，牺牲不如令，国除。

太史公曰：以项羽之气，而季布以勇显于楚，身履典军搴旗者数矣，可谓壮士。┃然被刑戮，为人奴而不死，何其下也！彼必自负其材，故受辱而不羞，欲有所用其未足也，故终为汉名将。贤者诚重其死。夫婢妾贱人感慨而自杀者，非能勇应前"勇"字。也，其计画无复复，一作"冀"。之耳。【眉批】一则重其死，一则不重其死，要皆略有见于义者。而太史公且谓贱妾感慨自杀非能勇也，计画无复之者，乃借以自述其隐忍苟活以成史书之意耳。┃栾布哭彭越，趣汤如归者，彼诚知所处，不自重其死。虽往古烈士，何以加哉！

袁盎晁错列传 袁盎论

袁盎者，楚人也，字丝。父故为群盗，徙处安陵。高后时，盎尝为吕禄舍人。及孝文帝即位，盎兄哙任盎为中郎。绛侯为丞相，朝罢趋出，意得甚。上礼之恭，帝目送之。袁盎进曰："陛下以丞相何如人？"上曰："社稷臣。"盎曰："绛侯所谓功臣，非社稷臣，社稷臣主在与在，主亡与亡。【眉批】"主在"二句，只是形容与国同休戚意。方吕后时，诸吕用事，擅相王，刘氏不绝如带。是时绛侯为太尉，主兵柄，弗能正。吕后崩，大臣相与共畔诸吕，太尉主兵，适会其成功，所谓功臣，非社稷臣。丞相如有骄主色。陛下谦让，臣主失礼，窃为陛下不取也。"后朝，上益庄，丞相益畏。已而绛侯望怨也。袁盎曰："吾与而兄善，今儿廷毁我！"盎遂不谢。及绛侯免相之国，国人上书告以为反，征系清室，宗室诸公莫敢为言，唯袁盎明绛侯无罪。绛侯得释，盎颇有力。绛侯乃大与盎结交。┃ 结。

淮南厉王朝，杀辟阳侯，居处骄甚。袁盎谏曰："诸侯大骄必生患，可适削地。"上弗用。淮南王益横。及棘蒲侯柴武太子谋反事觉，【眉批】两"及"字紧紧接反上，是文中转折处。治，连淮南王，淮南王征，上因迁之蜀，轞车传送。袁盎时为中郎将，乃谏曰："陛下素骄淮南王，弗稍禁，以至此，今又暴摧折之。淮南王为人刚，如有遇雾露行道死，陛下竟以为天下之大弗能容，有杀弟之名，奈何？"上弗听，【眉批】曰"上弗用"，曰"上弗听"，为下文悔"不用公言"张本，是文中点缀处。遂行之。淮南王至雍，病死，闻，上辍食，哭甚哀。盎入，顿首请罪。上曰："以不用公言至此。"盎曰："上自宽，此往事，岂可悔哉！且陛下有高世之行者三，此不足以毁名。"【眉批】谓有高行不足毁名，正是蛊人主心术，比之俳优解愠。上曰："吾高世行三者何事？"盎曰："陛下居代时，太后尝病，三年，陛下不交睫，不解衣，汤药非陛下口所尝弗进。夫曾参以布衣犹难之，今陛下亲以王者修之，过曾参孝远矣。夫诸吕用事，大臣专制，然陛下从代乘六乘传驰不测之渊，虽贲育之勇不及陛下。陛下至代邸，西向让天子位者再，南面让天子位者三。夫许由一让，而陛下五以天下让，过许由四矣。且陛下迁淮南王，欲以苦其志，使改过，有司卫不谨，回护。故病死。”于是上乃解，曰：“将奈何？”盎曰：“淮南王有三子，唯在陛下耳。”于是文帝立其三子皆为王。盎由此名重朝廷。┃结。

袁盎常引大体慷慨。纲。宦者赵同以数幸，谓以计数见幸。常害袁盎，袁盎患之。盎兄子种为常侍骑，持节夹乘，说盎曰：“君与斗，廷辱之，使其毁不用。”孝文帝出，目。赵同参乘，袁盎伏车前曰：“臣闻天子所与共六尺舆者，皆天下豪英。引大体。今汉虽乏人，陛下独奈何与刀锯余人载！”于是上笑，下赵同。赵同泣下车。┃文帝从霸陵上，目。欲西驰下峻阪。袁盎骑，并车揽辔。上曰：“将军怯邪？”盎曰：“臣闻千金之子坐不垂堂，百金之子不骑衡，圣主不乘危而徼幸。引大体。今陛下骋六骓，驰下峻山，如有马惊车败，陛下纵自轻，奈高庙、太后何？”上乃止。┃上幸上林，目。皇后、慎夫人从。其在禁中，常同席坐。及坐，郎署长布席，袁盎引却慎夫人坐。慎夫人怒，不肯坐。上亦怒，起，入禁中。盎因前说曰：“臣闻尊卑有序则上下和。引大。今陛下既已立后，慎夫人乃妾，妾主岂可与同坐哉！且陛下幸之，即厚赐之。陛下所以为慎夫人，适所以祸之。陛下独不见‘人彘’乎？”于是上乃说，召语慎夫人。慎夫人赐盎金五十斤。

然袁盎亦以数直谏，不得久居中，调为陇西都尉。仁爱士卒，士卒皆争为死。┃迁为齐相。徙为吴相，辞行，种谓盎曰：“吴王骄日久，国多奸。今苟欲劾治，彼不上书告君，即利剑刺君矣。南方卑湿，君能日饮，毋苛，更无余事也。时说王曰毋反而已。如此幸得脱。”盎用种之计，吴王厚遇盎。┃盎告归，道逢丞相申屠嘉，下车拜谒，丞相从车上谢袁盎。袁盎还，愧其吏，乃之丞相舍上谒，求见丞相。丞相良久而见之。盎因跪曰："愿请间。"丞相曰："使君所言公事，之曹与长史掾议，吾且奏之；即私邪，吾不受私语。"袁盎即跪说《汉书》作"起说"，是。曰："君为丞相，自度孰与陈平、绛侯？"丞相曰："吾不如。"袁盎曰："善，君即自谓不如。夫陈平、绛侯辅翼高帝，定天下，为将相，而诛诸吕，存刘氏；君乃为材官蹶张，迁为队率，积功至淮阳守，非有奇计攻城野战之功。且陛下从代来，每朝，郎官上书疏，未尝不止辇受其言，言不可用置之，言可受采之，未尝不称善。何也？则欲以致天下贤士大夫。上日闻所不闻，明所不知，日益圣智；君今自闭钳天下之口而日益愚。夫以圣主责愚相，君受祸不久矣。"丞相乃再拜曰："嘉鄙野人，乃不知，将军幸教。"引入与坐，为上客。

盎素不好晁错，伏杀错案。晁错所居坐，盎去；盎坐，错亦去：两人未尝同堂语。及孝文帝崩，孝景帝即位，晁错为御史大夫，使吏案袁盎受吴王财物，抵罪，诏赦以为庶人。吴楚反，闻，晁错谓丞史曰："夫袁盎多受吴王金钱，专为蔽匿，言不反。今果反，欲请治盎宜知计谋。"【眉批】错之欲治盎以反也，所谓先自行阴贼以陷人，宜其祸不旋踵。丞史曰："事未发，治之有绝。绝吴反心也。今兵西乡，治之何益！且袁盎不宜有谋。"晁错犹与未决。人有告袁盎者，袁盎恐，夜见窦婴，为言吴所以反者，省。愿至上前口对状。窦婴入言上，上乃召袁盎入见。晁错在前，及盎请辟人赐间，错去，固恨甚。袁盎具言吴所以反状，以错故，独急斩错以谢吴，吴兵乃可罢。其语俱在吴事中。使袁盎为太常，窦婴为大将军。两人素相与善。逮吴反。诸陵长者长安中贤大夫争附两人，车随者日数百乘。及晁错已诛，| 袁盎以太常使吴。吴王欲使将，不肯。欲杀之，使一都尉以五百人围守盎军中。袁盎自其为吴相时，追。尝有从史尝盗爱盎侍儿，盎知之，弗泄，遇之如故。人有告从史，言"君知尔与侍者通"，

乃亡归。袁盎知驱自追之，遂以侍者赐之，复为从史。及袁盎使吴见守，从史适为守盎校尉司马，乃悉以其装赍置二石醇醪，会天寒，士卒饥渴，饮酒醉，西南陬卒皆卧，司马夜引袁盎起，曰："君可以去矣，吴王期旦日斩君。"盎弗信，曰："公何为者？"司马曰："臣故为从史盗君侍儿者。"盎乃惊谢曰;"公幸有亲，我不可以累公。"司马曰："君第去，臣亦且亡，避吾亲，君何患！"乃以刀决张，道从醉卒直隧出。司马与分背，袁盎解节毛怀之，杖，步行七八里，明，见梁骑，骑驰去，遂归报。吴楚已破，上更以元王子平陆侯礼为楚王，袁盎为楚相。尝上书有所言，不用。袁盎病免。

居家，与闾里浮沈，相随行，斗鸡走狗。虚。雒阳剧孟尝过袁盎，盎善待之。实。【眉批】无故增出剧孟，问答甚高，子长只是借他人写出胸次事。安陵富人有谓盎曰："吾闻剧孟博徒，将军何自通之？"盎曰："剧孟虽博徒，然母死，客送葬车千余乘，此亦有过人者。且缓急人所有。夫一旦有急叩门，不以亲为解，不以存亡为辞，天下所望者，独季心、剧孟耳。今公常从数骑，一旦有缓急，宁足恃乎！"骂富人，弗与通。诸公闻之，皆多袁盎。▎袁盎虽家居，景帝时时使人问筹策。梁王欲求为嗣，袁盎进说，其后语塞。梁王以此怨盎，曾使人刺盎。刺者至关中，问袁盎，诸君誉之皆不容口。乃见袁盎曰："臣受梁王金来刺君，君长者，不忍刺君。然后刺君者十余曹，备之！"袁盎心不乐，家又多怪，乃之棓生所问占。还，梁刺客后曹辈果遮刺杀盎安陵郭门外。

太史公曰：袁盎虽不好学，亦善傅会，仁心为质，引义慷慨。遭孝文初立，资适逢世。时以变易，及吴楚一说，说虽行哉，然复不遂。好声矜贤，竟以名败。▎晁错为家令时，数言事不用；后擅权，多所变更。诸侯发难，不急匡救，欲报私仇，反以亡躯。▎语曰："变古乱常，不死则亡。"岂错等谓邪！

张释之冯唐列传 全

【眉批】张释之学问作用，大略从黄老中来。张廷尉释之者，【眉批】此传或称释之，或称廷尉，或称张释之，或称张廷尉，各有攸当，非漫语。堵阳人也，字季。有兄仲同居。以訾为骑郎，事孝文帝，十岁不得调，无所知名。释之曰："久宦减仲之产，不遂。"欲自免归。中郎将袁盎知其贤，惜其去，乃请徙释之补谒者。释之既朝毕，因前言便宜事。文帝曰："卑之，毋甚高论，令今可施行也。"于是释之言秦汉之间事，秦所以失而汉所以兴者略而该。久之。【眉批】通篇以历官次行事。文帝称善，乃拜释之为谒者仆射。| 释之从行，登虎圈。上问上林尉诸禽兽簿，十余问，尉左右视，尽不能对。虎圈啬夫从旁代尉对上所问禽兽簿甚悉，欲以观其能口对响应无穷者。【眉批】叙啬夫利口，情状甚悉。文帝曰："吏不当若是邪？尉无赖！"乃诏释之拜啬夫为上林令。释之久之前曰：【眉批】此篇用"久之"者五，"顷之"者三，是好奇处。"陛下以绛侯周勃何如人也？"上曰："长者也。"又复问："东阳侯张相如何如人也？"上复曰："长者。"释之曰："夫绛侯、东阳侯称为长者，此两人言事曾不能出口，岂敩此啬夫谍谍利口捷给哉！且秦以任刀笔之吏，吏争以亟疾苛察相高，然其敝徒文具耳，无恻隐之实。以故不闻其过，陵迟而至于二世，天下土崩。今陛下以啬夫口辩而超迁之，臣恐天下随风靡靡，争为口辩而无其实。且下之化上疾于景响，举错不可不审也。"文帝曰："善。"乃止不拜啬夫。| 上就车，召释之参乘，徐行，问释之秦之敝。具以质言。至宫，上拜释之为公车令。| 顷之，太子与梁王共车入朝，不下司马门，于是释之追止太子、梁王无得入殿门。遂劾不下公门不敬，奏之。薄太后闻之，文帝免冠谢曰："教儿子不谨。"薄太后乃使使承诏赦太子、梁王，然后得入。文帝由是奇释之，拜为中大夫。顷之，至中郎将。从行至霸陵，居北临厕。是时慎夫人从，上指示慎

夫人新丰道，曰：“此走邯郸道也。”使慎夫人鼓瑟，上自倚瑟而歌，意惨凄悲怀，顾谓群臣曰：“嗟乎！以北山石为椁，用纻絮斮陈，絮漆其间，岂可动哉！”左右皆曰：“善。”释之前进曰：“使其中有可欲者，虽锢南山犹有郄；使其中无可欲者，虽无石椁，又何戚焉！”【眉批】后文帝竟薄葬，盖有感于是言。文帝称善。其后拜释之为廷尉。

顷之，上行出中渭桥，有一人从桥下走出，乘舆马惊。于是使骑捕，属之廷尉。释之治问。曰：“县人来，长安县人。闻跸，匿桥下。久之，以为行已过，即出，见乘舆车骑，即走耳。”廷尉奏当，一人犯跸，当罚金。文帝怒曰：“此人亲惊吾马，吾马赖柔和，令他马，固不败伤我乎？而廷尉乃当之罚金！”释之曰：“法者天子所与天下公共也。今法如此而更重之，是法不信于民也。且方其时，上使立诛之则已。【眉批】立诛则已，启人君妄杀之心，斯言误矣。今既下廷尉，廷尉，天下之平也，一倾而天下用法皆为轻重，民安所错其手足？唯陛下察之。”良久，上曰：“廷尉当是也。”其后有人盗高庙坐前玉环，捕得，文帝怒，下廷尉，廷尉治。释之案律盗宗庙服御物者为奏，奏当弃市。上大怒曰：“人之无道，乃盗先帝庙器，吾属廷尉者，欲致族之，而君以法奏之，非吾所以共承宗庙意也。”释之免冠顿首谢曰：“法如是足也。且罪等，然以逆顺为差。今盗宗庙器而族之，有如万分之一，假令愚民取长陵一抔土，陛下何以加其法乎？”久之，文帝与太后言之，乃许廷尉当。是时，中尉条侯周亚夫与梁相山都侯王恬开见释之持议平，乃结为亲友。张廷尉由此天下称之。结。┃后文帝崩，景帝立，释之恐，称病。欲免去，惧大诛至；欲见谢，则未知何如。用王生计，【眉批】又生王生点缀此传，惜其计不闻。卒见谢，景帝不过也。┃ 王生者，过脉。善为黄老言，处士也。尝召居廷中，三公九卿尽会立，王生老人，曰“吾袜解”，顾谓张廷尉：“为我结袜！”【眉批】王生令释之结袜，盖黄老摧刚为柔本旨，与圯上纳履事同。释之跪而结之。既已，人或谓王生曰：“独奈何廷辱张廷尉，使跪结袜？”

王生曰："吾老且贱，自度终无益于张廷尉。张廷尉方今天下名臣，吾故聊辱廷尉，使跪结袜，欲以重之。"【眉批】三"结袜"字，变换文法作三人言。诸公闻之，贤王生而重张廷尉。又结。张廷尉事景帝岁余，为淮南王相，犹尚以前过也。【眉批】两"过"字相应。久之，释之卒。| 其子曰张挚，字长公，官至大夫，免。以不能取容当世，故终身不仕。

冯唐者，其大父赵人。伏后案。父徙代。汉兴徙安陵。唐以孝著，为中郎署长，事文帝。【眉批】写文帝谩问，与当时感慨中语，耿耿如见。文帝辇过，问唐曰："父老何自为郎？家安在？"唐具以实对。文帝曰："吾居代时，吾尚食监高祛数为我言赵将李齐之贤，战于钜鹿下。令吾每饭，意未尝不在钜鹿也。父知之乎？"【眉批】太史公凡叙人父祖、兄弟、亲戚、故旧，皆关钮，非徒填塞侈漫者，观此可见。唐对曰："尚不如廉颇、李牧之为将也。"上曰："何以？"唐曰："臣大父在赵时，应。为官卒将，善李牧。臣父故为代相，应。善赵将李齐，知其为人也。"上既闻廉颇、李牧为人，良说，【眉批】只"既闻""良说"四字，便包括许多言语。而搏髀曰："嗟乎！吾独不得廉颇、李牧时为吾将，吾岂忧匈奴哉！"唐曰："主臣！犹云昧死。陛下虽得廉颇、【眉批】"陛下"句甚斩截，首尾相唤应。李牧，弗能用也。"【眉批】唐无他卓显处，特以其论将帅一段为绝古，今遂为立传。上怒，起入禁中。良久，召唐让曰："公奈何众辱我，独无间处乎？"唐谢曰："鄙人不知忌讳。"当是之时，提时事起案。匈奴新大入朝那，杀北地都尉卬。上以胡寇为意，乃卒复问唐曰："公何以知吾不能用廉颇、李牧也？"唐对曰："臣闻上古王者之遣将也，跪而推毂，曰阃以内者，寡人制之；阃以外者，将军制之。军功爵赏皆决于外，归而奏之。此非虚言也。臣大父言，【眉批】唐论将连称大父与父，其不忘先训可见，以故太史公首次其"以孝著为中郎"云。李牧为赵将居边，军市之租皆自用飨士，赏赐决于外，不从中扰也。委任而责成功，故李牧乃得尽其智能，遣选车千三百乘，彀骑万三千，百金之士十万，是以北逐单于，破东胡，灭澹林，西抑强秦，南支韩、魏。当是之时，赵几霸。此言用李牧是以伯。┃ 其后会赵王迁立，其母倡也。王迁立，乃用郭开谗，卒诛李牧，令颜聚代之。是以兵破士北，为秦所禽灭。此言不用李牧，是以灭。┃ 今臣窃闻魏尚为云中守，【眉批】"今臣"以下，见所以不能用颇、牧之故。其军市租尽以飨士卒，私养钱，与上"军市租"二句相应。五日一椎牛，飨宾客军吏舍人，是以匈奴远避，与上"北逐单于"五句相应。不近云中之塞。虏曾一入，尚率车骑击之，所杀甚众。【眉批】语精神，即尚自言不及此。夫士卒尽家人子，与上"赏赐决于外"反说相形。起田中从军，安和尺籍伍符。终日力战，斩首捕虏，上功莫府，一言不相应，文吏以法绳之。其赏不行而吏奉法必用。臣愚，以为陛下法太明，赏太轻，罚太重。且云中守魏尚坐上功首虏差六级，陛下之按：中华书局版《史记》无"之"字。下吏，削其爵，罚作之。由此言之，陛下虽得廉颇、李牧，弗能用也。臣诚愚，触忌讳，死罪死罪！"【眉批】云是日见从谏之勇。文帝说。是日令冯唐持节赦魏尚，复以为云中守，而拜唐为车骑都尉，主中尉及郡国车士。七年，景帝立，以唐为楚相，免。武帝立，求贤良，举冯唐。唐时年九十余，不能复为官，乃以唐子冯遂为郎。遂字王孙，亦奇士，与余善。【眉批】用"与余善"三字，见所载者非传闻也，有含蓄。

太史公曰：张季之言长者，守法不阿意；冯公之论将率，有味哉！有味哉！语曰"不知其人，视其友"。二君之所称诵，可著廊庙。《书》曰"不偏不党，王道荡荡；不党不偏，王道便便"。张季、冯公近之矣。

万石君张叔列传 万石君

【眉批】传中凡用“恭敬”、“醇谨”、“孝”等字，一篇领袖。万石君名奋，其父赵人也，姓石氏。赵亡，徙居温。高祖东击项籍，过河内，时奋年十五，为小吏，侍高祖。高祖与语，爱其恭敬，问曰：“若何有？”对曰：“奋独有母，不幸失明。家贫。有姊，能鼓琴。”高祖曰：“若能从我乎？”曰：“愿尽力。”于是高祖召其姊为美人，以奋为中涓，受书谒，徙其家长安中戚里，以姊为美人故也。锁束语。┃ 其官至孝文时，积功劳至大中大夫。无文学，恭谨无与比。文帝时，东阳侯张相如为太子太傅，免。选可为傅者，皆推奋，奋为太子太傅。┃ 及孝景即位，以为九卿；迫近，惮之，徙奋为诸侯相。┃ 奋长子建，次子甲，次子乙，次子庆，皆以驯行孝谨，官皆至二千石。于是景帝曰：“石君及四子皆二千石，人臣争宠乃集其门。”号奋为万石君。才了名“万石”义。┃ 孝景帝季年，万石君以上大夫禄归老于家，以岁时为朝臣。过宫门阙，万石君必下车趋，【眉批】连用“必”字、“不”字，字法转换，描写恭谨处极工。见路马必式焉。子孙为小吏，来归谒，万石君必朝服见之，不名。子孙有过失，不谯让，为便坐，对案不食。然后诸子相责，因长老肉袒固谢罪，改之，乃许。子孙胜冠者在侧，虽燕居必冠，申申如也。童仆䜣䜣如也，唯谨。上时赐食于家，必稽首俯伏而食之，如在上前。其执丧，哀戚甚悼。子孙遵教，亦如之。万石君家以孝谨闻乎郡国，总锁前。虽齐鲁诸儒质行，皆自以为不及也。┃ 建元二年，郎中令王臧以文学获罪。借客形主。皇太后以为儒者文多质少，【眉批】皇太后好黄老言，故其用人每抑文尚质如此。今万石君家不言而躬行，乃以长子建为郎中令，少子庆为内史。建老白首，万石君尚无恙。洗发精神。

建为郎中令，每五日洗沐归谒亲，入子舍，窃问侍者，取亲中裙近身衣。厕牏，筑桓短板。身自浣涤，复与侍者，不敢令万石君知，以为常。┃ 建为郎中令，事有可言，屏人恣言，极切；至廷见，如不能言者。是以上乃亲尊礼之。┃ 万石君徙居陵里。内史庆醉归，入外门不下车。万石君闻之，不食。【眉批】此与前“子孙有过失”一段相应。庆恐，应前。肉袒请罪，不许。举宗及兄建肉袒，万石君让曰：“内史贵人，入闾里，里中长老皆走匿，而内史坐车中自如，固当！”乃谢罢庆。庆及诸子弟入里门，趋至家。万石君以元朔五年中卒。长子郎中令建哭泣哀思，扶杖乃能行。此与前“其执丧”二句相应。岁余，建亦死。诸子孙咸孝，然建最甚，甚于万石君。┃ 建为郎中令，【眉批】四用“建为郎中令”起语，唤醒精神。书奏事，事下，建读之，曰：“误书！‘马’字与尾当五，摹写。今乃四，不足一。上谴死矣！”甚惶恐。其为谨慎，虽他皆如是。┃ 万石君少子庆为太仆，御出，上问车中几马，庆以策数马毕，举手曰：“六马。”摹写。庆于诸子中最为简易矣，然犹如此。为齐相，举齐国皆慕其家行，不言而齐国大治，为立石相祠。

元狩元年，上立太子，选群臣可为傅者，庆自沛守为太子太傅，七岁迁为御史大夫。元鼎五年秋，丞相有罪，罢。制诏御史：“万石君先帝尊之，子孙孝，其以御史大夫庆为丞相，封为牧丘侯。”【眉批】以下石氏所不称职处。是时汉方南诛两越，东击朝鲜，北逐匈奴，西伐大宛，中国多事。总前，却生烟波。天子巡狩海内，修上古神祠，封禅，兴礼乐。公家用少，桑弘羊等致利，王温舒之属峻法，兒宽等推文学至九卿，更进用事，事不关决于丞相，丞相醇谨而已。【眉批】武帝大臣多以罪诛，而庆为相克终者，正以事不关决于庆，庆醇谨而已。此其所以见容也。在位九岁，无能有所匡言。尝欲请治上近臣所忠、九卿减宣罪，不能服，反受其过，赎罪。元封四年中，关东流民二百万口，无名数者四十万，公卿议欲请徙流民于边以适之。上以为丞相老谨，不能与其议，乃赐丞相告归，而案御史大夫以下议为请者。丞相惭不任职，乃上书曰：“庆幸得待罪丞相，罢驽无以辅治，城郭仓库空虚，民多流亡，罪当伏斧质，上不忍致法。愿归丞相侯印，乞骸骨归，避贤者路。”天子曰：“仓廪既空，民贫流亡，而君欲请徙之，摇荡不安，动危之，而辞位，君欲安归难乎？”以书让庆，庆甚惭，遂复视事。庆文深审谨，然无他大略，为百姓言。后三岁余，太初二年中，丞相庆卒，谥为恬侯。庆中子德，庆爱用之，上以德为嗣，代侯。后为太常，坐法当死，赎免为庶人。庆方为丞相，诸子孙为吏更至二千石者十三人。及庆死后，稍以罪去，孝谨益衰矣。【眉批】末句，太史公始终作传深意。

魏其武安侯列传 全

【眉批】此传分合体三篇，俱以结宾客相倾为精神。魏其侯窦婴者，孝文后从兄子也。父世观津人。【眉批】世系详《外戚世家》中，故略。喜宾客。一篇柱子。孝文时，婴为吴相，病免。孝景初即位，为詹事。| 梁孝王者，孝景弟也，其母窦太后爱之。梁孝王朝，因昆弟燕饮。是时上未立太子，酒酣，从容言曰："千秋之后传梁王。"太后驩。窦婴引卮酒进上，曰："天下者，高祖天下，父子相传，此汉之约也，上何以得擅传梁王！"太后由此憎窦婴。暗伏后案。窦婴亦薄其官，因病免。太后除窦婴门籍，不得入朝请。| 孝景三年，吴楚反，上察宗室诸窦毋如窦婴贤，乃召婴。婴入见，固辞谢病不足任。太后亦惭。于是上曰："天下方有急，王孙宁可以让邪？"乃拜婴为大将军，赐金千斤。婴乃言袁盎、栾布诸名将贤士在家者进之。所赐金，陈之廊庑下，军吏过，辄令财取为用，金无入家者。窦婴守荥阳，监齐赵兵。七国兵已尽破，封婴为魏其侯。诸游士宾客争归魏其侯。伏后案。| 孝景时每朝议大事，条侯、魏其侯，诸列侯莫敢与亢礼。借客形主。| 孝景四年，立栗太子，使魏其侯为太子傅。孝景七年，栗太子废，魏其数争不能得。魏其谢病，屏居蓝田南山之下数月，| 诸宾客辩士说之，莫能来。梁人高遂宾客。乃说魏其曰："能富贵将军者，上也；能亲将军者，太后也。今将军傅太子，太子废而不能争；争不能得，又弗能死。自引谢病，拥赵女，屏间处而不朝。相提而论，【眉批】"相提"二字意者，亦对客不能忘言之意。是自明扬主上之过。有如两宫太后、景帝。螫将军，则妻子毋类矣。"魏其侯然之，乃遂起，朝请如故。| 桃侯免相，窦太后数言魏其侯。孝景帝曰："太后岂以为臣有爱，不相魏其？魏其者，沾沾自喜耳，多易。切中魏其病。【眉批】出处若此，故帝曰"沾沾自喜，多易"。难以为相，持重。"遂不用，用建陵侯卫绾为丞相。

武安侯田蚡者，孝景后同母弟也，生长陵。魏其已为大将军后，方盛，为蚡诸郎，未贵，往来侍酒魏其，【眉批】“往来侍酒”句，专伏魏其所以轻武安而相起衅领袖。跪起如子侄。暗伏后案。及孝景晚节，蚡益贵幸，为太中大夫。蚡辩有口，学盘盂诸书，王太后贤之。孝景崩，即日太子立，称制，所镇抚多有田蚡宾客计策。【眉批】“宾客”二字，一篇柱子。后三用“客”字应之，及推毂赵绾等与天下吏士、天下郡国诸侯起家二千石之类，皆如此。蚡弟田胜，附。皆以太后弟，孝景后三年封蚡为武安侯，胜为周阳侯。武安侯新欲用事为相，卑下宾客，进名士家居者贵之，欲以倾魏其诸将相。【眉批】两人之衅起此。| 建元元年，丞相绾病免，接上“绾为丞相”。上议置丞相、太尉。籍福宾客。说武安侯曰：“魏其贵久矣，天下士素归之。今将军初兴，未如魏其，即上以将军为丞相，必让魏其。魏其为丞相，将军必为太尉。太尉、丞相尊等耳，又有让贤名。”武安侯乃微言太后风上，于是乃以魏其侯为丞相，武安侯为太尉。籍福贺魏其侯，因吊曰：“君侯资性喜善疾恶，方今善人誉君侯，故至丞相；然君侯且疾恶，恶人众，亦且毁君侯。君侯能兼容，则幸久；不能，今以毁去矣。”伏后“毁日至”案。魏其不听。魏其、武安俱好儒术，推毂赵绾为御史大夫，宾客。王臧为中郎令。迎鲁申公，欲设明堂，令列侯就国，除关，以礼为服制，以兴太平。【眉批】叙两人宾客并盛。举適诸窦宗室毋节行者，除其属籍。时诸外家为列侯，列侯多尚公主，皆不欲就国，以故毁日至窦太后。应前。【眉批】篇中如“欲以倾魏其”句，“以故毁日至”句，或“以太后滋不悦”句，“武安日益横”句，“愈益附武安”句，“武安由此滋骄”句，“魏其益疏不用”句，专摹写武安之骄与其倾魏其处，此是关键。

太后好黄老之言，而魏其、武安、赵绾、王臧等务隆推儒术，贬道家言，是以窦太后滋不说魏其等。| 及建元二年，御史大夫赵绾请无奏事东宫。窦太后大怒，乃罢逐赵绾、王臧等，而免丞相、太尉，以柏至侯许昌为丞相，武强侯庄青翟为御史大夫。魏其、武

安由此以侯家居。┃ 武安侯虽不任职，以王太后故，亲幸，数言事伏后“所言皆听”。多效，天下吏士趋势利者，宾客。皆去魏其归武安。武安日益横。【眉批】叙宾客一盛一衰。┃ 建元六年，窦太后崩，丞相昌、御史大夫青翟接上“昌为相，翟为御史大夫”案。坐丧事不办，免。以武安侯蚡为丞相，以大司农韩安国为御史大夫。天下士郡国诸侯宾客。愈益附武安。武安者，貌侵，生贵甚。又以为诸侯王多长，上初即位，富于春秋，蚡以肺腑为京师相，非痛折节以礼诎之，天下不肃。宾客。当是时，丞相入奏事，坐语移日，所言皆听。应前。荐人应前。或起家至二千石，权移主上。上乃曰：“君除吏已尽未？吾亦欲除吏。”尝请考工地益宅，上怒曰：“君何不遂取武库！”是后乃退。┃ 尝召客饮，坐其兄盖侯南乡，自坐东乡，以为汉相尊，不可以兄故私桡。武安由此滋骄，治宅甲诸第。田园极膏腴，而市买郡县器物相属于道。前堂罗钟鼓，立曲旃；后房妇女以百数。诸侯奉金玉狗马玩好，不可胜数。┃ 魏其失窦太后，益疏不用，无势，反应前“武安以王太后故亲幸”。诸客稍稍自引而怠傲，反应前“天下吏士诸侯愈益附武安”。唯灌将军独不失故。魏其日默默不得志，而独厚遇灌将军。为后相得相死眼目过脉。

灌将军夫者，颍阴人也。夫父张孟，尝为颍阴侯婴舍人，得幸，因进之至二千石，故蒙灌氏姓为灌孟。吴楚反时，颍阴侯灌何为将军，属太尉，论灌孟为校尉。夫以千人与父俱。灌孟年老，颍阴侯强请之，郁郁不得意，故战常陷坚，遂死吴军中。军法，父子俱从军，有死事，得与丧归。灌夫不肯随丧归，奋曰：“愿取吴王若将军头，以报父之仇。”壮跃。于是灌夫被甲持戟，募军中壮士所善愿从者数十人。及出壁门，莫敢前。独二人及从奴十数骑驰入吴军，至吴将麾下，所杀伤数十人。【眉批】写得夫勇冠军意。不得前，复驰还，走入汉壁，皆亡其奴，独与一骑归。夫身中大创十余，适有万金良药，故得无死。夫创少瘳，又复请将军曰：“吾益知吴壁中曲折，请复往。”将军壮义之，【眉批】“将军壮义之”，以此名闻天下。“诸公莫弗称之”三句，结构皆本“愿取吴王若将军之头，以报父之仇”一句来。恐亡夫，乃言太尉，太尉乃固止之。吴已破，灌夫以此名闻天下。结。颍阴侯言之上，上以夫为中郎将。数月，坐法去。后家居长安，长安中诸公莫弗称之。又结。孝景时，至代相。孝景崩，今上初即位，以为淮阴按：中华书局版《史记》“阴”作“阳”。天下交，劲兵处，故徙夫为淮阳太守。┃ 建元元年，入为太仆。二年，夫与长乐卫尉窦甫饮，轻重不得，夫醉，搏甫。甫，窦太后昆弟也。上恐太后诛夫，徙为燕相。数岁，坐法去官，家居长安。灌夫为人刚直使酒，【眉批】“刚直使酒”四字，足概夫生平。不好面谀。贵戚诸有势在己之右，不欲加礼，必陵之；诸士在己之左，愈贫贱，尤益敬，与钧。稠人广众，荐宠下辈。士亦以此多之。夫不喜文学，好任侠，已然诺。诸所与交通，无非豪杰大猾。家累数千万，食客日数十百人。陂池田园，宗族宾客为权利，横于颍川。伏后“武安言夫家在颍川横甚”。颍川儿乃歌之曰：“颍水清，灌氏宁；颍水浊，灌氏族。”灌夫家居虽富，然失势，卿相侍中宾客益衰。及魏其侯失势，【眉批】先言两“失势”，两“相倚”，见所以相得之故，为后相救张本。亦欲倚灌夫引绳批根生平慕之后弃之者。暗应前籍福之吊。灌夫亦倚魏其而通列侯宗室为名高。两人相为引重，其游如父子然。相得欢甚，无厌，恨相知晚也。应前“独厚遇灌将军”。

【眉批】两人成衅处，极力描写。灌夫有服，过丞相。丞相从容曰：“吾欲与仲孺灌夫字。过魏其侯，会仲孺有服。”灌夫曰：“将军乃肯幸临况魏其侯，夫安敢以服为解！请语魏其侯帐具，将军旦日蚤临。”武安许诺。灌夫具语魏其侯如所谓武安侯。曲而省。魏其与其夫人益市牛酒，夜洒埽，早帐具至旦。平明，令门下候伺。至日中，丞相不来。魏其谓灌夫曰：“丞相岂忘之哉？”灌夫不怿，曰：“夫以服请，宜往。”【眉批】“宜往”，言丞相必往魏其第也，下二“往”字，正应

“宜往”字。乃驾，自往迎丞相。丞相特前戏许灌夫，殊无意往。及夫至门，丞相尚卧。详匝。于是夫入见，曰：“将军昨日幸许过魏其，魏其夫妻治具，自旦至今，未敢尝食。”武安鄂谢曰：“吾昨日醉，忽忘与仲孺言。”乃驾往，又徐行，灌夫愈益怒。及饮酒酣，夫起舞属丞相，丞相不起，夫从坐上语侵之。魏其乃扶灌夫去，谢丞相。丞相卒饮至夜，极欢而去。▎丞相尝使籍福请魏其城南田。祸根。魏其大望曰：“老仆虽弃，将军虽贵，宁可以势夺乎！”不许。灌夫闻，怒，骂籍福。籍福恶两人有郄，乃谩自好谢丞相曰：“魏其老且死，易忍，且待之。”已而武安闻魏其、灌夫实怒不予田，亦怒曰：“魏其子尝杀人，蚡活之。蚡事魏其无所不可，何爱数顷田？且灌夫何与也？吾不敢复求田。”武安由此大怨灌夫、魏其。【眉批】武安怨二人，本在夺田不得，乃遂索他事求以中之。

元光四年春，丞相言灌夫家在颍川，横甚，应前。民苦之。请案。上曰：“此丞相事，何请。”灌夫亦持丞相阴事，为奸利，受淮南王金与语言。宾客居间，遂止，俱解。▎夏，丞相取燕王女为夫人，有太后诏，召列侯宗室皆往贺。伏后劾灌夫案。魏其侯过灌夫，欲与俱。夫谢曰：“夫数以酒失得过丞相，丞相今者又与夫有郄。”魏其曰：“事已解。”强与俱。饮酒酣，【眉批】两云“饮酒酣”，见夫使酒。武安起为寿，坐皆避席伏。已魏其侯为寿，独故人避席耳，余半膝席。灌夫不悦。叙极细。起行酒，至武安，武安膝席曰：“不能满觞。”夫怒，因嘻笑曰：“将军贵人也，属之！”时武安不肯。行酒次至临汝侯，临汝侯方与程不识耳语，又不避席。夫无所发怒，乃骂临汝侯曰：“生平毁程不识不直一钱，今日长者为寿，乃效女儿呫嗫耳语！”武安为灌夫曰：“程李俱东西宫卫尉，今众辱程将军，仲孺独不为李将军地乎？”【眉批】观此可见当时亦重李广。灌夫曰：“今日斩头陷胸，何知程李乎！”坐乃起更衣，稍稍去。魏其侯去，麾灌夫出。武安遂怒曰：“此吾骄灌夫罪。”乃令骑留灌夫。灌夫欲出不得。籍福起为谢，案灌夫项令谢。夫愈怒，不肯谢。【眉批】篇中历次“夫不怿”，“夫愈益怒”，“夫闻，怒，骂籍福”，“夫不悦，大怒”，“夫无所发怒”，“夫愈怒，不肯谢”等句，关键即《赞》中所谓“无术而不逊”者。武安乃麾骑缚夫置传舍，召长史曰：“今日召宗室，有诏。”应前“有太后诏”。劾灌夫骂坐不敬，系居室。遂按其前事，遣吏分曹逐捕诸灌氏支属，皆得弃市罪。魏其侯大愧，为资使宾客请，莫能解。武安吏皆为耳目，诸灌氏皆亡匿，夫系，遂不得告言武安阴事。魏其锐身为救灌夫。夫人谏魏其曰：“灌将军得罪丞相，与太后家忤，宁可救邪？”魏其侯曰：“侯自我得之，自我捐之，无所恨。且终不令灌仲孺独死，婴独生。”【眉批】魏其不欲独生，为后“同罪之”张本。乃匿其家，窃出上书。立召入，具言灌夫醉饱事，不足诛。上然之，赐魏其食，曰：“东朝廷辩之。”魏其之东朝，盛推灌夫之善，言其醉饱得过，乃丞相以他事诬罪之。武安又甚毁灌夫所为横恣，罪逆不道。魏其度不可奈何，因言丞相短。【眉批】时武安受淮南金钱，魏其何不指摘及此？武安曰：“天下幸而安乐无事，灌按：中华书局版《史记》“灌”作“蚡”。得为肺腑，所好音乐狗马田宅。蚡所爱倡优巧匠之属，不如魏其、灌夫日夜招聚天下豪杰壮士与论议，腹诽而心谤，不仰事天而俯画地，辟倪两宫间，幸天下有变，而欲有大功。臣乃不知魏其等所为。”于是上问朝臣：“两人孰是？”御史大夫韩安国曰：“魏其言灌夫父死事，身荷戟驰入不测之吴军，身被数十创，名冠三军，此天下壮士，非有大恶，争杯酒，不足引他过以诛也。魏其言是也。丞相亦言灌夫通奸猾，侵细民，家累巨万，横恣颍川，凌轹宗室，侵犯骨肉，此所谓‘枝大于本，胫大于股，不折必披’，丞相言亦是。唯明主裁之。”【眉批】安国虽两是之，而其词则非夫矣。主爵都尉汲黯是魏其。内史郑当时是魏其，后不敢坚对。余皆莫敢对。【眉批】历载朝论，两人是非具见。上怒内史曰：“公平生数言魏其、武安长短，今日廷论，局趣效辕下驹，吾并斩若属矣。”即罢起入，上食太后。

太后亦已使人候伺，具以告太后。太后怒，不食，曰：“今我在也，而人皆籍吾弟，令我百岁后，皆鱼肉之矣。且帝宁能为石人邪！此特帝在，即录录，设百岁后，是属宁有可信者乎？”上谢曰：“俱宗室外家，故廷辩之。不然，此一狱吏所决耳。”是时郎中令石建为上分别言两人事。【眉批】石建所分别不载，大略右武安者。武安已罢朝，出止车门，召韩御史大夫载，怒曰：“与长孺共一老秃翁，何为首鼠两端？”【眉批】此公孙弘所以中汲黯者也。韩御史良久谓丞相曰：“君何不自喜？夫魏其毁君，君当免冠解印绶归，曰‘臣以肺腑幸得待罪，固非其任，魏其言皆是’。如此，上必多君有让，不废君。魏其必内愧，杜门齚舌自杀。今人毁君，君亦毁之，譬如贾竖女子争言，何其无大体也！”武安谢罪曰：“争时急，不知出此。”于是上使御史簿责魏其所言灌夫，颇不雠，欺谩。劾系都司空。孝景时，魏其常受遗诏，曰“事有不便，以便宜论上”。及系，灌夫罪至族，事日急，诸公莫敢复明言于上。魏其乃使昆弟子上书言之，幸得复召见。书奏上，而案尚书大行无遗诏。【眉批】此必大行时皇急，不及隶之尚书而后下耳。武安辄以按，悲夫！诏书独藏魏其家，家丞封。乃劾魏其矫先帝诏，罪当弃市。五年十月，悉论灌夫及家属。魏其良久乃闻，闻即恚，病痱，不食欲死。或闻上无意杀魏其，魏其复食，治病，议定不死矣。乃有蜚语为恶言闻上，故以十二月晦论弃市渭城。其春，武安侯病，专呼服谢罪。使巫视鬼者视之，见魏其、灌夫共守，欲杀之。竟死。【眉批】史书报应甚速，事未必真，特以此为擅权者之戒。子恬嗣。元朔三年，武安侯坐衣襜褕入宫，不敬。淮南王安谋反觉，治。王前朝，武安侯为太尉，时迎王至霸上，谓王曰：“上未有太子，大王最贤，高祖孙，即宫车晏驾，非大王立当谁哉！”淮南王大喜，厚遗金财物。上自魏其时不直武安，特为太后故耳。及闻淮南王金事，【眉批】传末次淮南遗金一段，所以实灌夫所持武安阴事者。上曰：“使武安侯在者，族矣。”结案。

【眉批】太史公小论，言质而情惨，可为实录。太史公曰：魏其、武安皆以外戚重，灌夫用一时决策而名显。魏其之举以吴楚，武安之贵在日月之际。然魏其诚不知时变，灌夫无术而不逊，两人相翼，乃成祸乱。武安负贵而好权，杯酒责望，陷彼两贤。呜呼哀哉！迁怒及人，命亦不延。众庶不载，竟被恶言。呜呼哀哉！祸所从来矣！

韩长孺列传 全

【眉批】此直叙格。御史大夫韩安国者，梁成安人也，后徙睢阳。尝受韩子、杂家说于驺田生所。【眉批】“尝受韩子、杂家说于驺田生所”，则学问识见尽括此语中。事梁孝王为中大夫。吴楚反时，孝王使安国及张羽为将，客。扞吴兵于东界。张羽力战，安国持重，以故吴不能过梁。吴楚已破，安国、张羽名由此显。┃ 结。梁孝王，景帝母弟，窦太后爱之，令得自请置相、二千石，出入游戏，僭于天子。伏后案。天子闻之，心弗善也。太后知帝不善，乃怒梁使者，弗见，案责王所为。伏后案。令使者籍记王过也。韩安国为梁使，见大长公主而泣曰：【眉批】安国此语终饰词，然其全兄弟子母之恩则可尚也。“何梁王为人子之孝，为人臣之忠，而太后曾弗省也？夫前日吴、楚、齐、赵七国反时，自关以东皆合从西乡，惟梁最亲为艰难。梁王念太后、帝在中，而诸侯扰乱，一言泣数行下，跪送臣等六人，将兵击却吴楚，吴楚以故兵不敢西，而卒破亡，梁王之力也。今太后以小节苛礼责望梁王。应前。梁王父兄皆帝王，所见者大，故出称跸，入言警，应前。车旗皆帝所赐也，善回护。即欲以侘鄙县，驱驰国中，以夸诸侯，令天下尽知太后、帝爱之也。今梁使来，辄案责之。梁王恐，日夜涕泣思慕，不知所为。何梁王之为子孝，为臣忠，而太后弗恤也？”首尾唤应。大长公主具以告太后，省。太后喜曰：“为言之帝。”言之，帝心乃解，而免冠谢太后曰：“兄弟不能相教，乃为太后遗忧。”悉见梁使，厚赐之。其后梁王益亲欢。太后、长公主更赐安国可直千余金。名由此显，结于汉。┃ 又结。其后安国坐法抵罪，蒙狱吏田甲辱安国。安国曰：“死灰独不复然乎？”田甲曰：“然即溺之。”居无何，梁内史缺，汉使使者拜安国为梁内史，起徒中为二千石。田甲亡走。安国曰：“甲不就官，我灭而宗。”甲因肉袒谢。安国笑曰：“可溺矣！公等足与治乎？”卒善遇之。

梁内史之缺也，孝王新得齐人公孙诡，说之，欲请以为内史。窦太后闻，乃诏王以安国为内史。公孙诡、羊胜说孝王求为帝太子及益地事，恐汉大臣不听，乃阴使人刺汉用事谋臣。及杀故吴相袁盎，景帝遂闻诡、胜等计画，乃遣使捕诡、胜，必得。汉使十辈至梁，相以下举国大索，月余不得。内史安国闻诡、胜匿孝王所，安国入见王而泣曰："主辱臣死。大王无良臣，故事纷纷至此。今诡、胜不得，请辞赐死。"王曰："何至此？"安国泣数行下，曰："大王自度于皇帝，孰与太上皇之与高皇帝及皇帝之与临江王亲？"孝王曰："弗如也。"安国曰："夫太上、临江亲父子之间，然而高帝曰'提三尺剑取天下者朕也'，故太上皇终不得制事，居于栎阳。临江王，嫡长太子也，以一言过，废王临江；用宫垣事，卒自杀中尉府。【眉批】此与左师触龙说质长安君相类。何者？治天下终不以私乱公。语曰：'虽有亲父，安知其不为虎？虽有亲兄，安知其不为狼？'【眉批】此虽俚语，然引用甚切。今大王列在诸侯，悦一邪臣浮说，犯上禁，桡明法。天子以太后故，不忍致法于王。太后日夜涕泣，幸大王自改，而大王终不觉寤。有如太后宫车即晏驾，大王尚谁攀乎？"语未卒，孝王泣数行下，谢安国曰："吾今出诡、胜。"诡、胜自杀。汉使还报，梁事皆得释，安国之力也。总前。于是景帝、太后益重安国。又结。

孝王卒，共王即位，安国坐法失官，居家。建元中，武安侯田蚡为汉太尉，亲贵用事，安国以五百金物遗蚡。蚡言安国太后，天子亦素闻其贤，即召以为北地都尉，迁为大司农。| 闽越、东越相攻，安国及大行王恢将。兵附。未至越，越杀其王降，汉兵亦罢。| 建元六年，武安侯为丞相，安国为御史大夫。匈奴来请和亲，天子下议。大行王恢，燕人也，数为边吏，习知胡事。议曰："汉与匈奴和亲，率不过数岁即复倍约。不如勿许，兴兵击之。"安国曰："千里而战，兵不获利。今匈奴负戎马之足，怀禽兽之心，迁徙鸟举，

难得而制也。得其地不足以为广，有其众不足以为强，自上古不属为人。汉数千里争利，则人马罢，虏以全制其敝。且强弩之极，矢不能穿鲁缟；冲风之末，力不能漂鸿毛。非初不劲，末力衰也。【眉批】据“末力衰”句，则上“极矢”、“末力”当为句无疑。击之不便，不如和亲。”群臣议者多附安国，于是上许和亲。其明年，则元光元年，雁门马邑豪聂翁壹附。因大行王恢言上曰：“匈奴初和亲，亲信边，可诱以利。”阴使聂翁壹为间，亡入匈奴，谓单于曰：“吾能斩马邑令丞吏，以城降，财物可尽得。”单于爱信之，以为然，许聂翁壹。聂翁壹乃还，诈斩死罪囚，县其头马邑城，示单于使者为信。曰：“马邑长吏已死，可急来。”于是单于穿塞将十余万骑，入武州塞。当是时，汉伏兵车骑材官三十余万，匿马邑旁谷中。卫尉李广为骁骑将军，客。太仆公孙贺为轻车将军，大行王恢为将屯将军，太中大夫李息为材官将军。御史大夫韩安国为护军将军，诸将皆属护军。约单于入马邑而汉兵纵发。王恢、李息、李广别从代主击其辎重。于是单于入汉长城武州塞。未至马邑百余里，行掠卤，徒见畜牧于野，不见一人。单于怪之，攻烽燧，得武州尉史。欲刺问尉史。尉史曰：“汉兵数十万伏马邑下。”单于顾谓左右曰：“几为汉所卖！”乃引兵还。出塞，曰：“吾得尉史，乃天也。”命尉史为“天王”。塞下传言单于已引去。汉兵追至塞，度弗及，即罢。王恢等兵三万，闻单于不与汉合，度往击辎重，必与单于精兵战，汉兵势必败，则以便宜罢兵，皆无功。天子怒王恢不出击单于辎重，擅引兵罢也。恢曰：“始约虏入马邑城，兵与单于接，而臣击其辎重，可得利。今单于闻，不至而还，臣以三万人众不敌，禔一作祇。取辱耳。臣固知还而斩，然得完陛下士三万人。”于是下恢廷尉。廷尉当恢逗桡，当斩。恢私行千金丞相蚡。【眉批】两受金，两言太后，蚡之罪章章也。太史公不载之《蚡传》而载之《安国传》，即于《张汤传》见弘羊之意云。蚡不敢言上，而言于太后曰：“王恢首造马邑事，今不成而诛恢，是为匈奴报仇也。”上朝太后，太后以丞相言告上。上曰：“首为马邑事者，恢也，故发天下兵数十万，从其言，为此。且纵单于不可得，恢所部击其辎重，犹颇可得，以慰士大夫心。今不诛恢，无以谢天下。”于是恢闻之，乃自杀。

【眉批】知当世取舍，智也，智者宜或失于薄，而安国乃又忠厚。贪嗜于财，宜其所举，皆污墨，而安国又举廉士。太史公所以抑扬其词以称之。安国为人陡。多大略，智足以当世取合，扬。而出于忠厚焉。贪嗜于财。抑。然所推举皆廉士，贤于己者也。扬。于梁举壶遂、臧固、郅他，皆天下名士，《汉书》作“至他”，言至他处亦举名士也。士亦以此称慕之，唯天子以为国器。| 安国为御史大夫四岁余，丞相田蚡死，安国行丞相事，奉引堕车蹇。天子议置相，欲用安国，使使视之，蹇甚，乃更以平棘侯薛泽为丞相。安国病免数月，蹇愈，【眉批】方置相时“蹇甚”，及既置相“蹇愈”，三用“蹇”字，见其数之不偶也。上复以安国为中尉。岁余，徙为卫尉。| 车骑将军卫青击匈奴，出上谷，破胡茏城。将军李广为匈奴所得，复失之；公孙敖大亡卒；皆当斩，赎为庶人。明年，匈奴大入边，杀辽西太守，及入雁门，所杀略数千人。车骑将军卫青击之，出雁门。卫尉安国为材官将军，屯于渔阳。安国捕生虏，言匈奴远去。即上书言方田作时，请且罢军屯。罢军屯月余，匈奴大入上谷、渔阳。安国壁乃有七百余人，出与战，不胜，复入壁。匈奴虏略千余人及畜产而去。天子闻之，怒，使使责让安国。徙安国益东，屯右北平。是时匈奴虏言当入东方。| 安国始为御史大夫及护军，总结。后稍斥疏，下迁；而新幸壮又幸又壮，书法奇甚。将军卫青等有功，益贵。安国既疏远，默默也；将屯又为匈奴所欺，失亡多，甚自愧。【眉批】余音甚凄婉。幸得罢归，乃益东徙屯，意忽忽不乐。数月，病欧血死。安国以元朔二年中卒。

太史公曰：余与壶遂定律历，观韩长孺之义，壶遂之深中隐厚。世之言梁多长者，不虚哉！壶遂官至詹事，天子方倚以为汉相，会遂卒。不然，壶遂之内廉行修，斯鞠躬君子也。【眉批】此论本惜长孺之不得相，却以长孺之所举而亦不得为相者以为惜，有味哉其言之也！

李将军列传 全

【眉批】此传综叙其事实，以著其才略意气之所以然；又旁及军吏士卒之得志，以致其畸世不平之意。读之使人感慨。李将军广者，陇西成纪人也。其先曰李信，秦时为将，逐得燕太子丹者也。故槐里，徙成纪。广家世世受射。孝文帝十四年，匈奴大入萧关，而广以良家子从军击胡，用善骑射，虚。杀首虏多，为汉中郎。┃ 广从弟李蔡客。亦为郎，根。皆为武骑常侍，秩八百石。尝从行，有所冲陷折关及格猛兽，而文帝曰："惜乎，子不遇时！伏数奇不封。如令子当高帝时，万户侯岂足道哉！"【眉批】李将军于汉为最名将而卒无功，故太史公极意摹写，淋漓悲咽可涕。┃ 及孝景初立，广为陇西都尉，徙为骑郎将。吴楚军时，广为骁骑都尉，从太尉亚夫击吴楚军，取旗，显功名昌邑下。以梁王授广将军印，还，赏不行。数奇。徙为上谷太守，匈奴日以合战。典属国公孙昆邪为上泣曰："李广才气，天下无双，自负其能，数与虏敌战，恐亡之。"于是乃徙为上郡太守。后广转为边郡太守，徙上郡。尝为陇西、北地、雁门、代郡、云中太守，皆以力战为名。┃ 虚。

匈奴大入上郡，天子使中贵人从广勒习兵击匈奴。实。中贵人将骑数十纵，见匈奴三人，与战。三人还射，伤中贵人，杀其骑且尽。中贵人走广。广曰："是必射雕者也。"广乃遂从百骑往驰三人。【眉批】"从百骑往"，不见广勇，所以载百骑者，与下匈奴"数千骑"相应耳。三人亡马步行，行数十里。广令其骑张左右翼，而广身自射彼三人者，射一。杀其二人，生得一人，果匈奴射雕者也。已缚之上马，望匈奴有数千骑，见广，以为诱骑，皆惊，上山陈。广之百骑皆大恐，欲驰还走。广曰："吾去大军数十里，今如此以百骑走，匈奴追射我立尽。今我留，匈奴必以我为大将一本无"将"字。军诱之，必不敢击我。"广令诸骑曰："前！"【眉批】精神正在重一"前"字。前未到匈奴陈二里所，止，令曰："皆下马解鞍！"其骑曰："虏多且近，即有急，奈何？”广曰：“彼虏以我为走，今皆解鞍以示不走，用坚其意。”于是胡骑遂不敢击。有白马将出护其兵，李广上马与十余骑奔射杀胡白马将，射二。而复还至其骑中，解鞍，令士皆纵马卧。是时会暮，胡兵终怪之，不敢击。夜半时，胡兵亦以为汉有伏军于旁欲夜取之，胡皆引兵而去。平旦，李广乃归其大军。大军不知广所之，匝。故弗从。

居久之，孝景崩，武帝立，左右以为广名将也，于是广以上郡太守为未央卫尉，而程不识亦为长乐卫尉。客。程不识故与李广俱以边太守将军屯。及出击胡，而广行无部伍行阵，就善水草屯，舍止，人人自便，不击刁斗以自卫，莫府省约文书籍事，然亦远斥候，五用“然亦”字。未尝遇害。程不识正部曲行伍营阵，击刁斗，士吏治军簿至明，军不得休息，然亦未尝遇害。【眉批】双叙相形，长短相见。不识曰：“李广军极简易，然虏卒犯之，无以禁也；而其士卒亦佚乐，咸乐为之死。我军虽烦扰，然虏亦不得犯我。”【眉批】载不识言，见军法之正；又载匈奴畏，士卒乐，以明广之能。必如此然后义备，而笔端鼓舞。是时汉边郡李广、程不识皆为名将，然匈奴畏李广之略，士卒亦多乐从李广而苦程不识。程不识孝景时以数直谏为太中大夫。为人廉，谨于文法。┃了程案。后汉以马邑城诱单于，使大军伏马邑旁谷，而广为骁骑将军，领属护军将军。是时单于觉之，去，汉军皆无功。┃数奇。其后四岁，广以卫尉为将军，出雁门击匈奴。匈奴兵多，破败广军，生得广。纲。单于素闻广贤，令曰：“得李广必生致之。”目。胡骑得广，数奇。广时伤病，置广两马间，络而盛卧广。行十余里，广佯死，睨其旁有一胡儿骑善马，广暂腾而上胡儿马，因推堕儿，取其弓，鞭马南驰数十里，复得其余军，因引而入塞。匈奴捕者骑数百追之，广行取胡儿弓，射杀追骑，射三。以故得脱。【眉批】事奇，文亦奇。于是至汉，汉下广吏。吏当广所失亡多，为虏所生得，当斩，赎为庶人。数奇。顷之，家居数岁。广家与故颍阴侯孙屏野居蓝田南山中射猎。射四。尝夜从一骑出，从人田间饮。还至霸陵亭，霸陵尉醉，呵止广。广骑曰："故李将军。"尉曰："今将军尚不得夜行，何乃故也！"止广宿亭下。居无何，匈奴入杀辽西太守，败韩将军，韩将军后徙右北平。于是天子乃召拜广为右北平太守。广即请霸陵尉与俱，广琐小处。至军而斩之。广居右北平，匈奴闻之，号曰"汉之飞将军"，避之数岁，不敢入右北平。

【眉批】历历谈广事，纤悉若不容口，太史公亦重惜其才也。广出猎，见草中石，以为虎而射之，射五。中石没镞，视之石也。因复更射之，终不能复入石矣。┃ 广所居郡闻有虎，尝自射之。及居右北平射虎，射六。虎腾伤广，广亦竟射杀之。┃ 广廉，陡。得赏赐辄分其麾下，饮食与士共之。终广之身，为二千石四十余年，家无余财，终不言家产事。┃ 广为人长，猨臂，其善射亦天性也，虽其子孙他人学者，莫能及广。广讷口少言，陡。与人居则画地为军陈，射阔狭以饮。射七。专以射为戏，竟死。┃ 广之将兵，乏绝之处，陡。见水，士卒不尽饮，广不近水，士卒不尽食，广不尝食。宽缓不苛，士以此爱乐为用。┃ 其射，总结。见敌急，非在数十步之内，度不中不发，发即应弦而倒。用此，其将兵数困辱，其射猛兽亦为所伤云。【眉批】按"其射"，应前"骑射杀首虏多"句，而总缴中之射杀射雕者；"其将兵"，应前"冲陷折关"句，而总缴中之奔射胡白马将与腾上胡儿马南驰者；"其射猛兽"，应前"格猛兽"句，而总缴中之"闻有虎尝自射"者，又尝为虎伤，故曰"亦为所伤"云。

居顷之，石建卒，于是上召广代建为郎中令。元朔六年，广复为后将军，从大将军军出定襄，击匈奴。诸将多中首虏率，音律。以功为侯者，而广军无功。┃ 数奇。后三岁，广以郎中令将四千骑出右北平，博望侯张骞将万骑与广俱，异道。行可数百里，匈奴左贤王将四万骑围广，广军士皆恐，广乃使其子敢往驰之。敢独与数十骑驰，直贯胡骑，出其左右而还，告广曰："胡虏易与耳。"军士乃安。

广为圜陈外向，胡急击之，矢下如雨。汉兵死者过半，汉矢且尽。广乃令士持满毋发，而广身自以大黄射其裨将，射八。杀数人，胡虏益解。会日暮，吏士皆无人色，而广意气自如，益治军。军中自是服其勇也。【眉批】凡看卫霍传，须合李广看。卫霍深入二千里，声振华夷，今看其传，不直一钱；李广每战辄北，困踬终身，今看其传，英风如在。此史氏抑扬予夺之妙。明日，复力战，而博望侯军亦至，匈奴军乃解去。汉军罢，弗能追。是时广军几没，罢归。汉法，博望侯留迟后期，当死，赎为庶人。广军功自如，无赏。┃ 数奇。【眉批】此总前，摹写李广数奇处。

初，接。广之从弟李蔡枝。与广俱事孝文帝。景帝时，蔡积功劳至二千石。孝武帝时，至代相。以元朔五年为轻车将军，从大将军击右贤王，有功中率，封为乐安侯。元狩二年中，代公孙弘为丞相。蔡为人在下中，以客形主。名声出广下甚远，然广不得爵邑，官不过九卿，而蔡为列侯，位至三公。诸广之军吏及士卒或取封侯。广尝与望气王朔燕语，曰："自汉击匈奴而广未尝不在其中，而诸部校尉以下，才能不及中人，然以击胡军功取侯者数十人，而广不为后人，然无尺寸之功以得封邑者，【眉批】三"而"字，二"然"字，有感慨。何也？岂吾相不当侯邪？且固命也？"朔曰："将军自念，岂尝有所恨乎？"广曰："吾尝为陇西守，羌尝反，吾诱而降，降者八百余人，吾诈而同日杀之。至今大恨独此耳。"朔曰："祸莫大于杀已降，此乃将军所以不得侯者也。"┃ 一传结束。

后二岁，大将军、骠骑将军大出击匈奴，广数自请行。天子以为老，弗许；良久乃许之，以为前将军。是岁，元狩四年也。广既从大将军青击匈奴，既出塞，青捕虏知单于所居，乃自以精兵走之，而令广并于右将军军，出东道。东道少回远，而大军行水草少，其势不屯行。广自请曰："臣部为前将军，今大将军乃徙令臣出东道，且臣结发而与匈奴战，今乃一得当单于，臣愿居前，先死单于。"

大将军青亦阴受上诫，以为李广老，数奇，【眉批】“数奇”二字，一篇柱子。毋令当单于，恐不得所欲。而是时公孙敖新失侯，为中将军从大将军，大将军亦欲使敖与俱当单于，故徙前将军广。广时知之，固自辞于大将军。大将军不听，令长史封书与广之莫府，【眉批】三用“大将军令长史”句，见大将军有故质李广意。曰：“急诣部，如书。”广不谢大将军而起行，意甚愠怒而就部，引兵与右将军食其合军出东道。军亡导，数奇。或失道，《汉书》“或”作“惑”。后大将军。大将军与单于接战，单于遁走，弗能得而还。南绝幕，遇前将军、右将军。广已见大将军，还入军。大将军使长史持糒醪遗广，因问广、食其失道状，青欲上书报天子军曲折。广未对，大将军使长史急责广之幕府对簿。广曰：“诸校尉无罪，乃我自失道。吾今自上簿。”至幕府，广谓其麾下曰；“广结发与匈奴大小七十余战，今幸从大将军出接单于兵，而大将军又徙广部行回远，而又迷失道，岂非天哉！【眉批】此“天”字与前“时”字、“命”字相照应，总是数奇处。且广年六十余矣，终不能复对刀笔之吏。”遂引刀自颈。广军士大夫一军皆哭。【眉批】“广军士大夫哭”，“一军皆哭”，传至此，每句每字勃勃欲生。百姓闻之，知与不知，无老壮皆为垂涕。结。而右将军独下吏，当死，赎为庶人。

广子三人，曰当户、椒、敢，为郎。天子与韩嫣戏，嫣少不逊，当户击嫣，嫣走。于是天子以为勇。当户早死，拜椒为代郡太守，皆先广死。当户有遗腹子名陵。广死军时，敢从骠骑将军。┃ 广死明年，李蔡以丞相坐侵孝景园壖地，当下吏治，蔡亦自杀，了李蔡案。【眉批】蔡自杀，下一“亦”字，顾盼前广“引刀自颈”。不对狱，国除。┃ 李敢以校尉从骠骑将军击胡左贤王，力战，夺左贤王鼓旗，斩首多，赐爵关内侯，食邑二百户，代广为郎中令。顷之，怨大将军青之恨其父，乃击伤大将军，大将军匿讳之。居无何，敢从上雍，至甘泉宫猎。骠骑将军去病与青有亲，射杀敢。去病时方贵幸，上讳云鹿触杀之。

居岁余，去病死。而敢有女为太子中人，爱幸，敢男禹有宠于太子，然好利，反应前“广廉”。李氏陵迟衰微矣。‖ 结。李陵既壮，选为建章监，监诸骑。善射，【眉批】“善射”、“世将”，与“世世受射”相首尾。爱士卒。天子以为李氏世将，而使将八百骑。尝深入匈奴二千余里，过居延视地形，无所见虏而还。拜为骑都尉，将丹阳楚人五千人，教射酒泉、张掖以屯卫胡。数岁，天汉二年秋，贰师将军李广利将三万骑击匈奴右贤王于祁连天山，而使陵将其射士步兵五千人出居延北可千余里，欲以分匈奴兵，毋令专走贰师也。陵既至期还，而单于以兵八万围击陵军。陵军五千人，兵矢既尽，士死者过半，而所杀伤匈奴亦万余人。且引且战，连斗八日，还未到居延百余里，匈奴遮狭绝道，陵食乏而救兵不到，虏急击招降陵。陵曰：“无面目报陛下。”遂降匈奴。其兵尽没，余亡散得归汉者四百余人。单于既得陵，素闻其家声，及战又壮，乃以其女妻陵而贵之。汉闻，族陵母妻子。【眉批】太史公以陵被祸，至陵传匆匆如此，正亦得体。自是之后，李氏名败，又结。而陇西之士居门下者皆用为耻焉。

太史公曰：《传》曰“其身正，不令而行；其身不正，虽令不从”。其李将军之谓也？余睹李将军悛悛如鄙人，口不能道辞。及死之日，天下知与不知，皆为尽哀。彼其忠实心诚信于士大夫也？谚曰“桃李不言，下自成蹊”。此言虽小，可以谕大也。

匈奴列传 冒顿杀头曼始末 冒顿击东胡始末 匈奴遗汉书一 汉遗匈奴书二

当是之时，东胡强而月氏盛。【眉批】首提东胡、月氏强盛，为后击两国张本。匈奴单于曰头曼，头曼不胜秦，北徙。十余年而蒙恬死，诸侯畔秦，中国扰乱，诸秦所徙適戍边者皆复去，于是匈奴得宽，复稍度河南与中国界于故塞。【眉批】蒙恬死，匈奴得宽，文活动有精神。单于有太子名冒顿。后有所爱阏氏，生少子，而单于欲废冒顿而立少子，乃使冒顿质于月氏。冒顿既质于月氏，而头曼急击月氏。月氏欲杀冒顿，冒顿盗其善马，骑之亡归。头曼以为壮，令将万骑。冒顿乃作为鸣镝，习勒其骑射，令曰："鸣镝所射而不悉射者，斩。"【眉批】此亦冒顿治兵之略。令行猎鸟兽，有不射鸣镝所射者，辄斩之。已而冒顿以鸣镝自射其善马，左右或不敢射者，冒顿立斩不射善马者。居顷之，复以鸣镝自射其爱妻，左右或颇恐，不敢射，冒顿又复斩之。居顷之，冒顿出猎，以鸣镝射单于善马，左右皆射之。于是冒顿知其左右皆可用。从其父单于头曼猎，以鸣镝射头曼，其左右亦皆随鸣镝而射杀单于头曼，遂尽诛其后母与弟及大臣不听从者。冒顿自立为单于。

冒顿既立，是时东胡强盛，闻冒顿杀父自立，乃使使谓冒顿，欲得头曼时有千里马。冒顿问群臣，群臣皆曰："千里马，匈奴宝马也，勿与。"冒顿曰："奈何与人邻国而爱一马乎？"遂与之千里马。居顷之，东胡以为冒顿畏之，乃使使为按：中华书局版《史记》"为"作"谓"。冒顿，欲得单于一阏氏。冒顿复问左右，左右皆怒曰："东胡无道，乃求阏氏！请击之。"冒顿曰："奈何与人邻国爱一女子乎？"遂取所爱阏氏予东胡。东胡王愈益骄，西侵。与匈奴间，中有弃地，莫居，千余里，各居其边为瓯脱。界上屯守处。东胡使使谓冒顿曰："匈奴所与我界瓯脱外弃地，匈奴非能至也，吾欲有之。"冒顿问群臣，群臣或曰："此弃地，予之亦可，勿与亦可。"【眉批】单于以鸣镝射头曼，穰苴之兵法也。以宝马、女子诱东胡，老子之学术也。于是冒顿大怒曰："地者，国之本也，奈何予之！"诸言予之者，皆斩之。冒顿上马，令国中有后者斩，遂东袭击东胡。东胡初轻冒顿，不为备。及冒顿以兵至，击，大破灭东胡王，而虏其民人及畜产。既归，西击走月氏，南并楼烦、白羊河南王。侵燕代，悉复收秦所使蒙恬所夺匈奴地者，与汉关故河南塞，与前"度河南"相应。【眉批】"悉复收"句，"与汉关"句，如蝉联，有力。至朝那、肤施，遂侵燕、代。

单于遗汉书曰：【眉批】匈奴此书气强而词大，蛮夷亦有人哉！"天所立匈奴大单于占地步处。敬问皇帝无恙。前时皇帝言和亲事，称书意，合欢。汉边吏侵侮右贤王，右贤王不请，听后义卢侯难氏等计，与汉吏相距，绝二主之约，离兄弟之亲。皇帝让书再至，发使以书报，不来，汉使不至，【眉批】"发使"，是单于使发，以书报汉天子者。"不来"，言拘留也。"汉使不至"，言不见也。汉以其故不和，邻国不附。今以小吏之败约故，罚右贤王，使之西求月氏击之。以天之福，吏卒良，马强力，以夷灭月氏，尽斩杀降下之。定楼兰、乌孙、呼揭及其旁二十六国，皆以为匈奴。诸引弓之民，并为一家。【眉批】观匈奴答述西伐之威，是欲以畏汉，若曰"北州悉下，惟容汉耳"。北州已定，愿寝兵休士卒养马，除前事，复故约，以安边民，以应始古，使少者得成其长，老者安其处，世世平乐。未得皇帝之志也，故使郎中系雩浅奉书请，献橐他一匹，骑马二匹，驾二驷。皇帝即不欲匈奴近塞，则且诏吏民远舍。使者至，即遣之。"以六月中来至薪望之地。书至，汉议击与和亲孰便。公卿皆曰："单于新破月氏，乘胜，不可击。且得匈奴地，泽卤，非可居也。和亲甚便。"汉许之。孝文皇帝前六年，汉遗匈奴书曰："皇帝敬问匈奴大单于无恙。使郎中系雩浅遗朕书曰：【眉批】此重叙匈奴遗汉书，略其强词，唯述其婉语，得体。‘右贤王不请，听后义卢侯难氏等计，绝二主之约，离兄弟之亲，汉以故不和，邻国不附。今以小吏败约，故罚右贤王使西击月氏，尽定之。愿寝兵休士卒养马，除前事，复故约，以安边民，使少者得成其长，老者安其处，世世平乐。’朕甚嘉之，此古圣主之意也。汉与匈奴约为兄弟，所以遗单于甚厚。倍约离兄弟之亲者，常在匈奴。然右贤王事已在赦前，单于勿深诛。单于若称书意，明告诸吏，使无负约，有信，敬如单于书。使者言单于自将伐国有功，甚苦兵事。服绣袷绮衣、绣袷长襦、锦袷袍各一，比余一，黄金饰具带一，黄金胥纰一，绣十匹，锦三十匹，赤绨、绿缯各四十匹，使中大夫意、谒者令肩遗单于。”【眉批】此书先责匈奴违约，次谕以事在赦前，勿深诛；又云单于若能明告诸吏无负约，然后可和。使匈奴所言诚邪，固不逆其善意；使所言伪邪，亦不堕其诈谋。抑扬开阖，皆有法焉。至遗之以物，又以其自将苦兵为辞，非畏而赂之也。即此一书，可见文帝御夷狄之道。

匈奴日已骄，岁入边，杀略人民畜产甚多，云中、辽东最甚，至代郡万余人。汉患之，乃使使遗匈奴书。单于亦使当户报谢，复言和亲事。孝文帝后二年，使使遗匈奴书曰：“皇帝敬问匈奴大单于无恙。使当户且居雕渠难、郎中韩辽遗朕马二匹，已至，敬受。先帝制：长城以北，引弓之国，受命单于；长城以内，冠带之室，朕亦制之。使万民耕织射猎衣食，父子无离，臣主相安，俱无暴逆。今闻渫恶犹薄恶也。民贪降其进取之利，倍义绝约，忘万民之命，离两主之欢，然其事已在前矣。【眉批】“其事已在前”，与前“事在赦前”意同，得尊中国体。《书》曰：‘二国已和亲，两主欢说，寝兵休卒养马，世世昌乐，阐然更始。’朕甚嘉之。圣人者日新，改作更始，使老者得息，幼者得长，各保其首领而终其天命。朕与单于俱由此道，顺天恤民，世世相传，施之无穷，天下莫不咸便。汉与匈奴邻敌之国，匈奴处北地，寒，杀气早降，故诏吏遗单于秫蘖金帛丝絮佗物岁有数。今天下大安，万民熙熙，朕与单于为之父母。朕追念前事，薄物细故，谋臣计失，皆不足以离兄弟之欢。朕闻天不颇覆，地不偏载。朕与单于皆捐往细故，俱蹈大道，【眉批】“俱蹈大道”，与上“俱由此道”相应；下“俱去前事”，与此“皆捐往细故”相应。堕坏前恶，以图长久，使两国之民若一家子。元元万民，下及鱼鳖，上及飞鸟，跂行喙息蠕动之类，莫不就安利而辟危殆。故来者不止，天之道也。俱去前事：朕释逃虏民，汉人逃入匈奴者。【眉批】“朕释逃虏”二句，即是所谓“去前事”也。单于无言章尼等。匈奴降汉者。朕闻古之帝王，约分明而无食言。单于留志，天下大安，和亲之后，汉过不先。【眉批】只“汉不过先”四字，见得负约常在单于。单于其察之。”单于既约和亲，于是制诏御史曰：“匈奴大单于遗朕书，言和亲已定，亡人不足以益众广地，匈奴无入塞，【眉批】“匈奴无入塞”二句，即前书“长城以北”二句意。汉无出塞，犯令约者杀之，可以久亲，后无咎，俱便。朕已许之。其布告天下，使明知之。”【眉批】前后三书，以“约”字为眼目。

卫将军骠骑列传 全

【眉批】两将军为一传。太史公用意摹写处，其传大将军也。所当战功益封，由姊子夫为皇后。及姊子去病之从大将军而为骠骑也，骠骑将略殊无可指点处，特以子夫姊子遂从大将军勒战而有成功。大将军卫青者，平阳人也。其父郑季，为吏，给事平阳侯家，与侯妾卫媪通，生青。青同母兄卫长子，而姊卫子夫自平阳公主家得幸天子，故冒姓为卫氏。字仲卿。长子更字长君。长君母号为卫媪。媪长女卫孺，次女少儿，即去病母。次女即子夫。后子夫男弟步、广皆冒卫氏。| 青为侯家人，少时归其父，其父使牧羊。先母之子皆奴畜之，不以为兄弟数。青尝从入至甘泉居室，有一钳徒相青曰："贵人也，官至封侯。"青笑曰："人奴之生，得毋笞骂即足矣，【眉批】"人奴之"为一句，"生得毋笞骂足矣"为一句。"生"读如"生乃与哙等为伍"之"生"同。或以"人奴之生"为句者，非是。详次非辜之祸，已而非望之福，悲幸并至。安得封侯事乎！"青壮，为侯家骑，从平阳主。| 建元二年春，青姊子夫得入宫幸上。皇后，堂邑大长公主女也，无子，妒。大长公主闻卫子夫幸，有身，妒之，乃使人捕青。青时给事建章，未知名。大长公主执囚青，欲杀之。其友骑郎公孙敖与壮士篡取之，以故得不死。上闻，乃召青为建章监，侍中，及同母昆弟贵，赏赐数日间累千金。【眉批】以上详青之所以得通籍于后宫。孺为太仆公孙贺妻。少儿故与陈掌通，上召贵掌。以通少儿贵。公孙敖由此益贵。子夫为夫人。青为太中大夫。| 【眉批】以下历叙青战功。元光五年，青为车骑将军，击匈奴，出上谷；太仆公孙贺为轻车将军，出云中；太中大夫公孙敖为骑将军，出代郡；卫尉李广为骁骑将军，出雁门：军各万骑。青至茏城，斩首虏数百。骑将军敖亡七千骑；卫尉李广为虏所得，得脱归：皆当斩，赎为庶人。贺亦无功。| 元朔元年春，卫夫人有男，立为皇后。【眉批】太史公为青立传，而历叙子夫之得幸甚详，见青之宠任以子夫故也。此皆篇中关键。| 其

秋，青为车骑将军，出雁门，三万骑击匈奴，斩首虏数千人。| 明年，匈奴入杀辽西太守，虏略渔阳二千余人，败韩将军军。汉令将军李息击之，出代；令车骑将军青出云中以西至高阙。遂略河南地，至于陇西，捕首虏数千，畜数十万，走白羊、楼烦王。遂以河南地为朔方郡。以三千八百户封青为长平侯。【眉批】钳徒相青封侯，果应在此。青校尉苏建有功，【眉批】校尉有功，每冠以"青"，归功青也。以千一百户封建为平陵侯。使建筑朔方城。青校尉张次公有功，封为岸头侯。天子曰："匈奴逆天理，乱人伦，暴长虐老，以盗窃为务，行诈诸蛮夷，造谋籍兵，数为边害，故兴师遣将，以征厥罪。《诗》不云乎，'薄伐猃狁，至于太原'，'出车彭彭，城彼朔方'。今车骑将军青度西河至高阙，获首虏二千三百级，车辎畜产毕收为卤，已封为列侯，遂西定河南地，按榆谿旧塞，绝梓领，梁作"桥梁"。北河，讨蒲泥，破符离，斩轻锐之卒，捕伏听者三千七十一级，执讯获丑，驱马牛羊百有余万，全甲兵而还，益封青三千户。"

其明年，匈奴入杀代郡太守友，入略雁门千余人。其明年，匈奴大入代、定襄、上郡，杀略汉数千人。其明年，元朔之五年春，汉令车骑将军青将三万骑，出高阙；卫尉苏建为游击将军，左内史李沮为强弩将军，太仆公孙贺为骑将军，代相李蔡为轻车将军，皆领属车骑将军，【眉批】传中如"皆领属车骑将军"，"皆属大将军"，"皆属骠骑"之类；又如"骠骑亲贵比大将军"，"车重与大将军军"等，"秩禄与大将军等"之类：皆一篇纲领。俱出朔方；大行李息、岸头侯张次公为将军，出右北平：咸击匈奴。匈奴右贤王当卫青等兵，以为汉兵不能至此，饮醉。汉兵夜至，围右贤王，右贤王惊，夜逃，独与其爱妾一人壮骑数百驰，溃围北去。汉轻骑校尉郭成等逐数百里，不及，得右贤裨王十余人，众男女万五千余人，畜数千百万，于是引兵而还。至塞，天子使使者持大将军印，即军中拜车骑将军青为大将军，诸将皆以兵属大将军，大将军立号而归。天子曰："大将军青躬率戎士，师大捷，获匈奴王十有余人，益封青六千户。”而封青子伉为宜春侯，青子不疑为阴安侯，青子登为发干侯。【眉批】三用“青子”字，此古人纯实处。青固谢曰：“臣幸得待罪行间，赖陛下神灵，军大捷，皆诸校尉力战之功也。陛下幸已益封臣青。臣青子在襁褓中，未有勤劳，上幸列地封为三侯，非臣待罪行间所以劝士力战之意也。伉等三人何敢受封！”【眉批】此著大将军得力甚多。天子曰：“我非忘诸校尉功也，今固且图之。”乃诏御史曰：“护军都尉公孙敖三从大将军击匈奴，【眉批】敖等四人功不同，故各叙；朔等三人，沮等三人，功俱同，故合叙。常护军，傅校获王，以千五百户封敖为合骑侯。都尉韩说从大将军出窳浑，至匈奴右贤王庭，为麾下搏战获王，以千三百户封说为龙頟侯。骑将军公孙贺从大将军获王，以千三百户封贺为南窌侯。轻车将军李蔡再从大将军获王，以千六百户封蔡为乐安侯。校尉李朔，校尉赵不虞，校尉公孙戎奴，各三从大将军获王，【眉批】叙诸将功而曰“从大将军”，“再从大将军”，“三从大将军”，“各三从大将军”：归功青也。以千三百户封朔为涉轵侯，以千三百户封不虞为随成侯，以千三百户封戎奴为从平侯。【眉批】三人同封千三百户而三书之，正文字郑重处。《汉书》省其词曰“以千三百户封某某某”，则气索矣。将军李沮、李息及校尉豆如意有功，赐爵关内侯，食邑各三百户。”┃ 其秋，匈奴入代，杀都尉朱英。【眉批】此传叙两将军每一出兵后，即继以匈奴寇边杀略多，可见匈奴之变，皆武帝穷兵致之。此太史公微意也。┃ 其明年春，大将军青出定襄，合骑侯敖为中将军，太仆贺为左将军，翕侯赵信为前将军，卫尉苏建为右将军，郎中令李广为后将军，左内史李沮为强弩将军，咸属大将军，斩首数千级而还。

月余，悉复出定襄击匈奴，斩首虏万余人。右将军建、前将军信并军三千余骑，独逢单于兵，与战一日余，汉兵且尽。前将军故胡人，降为翕侯，见急，匈奴诱之，遂将其余骑可八百，奔降单于。右将军苏建尽亡其军，独以身得亡去，自归大将军。大将军问其罪正闳、名也。长史安、议郎周霸等："建当云何？"霸曰："自大将军出，未尝斩裨将。今建弃军，可斩以明将军之威。"闳、安曰："不然。兵法'小敌之坚，大敌之禽也'。今建以数千当单于数万，力战一日余，士尽，不敢有二心，自归。自归而斩之，是示后无反意也。不当斩。"大将军曰："青幸得以肺腑待罪行间，不患无威，而霸说我以明威，甚失臣意。且使臣职虽当斩将，以臣之尊宠而不敢自擅专诛于境外，而具归天子，天子自裁之，于是以见为人臣不敢专权，不亦可乎？"军吏皆曰"善"。遂囚建诣行在所。未了。入塞罢兵。┃【眉批】此下入霍去病，绝无痕迹。是岁也，大将军姊子针线。霍去病年十八，幸，为天子侍中。善骑射，再从大将军，大将军受诏与壮士，为剽姚校尉，与轻勇骑八百直弃大军数百里赴利，斩捕首虏过当。于是天子曰：【眉批】此传多以诏代叙事。"剽姚校尉去病斩首虏二千二十八级，及相国、当户，斩单于大父行籍若侯产，生捕季父罗姑比，再冠军，以千六百户封去病为冠军侯。上谷太守郝贤四从大将军，捕斩首虏二千余人，以千一百户封贤为众利侯。"是岁，失两将军军，亡翕侯，军功不多，故大将军不益封。右将军建至，了前案。天子不诛，赦其罪，赎为庶人。┃ 大将军既还，赐千金。是时王夫人方幸于上，【眉批】插入王夫人一段，所以绵续卫子夫后宫之宠也。宁乘说大将军曰："将军所以功未甚多，身食万户，三子皆为侯者，徒以皇后故也。今王夫人幸而宗族未富贵，愿将军奉所赐千金为王夫人亲寿。"大将军乃以五百金为寿。天子闻之，问大将军，大将军以实言，上乃拜宁乘为东海都尉。┃ 此皆太史公著色处。张骞从大将军，以尝使大夏，留匈奴中久，导军，知善水草处，军得以无饥渴，因前使绝国功，封骞博望侯。┃ 【眉批】以后多叙骠骑将军事。冠军侯去病既侯三岁，起骠骑将军。元狩二年春，以冠军侯去病为骠骑将军，将万骑出陇西，有功。天子曰："骠骑将军率戎士逾乌盭，讨遬濮，涉狐奴，历五王国，辎重人众慑慴者弗取，冀获单于子。转战六日，过焉支山千有余里，合短兵，杀折兰王，斩卢胡王，诛全甲，执浑邪王子及相国、都尉，首虏八千余级，收休屠祭天金人，益封去病二千户。”

其夏，骠骑将军与合骑侯敖俱出北地，异道；博望侯张骞、郎中令李广俱出右北平，异道：皆击匈奴。郎中令将四千骑先至，博望侯将万骑在后至。匈奴左贤王将数万骑围郎中令，郎中令与战二日，死者过半，所杀亦过当。博望侯至，匈奴兵引去。博望侯坐行留，当斩，赎为庶人。而骠骑将军出北地，已遂深入，与合骑侯失道，不相得，骠骑将军逾居延至祁连山，捕首虏甚多。天子曰：“骠骑将军逾居延，遂过小月氏，攻祁连山，得酋涂王，以众降者二千五百人，斩首虏三万二百级，获五王，五王母，单于阏氏、王子五十九人，相国、将军、当户、都尉六十三人，师大率音律。减什三，益封去病五千户。赐校尉从至小月氏爵左庶长。鹰击司马破奴再从骠骑将军斩遬濮王，捕稽且王，千骑将得王、王母各一人，王子以下四十一人，捕虏三千三百三十人，前行捕虏千四百人，以千五百户封破奴为从骠侯。【眉批】叙军功而曰“从骠骑”，“再从骠骑”，至封“从骠侯”：归功去病也。校尉句王高不识，从骠骑将军捕呼于屠王王子以下十一人，捕虏千七百六十八人，以千一百户封不识为宜冠侯。校尉仆多有功，封为辉渠侯。”【眉批】太史公一篇精神注此。合骑侯敖坐行留不与骠骑会，当斩，赎为庶人。| 诸宿将所将士马兵亦不如骠骑，骠骑所将常选，然亦敢深入，常与壮骑先其大将军，军亦有天幸，未尝困绝也。然而诸宿将常坐留落不遇。由此骠骑日以亲贵，比大将军。【眉批】太史公历叙诸将，则右李广而贬青；与青并言，则右青而贬去病。反复其文自见。

其秋，单于怒浑邪王居西方数为汉所破，亡数万人，以骠骑之兵也。单于怒，欲召诛浑邪王。浑邪王与休屠王等谋欲降汉，使人先遣使向边境要遮汉人，令报天子要边。是时大行李息将城河上，得浑邪王使，即驰传以闻。天子闻之，于是恐其以诈降而袭边，乃令骠骑将军将兵往迎之。骠骑既渡河，与浑邪王众相望。浑邪王裨将见汉军而多欲不降者，颇遁去。骠骑乃驰入与浑邪王相见，斩其欲亡者八千人，遂独遣浑邪王乘传先诣行在所，尽得其众渡河，降者数万，号称十万。既至长安，天子所以赏赐者数十巨万。封浑邪王万户，为漯阴侯。封其裨王呼毒尼为下摩侯，鹰庇为辉渠侯，禽梨为河綦侯，大当户铜离为常乐侯。于是天子嘉骠骑之功曰："骠骑将军去病率师攻匈奴西域王浑邪，王及厥众萌咸相奔，率以军粮接食，并将控弦万有余人，诛狡猂，获首虏八千余级，降异国之主三十二人，战士不离伤，十万之众咸怀集服，仍与作"兴"。之劳，爰及河塞，庶几无患，幸既永绥矣。以千七百户益封骠骑将军。"减陇西、北平、按：中华书局版《史记》"北平"作"北地"。上郡戍卒之半，以宽天下之繇。居顷之，乃分徙降者边五郡故塞外，而皆在河南，因其故俗，为属国。其明年，匈奴入右北平、定襄，杀略汉千余人。

其明年，天子与诸将议曰："翕侯赵信为单于画计，常以为汉兵不能度幕轻留，今大发士卒，其势必得所欲。"是岁元狩四年也。元狩四年春，上令大将军青、骠骑将军去病将各五万骑，步兵转者踵军数十万，而敢力战深入之士皆属骠骑。骠骑始与按：中华书局版《史记》"与"作"为"。出定襄，当单于。捕虏言单于东，乃更令骠骑出代郡，令大将军出定襄。郎中令为前将军，大仆为左将军，主爵赵食其为右将军，平阳侯襄为后将军，皆属大将军。兵即度幕，人马凡五万骑，与骠骑等咸击匈奴单于。赵信为单于谋曰："汉兵既度幕，人马罢，匈奴可坐收虏耳。"乃悉远北其辎重，皆以精兵待幕北。而适值大将军军出塞千余里，【眉批】大将军此战极为奇绝，以不得并骠骑益封，故太史公尽力描写，令人读之凛凛有生色。见单于兵陈而待，于是大将军令武刚车自环为营，而纵五千骑往当匈奴。匈奴亦纵可万骑。会日且入，大风起，砂砾击面，两军不相见，汉益纵左右翼绕单于。单于视汉兵多，而士马尚强，战而匈奴不利，薄暮，单于遂乘六赢，壮骑可数百，直冒汉围西北驰去。时已昏，汉匈奴相纷拏，杀伤大当。相当也。汉军左校捕虏言单于未昏而去，汉军因发轻骑夜追之，大将军军因随其后。【眉批】唐诗“胡沙猎猎吹人面，汉虏相逢不相见”，又“月黑雁飞高，单于夜遁逃”，正指此也。匈奴兵亦散走。迟明，行二百余里，不得单于，颇捕斩首虏万余级，遂至窴颜山赵信城，得匈奴积粟食军。军留一日而还，悉烧其城余粟以归。

大将军之与单于会也，而前将军广、右将军食其军别从东道，或失道，后击单于。大将军引还过幕南，乃得前将军、右将军。大将军欲使使归报，令长史簿责前将军广，广自杀。【眉批】太史公无限悲愤处。右将军至，下吏，赎为庶人。大将军军入塞，凡斩捕首虏万九千级。是时匈奴众失单于十余日，右谷蠡王闻之，自立为单于。单于后得其众，右王乃去单于之号。| 骠骑将军亦将五万骑，车重与大将军军等，而无裨将。悉以李敢等为大校，当裨将，出代、右北平千余里，直左方兵，所斩捕功已多大将军。略。军既还，【眉批】一句翦甚略，详见诏中。天子曰：“骠骑将军去病率师，详。躬将所获荤粥之士，约轻赍，绝大幕，涉获章渠，以诛比车耆，王号。转击左大将，斩获旗鼓，历涉离侯。山名。济弓闾，水名。获屯头王、胡王号。韩王等三人，将军、相国、当户、都尉八十三人，封狼居胥山，禅于姑衍，登临翰海。【眉批】“封狼居胥山，禅于姑衍，登临翰海”，言深入有功也。执卤获丑七万有四百四十三级，师率减什三，取食于敌，逴行殊远而粮不绝，以五千八百户益封骠骑将军。”右北平太守路博德属骠骑将军，会与城，不失期，从至梼余山，斩首捕虏二千七百级，以千六百户封博德为符离侯。北地都尉邢山从骠骑将军获王，以千二百户封山为义阳侯。故归义因淳王复陆支、楼专王伊即靬皆从骠骑将军有功，以千三百户封复陆支为壮侯，以千八百户封伊即靬为众利侯。从骠侯破奴、昌武侯安稽从骠骑有功，益封各三百户。校尉敢得旗鼓，为关内侯，食邑二百户。校尉自为爵大庶长。军吏卒为官，赏赐甚多。而大将军不得益封，军吏卒皆无封侯者。| 【眉批】

是役，大司马逐亡单于，斩首虏万余而不益封。故太史公前备著大将军斩获状，而于骠骑则但云捕斩多而已，不著其级次，此亦显微而阐幽也。两军之出塞，塞阅官及私马凡十四万匹，而复入塞者不满三万匹。乃益置大司马位，大将军、骠骑将军皆为大司马。定令，令骠骑将军秩禄与大将军等。自是之后，大将军青日退，而骠骑日益贵。举大将军故人门下多去事骠骑，辄得官爵，唯任安不肯。

骠骑将军为人少言不泄，有气敢任。天子尝欲教之孙吴兵法，对曰："顾方略何如耳，不至学古兵法。"天子为治第，令骠骑视之，对曰："匈奴未灭，无以家为也。"由此上益重爱之。然少而侍中，贵，不省士。其从军，天子为遣太官赍数十乘，既还，重车余弃粱肉，而士有饥者。其在塞外，卒乏粮，或不能自振，而骠骑尚穿域蹋鞠。事多此类。┃ 大将军为人仁善退让，以和柔自媚于上，然天下未有称也。┃ 骠骑将军自四年军后三年，元狩六年而卒。天子悼之，发属国玄甲军，陈自长安至茂陵，为冢像祁连山。谥之，并武与广地曰景桓侯。子嬗代侯。嬗少，字子侯，上爱之，幸其壮而将之。居六岁，元封元年，嬗卒，谥哀侯。无子，绝，国除。┃ 自骠骑将军死后，大将军长子宜春侯伉坐法失侯。后五岁，伉弟二人，阴安侯不疑及发干侯登皆坐酎金失侯。失侯后二岁，冠军侯国除。其后四年，大将军青卒，谥为烈侯。子伉代为长平侯。【眉批】太史公无限深情。自大将军围单于之后，十四年而卒。竟不复击匈奴者，以汉马少，而方南诛两越，东伐朝鲜，击羌、西南夷，以故久不伐胡。大将军以其得尚平阳公主故，长平侯伉代侯。六岁，坐法失侯。

太史公曰：苏建语余曰："吾尝责大将军至尊重，而天下之贤大夫毋称焉，愿将军观古名将所招选择贤者，勉之哉。大将军谢曰：'自魏其、武安之厚宾客，天子常切齿。彼亲附士大夫，招贤绌不肖者，人主之柄也。人臣奉法遵职而已，何与招士！'"骠骑亦放此意，其为将如此。

平津侯列传　平津侯

【眉批】此传暗以"曲学阿世"四字摹写平津侯，极得其髓。丞相公孙弘者，齐菑川国薛县人也，字季。少时为薛狱吏，有罪，免。家贫，牧豕海上。年四十余，乃学《春秋》杂说。养后母孝谨。▎伏后。建元元年，天子初即位，招贤良文学之士。是时弘年六十，征以贤良为博士。使匈奴，还报，不合上意，上怒，以为不能，屈。弘乃病免归。元光五年，有诏征文学，菑川国复推上公孙弘。弘让谢国人曰："臣已尝西应命，以不能罢归，愿更推选。"国人固推弘，弘至太常。太常令所征儒士各对策，百余人，弘第居下。策奏，天子擢弘对为第一。伸。召入见，状貌甚丽，拜为博士。是时通西南夷道，置郡，巴蜀民苦之，诏使弘视之。还奏事，盛毁西南夷无所用，阿世中之持正处。上不听。▎ 弘为人恢奇多闻，【眉批】两言弘为人，隐括一传大旨。常称以为人主病不广大，此希合上意处。人臣病不俭节。弘为布被，食不重肉。暗伏后案，实平津受用处。后母死，服丧三年。应前。每朝会议，开陈其端，纲。令人主自择，不肯面折庭争。阿世。于是天子察其行敦厚，辩论有余，习文法吏事，而又缘饰以儒术，上大说之。▎ 结。二岁中，至左内史。弘奏事，有不可，纲。不庭辩之。阿世。尝与主爵都尉汲黯请间，汲黯先发之，弘推其后，目。天子常说，所言皆听，以此日益亲贵。▎ 结。常与公卿约议，至上前，皆倍其约纲。以顺上旨。阿世。汲黯庭诘弘曰："齐人多诈而无情实，始与臣等建此议，今皆倍之，目。不忠。"上问弘。弘谢曰："夫知臣者以臣为忠，不知臣者以臣为不忠。"据此二言，却是巧计。上然弘言。左右幸臣每毁弘，上益厚遇之。▎ 结。元朔三年，张欧免，以弘为御史大夫。是时通西南夷，东置沧海，北筑朔方之郡。弘数谏，以为罢敝中国以奉无用之地，愿罢之。于是天子乃使朱买臣等难弘置朔方之便。发十策，弘不得一。【眉批】"发十策，弘不得一"，弘非不能也，希旨而见屈耳。弘乃谢曰："山东鄙人，不知其便若是，愿罢西南夷、沧海而专奉朔方。"阿世中之持正处。上乃许之。汲黯曰："弘位在三公，奉禄甚多，然为布被，此诈也。"上问弘。弘谢曰："有之。夫九卿与臣善者无过黯，然今日庭诘弘，诚中弘之病。夫以三公为布被，诚饰诈欲以钓名。且臣闻管仲相齐，有三归，侈拟于君，桓公以霸，亦上僭于君。晏婴相景公，食不重肉，妾不衣丝，齐国亦治，此下比于民。【眉批】详语意，实非管而是晏，因以晏自况，暗折汲黯。今臣弘位为御史大夫，而为布被，自九卿以下至于小吏，无差，诚如汲黯言。且无汲黯忠，陛下安得闻此言。"阿世。天子以为谦让，愈益厚之。结。【眉批】曰"上大悦之"，曰"以此日益亲贵"，曰"上益厚遇之"，曰"上乃许之"，曰"愈益厚之"，五段关键，总见弘逢时阿世，故卒致丞相封侯云。卒以弘为丞相，封平津侯。┃ 弘为人意忌，外宽内深。诸尝与弘有郤者，虽详与善，阴报其祸。纲。杀主父偃，徙董仲舒于胶西，目。皆弘之力也。食一肉脱粟之饭。故人所善宾客，仰衣食，弘奉禄皆以给之，家无所余。士亦以此贤之。┃ 结。淮南、衡山谋反，治党与方急。弘病甚，自以为无功而封，位至丞相，宜佐明主填抚国家，使人由臣子之道。今诸侯有叛逆之计，此皆宰相奉职不称，恐窃病死，无以塞责。乃上书曰：又讨一结果。"臣闻天下之通道五，所以行之者三。曰君臣，父子，兄弟，夫妇，长幼之序，此五者天下之通道也。智，仁，勇，此三者天下之通德，所以行之者也。故曰'力行近乎仁，好问近乎智，知耻近乎勇'。知此三者，则知所以自治；知所以自治，然后知所以治人。天下未有不能自治而能治人者也，此百世不易之道也。今陛下躬行大孝，鉴三王，建周道，兼文武，厉贤予禄，量能授官。今臣弘罢驽之质，无汗马之劳，陛下过意擢臣弘卒伍之中，封为列侯，致位三公。臣弘行能不足以称，素有负薪之疾，恐先狗马填沟壑，终无以报德塞责。愿归侯印，乞骸骨，避贤者路。"天子报曰："古者赏有功，褒有德，守成尚文，遭遇右

武，未有易此者也。朕宿昔庶几获承尊位，惧不能宁，惟所与共为治者，君宜知之。盖君子善善恶恶，君宜知之，君若谨行，常在朕躬。君不幸罹霜露之病，何恙不已，乃上书归侯，乞骸骨，是章朕之不德也。今事少间，君其省思虑，一精神，辅以医药。”因赐告牛酒杂帛。居数月，病有瘳，视事。| 元狩二年，弘病，竟以丞相终。子度嗣为平津侯。度为山阳太守十余岁，坐法失侯。

西南夷列传 略

西南夷君长以什数，夜郎最大；其西靡莫之属以什数，滇最大；自滇以北君长以什数，邛都最大：此皆魋结，耕田，有邑聚。┃结。其外西自同师以东，北至楪榆，名为嶲、昆明，皆编发，随畜迁徙，毋常处，毋君长，地方可数千里。自嶲以东北，君长以什数，徙、筰都最大；自筰以东北，君长以什数，冉駹最大。其俗或土著，或移徙，在蜀之西。自冉駹以东北，君长以什数，白马最大，皆氐类也。此皆巴蜀西南外蛮夷也。结。【眉批】此段不下百四十字，六用“以什数”字，五用“最大”字，而两以“此皆”字总结之，开阖有法。昌黎送廖道士、序柳州游黄溪记二文，发端仿此。

司马相如列传 全

书赋不载

【眉批】刘子玄谓此传具在相如集中，子长因而录之者。然篇中尽述鄙事，若果相如自作，宁不一少讳邪？至观其叙赋奏之后有非义理所尚，故删取其要数句，则其为子长史笔断案，而非长卿自作益明矣。司马相如者，蜀郡成都人也，字长卿。少时好读书，学击剑，故其亲名之曰犬子。相如既学，慕蔺相如之为人，更名相如。以赀为郎，事孝景帝，为武骑常侍，非其好也。会景帝不好辞赋，┃ 是时梁孝王来朝，从游说之士齐人邹阳、淮阴枚乘、吴庄忌夫子之徒，相如见而说之，因病免，客游梁。梁孝王令与诸生同舍，相如得与诸生游士居数岁，乃著《子虚之赋》。伏后案。会梁孝王卒，【眉批】两用“会”字，著长卿所以久宦游不遂之故。┃ 相如归，而家贫，无以自业。素与临邛令王吉相善，吉曰：“长卿久宦游不遂，而来过我。”于是相如往，舍都亭。临邛令缪为恭敬，日往朝相如。相如初尚见之，一本无下“相如”二字。后称病，使从者谢吉，吉愈益谨肃。临邛中多富人，而卓王孙家僮八百人，程郑亦数百人，二人乃相谓曰：“令有贵客，为具召之。”并召令。令既至，卓氏客以百数。至日中，谒司马长卿，长卿谢病不能往，临邛令不敢尝食，自往迎相如。相如不得已，强往，一坐尽倾。【眉批】本是一段小说，子长以奇著之，如闻如见，乃并与其精神意气隐微曲折画就，盖至俚亵而尤可观。酒酣，临邛令前奏琴曰：“窃闻长卿好之，愿以自娱。”相如辞谢，为鼓一再行。是时卓王孙有女文君新寡，好音，故相如缪与令相重，【眉批】复用“缪”字，应临邛令“缪为恭敬”之故。而以琴心挑之。相如之临邛，从车骑，雍容闲雅甚都；及饮卓氏，弄琴，文君窃从户窥之，心悦而好之，恐不得当也。既罢，相如乃使人重赐文君侍者通殷勤。文君夜亡奔相如，相如乃与驰归。家居徒四壁立。卓王孙大怒伏后“喟然而叹”案。曰：“女至不材，我不忍

杀，不分一钱也。”伏后“厚分女财”案。人或谓王孙，王孙终不听。文君久之不乐，曰：“长卿第俱如临邛，从昆弟假贷犹足为生，何至自苦如此！”相如与俱之临邛，尽卖其车骑，买一酒舍酤酒，而令文君当垆。相如身自著犊鼻裈，与保庸杂作，涤器于市中。【眉批】他人不下手处，太史公偏下手。卓王孙闻而耻之，为杜门不出。昆弟诸公更谓王孙曰：“有一男两女，所不足者非财也。今文君已失身于司马长卿，长卿故倦游，【眉批】三“游”字相唤应。【眉批】刘须溪谓“已失身于司马”为一句，“长卿故倦游”为一句。重出“长卿”二字，乃后人不得其读而添之者。虽贫，其人材足依也，且又令客，独奈何相辱如此！”卓王孙不得已，分予文君僮百人，钱百万，及其嫁时衣被财物。文君乃与相如归成都，买田宅，为富人。|

居久之，蜀人杨得意为狗监，侍上。上读《子虚赋》而善之，应前。曰：“朕独不得与此人同时哉！”得意曰：“臣邑人司马相如自言为此赋。”上惊，乃召问相如。相如曰：“有是。然此乃诸侯之事，未足观也。请为天子《游猎赋》，赋成奏之。”上许，令尚书给笔札。相如以“子虚”，虚言也，为楚称；“乌有先生”者，乌有此事也，为齐难；“无是公”者，无是人也，明天子之义。故空藉此三人为辞，以推天子诸侯之苑囿。其卒章归之于节俭，因以风谏。【眉批】此论所以作赋之纲要。奏之天子，天子大说。赋不载。赋奏，天子以为郎。无是公言天子上林广大，山谷水泉万物，乃子虚言楚云梦所有甚众，侈靡过其实，且非义理所尚，故删取其要，归正道而论之。【眉批】此子长断案。| 相如为郎数岁，会唐蒙使略通夜郎西僰中，发巴蜀吏卒千人，郡又多为发转漕万余人，用兴法诛其渠帅，用军兴法也。巴蜀民大惊恐。上闻之，乃使相如责唐蒙，因喻告巴蜀民以非上意。【眉批】“非上意”三字喻民本旨，太史公特首揭之。檄曰：【眉批】一篇文字全然为武帝饰非，又不全然道使者有司不是也，要教百姓当一半不是，两责两释，极得谕檄体。告巴蜀太守：蛮夷自擅不讨之日久矣，时侵犯边境，劳士

大夫。陛下即位，存抚天下，辑安中国。然后兴师出兵，见兴师不遽。北征匈奴，单于怖骇，交臂受事，诎膝请和。康居西域，重译请朝，稽首来享。移师东指，闽越相诛。右吊番禺，太子入朝。南夷之君，西僰之长，常效贡职，不敢怠堕，延颈举踵，喁喁然皆争归义，欲为臣妾，道里辽远，山川阻深，不能自致。夫不顺者已诛，匈奴、西域。【眉批】“不顺者”二句关缴前段意。而为善者未赏，巴蜀。故遣中郎将往宾之，两发卒之由。发巴蜀士民各五百人，以奉币帛，卫使者不然，靡有兵革之事，战斗之患。本意未尝令发兵。今闻其乃发军兴制，归过于使者。惊惧子弟，忧患长老，郡又擅为转粟运输，归过于有司。皆非陛下之意也。结前。当行者或亡逃自贼杀，亦责百姓不是处。亦非人臣之节也。生后。夫边郡之士，又借边郡讽之。闻烽举燧燔，皆摄弓而驰，荷兵而走，流汗相属，唯恐居后，触白刃，冒流矢，义不反顾，计不旋踵，人怀怒心，如报私仇。彼岂乐死恶生，非编列之民，而与巴蜀异主哉？计深虑远，急国家之难，而乐尽人臣之道也。故有剖符之封，盛称爵位以摇撼之。析珪而爵，位为通侯，居列东第，终则遗显号于后世，传土地于子孙，行事甚忠敬，居位甚安佚，名声施于无穷，功烈著而不灭。是以贤人君子，肝脑涂中原，膏液润野草而不辞也。今奉币役至南夷，此下方以正义责之。即自贼杀，或亡逃抵诛，身死无名，谥为至愚，耻及父母，为天下笑。人之度量相越，岂不远哉！然此非独行者之罪也，此下又责其父兄。父兄之教不先，子弟之率不谨也；寡廉鲜耻，而俗不长厚也。其被刑戮，不亦宜乎！陛下患使者有司之若彼，缴上非陛下意。【眉批】“陛下”以下，通缴前意，汉文多此法。悼不肖愚民之如此，缴上非人臣之节，与谥为至愚之意。故遣信使晓喻百姓以发卒之事，缴上遣中郎将往宾之一段。因数之以不忠死亡之罪，缴上边士尽忠而行者死亡意。让三老孝弟以不教诲之过。缴上父兄之教不先之意。方今田时，重烦百姓，已亲见近县，恐远所谿谷山泽之民不遍闻，檄到，亟下县道，使咸知陛下之意，唯毋忽也。与上“皆非陛下意”相应。相如还报。▎唐蒙已略通夜郎，因通西南夷道，发巴、蜀、广汉卒，作者数万人。治道二岁，道不成，士卒多物故，费以巨万计。蜀民及汉用事者多言其不便。▎是时邛筰之君长闻南夷与汉通，得赏赐多，多欲愿为内臣妾，请吏，比南夷。天子问相如，相如曰：“邛、筰、冉、駹者近蜀，道亦易通，秦时尝通为郡县，至汉兴而罢。今诚复通，为置郡县，愈于南夷。”天子以为然，乃拜相如为中郎将，建节往使。副使王然于、壶充国、吕越人驰四乘之传，因巴蜀吏币物以赂西夷。至蜀，蜀太守以下郊迎，县令负弩矢先驱，蜀人以为宠。【眉批】此“宠”字，直与上“独奈何相辱如此”、“辱”字照应为眼目。于是卓王孙、临邛诸公皆因门下献牛酒以交欢。应转卓王孙临邛一段。卓王孙喟然而叹，反应前“王孙大怒”。自以得使女尚司马长卿晚，而厚分与其女财，反应前“不分一钱”。与男等同。司马长卿便略定西夷，邛、筰、冉、駹、斯榆之君皆请为内臣。除边关，关益斥，西至沫、若水，南至牂牁为徼，通零关道，桥孙水以通邛都。还报天子，天子大说。

相如使时，蜀长老多言通西南夷不为用，唯大臣亦以为然。相如欲谏，业已建之，不敢，乃著书，籍以蜀父老为辞，而己诘难之，以风天子，且因宣其使指，令百姓知天子之意。其辞曰：汉兴七十有八载，德茂存乎六世，威武纷纭，湛恩汪濊，群生澍濡，洋溢乎方外。于是乃命使西征，随流而攘，风之所被，罔不披靡。因朝冉从駹，定筰存邛，略斯榆，举苞满，结轶还辕，东乡将报，至于蜀都。耆老大夫荐绅先生之徒二十有七人，俨然造焉。辞毕，因进曰：设词。“盖闻天子之于夷狄也，其义羁縻勿绝而已。今罢三郡之士，通夜郎之涂，三年于兹，而功不竟，士卒劳倦，万民不赡，今又接以西夷，百姓力屈，恐不能卒业，此亦使者之累也，窃为左右患之。且夫邛、筰、西僰之与中国并也，历年兹多，不可记已。仁者不以德来，强者不以力并，意者其殆不可乎！今割齐民以附夷狄，弊所恃以事无用，鄙人固陋，不识所谓。”使者曰：“乌谓此邪？必若所云，则是蜀不变服而巴不化俗也。余尚恶闻若说。然斯事体大，固非观者之所觏也。余之行急，其详不可得闻已，请为大夫粗陈其略。【眉批】此数语折难，进言主意。盖世必有非常之人，然后有非常之事；有非常之事，然后有非常之功。非常者，固常之所异也。故曰非常之原，黎民惧焉；及臻厥成，天下晏如也。昔者鸿水浡出，泛滥衍溢，民人登降移徙，崎岖而不安。夏后氏戚之，乃堙鸿水，决流疏河，漉沈赡菑，东归之于海，而天下永宁。【眉批】比禹事虽不类，然正欲以明非常。当斯之勤，岂唯民哉。心烦于虑而身亲其劳，躬胝无胈，肤不生毛。故休烈显乎无穷，声称浃乎于兹。且夫贤君之践位也。岂特委琐龌龊，拘文牵俗，循诵习传，当世取说云尔哉！此言常。必将崇论闳议，创业垂统，为万世规。故驰骛乎兼容并包，而勤思乎参天贰地。此言非常。且《诗》不云乎：‘普天之下，莫非王土；率土之滨，莫非王臣。’是以六合之内，八方之外，浸浔衍溢，怀生绝按：中华书局版《史记》“绝”作“之”。物有不浸润于泽者，贤君耻之。今封疆之内，冠带之伦，咸获嘉祉，靡有阙遗矣。而夷狄殊俗之国，此言非常之功。辽绝异党之地，舟舆不通，人迹罕至，政教未加，流风犹微。内之则犯义侵礼于边境，外之则邪行横作，放弑其上。君臣易位，尊卑失序，父兄不辜，幼孤为奴，系累号泣，内向而怨，曰‘盖闻中国有至仁焉，德洋而恩普，物靡不得其所，今独曷为遗己’。举踵思慕，若枯旱之望雨。盭夫为之垂涕，况乎上圣，又恶能已？【眉批】相如之文中间有赋体。故北出师以讨强胡，南驰使以诮劲越。四面风德，二方之君鳞集仰流，愿得受号者以亿计。故乃关沫、若，徼牂牁，镂零山，梁孙原。创道德之涂，垂仁义之统。将博恩广施，远抚长驾，使疏逖不闭，阻深暗昧得耀乎光明，以偃甲兵于此，而息诛伐于彼。遐迩一体，中外提福，不亦康乎？此言臻厥成天下晏如意。夫拯民于沈溺，【眉批】“夫拯民”以下至“逸乐者也”，括一篇之意而总缴之。奉至尊之休德，反衰世之陵迟，继周氏之绝业，斯乃天子之急务也。百姓虽劳，又恶可以已哉？且夫王事固未有不始于忧勤，而终于佚乐者也。然则受命之符，合在于此矣。方将增泰山之封，此封禅遗书所由作。加梁父之事，鸣和鸾，扬乐颂，上咸五，下登三。观者未睹指，听者未闻音，犹鷦明作"鸣"。已翔乎寥廓，而罗者犹视乎薮泽。【眉批】鷦明罗者之喻所以计非常，固非常情所能度也。悲夫！"于是诸大夫芒然丧其所怀来而失厥所以进，喟然并称曰："允哉汉德，此鄙人之所愿闻也。百姓虽怠，请以身先之。"敞罔靡徙，形容辞屈之状。因迁延而辞避。

其后人有上书言相如使时受金，失官。居岁余，复召为郎。相如口吃而善著书。揭出相如为人。常有消渴疾。与卓氏婚，饶于财。其进仕宦，未尝肯与公卿国家之事，称病闲居，应前"非其好"。不慕官爵。| 常从上至长杨猎，是时天子方好自击熊彘，驰逐野兽，相如上疏谏之。其辞曰：【眉批】此词忧爱款恳，语厚意长，似贾谊疏法。臣闻物有同类而殊能者，故力称乌获，捷言庆忌，勇期贲、育。臣之愚，窃以为人诚有之，兽亦宜然。今陛下好陵阻险，射猛兽，卒然遇轶材之兽，骇不存之地，犯属车之清尘，舆不及还辕，人不暇施巧，虽有乌获、逢蒙之伎，力不得用，枯木朽株尽为害矣。是胡越起于毂下，而羌夷接轸也，岂不殆哉！虽万全无患，然本非天子之所宜近也。且夫清道而后行，中路而后驰，犹时有衔橛之变，而况涉乎蓬蒿，驰乎丘坟，前有利兽之乐而内无存变之意，其为祸也不亦难矣！夫轻万乘之重不以为安，而乐出于万有一危之涂以为娱，二句一篇主意。臣窃为陛下不取也。盖明者远见于未萌而智者避危于无形，祸固多藏于隐微而发于人之所忽者也。故鄙谚曰"家累千金，坐不垂堂"。此言虽小，可以喻大。臣愿陛下之留意幸察。上善之。| 还过宜春宫，相如奏赋以哀二世行失也。赋不载。相如拜为孝文园令。天子既美子虚之事，相如见上好仙道，因曰："上林之事未足美也，尚

有靡者。臣尝为《大人赋》，未就，请具而奏之。”相如以为列仙之传居山泽间，形容甚臞，此非帝王之仙意也，乃遂就《大人赋》。赋不载。相如既奏大人之颂，天子大说，飘飘有凌云之气，似游天地之间意。┃ 相如既病免，家居茂陵。天子曰：“司马相如病甚，可往从悉取其书；若不然，后失之矣。”使所忠往，而相如已死，家无书。问其妻，对曰：“长卿固未尝有书也。时时著书，人又取去，即空居。长卿未死时，为一卷书，曰有使者来求书，奏之。无他书。”其遗札书言封禅事，奏所忠。忠奏其书，【眉批】九用“书”字。天子异之。书不载。司马相如既卒五岁，天子始祭后土。八年而遂先礼中岳，封于太山，至梁父禅肃然。┃ 相如他所著，若《遗平陵侯书》、《与五公子相难》、《草木书》篇不采，采其尤著公卿者云。

太史公曰：《春秋》推见至隐，《易》本隐以之显，《大雅》言王公大人而德逮黎庶，《小雅》讥小己之得失，其流及上。所以言虽外殊，其合德一也。相如虽多虚辞滥说，然其要归引之节俭，此与诗之风谏何异。余采其语可论者著于篇。

淮南衡山列传　伍被谏淮南王书论

【眉批】此书明爽紧切，足以遏绝其邪谋，惜乎其恃之不终耳！“臣闻聪者听于无声，明者见于未形，故圣人万举万全。昔文王一动而功显于千世，列为三代，此所谓因天心以动作者也，故海内不期而随。此千岁之可见者。夫百年之秦，【眉批】百年之秦，近世之吴楚，作两柱；下分段照应。近世之吴楚，亦足以喻国家之存亡矣。臣不敢避子胥之诛，愿大王毋为吴王之听。┃【眉批】此段极状秦民之欲乱，见得必民欲乱如此而后至于失天下，以应结篇首“百年之秦”句。昔秦绝先王之道，杀术士，燔诗书，弃礼义，尚诈力，任刑罚，转负海之粟致之西河。当是之时，男子疾耕不足于糟糠，女子纺绩不足于盖形。遣蒙恬筑长城，东西数千里，暴兵露师常数十万，死者不可胜数，僵尸千里，流血顷亩，百姓力竭，欲为乱者十家而五。┃又使徐福入海求神异物，还为伪辞曰：‘臣见海中大神，言曰：“汝西皇之使邪？”臣答曰：“然。”“汝何求？”曰：“愿请延年益寿药。”神曰：“汝秦王之礼薄，得观而不得取。”即从臣东南至蓬莱山，见芝成宫阙，有使者铜色而龙形，光上照天。于是臣再拜问曰：“宜何资以献？”海神曰：“以令名男子若振女与百工之事，即得之矣。”’秦皇帝大说，遣振男女三千人，资之五谷种种百工而行。徐福得平原广泽，止王不来。于是百姓悲痛相思，欲为乱者十家而六。┃又使尉佗逾五岭攻百越。尉佗知中国劳极，止王不来，使人上书，求女无夫家者三万人，以为士卒衣补。秦皇帝可其万五千人。于是百姓离心瓦解，欲为乱者十家而七。

客谓高皇帝曰：‘时可矣。’高皇帝曰：‘待之，圣人当起东南间。’不一年，陈胜吴广发矣。高皇帝始于丰沛，一倡天下不期而响应者不可胜数也。此所谓蹈瑕候间，因秦之亡而动者也。百姓

愿之，若旱之望雨，故起于行陈之中而立为天子，功高三王，德传无穷。今大王见高皇帝得天下之易也，独不观近世之吴楚乎？| 夫吴王赐号为刘氏祭酒，复不朝，王四郡之众，地方数千里，内铸消铜以为钱，东煮海水以为盐，上取江陵水按：中华书局版《史记》“水”作“木”。以为船，一船之载当中国数十两车，国富民众。行珠玉金帛赂诸侯宗室大臣，独窦氏不与。计定谋成，举兵而西。破于大梁，败于狐父，奔走而东，至于丹徒，越人禽之，身死绝祀，为天下笑。夫以吴越之众不能成功者何？诚逆天道而不知时也。方今大王之兵众不能十分吴楚之一，【眉批】吴楚较言，只两言而决。天下安宁有万倍于吴楚之时，愿大王从臣之计。大王不从臣之计，今见大王事必不成而语先泄也。臣闻微子过故国而悲，于是作麦秀之歌，是痛纣之不用王子比干也。【眉批】“微子”一段有无限感慨悲歌之意。故《孟子》曰‘纣贵为天子，死曾不若匹夫’。是纣先自绝于天下久矣，非死之日而天下去之。今臣亦窃悲大王弃千乘之君，必且赐绝命之书，为群臣先，死于东宫也。”【眉批】“于是”以下，太史公亦有感慨意云。于是王气怨结而不扬，涕满匡而横流，即起，历阶而去。

太史公曰：《诗》之所谓“戎狄是膺，荆舒是惩”，信哉是也。淮南、衡山亲为骨肉，疆土千里，列为诸侯，不务遵蕃臣职以承辅天子，而专挟邪僻之计，谋为畔逆，仍父子再亡国，各不终其身，为天下笑。此非独王过也，亦其俗薄，臣下渐靡使然也。【眉批】掉尾有逸气。夫荆楚僄勇轻悍，好作乱，乃自古记之矣。

汲郑列传 全

【眉批】此传始末摹写汲黯伉直，而不学无术亦稍稍见。汲黯字长孺，濮阳人也。其先有宠于古之卫君。至黯七世，世为卿大夫。| 黯以父任，孝景时为太子洗马，以庄见惮。| 虚。孝景帝崩，太子即位，黯为谒者。东越相攻，上使黯往视之。实。不至，至吴而还，报曰："越人相攻，固其俗然，【眉批】"然"字属下句有力。不足以辱天子之使。"| 河南失火，延烧千余家，上使黯往视之。还报曰："家人失火，屋比延烧，不足忧也。臣过河南，河南贫人伤水旱万余家，或父子相食，臣谨以便宜，持节发河南仓粟以振贫民。臣请归节，伏矫制之罪。"【眉批】使越奇，矫制又奇。上贤而释之，| 迁为荥阳令。黯耻为令，病归田里。上闻，乃召拜为中大夫。以数切谏，不得久留内，虚。迁为东海太守。黯学黄老之言，治官理民，好清静，择丞史而任之。虚。其治，责大指而已，不苛小。黯多病，卧闺阁内不出。岁余，东海大治。称之。| 上闻，召以为主爵都尉，列于九卿。治务在无为而已，虚。弘不大体，不拘文法。| 黯为人性倨，【眉批】"为人"数句，一篇纲领。后皆有应。少礼，面折，不能容人之过。伏后案合己者善待之，不合己者不能忍见，士亦以此不附焉。然好学，游侠，转。任气节，内行修絜，好直谏，数犯主之颜色，伏后案。常慕傅伯、按：中华书局版《史记》"伯"作"柏"。袁盎之为人也。善灌夫、郑当时及宗正刘弃。借明。亦以数直谏，不得久居位。| 牵。当是时，太后弟武安侯蚡为丞相，中二千石来拜谒，蚡不为礼。然黯见蚡未尝拜，常揖之。应"性倨"。天子方招文学儒者，上曰吾欲云云，黯对曰："陛下内多欲而外施仁义，奈何欲效唐虞之治乎！"应直谏。上默然，怒，变色而罢朝。应"犯主颜色"。公卿皆为黯惧。上退，谓左右曰："甚矣，汲黯之戆也！"群臣或数黯，黯曰："天子置公卿辅弼之臣，宁令从谀承意，陷主于不义乎？且已在其位，纵爱身，奈辱朝廷何！"黯多

病，病且满三月，上常赐告者数，终不愈。最后病，庄助为请告。上曰："汲黯何如人哉？"助曰："使黯任职居官，无以逾人。然至其辅少主，守城深坚，招之不来，麾之不去，虽自谓贲育亦不能夺之矣。"上曰："然。古有社稷之臣，至如黯，近之矣。"| 大将军青侍中，上踞厕而视之。丞相弘燕见，上或时不冠。【眉批】将言望见黯避帐中，故先从青、弘常见时来说。至如黯见，上不冠不见也。上尝坐武帐中，黯前奏事，上不冠，望见黯，避帐中，使人可其奏。其见敬礼如此。结。【眉批】以下节节矫正时事。

张汤方以更定律令为廷尉，黯数质责汤于上前，曰："公为正卿，上不能褒先帝之功业，下不能抑天下之邪心，安国富民，使囹圄空虚，二者无一焉。非苦就行，放析就功，何乃取高皇帝约束纷更之为？公以此无种矣。"应面折。黯时与汤论议，汤辩常在文深小苛，黯伉厉守高不能屈，忿发骂曰："天下谓刀笔吏不可以为公卿，果然。必汤也，【眉批】"必"字贯下"矣"字住。令天下重足而立，侧目而视矣！"| 是时，汉方征匈奴，招怀四夷。黯务少事，乘上间，常言与胡和亲，无起兵。上方向儒术，尊公孙弘。及事益多，吏民巧弄。上【眉批】"上"字连上读。分别文法，汤等数奏决谳以幸。而黯常毁儒，面触弘等徒怀诈饰智以阿人主取容，此指弘。而刀笔吏专深文巧诋，此指汤。陷人于罪，使不得反其真，以胜为功。应面折。上愈益贵弘、汤，弘、汤深心疾黯，唯天子亦不说也，反应上敬礼。欲诛之以事。弘为丞相，乃言上曰："右内史界部中多贵人宗室，难治，非素重臣不能任，请徙黯为右内史。"为右内史数岁，官事不废。| 大将军青既益尊，姊为皇后，然黯与亢礼。应性倨。人或说黯曰："自天子欲群臣下大将军，大将军尊重益贵，君不可以不拜。"黯曰："夫以大将军有揖客，反不重邪？"大将军闻，愈贤黯，数请问国家朝廷所疑，遇黯过于平生。| 淮南王谋反，惮黯，曰："好直谏，守节死义，难惑以非。至如说丞相弘，如发蒙振落耳。"| 天子既数征匈奴有功，黯之言益不

用。| 应前。始黯列为九卿，提。而公孙弘、张汤为小吏。及弘、汤稍益贵，与黯同位，黯又非毁弘、汤等。已而弘至丞相，封为侯；汤至御史大夫；故黯时丞相史皆与黯同列，或尊用过之。黯褊心，不能无少望，见上，前言曰："陛下用群臣如积薪耳，后来者居上。"上默然。应"犯主颜色"。有间黯罢，上曰："人果不可以无学，观黯之言也日益甚。"

居无何，匈奴浑邪王率众来降，汉发车二万乘。县官无钱，从民贳马。民或匿马，马不具。上怒，欲斩长安令。黯曰："长安令无罪，独斩黯，应直谏。民乃肯出马。且匈奴叛其主而降汉，汉徐以县次传之，何至令天下扰动，罢弊中国而以事夷狄之人乎！"上默然。| 应"犯主颜色"。及浑邪至，贾人与市者，坐当死者五百余人。黯请间，见高门，曰："夫匈奴攻当路塞，绝和亲，中国兴兵诛之，死伤者不可胜计，而费以巨万百数。臣愚以为陛下得胡人，皆以为奴婢以赐从军死事者家；所卤获，因予之，以谢天下之苦，塞百姓之心。今纵不能，浑邪率数万之众来降，虚府库赏赐，发良民侍养，譬若奉骄子。愚民安知市买长安中物而文吏绳以为阑出财物于边关乎？陛下纵不能得匈奴之资以谢天下，又以微文杀无知者五百余人，是所谓'庇其叶而伤其枝'者也，臣窃为陛下不取也。"应直谏。上默然，【眉批】次"上默然"者五，黯亦危矣。不许，应"犯主颜色"。曰："吾久不闻汲黯之言，今又复妄发矣。" | 后数月，黯坐小法，会赦免官。于是黯隐于田园。居数年，会更五铢钱，民多盗铸钱，楚地尤甚。上以为淮阳，楚地之郊，乃召拜黯为淮阳太守。黯伏谢不受印，诏数强予，然后奉诏。诏召见黯，黯为上泣曰："臣自以为填沟壑，不复见陛下，不意陛下复收用之。臣常有狗马病，力【眉批】"力"字属下句读。不能任郡事，臣愿为中郎，出入禁闼，补过拾遗，臣之愿也。"上曰："君薄淮阳邪？吾今召君矣。顾淮阳吏民不相得，吾徒得君之重，卧而治之。" | 黯既辞行，过大行李息，曰："黯弃居郡，不得与朝廷议

也。【眉批】“不得与朝廷议”与愿留禁闼，皆足以发明忠君之心。然御史大夫张汤智足以拒谏，诈足以饰非，务巧佞之语，辩数之辞，非肯正为天下言，专阿主意。主意所不欲，因而毁之；主意所欲，因而誉之。好兴事，舞文法，内怀诈以御主心，外挟贼吏以为威重。公列九卿，不早言之，公与之俱受其僇矣。”息畏汤，终不敢言。┃ 黯居郡如故治，淮阳政清。后张汤果败，上闻黯与息言，抵息罪。令黯以诸侯相秩居淮阳。七岁而卒。┃ 卒后，上以黯故，官其弟汲仁至九卿，子汲偃至诸侯相。┃ 黯姑姊子司马安波。亦少与黯为太子洗马。安文深巧与黯相反。善宦，官四至九卿，以河南太守卒。昆弟以安故，同时至二千石者十人。濮阳段宏始事盖侯信，客。信任宏，宏亦再至九卿。然卫人仕者皆严惮汲黯，【眉批】“卫人”句特以惮汲黯附见，又与传首“有宠于古之卫君”者相发云。出其下。

郑当时者，字庄，陈人也。其先郑君尝为项籍将；籍死，已而属汉。高祖令诸故项籍臣名籍，郑君独不奉诏。诏尽拜名籍者为大夫，而逐郑君。郑君死。┃ 孝文时，郑庄以任侠自喜，脱张禹于厄，声闻梁楚之间。┃ 孝景时，为太子舍人。每五日洗沐，常置驿马长安诸郊，存诸故人，请谢宾客，夜以继日，好客。至其明旦，常恐不遍。庄好黄老之言，陡出此句。其慕长者如恐不见。好客。年少官薄，然其游知交皆其大父行，天下有名之士也。┃ 好客。武帝立，庄稍迁为鲁中尉、济南太守、江都相，至九卿为右内史。以武安侯、魏其时议，省。贬秩为詹事，迁为大农令。┃ 庄为太史，诫门下：“客至，无贵贱好客。无留门者。”执宾主之礼，以其贵下人。庄廉，又不治其产业，仰奉赐以给诸公。然其馈遗人，不过算器食。每朝，候上之间，说未尝不言天下之长者。其推毂士及官属丞史，好客。诚有味其言之也，常引以为贤于己。【眉批】“有味其言之”，谓“常引以为贤于己”之言。未尝名吏，与官属言，若恐伤之。与黯面折反。闻人之善言，进之上，唯恐后。山东士诸公以此翕然称郑庄。结。郑庄使视决河，自

请治行五日。上曰："吾闻'郑庄行，千里不赍粮'，请治行者何也？"【眉批】帝请以治行而庄漫无可否，故下即以"趋和承意，不敢甚引当否"接之，而以"然"字转下。然郑庄在朝，常趋和承意，不敢甚引当否。| 与黯直谏反。及晚节，汉征匈奴，招四夷，天下费多，财用益匮。庄任人宾客为大农僦人，多逋负。司马安为淮阳太守，发其事，庄以此陷罪，赎为庶人。| 顷之，守长史。上以为老，以庄为汝南太守。数岁，以官卒。| 郑庄、汲黯总结两人。始列为九卿，廉，内行修絜。此两人中废，家贫，宾客益落。及居郡，卒后家无余赀财。【眉批】此两人性行不相似，然同喜任侠，同好黄老，其废也宾客同落，故太史公合为一传。| 庄兄弟子孙以庄故，至二千石六七人焉。

太史公曰：夫以汲、郑之贤，有势则宾客十倍，无势则否，况众人乎！【眉批】太史公感慨深情，从朋友不救腐刑中来。下邽翟公有言，始翟公为廷尉，宾客阗门；及废，门外可设雀罗。翟公复为廷尉，宾客欲往，翟公乃大署其门曰："一死一生，乃知交情。一贫一富，乃知交态。一贵一贱，交情乃见。"汲、郑亦云，悲夫！

儒林列传 序

【眉批】文学兴废，世代沿革，此文备之。太史公曰：余读功令，直叙。至于广厉学官之路，未尝不废书而叹也。【眉批】首以读功令广厉学官之路而发叹，盖叹六艺之废而兴之难也。六艺兴于孔子，至秦而废，汉兴之初尚未能复，至武帝尚儒学，招文学之士，而公孙弘能承辅以兴之。于是备载其请著功令所以广厉学官之路者于末，应篇首发挥，文字有照应。曰：嗟乎！夫周室衰而《关雎》作，幽厉微而礼乐坏，诸侯恣行，政由强国。故孔子闵王路废而邪道兴，于是论次《诗》、《书》，修起《礼》、《乐》。适齐闻《韶》，三月不知肉味。自卫返鲁，然后乐正，《雅》、《颂》各得其所。世以混浊莫能用，是以仲尼干七十余君无所遇，曰“苟有用我者，期月而已矣”。西狩获麟，曰“吾道穷矣”。故因史记作《春秋》，以寓王法，其辞微而指博，后世学者多录焉。【眉批】首叙孔子删《诗》、《书》作《春秋》以儒宗也。┃ 自孔子卒后，七十子之徒散游诸侯，大者为师傅卿相，小者友教士大夫，或隐而不见。故子路居卫，子张居陈，澹台子羽居楚，子夏居西河，子贡终于齐。如田子方、段干木、吴起、禽滑釐之属，皆受业于子夏之伦，为王者师。是时独魏文侯好学。后陵迟以至于始皇，天下并争于战国，儒术既绌焉，然齐鲁之门，学者独不废也。于宣、威之际，倒挈，转。孟子、荀卿之列，咸遵夫子之业而润色之，以学显于当世。┃ 及至秦之季世，焚诗书，坑术士，《六艺》从此缺焉。陈涉之王也，而鲁诸儒持孔氏之礼器往归陈王。于是孔甲为陈涉博士，卒与涉俱死。陈涉起匹夫，驱瓦合適戍，旬月以王楚，不满半岁竟灭亡，其事至微浅，然而缙绅先生之徒负孔子礼器往委质为臣者，何也？以秦焚其业，积怨而发愤于陈王也。及高皇帝诛项籍，举兵围鲁，鲁中诸儒尚讲诵习礼乐，弦歌之音不绝，岂非圣人之遗化，好礼乐之国哉？故孔子在陈，曰“归与归与！吾党之小子狂简，斐然成章，不知所以裁之”。夫齐鲁之间于文学，自古以来，其天性也。

【眉批】以下叙文学自汉始兴。故汉兴，然后诸儒始得修其经艺，讲习大射乡饮之礼。叔孙通作汉礼仪，因为太常，诸生弟子共定者，咸为选首，于是喟然叹兴于学。然尚有干戈，平定四海，亦未暇遑庠序之事也。孝惠、吕后时，公卿皆武力有功之臣。孝文时颇征用，然孝文帝本好刑名之言。及至孝景，不任儒者，而窦太后又好黄老之术，故诸博士具官待问，未有进者。及今上即位，赵绾、王臧之属明儒学，而上亦乡之，于是招方正贤良文学之士。自是之后，言《诗》于鲁则申培公，于齐则辕固生，于燕则韩太傅。言《尚书》自济南伏生。言《礼》自鲁高堂生。言《易》自菑川田生。言《春秋》于齐鲁自胡毋生，于赵自董仲舒。及窦太后崩，武安侯田蚡为丞相，绌黄老、刑名百家之言，延文学儒者数百人，而公孙弘以《春秋》白衣为天子三公，封以平津侯。【眉批】太史公于《平准书》云“公孙弘以《春秋》之义绳臣下取汉相”，于《自叙》亦云“公孙弘以《春秋》白衣为天子三公”，屡书不一，盖深叹夫儒效不白于天下，而文奸饰诈为经术之羞也。天下之学士靡然乡风矣。

公孙弘为学官，悼道之郁滞，乃请曰：“丞相御史言：制曰‘盖闻导民以礼，风之以乐。婚姻者，居室之大伦也。今礼废乐崩，朕甚愍焉。故详延天下方正博闻之士，咸登诸朝。其令礼官劝学，讲议洽闻兴礼，以为天下先。太常议，与博士弟子，崇乡里之化，以广贤材焉’。谨与太常臧、博士平等议曰：闻三代之道，乡里有教，夏曰校，殷曰序，周曰庠。其劝善也，显之朝廷；其惩恶也，加之刑罚。故教化之行也，建首善自京师始，由内及外。今陛下昭至德，开大明，配天地，本人伦，劝学修礼，崇化厉贤，以风四方，太平之原也。古者政教未洽，不备其礼，请因旧官而兴焉。为博士官置弟子五十人，复其身。太常择民年十八已上，仪状端正者，补博士弟子。郡国县道邑有好文学，敬长上，肃政教，顺乡里，出入不悖所闻者，令相长丞上属所二千石，二千石谨察可者，当与计偕，诣太常，得受业如弟子。一岁皆辄试，能通一艺以上，补文学掌故缺；其高第可以为郎中者，太常籍奏。即有秀才异等，辄以名闻。其不事学若下材及不能通一艺，辄罢之，而请诸不称者罚。臣谨案诏书律令下者，明天人分际，通古今之义，文章尔雅，训辞深厚，恩施甚美。小吏浅闻，不能究宣，无以明布谕下。治礼次治掌故，以文学礼义为官，迁留滞。请选择其秩比二百石以上，及吏百石通一艺以上，补左右内史、大行卒史；比百石以下，补郡太守卒史：皆各二人，边郡一人。先用诵多者，若不足，乃择掌故补中二千石属，文学掌故补郡属，备员。请著功令。他如律令。”首尾唤应。制曰：“可。”自此以来，则公卿大夫士吏斌斌多文学之士矣。

酷吏列传 全

孔子曰："导之以政，齐之以刑，民免而无耻。导之以德，齐之以礼，有耻且格。"老氏称："上德不德，是以有德；下德不失德，是以无德。法令滋章，盗贼多有。"太史公曰：信哉是言也！法令者治之具，而非制治清浊之源也。开。昔天下之网尝密矣，然奸伪萌起，正说。其极也，上下相遁，至于不振。当是之时，吏治若救火扬沸，非武健严酷，恶能胜其任而愉快乎！反说。言道德者，溺其职矣。阖。故曰"听讼，吾犹人也，必也使无讼乎"。【眉批】前以孔子、老氏发端，故又以"听讼"二语复明其说，此太史公照应处文字之易见者。"下士闻道此老子《道经》之言。大笑之"。非虚言也。汉兴，破觚而为圜，斫雕而为朴，网漏于吞舟之鱼，而吏治烝烝，不至于奸，黎民艾安。【眉批】"破觚"二句，谓去严刑而从简易，抑巧伪而务敦厚也。由是观之，在彼不在此。高后时，酷吏独有侯封，刻轹宗室，侵辱功臣。吕氏已败，遂禽侯封之家。孝景时，晁错以刻深颇用术辅其资，而七国之乱，发怒于错，错卒以被戮。其后有郅都、宁成之属。【眉批】错非酷吏，比特借言酷之不可为耳。

【眉批】酷吏十人，行多相类而叙各不同，笔力极其变化。郅都者，杨人也。以郎事孝文帝。孝景时，都为中郎将，敢直谏，面折大臣于朝。虚。尝从入上林，贾姬如厕，野彘卒入厕。上目都，都不行。实。上欲自持兵救贾姬，都伏上前曰："亡一姬复一姬进，天下所少宁贾姬等乎？陛下纵自轻，奈宗庙太后何！"上还，彘亦去。【眉批】画出一崛强人。太后闻之，赐都金百斤，由此重郅都。｜小结。济南瞯氏宗人三百余家，豪猾，二千石草按：中华书局版《史记》"草"作"莫"。能制，于是景帝乃拜都为济南太守。至则族灭瞯氏首恶，余皆股栗。居岁余，郡中不拾遗。旁十余郡守畏都如大府。｜都为人勇，插入。有气力，公廉，不发私书，问遗无所受，廉。请寄无所听。公。常自称曰："已倍亲而仕，身固当奉职死节官下，终不顾妻子矣。"▎郅都迁为中尉。丞相条侯至贵倨也，而都揖丞相。▎借事形容。是时民朴，【眉批】将叙"都独先严酷"，而必先之以"是时民朴"句，所以深著其失也。畏罪自重，而都独先严酷，致行法不避贵戚，虚。列侯宗室见都侧目而视，号曰"苍鹰"。临江王征诣中尉府对簿，实。临江王欲得刀笔为书谢上，而都禁吏不予。魏其侯使人以间与临江王。临江王既为书谢上，因自杀。窦太后闻之，怒，以危法中都，都免归家。▎孝景帝乃使使持节拜都为雁门太守，而便道之官，得以便宜从事。匈奴素闻郅都节，居边，为引兵去，竟郅都死不近雁门。匈奴至为偶人象郅都，极其形容。令骑驰射莫能中，见惮如此。匈奴患之。窦太后乃竟中都以汉法。景帝曰："都忠臣。"欲释之。窦太后曰："临江王独非忠臣邪？"于是遂斩郅都。【眉批】传都为人，插入中间；传成为人，却提掇在首。随题变化，不拘定格。

宁成者，穰人也。以郎谒者事景帝。好气，为人小吏，必陵其长吏；为人上，操下如束湿薪。滑贼任威。稍迁至济南都尉，而郅都为守。始前数都尉皆步入府，因吏谒守如县令，其畏郅都如此。及成往，直陵都出其上。【眉批】"小吏必陵其长吏"，从"郡守畏如大府"句变来。都素闻其声，于是善遇，与结欢。久之，郅都死，后长安左右宗室多暴犯法，于是上召宁成为中尉。其治效郅都，其廉弗如，省语。然宗室豪杰皆人人惴恐。武帝即位，徙为内史。外戚多毁成之短，抵罪髡钳。是时九卿罪死即死，少被刑，而成极刑，自以为不复收，于是解脱，诈刻传出关归家。称曰："仕不至二千石，贾不至千万，安可比人乎！"乃贳贷买陂田千余顷，假贫民，役使数千家。数年，会赦。致产数千金，为任侠，持吏长短，出从数十骑。其使民威重于郡守。【眉批】成传皆无事实，空自形容，欲尽得其为人。

周阳由者，其父赵兼以淮南王舅父侯周阳，故因姓周阳氏。由以宗家任为郎，事孝文及景帝。景帝时，由为郡守。武帝即位，吏治尚循谨甚，然由居二千石中，最为暴酷骄恣。所爱者，挠法活之；所憎者，曲法诛灭之。所居郡，必夷其豪。为守，视都尉如令。为都尉，必陵太守，【眉批】“为都尉，必陵太守”，又从“小吏陵长吏”句变来。夺之治。总叙。与汲黯俱为忮，借形。司马安之文恶，俱在二千石列，同车未尝敢均茵伏。由后为河东都尉，时与其守胜屠公争权，相告言罪。胜屠公当抵罪，义不受刑，自杀，而由弃市。自宁成、周阳由之后，联上。事益多，民巧法，大抵吏之治类多成、由等矣。

赵禹者，斄人。以佐史补中都官，用廉为令史，事太尉亚夫。亚夫为丞相，禹为丞相史，府中皆称其廉平。然亚夫弗任，曰：“极知禹无害，然文深，不可以居大府。”今上时，禹以刀笔吏积劳，稍迁为御史。上以为能，【眉批】诸酷吏之迁秩，皆曰“上以为能”，见吏非自酷，由上佐之，词婉而意深矣。至太中大夫。与张汤论定诸律令，详汤传。作见知，吏传得相监司。用法益刻，盖自此始。联下。

张汤者，杜人也。其父为长安丞，出，汤为儿守舍。还而鼠盗肉，其父怒，笞汤。汤掘窟得盗鼠及余肉，劾鼠掠治，传爰书，讯鞫论报，并取鼠与肉，具狱磔堂下。其父见之，视其文辞如老狱吏，大惊，遂使书狱。父死后，汤为长安吏，久之。周阳侯始为诸卿时，尝系长安，汤倾身为之。及出为侯，大与汤交，遍见汤贵人。汤给事内史，为宁成掾，以汤为无害，言大府，调为茂陵尉，治方中。【眉批】摹写禹、汤两人共事，而两人各自结局处极工。武安侯为丞相，征汤为史，时荐言之天子，补御史，使案事。治陈皇后蛊狱，深竟党与。于是上以为能，稍迁至太中大夫。与赵禹共定诸律令，应禹传。务在深文，拘守职之吏。已而赵禹迁为中尉，此下合叙。徙为少府，而张汤为廷尉，两人交欢，而兄事禹。禹为人廉倨。为吏以来，舍毋食客。公卿相造请禹，禹终不报谢，倨。务在绝知友宾客之请，孤立行一意而已。见文法辄取，不按：中华书局版《史记》“不”作“亦”。不覆案，见老吏手段。求官属阴罪。汤为人多诈，舞智以御人。纲领。始为小吏，乾没，与长安富贾田甲、鱼翁叔之属交私。根。及列九卿，收接天下名士大夫，己心内虽不合，然阳浮慕之。《赞》所谓"知阴阳"。是时上方乡文学，【眉批】自"上方乡文学"至释汤所言，皆汤多诈舞智以御人处。汤决大狱，欲傅古义，乃请博士弟子治《尚书》、《春秋》补廷尉史，亭疑法。奏谳疑事，必豫先为上分别其原，上所是，受而著谳决法廷尉，絜令扬主之明。奏事即谴，汤应谢，乡上意所便，必引正、监、掾史贤者，曰："固为臣议，如上责臣，诈。臣弗用，愚抵于此。"【眉批】此下章法皆整。罪常释。闻即奏事，上是之，曰："臣非知为此奏，乃正、监、掾史某为之。"其欲荐吏，扬人之善蔽人之过如此。结。

所治即上意所欲罪，诈。【眉批】"即上意"数句，又从"所爱者挠法活之"二句变来。予监史深祸者；即上意所欲释，与监史轻平者。所治即豪，必舞文巧诋；即下户羸弱，时口言，虽文致法，上财察。于是往往释汤所言。《赞》所谓"人主与俱上下"。汤至于大吏，内行修也。通宾客饮食。于故人子弟为吏及贫昆弟，调护之尤厚。其造请诸公，阳浮慕。不避寒暑。诈。是以汤虽文深意忌不专平，然得此声誉。而刻深吏多为爪牙用者，依于文学之士。丞相弘数称其美。| 及治淮南、衡山、江都反狱，皆穷根本。严助及伍被，上欲释之。汤争曰："伍被本画反谋，而助亲幸出入禁闼爪牙臣，乃交私诸侯如此，弗诛，后不可治。"于是上可论之。其治狱所排大臣自为功，多此类。结。于是汤益尊任，迁为御史大夫。| 会浑邪等降，汉大兴兵伐匈奴，山东水旱，贫民流徙，皆仰给县官，县官空虚。于是承上指，巧。请造白金及五铢钱，笼天下盐铁，排富商大贾，出告缗令，钼豪强并兼之家，舞文巧诋以辅法。【眉批】兵兴赋重，民穷奸生，此用酷吏之由也。一篇根原在此发之。汤每朝奏事，语国家用，日晏，天子忘食。丞相取充位，天下事皆决于汤。百姓不安其生，骚动，县官所兴，未获其利，奸吏并侵渔，于是痛绳以罪。则自公卿以下，至于庶人，咸指

汤。汤尝病，天子至自视病，其隆贵如此。结。

匈奴来请和亲，群臣议上前。博士狄山曰："和亲便。"上问其便，山曰："兵者凶器，未易数动。高帝欲伐匈奴，大困平城，乃遂结和亲。孝惠、高后时，天下安乐。及孝文帝欲事匈奴，北边萧然苦兵矣。孝景时，吴楚七国反，景帝往来两宫间，寒心者数月。吴楚已破，竟景帝不言兵，天下富实。今自陛下举兵击匈奴，中国以空虚，边民大困贫。由此观之，不如和亲。"上问汤，汤曰："此愚儒，无知。"狄山曰："臣固愚忠，若御史大夫汤乃诈忠。若汤之治淮南、江都，以深文痛诋诸侯，别疏骨肉，使蕃臣不自安。臣固知汤之为诈忠。"于是上作色曰："吾使生居一郡，能无使虏入盗乎？"曰："不能。"曰："居一县？"对曰："不能。"复曰："居一障间？"山自度辩穷且下吏，曰："能。"于是上遣山乘障。至月余，匈奴斩山头而去。【眉批】写得情状迫切可想。至"斩山头而去"，未必匈奴之为也，故曰"自此群臣震慑"，笔意洋溢矣。自是以后，群臣震慑。┃汤之客田甲，应前。虽贾人，有贤操。始汤为小吏时，与钱通，及汤为大吏，甲所以责汤行义过失，亦有烈士风。

汤为御史大夫七岁，结上生下。败。河东人李文尝与汤有郤，已而为御史中丞，恚，数从中文书事有可以伤汤者，不能为地。汤有所爱史鲁谒居，知汤不平，使人上蜚变告文奸事，事下汤，汤治论杀文，而汤心知谒居为之。上问曰："言变事踪迹安起？"汤详惊曰：诈。【眉批】三"详惊"字，摹写汤甚妙。"此殆文故人怨之。"谒居病卧闾里主人，汤自往视疾，为谒居摩足。赵国以冶铸为业，王数讼铁官事，汤常排赵王。赵王求汤阴事。谒居尝案赵王，赵王怨之，并上书告："汤，大臣也，史谒居有病，汤至为摩足，疑与为大奸。"事下廷尉。谒居病死，事连其弟，弟系导官。汤亦治他囚导官，见谒居弟，欲阴为之，而详不省。诈。谒居弟弗知，怨汤，使人上书告汤与谒居谋，共变告李文。事下减宣。宣尝与汤有郤，及得此事，穷

竟其事，未奏也。会人有盗发孝文园瘗钱，丞相青翟朝，与汤约俱谢，至前，汤念独丞相以四时行园，当谢，汤无与也，诈。不谢。丞相谢，上使御史案其事。汤欲致其文丞相见知，丞相患之。三长史皆害汤，欲陷之。纲。【眉批】前云“汤为御史大夫七岁，败”，中云“穷竟其事，未奏”，末云“三长史皆害汤，欲陷之”，此三节叙事起伏血脉。始长史朱买臣，目。会稽人也。读《春秋》。庄助使人言买臣，买臣以《楚辞》与助俱幸，侍中，为太中大夫，用事；而汤乃为小吏，跪伏使买臣等前。已而汤为廷尉，治淮南狱，排挤庄助，买臣固心望。及汤为御史大夫，买臣以会稽守为主爵都尉，列于九卿。数年，坐法废，守长史，见汤，汤坐床上，丞史遇买臣弗为礼。买臣楚士，深怨，常欲死之。王朝，齐人也。以术至右内史。边通，学长短，刚暴强人也，官再至济南相。故皆居汤右，二人合。已而失官，守长史，诎体于汤。汤数行丞相事，知此三长史素贵，三人合。常凌折之。以故三长史合谋曰：【眉批】“学长短”与“上读《春秋》”，皆谓深文胜汤者，至此又合三长史陷汤计言之，与前又相照。“始汤约与君谢，已而卖君；今欲劾君以宗庙事，此欲代君耳。吾知汤阴事。”使吏捕案汤左田信等，曰汤且欲奏请，信辄先知之，居物致富，与汤分之，及他奸事。事辞颇闻。上问汤曰：“吾所为，贾人辄先知之，益居其物，是类有以吾谋告之者。”汤不谢。汤又详惊曰：诈。“固宜有。”减宣亦奏谒居等事。提前话。天子果以汤怀诈面欺，使使八辈簿责汤。汤具自道无此，不服。于是上使赵禹责汤。禹至，了两人案。让汤曰：“君何不知分也。君所治夷灭者几何人矣？今人言君皆有状，天子重致君狱，欲令君自为计，何多以对簿为？”汤乃为书谢曰：“汤无尺寸功，起刀笔吏，陛下幸致为三公，无以塞责。然谋陷汤罪者，三长史也。”【眉批】太史公先曰“指汤”，曰“责汤”，曰“伤汤”，曰“怨汤”，曰“害汤”；又曰“怨之”，曰“患之”，曰“欲陷之”，曰“欲死之”；又曰“有郤”，曰“心望”：极其形容，皆为“天子果以汤怀诈，使使责”后张本。遂自杀。| 汤死，

家产直不过五百金，廉。皆所得奉赐，无他业。昆弟诸子欲厚葬汤，汤母曰："汤为天子大臣，被污恶言而死，何厚葬乎！"载以牛车，有棺无椁。天子闻之，曰："非此母不能生此子。"乃尽案诛三长史。丞相青翟自杀。出田信。┃ 结果前事。上惜汤。稍迁其子安世。┃ 赵禹中废，又及禹。已而为廷尉。┃ 始条侯以为禹贼深，提前话。弗任。及禹为少府，比九卿。禹酷急，至晚节，事益多，吏务为严峻，而禹治加缓，而名为平。王温舒等后起，治酷于禹。禹以老，徙为燕相。数岁，乱悖有罪，免归。后汤十余年，以寿卒于家。

义纵者，河东人也。为少年时，尝与张次公俱攻剽为群盗。根。纵有姊姁，以医幸王太后。王太后问："有子兄弟为官者乎？"姊曰："有弟无行，不可。"太后乃告上，拜义姁弟纵为中郎，┃ 补上党郡中令。治敢行，少蕴藉，县无逋事，举为第一。迁为长陵及长安令，直法行治，不避贵戚。以捕案太后外孙修成君子仲，上以为能，迁为河内都尉。至则族灭其豪穰氏之属，河内道不拾遗。而张次公亦为郎，枝。以勇悍从军，敢深入，有功，为岸头侯。┃ 宁成插入。家居，上欲以为郡守。客。御史大夫弘曰："臣居山东为小吏时，宁成为济南都尉，其治如狼牧羊。成不可使治民。"上乃拜成为关都尉。岁余，关东吏隶郡国出入关者，号曰"宁见乳虎，无值宁成之怒"。暗接苍鹰。义纵自河内迁为南阳太守，闻宁成家居南阳，及纵至关，宁成侧行送迎，然纵气盛，弗为礼。至郡，遂案宁氏，尽破碎其家。【眉批】先说宁成之威，然后说纵能制成；犹先说郅都之威，然后说成能陵都也。成坐有罪，及孔、暴之属皆奔亡，南阳吏民重足一迹。而平氏朱强、杜衍、杜周为纵爪牙之吏，任用，迁为廷史。

军数出定襄，定襄吏民乱败，于是徙纵为定襄太守。纵至，掩定襄狱中重罪轻系二百余人，及宾客昆弟私入相视亦二百余人。纵一捕鞫，曰"为死罪解脱"。是日皆报杀四百余人。其后郡中不寒而栗，猾氏按：中华书局版《史记》"氏"作"民"。佐吏为治。┃ 是时赵禹、张汤以深刻为九卿矣，客插入。然其治尚宽，辅法而行，而纵以鹰击毛挚为治。主。【眉批】曰“重足一迹”，曰“不寒而栗”，曰“鹰击毛挚”：形容至骨矣。┃ 后会五铢钱白金起，民为奸，京师尤甚，乃以纵为右内史，王温舒为中尉。温舒至恶，其所为不先言纵，纵必以气凌之，败坏其功。其治，所诛杀甚多，然取为小治，奸益不胜，【眉批】“取为小治，奸益不胜”，极见酷吏之无益。直指始出矣。吏之治以斩杀缚束为务，波。阎奉以恶用矣。纵廉，其治放郅都。┃ 陡。

上幸鼎湖，病久，已而卒起幸甘泉，道多不治。上怒曰：“纵以我为不复行此道乎？”嗛之。至冬，杨可方受告缗，纵以为此乱民，部吏捕其为可使者。天子闻，使杜式治，以为废格沮事，弃纵市。后一岁，张汤亦死。陡客。

【眉批】温舒而下，皆汤故吏，故每曰“事张汤”，意深至矣。王温舒者，阳陵人也。少时椎埋为奸。已而试补县亭长，数废。为吏，以治狱至廷史。事张汤，迁为御史。督盗贼，杀伤甚多，稍迁至广平都尉。择郡中豪敢任吏十余人，以为爪牙，皆把其阴重罪，而纵使督盗贼，快其意所欲得。【眉批】“快其意”数句，又从“上意所欲罪”与“深祸者”数句变来。此人即上十余人。虽有百罪，即阴重罪。弗法；即有避，因其事夷之，亦灭宗。以其故齐赵之郊盗贼不敢近广平，广平声为道不拾遗。┃ 上闻，迁为河内太守。素居广平时，皆知河内豪奸之家，及往，九月而至。令郡具私马五十匹，为驿自河内至长安，部吏如居广平时方略，省。捕郡中豪猾，郡中豪猾相连坐千余家。上书请，大者至族，小者乃死，家尽没入偿臧。奏行不过二三日，得可事。论报，至流血十余里。河内皆怪其奏，以为神速。尽十二月，郡中毋声，毋敢夜行，野无犬吠之盗。【眉批】“野无犬吠”句，从“道不拾遗”句变来。其颇不得，失之旁郡国，梨求，会春，温舒顿足叹曰：“嗟乎，令冬月益展一月，足吾事矣！”其好杀伐行威纲锁上。不爱人如此。【眉批】温舒残暴事，不尽载本传，复见杨仆传。天子闻之，以为能，迁为中

尉。其治复放河内，省。徙诸名祸猾吏与从事，河内则杨皆、麻戊，关中杨赣、成信等。| 义纵为内史，客。惮未敢恣治。及纵死，张汤败后，徙为廷尉，而尹齐为中尉。过接。

尹齐者，东郡茌平人。以刀笔稍迁至御史。事张汤，张汤数称以为廉武，使督盗贼，所斩伐不避贵戚。迁为关内都尉，声甚于宁成。上以为能，迁为中尉，吏民益凋敝。尹齐木强少文，豪恶吏伏匿而善吏不能为治，以故事多废，抵罪。上复徙温舒为中尉，提。而杨仆以严酷为主爵都尉。过接。

【眉批】杨仆传不详仆本末，而特详尹齐、温舒及盗贼之故，太史公重为传酷吏，不在传仆也。杨仆者，宜阳人也。以千夫为吏。河南守案举以为能，迁为御史，使督盗贼关东。治放尹齐，以为敢挚行。稍迁至主爵都尉，列九卿。天子以为能。南越反，拜为楼船将军，有功，封将梁侯。为荀彘所缚。居久之，病死。而温舒客。复为中尉。又接上。为人少文，【眉批】两言温舒为人，却入在第二次作中尉时，又于杨仆传见之。文之变化，类如此。屋按：中华书局版《史记》"屋"作"居"。廷惛惛不辩，至于中尉则心开。督盗贼，素习关中俗，知豪恶吏，豪恶吏尽复为用，为方略。吏苛察，盗贼恶少年投缿音项。购告言奸，置伯格长以牧司奸盗贼。温舒为人谄，善事有势者；即无势者，【眉批】"即无势者"数句，又从"快所欲弗法，有避灭宗"变来。视之如奴。有势家，虽有奸如山，弗犯；无势者，贵戚必侵辱。舞文攻诋下户之猾，以焄大豪。其治中尉如此。结。【眉批】上叠无势而有势者复出乎此，情理毕达眼中；以下猾而大猾乃为用。文字之纤密，眼目之历落如此。奸猾穷治，大抵尽靡烂狱中，行论无出者。其爪牙吏虎而冠。于是中尉部中中猾以下皆伏，总。有势者为游声誉，称治。治数岁，其吏多以权富。

温舒击东越还，议有不中意者，坐小法抵罪免。是时天子方欲作通天台而未有人，温舒请覆中尉脱卒，得数万人作。上说，拜为少府。徙为右内史，治如其故，奸邪少禁。坐法失官。复为右辅，行中尉事。如故操。岁余，会宛军发，诏征豪吏，温舒匿其吏华成，及人有变告温舒受员骑钱，他奸利事，罪至族，自杀。其时两弟及两婚家亦各自坐他罪而族。光禄徐自为曰："悲夫，夫古有三族，而王温舒罪至同时而五族乎！"【眉批】叙酷吏死事皆详。温舒死，家直累千金。后数岁，尹齐亦以淮阳都尉病死，了尹齐案。家直不满五十金。所诛灭淮阳甚多，及死，仇家欲烧其尸，尸亡去归葬。自温舒等以恶为治，而郡守、都尉、诸侯二千石欲为治者，其治大抵尽放温舒，而吏民益轻犯法，盗贼滋起。应篇首"法令滋章，盗贼多有"。【眉批】叙汤处言酷吏之由，叙舒处言酷吏之害。南阳有梅免、白政，楚有殷中、杜少，齐有徐勃，燕赵之间有坚卢、范生之属。大群至数千人，擅自号，攻城邑，取库兵，释死罪，缚辱郡太守、都尉，杀二千石，为檄告县趣具食；小群盗以百数，掠卤乡里者，不可胜数也。于是天子始使御史中丞、丞相长史督之。犹弗能禁也，乃使光禄大夫范昆、直指使。诸辅都尉及故九卿张德等衣绣衣，持节，虎符发兵以兴击，斩首大部或至万余级，及以法诛通饮食，坐连诸郡，甚者数千人。数岁，乃颇得其渠率。散卒失亡，复聚党阻山川者，往往而群居，无可奈何。于是作"沈命法"，曰群盗起不发觉，发觉而捕弗满品者，二千石以下至小吏主者皆死。其后小吏畏诛，虽有盗不敢发，恐不能得，坐课累府，府亦使其不言。故盗贼寖多，上下相为匿，此与篇首"上下相遁"句应。以文辞避法焉。【眉批】以上总叙酷吏之害。

减宣者，杨人也。以佐史无害给事河东守府。卫将军青使买马河东，见宣无害，言上，征为大厩丞。官事虚。办，稍迁至御史及中丞。使治主父偃实。及治淮南反狱，所以微文深诋，杀者甚众，称为敢决疑。数废数起，为御史及中丞者几二十岁。┃ 王温舒免中尉，牵。而宣为左内史。其治米盐，事大小皆关其手，自部署县名曹实物，官吏令丞不得擅摇，痛以重法绳之。居官数年，一切郡中为小治办，然独宣以小致大，能因力行之，难以为经。中废。为右扶风，坐怨成信，信亡藏上林中，宣使郿令格杀信，吏卒格信时，射中上林苑门，宣下吏诋罪，以为大逆，当族，自杀。而杜周任用。过脉。

杜周者，南阳杜衍人。义纵为南阳守，以为爪牙，举为廷尉史。事张汤，汤数言其无害，至御史。使案边失亡，所论杀甚众。奏事中上意，任用，与减宣相编，牵。更为中丞十余岁。其治与宣相放，然重迟，外宽，内深次骨。宣为左内史，周为廷尉，其治大放张汤而善候伺。上所欲挤者，【眉批】"上所欲挤"数句，即汤传"上所欲罪"、"所欲释"两端。因而陷之；上所欲释者，久系待问而微见其冤状。客有让周曰："君为天子决平，不循三尺法，专以人主意指为狱。狱者固如是乎？"周曰："三尺安出哉？前主所是著为律，应著谳决法廷尉絜令。后主所是疏为令，当时为是，何古之法乎！"至周为廷尉，诏狱亦益多矣。二千石系者新故相因，不减百余人。郡吏大府举之廷尉，一岁至千余章。章大者连逮证案数百，小者数十人；远者数千，近者数百里。会狱，吏因责如章告劾，不服，以笞掠定之。于是闻有逮皆亡匿。狱久者至更数赦十有余岁而相告言，大抵尽诋以不道以上。廷尉及中都官诏狱逮至六七万人，吏所增加十万余人。| 周中废，后为执金吾，逐盗，捕治桑弘羊、卫皇后昆弟子刻深，天子以为尽力无私，迁为御史大夫。家两子，夹河为守。其治暴酷皆甚于王温舒等矣。杜周初征为廷史，有一马，且不全；及身久任事，至三公列，子孙尊官，家訾累数巨万矣。

太史公曰：自郅都、杜周十人者，此皆以酷烈为声。抑。然郅都伉直，扬。引是非，争天下大体。张汤以知阴阳，人主与俱上下，【眉批】"人主与俱上下"，谓"与人主俱上下"也，倒用便奇。时数辩当否，国家赖其便。赵禹时据法守正。杜周从谀，以少言为重。自张汤死后，网密，多诋严，官事寖以耗废。九卿碌碌奉其官，救过不赡，何暇论绳墨之外乎！然此十人中，其廉者足以为仪表，其污者足以为戒，抑。方略教导，扬。禁奸止邪，一切亦皆彬彬质有其文武焉。虽惨酷，

斯称其位矣。| 一句结尽，美刺具矣。至若蜀守冯当暴挫，收法。广汉李贞擅磔人，东郡弥仆锯项，天水骆璧推减，河东褚广妄杀，京兆无忌、冯翊殷周蝮鸷，水衡阎奉扑击卖请，何足数哉！何足数哉！

大宛列传 张骞出使一段

【眉批】张骞凿空通路，其事亦有奇者。太史公不为立传，而于《大宛传》见之，且突然首提，盖特恶骞始倡其事云。大宛之迹，见自张骞。起奇特。张骞，汉中人。建元中为郎。是时天子问匈奴降者，皆言匈奴破月氏王，以其头为饮器，月氏遁逃而常怨仇匈奴，无与共击之。汉方欲事灭胡，闻此言，因欲通使。道必更匈奴中，乃募能使者。骞以郎应募，使月氏，与堂邑氏故胡奴甘父俱出陇西。经匈奴，匈奴得之，传诣单于。单于留之，曰："月氏在吾北，汉何以得往使？吾欲使越，汉肯听我乎？"留骞十余岁，与妻，有子，然骞持汉节不失。居匈奴中，益宽，骞因与其属亡乡月氏，西走数十日至大宛。大宛闻汉之饶财，欲通不得，见骞，喜，问曰："若欲何之？"骞曰："为汉使月氏，而为匈奴所闭道。今亡，唯王使人导送我。诚得至，反汉，汉之赂遗王财物不可胜言。"大宛以为然，遣骞，为发导驿，抵康居，康居传致大月氏。大月氏王已为胡所杀，立其太子为王。既臣大夏而居，地肥饶，少寇，志安乐，又自以远汉，殊无报胡之心。【眉批】将言"月氏无报胡之心"，应前"常怨仇匈奴"句，特先详叙其所以云。

骞从月氏至大夏，竟不能得月氏要领。留岁余，还，并南山，欲从羌中归，复为匈奴所得。留岁余，【眉批】前下"留骞十余岁"句，又两下"留岁余"句，总为去十三年张本。单于死，左谷蠡王攻其太子自立，国内乱，骞与胡妻及堂邑父俱亡归汉。汉拜骞为太中大夫，堂邑父为奉使君。骞为人强力，宽大信人，蛮夷爱之。堂邑父故胡人，善射，穷急射禽兽给食。初，骞行时百余人，去十三岁，唯二人得还。骞身所至者接首二句。大宛、大月氏、大夏、康居，而传闻其旁大国五六，具为天子言之。曰：大宛在匈奴西南，【眉批】"大宛在匈奴"以下，太史公以要领提出。在汉正西，去汉可万里。其俗土著，耕田，田稻麦。有蒲陶酒。多善马，马汗血，其先天马子也。有城郭屋室。其属邑大小七十余城，众可数十万。其兵弓矛骑射。其北则康居，西则大月氏，西南则大夏，东北则乌孙，东则扜罙、于寘。于寘之西，则水皆西流，注西海；其东水东流，注盐泽。盐泽潜行地下，其南则河源出焉。多玉石，河注中国。而楼兰、姑师邑有城郭，临盐泽。盐泽去长安可五千里。匈奴右方居盐泽以东，至陇西长城，南接羌，鬲汉道焉。

游侠列传　全

【眉批】此传气势阔达，正太史公愤激著书处。韩子曰："儒以文乱法，而侠以武犯禁。"二者皆讥，而学士多称于世云。至如以术取宰相卿大夫，辅翼其世主，功名俱著于春秋，固无可言者。及若季次、原宪，客。闾巷人也，读书怀独行君子之德，义不苟合当世，当世亦笑之。故季次、原宪终身空室蓬户，褐衣疏食不厌。死而已四百余年，连下读。而弟子志之不倦。今游侠，主。其行虽不轨于正义，抑。然其言必信，其行必果，已诺必诚，不爱其躯，赴士之厄困，既已存亡死生矣，而不矜其能，此游侠本领。羞伐其德，盖亦有足多者焉。扬。且缓急，人之所时有也。此句辞不迫而意独至。太史公曰：四字疑衍。昔者虞舜窘于井廪，接上"缓急"句。伊尹负于鼎俎，傅说匿于傅险，吕尚困于棘津，夷吾桎梏，百里饭牛，仲尼畏匡，菜色陈、蔡。此皆学士所谓有道仁人也，犹然遭此菑，况以中材而涉乱世之末流乎？其遇害何可胜道哉！提，见游侠不可无。【眉批】太史公发愤本意，至此尽显。鄙人有言曰：以下并诡言。"何知仁义，已向其利者为有德。"故伯夷丑周，饿死首阳山，而文武不以其故贬王；跖、蹻暴戾，其徒诵义无穷。由此观之，"窃钩者诛，窃国者侯，侯之门仁义存"，此即上"向其利"句意。非虚言也。今拘学或抱咫尺之义，久孤于世，岂若卑论侪俗，与世沈浮而取荣名哉！而布衣之徒，设取予然诺，千里诵义，为死不顾世，此亦有所长，非苟而已也。扬。故士穷窘而得委命，此立传本意。此岂非人之所谓贤豪间者邪？诚使乡曲之侠，予季次、原宪比权量力，效功于当世，不同日而论矣。抑。要以功见言信，侠客之义又曷可少哉！扬。古布衣之侠，靡得而闻已。近世延陵、孟尝、春申、平原、信陵之徒，皆因王者亲属，藉于有土卿相之富厚，招天下贤者，显名诸侯，不可谓不贤者矣。此如顺风而呼，声非加疾，其势激也。至如闾巷之侠，修行砥名，声施于天下，莫不称贤，是为难耳。然儒、墨皆排摈不载。提醒篇首语。自秦以前，匹夫之侠，湮灭不见，余甚恨之。以余所闻，汉兴有朱家、田仲、王公、剧孟、郭解之徒，虽时扞当世之文罔，抑。然其私义廉洁退让，有足称者。扬。名不虚立，士不虚附。至如朋党宗强比周，设财役贫，豪暴侵凌孤弱，恣欲自快，游侠亦丑之。余悲世俗不察其意，而猥以朱家、郭解等令与暴豪之徒同类而共笑之也。结出本意。【眉批】杂叙旁引，如曰“有足多”，曰“非苟而已”，曰“贤豪”，曰“曷可少”，曰“是为难”，曰“有足称”，其所以取游侠者，不一而足，可谓宛曲矣。

鲁朱家者，与高祖同时。鲁人皆以儒教，而朱家用侠闻。所藏活豪士以百数，其余庸人不可胜言。然终不伐其能，歆其德，诸所尝施，虚。唯恐见之。振人不赡，先从贫贱始。家无余财，衣不完采，食不重味，乘不过軥牛。专趋人之急，甚己之私。既阴脱季布将军之厄，及布尊贵，终身不见也。实。自关以东，莫不延颈愿交焉。| 【眉批】因田仲父事朱家，剧孟行类朱家，故附见朱家传内。楚田仲以侠闻，喜剑，父事朱家，自以为行弗及。| 田仲已死，而雒阳有剧孟。周人之按：中华书局版《史记》“之”作“以”。商贾为资，而剧孟以任侠显诸侯。吴楚反时，条侯为太尉，乘传车将至河南，得剧孟，喜曰：“吴楚举大事而不求孟，吾知其无能为已矣。天下骚动，宰相得之若得一敌国云。”剧孟行大类朱家，而好博，多少年之戏。然剧孟母死，自远方送丧盖千乘。及剧孟死，家无余十金之财。【眉批】专著此冷语，见孟益贤。| 而符离人王孟亦以侠称江淮之间。是时济南瞯氏、陈周庸亦以豪闻，景帝闻之，使使尽诛此属。其后代诸白、梁韩无辟、阳翟薛况、陕韩孺纷纷复出焉。

郭解，轵人也，字翁伯，善相人者许负外孙也。解父以任侠，孝文帝时诛死。解为人短小精悍，不饮酒。少时阴贼，慨不快意，身所杀甚众。以躯借交报仇，藏命作奸剽攻不休，及铸钱掘冢，固不可胜数。适有天幸，窘急常得脱，若遇赦。及解年长，更折节为

俭，以德报怨，厚施而薄望。【眉批】一篇主意，先提于此。然其自喜为侠益甚。既已振人之命，不矜其功，其阴贼著于心，卒发于睚眦如故云。而少年慕其行，亦辄为报仇，不使知也。【眉批】自此至“不使知也”，一一应在后。| 【眉批】此上已了郭解，下特详其事耳。解姊子负解之势，与人饮，使之嚼。非其任，强必灌之。人怒，拔刀刺杀解姊子，亡去。解姊怒曰：“以翁伯之义，人杀吾子，贼不得。”弃其尸于道，弗葬，欲以辱解。解使人微知贼处。贼窘自归，具以实告解。解曰：“公杀之固当，吾儿不直。”遂去其贼，应“以德报怨”。罪其姊子，及收而葬之。诸公闻之，皆多解之义，益附焉。| 结。解出入，人皆避之。有一人独箕倨视之，解遣人问其名姓。客欲杀之。解曰：“居邑屋至不见敬，是吾德不修也，彼何罪！”乃阴属尉史曰：“是人，吾所急也，至践更时脱之。”又应“以德报怨”。每至践更，数过，吏弗求。怪之，问其故，乃解使脱之。箕倨者乃肉袒谢罪。少年闻之，愈益慕解之行。| 结。雒阳人有相仇者，邑中贤豪居间者以十数，终不听。客乃见郭解。解夜见仇家，仇家曲听解。解乃谓仇家曰：“吾闻雒阳诸公在此间，多不听者。今子幸而听解，解奈何乃从他县夺人邑中贤大夫权乎！”乃夜去，不使人知，曰：“且无用待我，应“不矜其功”。【眉批】虞书无重“待我”字。待我去，令雒阳豪居其间，乃听之。” 解执恭敬，不敢乘车入其县廷。应折节。之旁郡国，为人请求事，事可出，出之；不可者，各厌其意，应“厚施薄望”。然后乃敢尝酒食。诸公以故严重之，争为用。又结。邑中少年及旁近县贤豪，夜半过门常十余车，请得解客舍养之。| 及徙豪富茂陵也，解家贫，不中訾，吏恐，不敢不徙。卫将军为言：“郭解家贫不中徙。”上曰：“布衣权至使将军为言，此其家不贫。”解家遂徙。诸公送者出千余万。

轵人杨季主子为县掾，举徙解。解兄子断杨掾头。由此杨氏与郭氏为仇。解入关，关中贤豪知与不知，闻其声，争交欢解。| 又结。

解为人短小，复说。不饮酒，出未尝有骑。┃ 应“为俭”。已又杀杨季主。接。杨季主家上书，人又杀之阙下。应“发于睚眦”。上闻，乃下吏捕解。解亡，置其母家室夏阳，身至临晋。临晋籍少公素不知解，解冒，因求出关。籍少公已出解，解转入太原，所过辄告主人家。吏逐之，迹至籍少公。少公自杀，口绝。久之，乃得解。穷治所犯，为解所杀，皆在赦前。【眉批】此处有生色。轵有儒生侍使者坐，不接而接。客誉郭解，生曰：“郭解专以奸犯公法，何谓贤！”解客闻，杀此生，应“少年报仇”。断其舌。吏以此责解，解实不知杀者。杀者亦竟绝，莫知为谁。吏奏解无罪。【眉批】数语蔽解之罪。御史大夫公孙弘议曰：“解布衣为任侠行权，以睚眦杀人，解虽弗知，此罪甚于解杀之。当大逆无道。”遂族郭解翁伯。┃ 自是之后，为侠者极众，敖而无足数者。抑。然关中长安樊仲子，槐里赵王孙，长陵高公子，西河郭公仲，太原卤公孺，临淮兒长卿，东阳田君孺，虽为侠而逡逡有退让君子之风。扬。至若北道姚氏，西道诸杜，南道仇景，东道赵他、羽公子，南阳赵调之徒，此盗跖居民间者耳，曷足道哉！此乃乡者朱家之羞也。【眉批】末句直应前“暴豪之徒游侠亦丑之”句。

太史公曰：吾视郭解，状貌不及中人，言语不足采者。抑。然天下无贤与不肖，知与不知，皆慕其声，言侠者皆引以为名。扬。谚曰：“人貌荣名，岂有既乎！”於戏，惜哉！

滑稽列传 全

【眉批】滑稽至鄙亵，乃直从六艺语说来，此即太史公滑稽处。孔子曰："六艺于治一也。《礼》以节人，《乐》以发和，《书》以道事，《诗》以达意，《易》以神化，《春秋》以道义。"太史公曰：天道恢恢，岂不大哉！谈言微中，亦可以解纷。一篇要领。

淳于髡者，齐之赘婿也。长不满七尺，滑稽多辩，纲。数使诸侯，未尝屈辱。齐威王之时喜隐，好为淫乐长夜之饮，沈湎不治，委政卿大夫。百官荒乱，诸侯并侵，国且危亡，在于旦暮，左右莫敢谏。【眉批】于髡传作三段看：初以大鸟喻，而以"朝诸县令"数句结之；中以"穰田"喻，而以"益黄金"数句结之；终以"饮酒"喻，而以"罢长夜之饮"句结之。总是谈言微中，可以解纷意思。淳于髡说之以隐曰："国中有大鸟，目。止王之庭，三年不蜚又不鸣，王知此鸟何也？"王曰："此鸟不飞则已，一飞冲天；不鸣则已，一鸣惊人。"于是乃朝诸县令长七十二人，赏一人，诛一人，奋兵而出。诸侯振惊，皆还齐侵地。威行三十六年。语在《田完世家》中。

威王八年，楚大发兵加齐。齐王使淳于髡之赵请救兵，赍金百斤，车马十驷。淳于髡仰天大笑，冠缨索绝。王曰："先生少之乎？"髡曰："何敢！"王曰："笑岂有说乎？"髡曰："今者臣从东方来，目。见道旁有穰田者，操一豚蹄，酒一盂，而祝曰：'瓯窭满篝，污邪满车，五谷蕃熟，穰穰满家。'臣见其所持者狭而所欲者奢，故笑之。"于是齐威王乃益赍黄金千镒，白璧十双，车马百驷。髡辞而行，至赵。赵王与之精兵十万，革车千乘。楚闻之，夜引兵而去。▎威王大说，置酒后宫，召髡赐之酒。问曰："先生能饮几何而醉？"对曰："臣饮一斗亦醉，一石亦醉。"目。【眉批】次酒醉，千年以来独畅。威王曰："先生饮一斗而醉，恶能饮一石哉！其说可得闻乎？"髡曰："赐酒大王之前，执法在傍，御史在后，髡恐惧俯伏而饮，不过一斗径醉矣。若亲有严客，髡帣韝鞠𦜕，侍酒于前，时赐余沥，奉觞上寿，数起，饮不过二斗径醉矣。若朋友交游，久不相见，卒然相睹，欢然道故，私情相语，饮可五六斗径醉矣。若乃州闾之会，男女杂坐，行酒稽留，六博投壶，相引为曹，握手无罚，目眙不禁，前有堕珥，后有遗簪，髡窃乐此，饮可八斗而醉二参。日暮酒阑，合尊促坐，男女同席，履舄交错，杯盘狼藉，堂上烛灭，主人留髡而送客，罗襦襟解，微闻芗泽，当此之时，髡心最欢，能饮一石。【眉批】极意摹写。故曰酒极则乱，乐极则悲；万事尽然，言不可极，极之而衰。"以讽谏焉。齐王曰："善。"乃罢长夜之饮，以髡为诸侯主客。宗室置酒，髡尝在侧。其后百余年，楚有优孟。联络。

优孟者，故楚之乐人也。长八尺，多辩，常以谈笑讽谏。纲。楚庄王之时，有所爱马，目。衣以文绣，置之华屋之下，席以露床，啖以枣脯。马病肥死，使群臣丧之，欲以棺椁大夫礼葬之。左右争之，以为不可。王下令曰："有敢以马谏者，罪至死。"优孟闻之，入殿门。仰天大哭。王惊而问其故。优孟曰："马者，王之所爱也，以楚国堂堂之大，何求不得，而以大夫礼葬之，薄，请以人君礼葬之。"王曰："何如？"对曰："臣请以雕玉为棺，文梓为椁，楩枫豫章为题凑，发甲卒为穿圹，老弱负土，齐赵陪位于前，韩魏翼卫其后，庙食太牢，奉以万户之邑。诸侯闻之，皆知大王贱人而贵马也。"王曰："寡人之过一至此乎！为之奈何？"优孟曰："请为大王六畜葬之。以垅灶为椁，铜历为棺，赍以姜枣，荐以木兰，祭以粳稻，衣以火光，葬之于人腹肠。"于是王乃使以马属太官，无令天下久闻也。

楚相孙叔敖知其贤人也，善待之。病且死，属其子曰："我死，汝必贫困。若往见优孟，言我孙叔敖之子也。"居数年，其于按：中华书局版《史记》"于"作"子"。贫困负薪，逢优孟，与言曰："我，孙叔敖之子也。父且死时，属我贫困往见优孟。"优孟曰："若无远有所之。”目。即为孙叔敖衣冠，抵掌谈语。岁余，像孙叔敖，楚王左右不能别也。庄王置酒，优孟前为寿。庄王大惊，以为孙叔敖复生也，欲以为相。优孟曰：“请归与妇计之，三日而为相。”庄王许之。三日后，优孟复来。王曰：“妇言谓何？”孟曰：“妇言慎无为，楚相不足为也。如孙叔敖之为楚相，尽忠为廉以治楚，楚王得以霸。今死，其子无立锥之地，贫困负薪以自饮食。必如孙叔敖，不如自杀。”因歌曰：“山居耕田苦，似优人口语。难以得食。起而为吏，身贪鄙者余财，不顾耻辱。身死家室富，又恐受赇枉法，为奸触大罪，身死而家灭。贪吏安可为也！念为廉吏，奉法守职，竟死不敢为非。廉吏安可为也！楚相孙叔敖持廉至死，方今妻子穷困负薪而食，不足为也！”于是庄王谢优孟，乃召孙叔敖子，封之寝丘四百户，以奉其祀。后十世不绝。此知可以言时矣。其后二百余年，秦有优旃。联络。

【眉批】此下三段，总归“善为笑言，合于大道”二句上，又即篇首“谈言微中”二句意，特变文耳。优旃者，秦倡侏儒也。善为笑言，然合于大道。纲。秦始皇时，置酒而天雨，目。陛楯者皆沾寒。优旃见而哀之，谓之曰：“汝欲休乎？”陛楯者皆曰：“幸甚。”优旃曰：“我即呼汝，汝疾应曰诺。”居有顷，殿上上寿呼万岁。优旃临槛大呼曰：“陛楯郎！”郎曰：“诺。”优旃曰：“汝虽长，何益，幸雨立。我虽短也，幸休居。”于是始皇使陛楯者得半相代。| 始皇尝议欲大苑囿，目。东至函谷关，西至雍、陈仓。优旃曰：“善。多纵禽兽于其中，寇从东方来，令麋鹿触之足矣。”始皇以故辍止。| 二世立，又欲漆其城。优旃曰：“善。目。主上虽无言，臣固将请之。漆城虽于百姓愁费，然佳哉！漆城荡荡，寇来不能上。即欲就之，易为漆耳，顾难为荫室。”于是二世笑之，以其故止。| 居无何，二世杀死，优旃归汉，数年而卒。

【眉批】此《赞》滑稽，语亦近滑稽。太史公曰：淳于髡仰天大笑，齐威王横行。优孟摇头而歌，负薪者以封。优旃临槛疾呼，陛楯得以半更。岂不亦伟哉！【眉批】此“谈言微中”之验。

日者列传　全

【眉批】或谓此传褚少孙所补，今按吕东莱、刘辰翁俱云此太史公所作。观其寓意颇深，盖班史所谓“崇处士而诎势利”也。自古受命而王，王者之兴何尝不以卜筮决于天命哉！其于周尤甚，及秦可见。代王之入，任于卜者。太卜之起，由汉兴而有。以下阙轶。

司马季主者，楚人也。卜于长安东市。| 宋忠为中大夫，贾谊为博士，同日俱出洗沐，相从论议，诵易先王圣人之道术，究遍人情，相视而叹。【眉批】退之《王承福传》本此格，永叔每作文必先诵此传一过。贾谊曰：“吾闻古之圣人，不居朝廷，必在卜医之中。今吾已见三公九卿朝士大夫，皆可知矣。试之卜数中以观采。”【眉批】等卜医于圣人，便有尊崇之意。二人即同舆而之市，游于卜肆按：中华书局版《史记》“肆”作“肆”。中。天新雨，道少人，| 有景。司马季主闲坐，弟子三四人侍，方辩天地之道，日月之运，阴阳吉凶之本。二大夫再拜谒。| 司马季主视其状貌，如类有知者，即礼之，使弟子延之坐。坐定，司马季主复理前语，有景。分别天地之终始，日月星辰之纪，差次仁义之际，列吉凶之符，语数千言，莫不顺理。宋忠、贾谊瞿然而悟，猎缨正襟危坐，曰：“吾望先生之状，听先生之辞，小子以观于世，未尝见也。应。今何居之卑，何行之污？”【眉批】此以“卑”、“污”二字为眼目。司马季主捧腹大笑曰：有景。“观大夫类有道术者，应。今何言之陋也，何辞之野也！今夫子所贤者何也？所高者谁也？今何以卑污长者？”【眉批】却翻出“贤”、“高”二字为眼目，以形“卑”、“污”。二君曰：“尊官厚禄，世之所高也，贤才处之。今所处非其地，故谓之卑。言不信，行不验，取不当，故谓之污。夫卜筮者，世俗之所贱简也。【眉批】“贱简”亦只卑污意。世皆言曰：‘夫卜者多言夸严以得人情，虚高人禄命以说人志，擅言祸灾以伤人心，矫言鬼神以尽人财，厚求拜谢以私于己。’此吾之所耻，故谓之卑污也。”

司马季主曰："公且安坐。公见夫披发童子乎？引喻无知。【眉批】"披发"一段，言二大夫未知其道术。日月照之则行，不照则止，问之日月疵瑕吉凶，则不能理。由是观之，能知别贤与不肖者寡矣。应前"类有知"。贤之行也，【眉批】自"贤之行"至"不愧也"，先举贤行以起下文。直道以正谏，三谏不听则退。其誉人也不望其报，恶人也不顾其怨，以便国家利众为务。故官非其任不处也，禄非其功不受也；见人不正，虽贵不敬也；见人有污，虽尊不下也；得不为喜，去不为恨；非其罪也，虽累辱而不愧也。┃ 今公所谓贤者，【眉批】自"今公所谓"至"公等是也"，反复辨其非高贤。皆可为羞矣。卑疵而前，孅趋而言；相引以势，相导以利；比周宾正，以求尊誉，以受公奉；事私利，枉王法，猎农民；以官为威，以法为机，求利逆暴：譬无异于操白刃劫人者也。初试官时，倍力为巧诈，饰虚功执空文以诳主上，用居上为右；试官不让贤陈功，见伪增实，以无为有，以少为多，以求便势尊位；食饮驱驰，从姬歌儿，不顾于亲，犯法害民，虚公家：此夫为盗不操矛弧者也，攻而不用弦刃者也，欺父母未有罪而弑君未伐者也。何以为高贤才乎？盗贼发不能禁，夷貊不服不能摄，奸邪起不能塞，官耗乱不能治，四时不和不能调，岁谷不熟不能适。才贤不为，是不忠也；才不贤而托官位，利上奉，妨贤者处，是窃位也；有人者进，有财者礼，是伪也。子独不见鸱枭之与凤皇翔乎？兰芷芎䓖弃于广野，蒿萧成林，使君子退而不显众，公等是也。┃述而不作，君子义也。今夫提。【眉批】以下连用五"今夫"提讲，反复自道贤高，以折其卑污之说。卜者，必法天地，应。【眉批】"述而不作"一句为纲领，"必法天地"四句正是"述而不作"处。象四时，顺于仁义，分策定卦，旋式正棋，然后言天地之利害，事之成败。昔先王之定国家，必先龟策日月，而后乃敢代；正时日，乃后入家；产子必先占吉凶，后乃有之。自伏羲作八卦，周文王演三百八十四爻而天下治。越王勾践仿文王八卦以破敌国，霸天下。由是言之，卜筮有何负哉！结。

且夫卜筮者，提。扫除设坐，正其冠带，然后乃言事，此有礼也。言而鬼神或以飨，忠臣以事其上，孝子以养其亲，慈父以畜其子，此有德者也。而以义置数十百钱，病者或以愈，且死或以生，患或以免，事或以成，嫁子娶妇或以养生：此之为德，岂直数十百钱哉！此夫老子所谓‘上德不德，是以有德’。结。今夫卜筮者提。利大而谢少，老子之云岂异于是乎？庄子曰：‘君子内无饥寒之患，外无劫夺之忧，居上而敬，居下不为害，君子之道也。’今夫卜筮者之为业也，提。积之无委聚，藏之不用府库，徙之不用辎车，负装之不重，止而用之无尽索之时。持不尽索之物，游于无穷之世，虽庄氏之行未能增于是也，子何故而云不可卜哉？天不足西北，星辰西北移；地不足东南，以海为池；日中必移，月满必亏；先王之道，乍存乍亡。公责卜者言必信，不亦惑乎！结。公见夫谈士辩人乎？引喻。虑事定计，必是人也，然不能以一言说人主意，故言必称先王，语必道上古；虑事定计，饰先王之成功，语其败害，以恐喜人主之志，以求其欲。多言夸严，莫大于此矣。然欲强国成功，尽忠于上，非此不立。今夫卜者，导惑教愚也。提。夫愚惑之人，岂能以一言而知之哉！言不厌多。故骐骥不能与罢驴为驷，而凤皇不与燕雀为群，而贤者亦不与不肖者同列。故君子处卑隐以辟众，自匿以辟伦，微见德顺以除群害，以明天性，助上养下，多其功利，不求尊誉。公之等喁喁者也，| 何知长者之道乎！”应前总结。【眉批】此篇借日者以讥尊官厚禄而不忠不才，妨贤窃位，且与蒿萧、鸱枭、寇盗等，岂能如日者之隐居卜筮，不求宠荣而有礼有德哉！篇中反复极论，虽其忿激之词，而亦足以风世之贪位慕禄者。

宋忠、贾谊忽而自失，芒乎无色，怅然噤口不能言。有景。于是摄衣而起，再拜而辞。行洋洋也，出市门仅能自上车，伏轼低头，卒不能出气。居三日，宋忠见贾谊于殿门外，乃相引屏语相谓自叹曰：【眉批】太史公一篇主意归结于此。“道高益安，势高益危。居赫赫之势，失身且有日矣。夫卜而有不审，不见夺糈；为人主计而不审，身无所处。此相去远矣，犹天冠地屦也。此老子之所谓‘无名者万物之始’也。天地旷旷，物之熙熙，或安或危，莫知居之。我与若，何足预彼哉！彼久而愈安，虽曾氏之义未有以异也。”┃ 久之，宋忠使匈奴，不至而还，抵罪。而贾谊为梁怀王傅，王堕马薨，谊不食，毒恨而死。此务华绝根者也。【眉批】叙宋忠、贾谊务华绝根，终势高益危，身无所处之意。

太史公曰：古者卜人所以不载者，多不见于篇。及至司马季主，余志而著之。

货殖列传 全

【眉批】此传议论未了，忽出叙事；叙事未了，又出议论。纵横变化，莫知其端，与《游侠传》并称千古之绝矣。老子曰：将信己说而先引老子破之，以为必不然。“至治之极，邻国相望，鸡狗之声相闻，民各甘其食，美其服，安其俗，乐其业，至老死不相往来。”必用此为务，輓音晚。近世涂民耳目，则几无行矣。

太史公曰：夫神农以前，吾不知已。至若《诗》、《书》所述虞夏以来，耳目欲极声色之好，口欲穷刍豢之味，身安逸乐，而心夸矜势能之荣使。俗之渐民久矣，虽户说以眇音妙。论，终不能化。故善者因之，其次利道之，其次教诲之，其次整齐之，最下者与之争。夫山西饶材、竹、谷、纑、旄、玉石；山东多鱼、盐、漆、丝、声色；江南出楠、梓、姜、桂、金、锡、连、丹沙、犀、瑇瑁、珠玑、齿革；龙门、碣石北多马、牛、羊、旃裘、筋角；铜、铁则千里往往山出棋置：如围棋之置也。此其大较也。皆中国人民所喜好，谣俗被服饮食奉生送死之具也。故待农而食之，虞而出之，工而成之，商而通之。此宁有政教发征期会哉？人各任其能，竭其力，以得所欲。故物贱之征贵，【眉批】“贱之征贵”，贱极则人弃之，故其征必贵。白圭之术，正能明贵贱之征而弃取之也。贵之征贱，各劝其业，乐其事，若水之趋下，日夜无休时，不召而自来，不求而民出之。岂非道之所符，而自然之验耶？《周书》曰：“农不出则乏其食，工不作则乏其事，商不出则三宝绝，虞不出则财匮少。”财匮少而山泽不辟矣。此四者，民所衣食之原也。原大则饶，原小则鲜。上则富国，下则富家。贫富之道，莫之夺予，而巧者有余，拙者不足。【眉批】迁自伤家贫，不足自赎，故愤而作《货殖》。先叙古之富者，中又杂论海内土俗，而极言人欲富之情性，末又撰次汉兴以来富者，故篇中连用“富”字。故太公望封于营丘，地泻卤，咸地也。人民寡，于是太公劝其女功，极技巧，通鱼盐，则人物归之，繦至而辐凑。故齐冠带衣履天下，海岱之间敛袂而往朝焉。其后齐中衰，管子修之，设轻重九府，则桓公以霸，九合诸侯，一匡天下；而管氏亦有三归，位在陪臣，富于列国之君。是以齐富强至于威、宣也。故曰："仓廪实而知礼节，衣食足而知荣辱。"礼生于有而废于无。故君子富，好行其德；暗伏后案。小人富，以适其力。渊深而鱼生之，山深而兽往之，人富而仁义附焉。富者得势益彰，暗伏后案。失势则客无所之，以而不乐。夷狄益甚。谚曰："千金之子，不死于市。"此非空言也。故曰："天下熙熙，皆为利来；天下壤壤，皆为利往。"夫千乘之王，【眉批】"千乘"数句，汉武府库虚乏，责及王侯，而以此失侯者颇多。故太史公感愤而发，如寓言滑稽之类以玩侮一世耳。万家之侯，百室之君，尚有患贫，而况匹夫编户之民乎！

昔者越王勾践困于会稽之上，乃用范蠡、计然。计然曰："知斗则修备，时用则知物，二者形则万货之情可得而观已。故岁在金，穰；水，毁；木，饥；火，旱。旱则资舟，水则资车，物之理也。六岁穰，六岁旱，十二岁一大饥。夫粜，二十病农，九十病末。末病则财不出，农病则草不辟矣。上不过八十，下不减三十，【眉批】二十、九十、八十、三十，皆言米斗之直。则农末俱利，平粜齐物，关市不乏，治国之道也。积著之理，务完物，无不有也。无息币。无停息也。以物相贸易，腐败而食之货勿留，无敢居贵。论其有余不足，则知贵贱。贵上极则反贱，【眉批】"贵上极则反贱"，即上文"贱之征贵"之说，一篇关键。贱下极则反贵。贵出如粪土，贱取如珠玉。财币欲其行如流水。"修之十年，国富，厚赂战士，士赴矢石，如渴得饮，遂报强吴，观兵中国，称号"五霸"。范蠡既雪会稽之耻，乃喟然而叹曰："计然之策七，越用其五而得意。既已施于国，吾欲用之家。"乃乘扁舟浮于江湖，变名易姓，适齐为鸱夷子皮，之陶为朱公。朱公以为陶天下之中，【眉批】借陶朱公形己意，非陶朱公语也。诸侯四通，货物所交易也。乃治产积居。与时逐而不责于人。故善治生者，能择人而任时。十九年之中三致千金，再分散与贫交疏昆弟。此所谓富好行其德者也。应前。后年衰老而听子孙，子孙修业而息之，遂至巨万。故言富者皆称陶朱公。

【眉批】陶朱公治产已详《越世家》，子贡废著亦见仲尼弟子，太史公于此特引以证上文"富好行其德"，"富得势而益彰"二句，非为二子立传也。子赣既学于仲尼，退而仕于卫，废著鬻财于曹、鲁之间，七十子之徒，赐最为饶益。原宪不厌糟糠，匿于穷巷。子贡结驷连骑，束帛之币以聘享诸侯，所至，国君无不分庭与之抗礼。夫使孔子名布扬于天下者，子贡先后之也。此所谓得势而益彰者乎？应前。

【眉批】此传于叙事中著精神。白圭，周人也。当魏文侯时，李克务尽地力，而白圭乐观时变，故人弃我取，人取我与。【眉批】"人弃"二句，即上"物贱之征贵"，"贵上极则反贱"之说，亦篇中关键。夫岁孰取谷，予之丝漆；茧出"出"当作"凶"。【眉批】"茧"字属上字，读"出"字，疑当作"凶"，别为句，方与"岁孰"相应正，实上文"人取我予"意。取帛絮，与之食。太阴在卯，穰；占岁法。明岁衰恶。至午，旱；明岁美。至酉，穰；明岁衰恶。至子，大旱；明岁美，有水。至卯，积著率岁倍。欲长钱，取下谷；长石斗，取上种。能薄饮食，忍嗜欲，节衣服，与用事童仆同苦乐，趋时若猛兽挚鸟之发。故曰："吾治生产，犹伊尹、吕尚之谋，孙吴用兵，商鞅行法是也。是故其智不足与权变，勇不足以决断，仁不能以取予，强不能有所守，虽欲学吾术，终不告之矣。"盖天下言治生祖白圭。白圭其有所试矣，能试有所长，非苟而已也。

猗顿用盬盐起。而邯郸郭纵以铁冶成业，与王者埒富。乌氏倮畜牧，及众，斥卖，求奇缯物，间献遗戎王。戎王什倍其偿，与之畜，畜至用谷量马牛。秦始皇帝令倮比封君，以时与列臣朝请。而巴蜀寡妇清，其先得丹穴，而擅其利数世，家亦不訾。不可訾量。清，寡妇也，能守其业，用财自卫，不见侵犯。秦皇帝以为贞妇而客之，为筑女怀清台。夫倮鄙人牧长，清穷乡寡妇，礼抗万乘，名显天下，岂非以富邪？结。

汉兴，海内为一，开关梁，弛山泽之禁，是以富商大贾周流天下，交易之物莫不通，得其所欲，而徙豪杰诸侯强族于京师。┃【眉批】记五方州郡物产及其习尚处，错综横佚，指数历历，其文尤妙。关中自汧、雍以东至河、华，膏壤沃野千里，自虞夏之贡以为上田，而公刘适邠，太王、王季在岐，文王作丰，武王治镐，故其民犹有先王之遗风，好稼穑，殖五谷，地重，重为邪。及秦文、孝、缪居雍，隙陇蜀之货物而多贾。献孝公徙栎邑，栎邑北却戎翟，东通三晋，亦多大贾。武昭治咸阳，因以汉都，长安诸陵，四方辐凑并至而会，地小人众，故其民益玩巧而事末也。┃南则巴蜀。巴蜀亦沃野，地饶卮、姜、丹沙、石、铜、铁、竹、木之器。南御滇僰，僰童。西近邛笮，笮马、旄牛。然四塞，栈道千里，无所不通，唯褒斜绾毂其口，绾其道口，若车毂之凑。以所多易所鲜。┃天水、陇西、北地、上郡与关中同俗，然西有羌中之利，北有戎翟之畜，畜牧为天下饶。然地亦穷险，唯京师要其道。要束其路也。故关中之地，于天下三分之一，而人众不过什三；然量其富，什居其六。┃昔唐人都河东，殷人都河内，周人都河南。夫三河在天下之中，若鼎足，王者所更居也，建国各数百千岁，土地小狭，民人众，都国诸侯所聚会，故其俗纤俭习事。

杨、平阳陈西贾秦、翟，北贾种、代。种、代，石北也，地边胡，数被寇。人民矜懻音冀。忮，音寘。好气，任侠为奸，不事农商。然迫近北夷，师旅亟往，中国委输时有奇羡。其民羯羠不均，自全晋之时固已患其僄悍，而赵武灵王益厉之，其谣俗犹有赵之风也。故杨、平阳陈椽其间，得所欲。【眉批】上“杨”、“平阳”当是地名，而“陈”为衍，则此“杨”、“平阳”不当为姓名矣，况下文“温轵”亦地名乎？或谓“陈椽”者言商肆之多如陈列屋椽，亦通。温、轵西贾上党，北贾赵、中山。

中山地薄人众，犹有沙丘纣淫地余民，民俗懁急，仰机利而食。丈夫相聚游戏，悲歌慷慨，起则相随椎剽，休则掘冢作巧奸冶，多美物，为倡优。女子则鼓鸣瑟，跕屣，游媚贵富，入后宫，遍诸侯。然邯郸亦漳、河之间一都会也。北通燕、涿，南有郑、卫。郑、卫俗与赵相类，然近梁、鲁，微重而矜节。濮上之邑徙野王，野王好气任侠，卫之风也。夫燕亦勃、碣之间一都会也。南通齐、赵，东北边胡。上谷至辽东，地踔远，人民希，数被寇，大与赵、代俗相类，而民雕捍少虑，有鱼盐枣栗之饶。北邻乌桓、夫余，东绾秽貉、朝鲜、真番之利。

洛阳东贾齐、鲁，南贾梁、楚。故泰山之阳则鲁，其阴则齐。齐带山海，膏壤千里，宜桑麻，人民多文彩布帛鱼盐。临菑亦海岱之间一都会也。其俗宽缓阔达，而足智，好议论，地重，难动摇，怯于众斗，勇于持刺，故多劫人者，大国之风也。其中具五民。而邹、鲁滨洙、泗，犹有周公遗风，俗好儒，备于礼，故其民龊龊。颇有桑麻之业，无林泽之饶。地小人众，俭啬，畏罪远邪。及其衰，好贾趋利，甚于周人。夫自鸿沟以东，芒、砀以北，属巨野，此梁、宋也。陶、睢阳亦一都会也。【眉批】别东西南北，其中又分都会，由其胸中包括舆图已尽，如行旅逐胜，可画为图，故其言缕缕，欲断欲续，不可分界，而又无所不载如此。昔尧作游成阳，舜渔于雷泽，汤止于亳。其俗犹有先王遗风，重厚多君子，好稼穑，虽无山川之饶，能恶衣食，致其畜藏。越、楚则有三俗。夫自淮北沛、陈、汝南、南郡，此西楚也。其俗剽轻，易发怒，地薄，寡于积聚。江陵故郢都，西通巫巴，东有云梦之饶。陈在楚夏之交，通鱼盐之货，其民多贾。徐、僮、取虑，则清刻，矜已诺。彭城以东，东海、吴、广陵，此东楚也。其俗类徐、僮。朐、缯以北，俗则齐。浙江南则越。夫吴自阖庐、春申、王濞三人招致天下之喜游子弟，东有海盐之饶，章山之铜，三江、五湖之利，亦江东一都会也。衡山、九江、江南、豫章、长沙，是南楚也，其俗大类西楚。郢之后徙寿春，亦一都会也。而合肥受南北潮，皮革、鲍、木输会也。与闽中、于越杂俗，故南楚好辞，巧说少信。江南卑湿，丈夫早夭。多竹木。豫章出黄金，长沙出连、锡，然堇堇物之所有，取之不足以更费。九疑、苍梧以南至儋耳者，与江南大同俗，而扬越多焉。番禺亦其一都会也，珠玑、犀、瑇瑁、果、布之凑。

颍川、南阳，夏人之居也。夏人政尚忠朴，犹有先王之遗风。颍川敦愿。秦末世，迁不轨之民于南阳。南阳西通武关、郧关，东南受汉、江、淮。宛亦一都会也。俗杂好事，业多贾。其任侠，交通颍川，故至今谓之"夏人"。夫天下物所鲜所多，【眉批】"夫天下物"数语，结上生下。人民谣俗，山东食海盐，山西食盐卤，岭南、沙北固往往出盐，大体如此矣。┃ 结。总之，楚越之地，重说。地广人希，饭稻羹鱼，或火耕而水耨，果隋音妥。嬴蛤，不待贾而足，地势饶食，无饥馑之患，以故呰窳偷生，无积聚而多贫。是故江淮以南，无冻饿之人，亦无千金之家。沂、泗水以北，宜五谷桑麻六畜，地小人众，数被水旱之害，民好畜藏，故秦、夏、梁、鲁好农而重民。三河、宛、陈亦然，加以商贾。齐、赵设智巧，仰机利。燕、代田畜而事蚕。

由此观之，贤人深谋于廊庙，论议朝廷，守信死节隐居岩穴之士设为名高者安归乎？归于富厚也。是以廉吏久，久更富，廉贾归富。富者，人之情性，所不学而俱欲者也。【眉批】文法变换错综。故壮士在军，攻城先登，陷阵却敌，斩将搴旗，前蒙矢石，不避汤火之难者，为重赏使也。其在闾巷少年，攻剽椎埋，劫人作奸，掘冢铸币，任侠并兼，借交报仇，篡逐幽隐，不避法禁，走死地如骛，其实皆为财用耳。今夫赵女郑姬，设形容，揳鸣琴，揄长袂，蹑利屣，目挑心招，出不远千里，不择老少者，奔富厚也。游闲公子，饰冠剑，连车骑，亦为富贵容也。弋射渔猎，犯晨夜，冒霜雪，驰坑谷，不避猛兽之害，为得味也。博戏驰逐，斗鸡走狗，作色相矜，必争胜者，重失负也。医方诸食技术之人，焦神极能，为重糈也。吏士舞文弄法，刻章伪书，不避刀锯之诛者，没于赂遗也。农工商贾畜长，固求富益货也。此有知尽能索耳，终不余力而让财矣。谚曰："百里不贩樵，千里不贩籴。"居之一岁，种之以谷；十岁，树之以木；百岁，来之以德。德者，人物之谓也。今有无秩禄之奉，爵邑之入，而乐与之比者，命曰"素封"。封者食租税，岁率户二百。千户之君则二十万，朝觐聘享出其中。庶民农工商贾，率亦岁万息二千户，百万之家则二十万，而更徭租赋出其中。衣食之欲，恣所好美矣。故曰陆地牧马二百蹄，此言山泽水陆之所出。牛蹄角千，【眉批】以下连下许多"千"字，而句法参差，长短相间。千足羊，泽中千足彘，水居千石鱼陂，山居千章之材。安邑千树枣；此言国土之所出。燕、秦千树栗；蜀、汉、江陵千树橘；淮北、常山已南，河济之间千树荻；陈、夏千亩漆；齐、鲁千亩桑麻；渭川千亩竹；及名国万家之城，此言每国之所出。带郭千亩亩钟之田，若千亩卮茜，千畦姜韭：此其人皆与千户侯等。然是富给之资也，不窥市井，不行异邑，坐而待收，身有处士之义而取给焉。若至家贫亲老，【眉批】"家贫亲老"七句，与下"无岩处奇士之行"四句，正太史公自道之词。妻子软弱，岁时无以祭祀进醵，饮食被服不足以自通，如此不惭耻，则无所比矣。是以无财作力，少有斗智，既饶争时，此其大经也。今治生不待危身取给，则贤人勉焉。是故本富为上，末富次之，奸富最下。无岩处奇士之行，而长贫贱，好语仁义，亦足羞也。

凡编户之民，富相什则卑下之，伯则畏惮之，千则役，万则仆，物之理也。【眉批】此市肆簿券，一经太史笔便是绝好文字。夫用贫求富，农不如工，工不如商，刺绣文不如倚市门，此言末业，贫者之资也。通邑大都，酤一岁千酿，醯酱千瓨，酱千甔，屠牛羊彘千皮，贩谷粜千钟，薪稾千车，船长千丈，总积处。木千章，竹竿万个，其轺车百乘，牛车千两，木器髤者千枚，铜器千钧，素木铁器若卮茜千石，马蹄躈千，牛千足，羊彘千双，僮手指千，筋角丹沙千斤，其帛絮细布千钧，文采千匹，榻布皮革千石，漆千斗，糵麹盐豉千答，鲐鮆千斤，鲰千石，鲍千钧，枣栗千石者三之；狐貂裘千皮，羔羊裘千石，旃席千具，佗果菜千钟，子贷金钱千贯，节驵会，贪贾三之，廉贾五之，【眉批】贪贾贵不肯卖，反致失时，故三之；廉贾贵出如粪土，故五之。此亦比千乘之家，其大率也。佗杂业不中什二，则非吾财也。请略道当世千里之中，贤人所以富者，令后世得以观择焉。

【眉批】卓、郑而下，较之计然、白圭术益下矣，是挈瓶之智哉！蜀卓氏之先，赵人也，用铁冶富。秦破赵，迁卓氏。卓氏见虏略，独夫妻推辇，行诣迁处。诸迁虏少有余财，争与吏，求近处，处葭萌。唯卓氏曰："此地狭薄。吾闻汶山之下，沃野，下有蹲鸱，至死不饥。民工于市，易贾。"乃求远迁。致之临邛，大喜，即铁山鼓铸，运筹策，倾滇蜀之民，富至僮千人。田池射猎之乐，拟于人君。┃【眉批】此下叙富，逐段换文法。程郑，山东迁虏也，亦冶铸，贾椎髻之民，富埒卓氏，俱居临邛。┃宛孔氏之先，梁人也，用铁冶为业。秦伐魏，迁孔氏南阳。大鼓铸，规陂池，连车骑，游诸侯，因通商贾之利，有游闲公子之赐与名。然其赢得过当，愈于纤啬，家致富数千金，故南阳行贾尽法孔氏之雍容。┃鲁人俗俭啬，而曹邴氏尤甚，以铁冶起，富至巨万。然家自父兄子孙约，俛有拾，仰有取，贳贷行贾遍郡国。邹、鲁以其故多去文学而趋利者，以曹邴氏也。┃【眉批】传刁间而语如此，又传之变。齐俗贱奴虏，而刁间独爱贵之。桀黠奴，人之所患也，唯刁间收取，使之逐渔盐商贾之利，或连车骑，交守相，然愈益任之。终得其力，起富数千万。故曰"宁爵毋刁"，言其能使豪奴自饶而尽其力。┃周人既纤，而师史尤甚，转毂以百数，贾郡国，无所不至。洛阳街居在齐秦楚赵之中，贫人学事富家，相矜以久贾，数过邑不入门，设任此等，故师史能致七千万。┃宣曲任氏之先，为督道仓吏。秦之败也，豪杰皆争取金玉，而任氏独窖仓粟。楚汉相距荥阳也，民不得耕种，米石至万，而豪杰金玉尽归任氏，任氏以此起富。富人争奢侈，而任氏折节为俭，力田畜。田畜人争取贱贾，任氏独取贵善。富者数世。【眉批】此证人弃我取之必然。然任公家约，非田畜所出弗衣食，公事不毕则身不得饮酒食肉。以此为闾里率，故富而主上重之。┃ 塞之斥也，唯桥姚已致马千匹，牛倍之，羊万头，粟以万钟计。吴楚七国兵起时，长安中列侯封君行从军旅，赍贷子钱，子钱家以为侯邑国在关东，关东成败未决，莫肯与。唯无盐氏出捐千金贷，其息什之。三月，吴楚平，一岁之中，则无盐氏之息什倍，用此富埒关中。

关中富商大贾，大抵尽诸田，田啬、田兰。韦家栗氏，安陵、杜杜氏，亦巨万。此其章章尤异者也。应前“无秩禄之奉爵邑之入”。皆非有爵邑奉禄总。弄法犯奸而富，尽椎埋疑有误。去就，与时俯仰，获其赢利，以末致财，用本守之，以武一切，用文持之，变化有概，故足术也。若至力农畜，工虞商贾，为权利以成富，大者倾郡，中者倾县，下者倾乡里者，不可胜数。┃ 夫纤啬筋力，治生之正道也，而富者必用奇胜。田农，拙业，而秦阳以盖一州。掘冢，奸事也，而曲叔以起。博戏，恶业也，而桓发用之富。行贾，丈夫贱行也，而雍乐成以饶。贩脂，辱处也，而雍伯千金。卖浆，小业也，而张氏千万。洒削，薄技也，而郅氏鼎食。胃脯，简微耳，浊氏连骑。马医，浅方，张里击钟。此皆诚壹之所致。由是观之，富无经业，则货无常主，能者辐凑，不肖者瓦解。千金之家比一都之君，巨万者乃与王者同乐。岂所谓“素封”者邪？非也？与前“素封”相应。

太史公自序 全

小序不载

【眉批】世家源流论著，本末备见于此。篇终自叙处，文字反复委折，有开阖变化之妙。昔在颛顼，命南正重以司天，北正黎以司地。唐虞之际，绍重黎之后，使复典之，至于夏商，故重黎氏世序天地。其在周，程伯休甫其后也。当周宣王时，失其守而为司马氏。司马氏世典周史。惠襄之间，司马氏去周适晋。晋中军随会奔秦，而司马氏入少梁。自司马氏去周适晋，分散，或在卫，或在赵，或在秦。其在卫者，相中山。在赵者，以传剑论显，蒯聩其后也。在秦者名错，与张仪争论，于是惠王使错将伐蜀，遂拔，因而守之。错孙靳，事武安君白起。而少梁更名曰夏阳。靳与武安君坑赵长平军，还而与之俱赐死杜邮，葬于华池。靳孙昌，昌为秦主铁官，当始皇之时。蒯聩玄孙卬按：中华书局版《史记》“卬”作“印”。下同。为武信君将而徇朝歌。诸侯之相王，王卬于殷。汉之伐楚，卬归汉，以其地为河内郡。昌生无泽，无泽为汉市长。无泽生喜，喜为五大夫，卒，皆葬高门。喜生谈，谈为太史公。

太史公学天官于唐都，受《易》于杨何，习道论于黄子。太史公仕于建元元封之间，愍学者之不达其意而师悖，乃论六家之要指曰：【眉批】指陈六家得失，有若断案，历百世而不能易；又其文法贯串，累累如珠，灿然夺目。《易》大传：“天下一致而百虑，同归而殊途。”夫阴阳、儒、墨、名、法、道德，此务为治者也，直所从言之异路，有省不省耳。尝窃观阴阳之术，大祥而众忌讳，使人拘而多所畏；然其序四时之大顺，不可失也。儒者博而寡要，劳而少功，是以其事难尽从；然其序君臣父子之礼，列夫妇长幼之别，不可易也。墨者俭而难遵，是以其事不可遍循；然其强本节用，不可废也。法家严而少恩；然其正君臣上下之分，不可改矣。名家使人俭而善失真；

然其正名实，不可不察也。道家使人精神专一，动合无形，赡足万物。其为术也，因阴阳之大顺，采儒墨之善，撮名法之要，与时迁移，应物变化，立俗施事，无所不宜，指约而易操，事少而功多。【眉批】太史公于道家独有褒无刺诋处，盖归重于道家也。儒者则不然。以为人主天下之仪表也，主倡而臣和，主先而臣随。如此则主劳而臣逸。至于大道之要，去健羡，知雄守雌，去健也；不见可欲，使心不乱，去羡也。绌聪明，释此而任术。夫神大用则竭，形大劳则敝。形神骚动，欲与天地长久，非所闻也。┃ 夫阴阳四时、以下又复上所云。八位、十二度、二十四节各有教令，顺之者昌，逆之者不死则亡，未必然也，故曰“使人拘而多畏”。夫春生夏长，秋收冬藏，此天道之大经也，弗顺则无以为天下纲纪，故曰“四时之大顺，不可失也”。夫儒者以《六艺》为法。《六艺》经传以千万数，累世不能通其学，当年不能究其礼，故曰“博而寡要，劳而少功”。若夫列君臣父子之礼，序夫妇长幼之别，虽百家弗能易也。墨者亦尚尧舜道，言其德行曰：“堂高三尺，土阶三等，茅茨不翦，采椽不刮。食土簋，啜土刑，粝粱之食，藜藿之羹。夏日葛衣，冬日鹿裘。”其送死，桐棺三寸，举音不尽其哀。教丧礼，必以此为万民之率。使天下法如此，则尊卑无别也。夫世异时移，事业不必同，故曰“俭而难遵”。要曰强本节用，则人给家足之道也。此墨子之所长，虽百家弗能废也。法家不别亲疏，不殊贵贱，一断于法，则亲亲尊尊之恩绝矣。可以行一时之计，而不可长用也，故曰“严而少恩”。若尊主卑臣，明分职不得相逾越，虽百家弗能改也。名家苛察缴绕，使人不得反其意，专决于名而失人情，故曰“使人俭而善失真”。若夫控名责实，参伍不失，此不可不察也。道家无为，又曰无不为，其实易行，其辞难知。其术以虚无为本，以因循为用。无成势，无常形，故能究万物之情。不为物先，不为物后，故能为万物主。有法无法，因时为业；有度无度，因物与合。故曰“圣人不朽，时变是守。虚者道之常也，因者君之纲”也。群臣并至，使各自明也。其实中其声者谓之端，实不中其声者谓之窾。窾言不听，奸乃不生，贤不肖自分，白黑乃形。在所欲用耳，何事不成。乃合大道，混混冥冥。光耀天下，复反无名。凡人所生者神也，所托者形也。神大用则竭，形大劳则敝，形神离则死。【眉批】“神大用”二句重出，恐是不及芟处。死者不可复生，离者不可复反，故圣人重之。由是观之，神者生之本也，形者生之具也。不先定其神，而曰“我有以治天下”何由哉？

【眉批】太史公行天下，因览名山大川，与燕赵间豪俊游，故其文疏宕有奇气。太史公既掌天官，不治民。有子曰迁。迁生龙门，耕牧河山之阳。年十岁则诵古文。二十而南游江、淮，上会稽，探禹穴，窥九疑，浮于沅、湘；北涉汶、泗，讲业齐、鲁之都，观孔子之遗风，乡射邹、峄；厄困鄱、薛、彭城，过梁、楚以归。于是迁仕为郎中，奉使西征巴、蜀以南，南略邛、笮、昆明，还报命。是岁天子始建汉家之封，而太史公留滞周南，不得与从事，故发愤且卒。而子迁适使反，见父于河洛之间。太史公执迁手而泣曰：“余先周室之太史也。自上世尝显功名于虞夏，典天官事。后世中衰，绝于予乎？汝复为太史，则续吾祖矣。今天子接千岁之统，封泰山，而余不得从行，是命也夫，命也夫！余死，汝必为太史；为太史，无忘吾所欲论著矣。且夫孝始于事亲，中于事君，终于立身。扬名于后世，以显父母，此孝之大者。夫天下称诵周公，言其能论歌文武之德，宣周召按：中华书局版《史记》“召”作“邵”。【眉批】“邵”字恐误，必《周南》、《召南》耳。之风，达太王王季之思虑，爰及公刘，以尊后稷也。幽厉之后，王道缺，礼乐衰，孔子修旧起废，论《诗》、《书》，作《春秋》，则学者至今则之。自获麟以来四百有余岁，而诸侯相兼，史记放绝。今汉兴，海内一统，明主贤君忠臣死义之士，余为太史而弗论载，废天下之史文，余甚惧焉，汝其念哉！”迁俯首流涕曰：“小子不敏，请悉论先人所次旧闻，弗敢阙。”卒三岁而迁为太史公，绌史记石室金匮之书。五年而当太初元年，十一月甲子朔旦冬至，天历始改，建于明堂，诸神受纪。

太史公曰："先人有言：'自周公卒五百岁而有孔子。孔子卒后至于今五百岁，有能绍明世，正《易传》，继《春秋》，本《诗》、《书》、《礼》、《乐》之际？'意在斯乎！意在斯乎！小子何敢让焉。"上大夫壶遂曰："昔孔子何为而作《春秋》哉？"太史公曰："余闻董生曰：'周道衰废，孔子为鲁司寇，诸侯害之，大夫壅之。孔子知言之不用，道之不行也，是非二百四十二年之中，以为天下仪表，贬天子，退诸侯，讨大夫，以达王事而已矣。'子曰'我欲载之空言，不如见之于行事之深切著明也'。夫《春秋》，上明三王之道，下辩人事之纪，别嫌疑，明是非，定犹豫，善善恶恶，贤贤贱不肖，存亡国，继绝世，补敝起废，王道之大者也。《易》著天地阴阳四时五行，故长于变；《礼》经纪人伦，故长于行；《书》记先王之事，故长于政；《诗》记山川谿谷禽兽草木牝牡雌雄，故长于风；《乐》乐所以立，故长于和；《春秋》辩是非，故长于治人。是故《礼》以节人，《乐》以发和，《书》以道事，《诗》以达意，《易》以道化，《春秋》以道义。拨乱世反之正，莫近于《春秋》。《春秋》文成数万，其指数千。万物之散聚皆在《春秋》。《春秋》之中，弑君三十六，亡国五十二，诸侯奔走不得保其社稷者不可胜数。察其所以，皆失其本已。故《易》曰'失之毫厘，差以千里'。故曰'臣弑君，子弑父，非一旦一夕之故也，其渐久矣。'故有国者不可以不知《春秋》，前有谗而弗见，后有贼而不知。为人臣者不可以不知《春秋》，守经事而不知其宜，遭变事而不知其权。为人君父而不通于《春秋》之义者，必蒙首恶之名。为人臣子而不通于《春秋》之义者，必陷篡弑之诛，死罪之名。其实皆以为善，为之不知其义，被之空言而不敢辞。夫不通礼义之旨，至于君不君，臣不臣，父不父，子不子。君不君则犯，臣不臣则诛，父不父则无道，子不子则不孝。此四行者，天下之大过也。以天下之大过予之，则受而弗敢辞。故《春秋》者，礼义之大宗也。夫礼禁未然之前，法施已然之后；法之所为用者易见，而礼之所为禁者难知。”壶遂曰：“孔子之时，上无明君，下不得任用，故作《春秋》，垂空文以断礼义，当一王之法。今夫子上遇明天子，下得守职，万事既具，咸各序其宜，夫子所论，欲以何明？”太史公曰：“唯唯，否否，不然。余闻之先人曰：‘伏羲至纯厚，作《易》、八卦。尧舜之盛，《尚书》载之，《礼》、《乐》作焉。汤武之隆，诗人歌之。《春秋》采善贬恶，推三代之德，褒周室，非独刺讥而已也。’汉兴以来，至明天子，获符瑞，建封禅，改正朔，易服色，受命于穆清，泽流罔极，海外殊俗，重译款塞，请来献见者，不可胜道。臣下百官力诵圣德，犹不能宣尽其意。且士贤能而不用，有国者之耻；主上明圣而德不布闻，有司之过也。且余尝掌其官，废明圣盛德不载，灭功臣世家贤大夫之业不述，堕先人所言，罪莫大焉。余所谓述故事，整齐其世传，非所谓作也，而君比之于《春秋》，谬矣。”于是论次其文。七年而太史公遭李陵之祸，幽于缧绁。乃喟然而叹曰：“是余之罪也夫！是余之罪也夫！身毁不用矣。”退而深惟曰：“夫《诗》、《书》隐约者，欲遂其志之思也。昔西伯拘羑里，演《周易》；孔子厄陈蔡，作《春秋》；屈原放逐，著《离骚》；左丘失明，厥有《国语》；孙子膑脚，而论兵法；不韦迁蜀，世传《吕览》；【眉批】《吕览》，当国时作也，而云“迁蜀”。《说难》，入秦时作也，而云“囚秦”。古人取其意不泥其词，类如此。韩非囚秦，《说难》、《孤愤》；《诗》三百篇，大抵贤圣发愤之所为作也。此人皆意有所郁结，不得通其道也，故述往事，思来者。”于是卒述陶唐以来，至于麟止，自黄帝始。【眉批】鲁郊呈祥，至汉武再见，故述陶唐以来至于麟止，迁之自任亦重矣。

报任少卿书 依文选六臣注本校定

【眉批】此书情辞幽深，委蛇逊避，使人读之为之伤恻，可以想见其抑郁无聊之况。太史公迁父谈也。牛马走仆也。司马迁再拜言。少卿足下：曩者辱赐书，五臣本作“书赐”。教以顺于接物，推贤进士为务，意气勤勤恳恳，五臣本懃懃懇懇。若望怨也。仆不相师，而用善本作“用而”。流移也。俗人之言。仆非敢如此也。仆虽罢驽，亦尝侧闻长者之遗风矣。顾自以为身残处秽，辱。动而见尤，欲益反损，是以独抑郁而谁与语。善本作“与谁语”。谚曰：“谁为为之？孰令听之？”盖钟子期死，伯牙终身不复鼓琴。何则？士为知己者用，女为说己者容。若仆大质已亏缺矣，辱。虽材怀随和，行若由夷，终不可以为荣，适足以见笑而自点污也。耳。| 书辞宜答，叙己所以不能答。会东从上来，又迫贱事，相见日浅，卒卒无须臾之间得竭志意。| 今少卿抱不测之罪，叙所以致书之故。涉旬月，五臣本无“月”字。迫季冬，仆又薄从上雍，恐卒然不可为讳。是仆终已不得舒愤懑以晓左右，则长逝者魂魄私恨无穷。请略陈固陋。阙然久不报，幸勿为过。

仆闻之，叙士所以自立。修身者，智之符五臣本作“府”。也；爱施者，仁之端也；取予者，义之表也；耻辱者，勇之决也；立名者，行之极也。士有此五者，然后可以托于世，而列于君子之林矣。| 五臣本作“也”字。故祸莫憯于欲利，叙己不能自立，亏体辱亲，不足荐士。悲莫痛于伤心，行莫丑于辱先，诟莫大于宫刑。刑余之人，辱。无所比数，非一世也，所从来远矣。昔五臣本有“者”字。卫灵公与雍渠五臣本作“梁”字。同载，孔子适陈；商鞅因景监见，赵良寒心；同子参乘，爰丝变色：自古而耻之。夫中材之人，事有关于宦竖，莫不伤气，而况于慷慨之士乎！如今朝廷虽乏人，奈何令刀锯之余荐天下之善本无“之”字。豪俊哉！| 仆赖先人绪业，叙己不能自致功名。得待罪辇毂下，二十余年矣。所以自惟：上之，不能纳忠效信，有奇策

材力之誉，自结明主；次之，又不能拾遗补阙，招贤进能，显岩穴之士；外之，善本有“又”字。不能备行伍，攻城野战，有斩将搴旗之功；下之，不能积日累劳，取尊官厚禄，以为宗族交游光宠。四者无一遂，苟合取容，无所短长之效，可见如此矣。▎ 响者，仆亦善本无“亦”字。尝厕下大夫之列，申言己不足推贤意。陪奉善本无“奉”字。外廷末议。不以此时引纲维，善本作“维纲”。尽思虑，今已善本作“以”字。亏形为扫除之隶，辱。在阘茸之中，不肖类。乃欲仰首伸眉，论列是非，不亦轻朝廷，羞当代善本作“世”字。之士邪！嗟乎！嗟乎！如仆，尚何言哉！尚何言哉！

【眉批】自此至“为天下观笑”，总叙己所以受祸之由。且事本末未易明也。【眉批】此“本末”句，当管到“受辱著书”，且与下文“未易一二为俗人言”、“难为俗人言”相唤应。仆少负不羁之才，长无乡曲之誉，主上幸以先人之故，使得奏薄伎，出入周卫之中。仆以为戴盆何以望天，故绝宾客之知，亡室家之业，日夜思竭其不肖之才力，务一心营职，以求亲媚于主上。而事乃有大谬不然者。▎ 夫仆与李陵俱居门下，叙己与陵素不相善，且盛称其贤，此掩己救陵之失。素非能相善也，趣舍异路，未尝衔杯酒接殷勤之余欢。然仆观其为人自守奇士，事亲孝，与士信，临财廉，取与义，分别有让，恭俭下人，常思奋不顾身以徇国家之急。其素所畜积也，仆以为有国士之风。夫人臣出万死不顾一生之计，赴公家之难，斯以奇矣。今举事一不当，而全躯保妻子之臣随而媒孽其短，仆诚私心痛之。▎ 且李陵提步卒不满五千，叙李陵兵间事。深践戎马之地，足历王庭，垂饵虎口，横挑强胡，仰亿万之师，与单于连战十有余日，所杀过善本作“半”字。当。虏救死扶伤不给，毡善本作“旃”。裘之君长咸震怖，乃悉征其左右贤王，举引弓之人，一国共攻而围之。战斗千里，矢尽道穷，救兵不至，士卒死伤如积。然陵一呼劳军，士五臣本有“卒”字。无不起，躬自流涕，沬血饮泣，更五臣本无“更”字。张空拳，冒白刃，北向争死敌者。

陵未没时，使有来报，汉公卿王侯皆奉觞上寿。后数日，陵败书闻，主上为之食不甘味，听朝不怡。大臣忧惧，不知所出。仆窃不自料其卑贱，叙己所以救陵之意。见主上惨怆怛悼，诚欲效其款款忠实之貌。之愚，【眉批】叙陵事，曲折甚备。以为李陵素与士大夫绝甘分少，能得人之善本无“之”字。死力，虽古之名将不能过也。身虽陷败，彼观其意，且欲得其当而报于汉。欲立效以当罪而报汉恩。事已无可奈何，其所摧败，摧败匈奴。功亦足以暴于天下矣。仆怀欲陈之，而未有路。适会召问，即以此指推言陵之功，欲以广主上之意，塞睚眦之辞。未能尽明，明主不晓，以为仆沮贰师，而为李陵游说，遂下于理。拳拳之忠，终不能自列。因为诬上，卒从吏议。家贫，货赂不足以自赎，【眉批】观“货赂”三句，则知太史公所以作货殖、游侠二传盖有为云。交游莫救视，善本无“视”字。左右亲近不为一言。身非木石，独与法吏为伍，深幽囹圄之中，谁可告诉者！此真少卿所亲见，仆行事岂不然乎？【眉批】连用“事”字相唤应。李陵既生降，颓善本作“隤”字。其家声，而仆而佴次也。之蚕室，辱重为天下观笑。悲夫！悲夫！ 事未易一二为俗人言也。【眉批】自此至“难为俗人言也”，总叙己所以不自引决之意。

仆之先善本有“人”字。非有善本有“所”字。剖符丹书之功，文史星历，近乎卜祝之间。固主上所戏弄，倡优所畜，流俗之所轻也。假令仆伏法受诛，若九牛亡一毛，与蝼蚁何以异？而世俗善本无“俗”字。又不能与如也。善本作“与能”。死节者次比，相比也。善本无“次比”字。特以为智穷罪极，不能自免，卒就死耳。何也？素所自树立使然也。【眉批】“素所自树立使然”，指“仆之死”以下言。人固有一死，死善本无下“死”字。或重于泰山，或轻于鸿毛，用之所趣异也。太上不辱先，其次不辱身，其次不辱理色，其次不辱辞令，其次诎体受辱，其次易服受辱，其次关木索、被箠楚受辱，其次剔毛发、婴金铁受辱，其次毁肌肤、断肢体受辱，最下腐刑极矣！【眉批】历借不辱受辱者，以形己之极辱。《传》曰“刑不上大夫”，此言士节不可不勉励也。猛虎在深山，百兽震恐，及在槛阱之中，摇尾而求食，积威约之渐也。故士善本无“士”字。有画地为牢，势不可入；削木为吏，议不可对，定计于鲜也。鲜，明也，言先自引决。今交手足，辱。受木索，暴肌肤，受榜箠，幽于圜墙之中，当此之时，见狱吏则头抢地，视徒隶则心惕息。何者？积威五臣本作“畏”。约之势也。及以至是，言不辱者，所谓强颜耳，曷足贵乎！┃ 且西伯，伯也，历举古之不自引决者以自比。拘于羑里；李斯，相也，具于五刑；淮阴，王也，受械于陈；彭越、张敖，南面称孤，系狱抵罪；绛侯诛诸吕，权倾五伯，囚于请五臣本作“清”字。室；请罪之室。魏其，大将也，衣赭衣，五臣本无“衣”字。关三木；季布为朱家钳奴；灌夫受辱于居室。此人皆身至王侯将相，声闻邻国，及罪至罔加，不能引决自裁。在尘埃之中，古今一体，安在其不辱也？┃ 由此言之，勇怯，势也；强弱，形也。审矣，何足怪乎？【眉批】言不能自裁，早至亡灭，以出狱吏绳墨之外；而稍迟疑则至鞭杖，欲引节概此不亦远于知几。夫人不能早善本有“自”字。裁绳墨之外，以稍陵迟，至于鞭箠之间，乃欲引节，斯不亦远乎！古人所以重施刑于五臣本无“于”字。大夫者，殆为此也。结应。

夫人情五臣本无“情”字。莫不贪生恶死，念父母，顾妻子，至激于义理者不然，【眉批】言激于义理者，则不贪生，不念父母，不顾妻子者，义不得已也。乃有所不得已也。今仆不幸，早失父母，无兄弟之亲，独身孤立，少卿视仆于妻子何如哉？已轻妻子，故反问之。且勇者不必死节，怯夫慕义，何处不勉焉！仆虽怯懦，欲苟活，亦颇识去就之分矣，何至自沉溺缧绁善本无“绁”字。之辱哉！且夫臧获婢妾，接上起下。由能引决，况仆之不得已乎？所以隐忍苟活，幽五臣本作“函”字。于五臣本无“于”字。粪土之中而不辞者，恨私心有所未尽，鄙陋没世，而文采善本作“彩”。不表于后世也。至此方说出本意。【眉批】言不辞粪土之中者恨于私心有所不尽。“鄙陋”，谓修史也。古者富贵而名善本无

“名”字。磨善本从手。灭，不可胜纪，唯倜傥非常之人称焉。盖文王五臣本作“西伯”。拘而演《周易》；仲尼厄而作《春秋》；屈原放逐，乃赋《离骚》；左丘失明，厥有《国语》；孙子膑脚，《兵法》修列；不韦迁蜀，世传《吕览》；韩非囚秦，《说难》、《孤愤》；《诗》三百篇，大抵贤圣善本作“圣贤”。发愤之所为作也。此人皆意有所善本无“所”字。郁结，不得通其道，故述往事、思来者。乃五臣本作“及”。如左丘无目，孙子断足，终不可用，退而论书策，以舒其愤，思垂空文以自见。仆窃不逊，近自托于无能之辞，托愤思于不才之辞。网罗天下放失旧闻，略考其行五臣本无“行”字。事，综其终始，稽其成败兴坏之纪，上计轩辕，下至于兹，为十表，本纪十二，书八章，世家三十，列传七十，凡百三十篇。亦欲以究天地天文地理，善本作“人”字。之际，通古今之变，成一家之言。草创未就，会遭此祸，惜其不成，是以就极刑而无愠色。【眉批】惜所述作未成，故就此刑而无恨色，不然亦裁而死也。仆诚已善本作“以”字。著此书，言所以不自引决者，意盖在此。藏之善本作“诸”。名山，传之其人，谓若知音人者。通邑大都，则仆偿前辱之责，【眉批】太史公深以刑余为辱，故通篇不脱一“辱”字，此结言著书偿前辱，聊以自解云。虽万被戮，岂有悔哉？然此可为智者道，难为俗人言也！┃ 且负下未易居，负忠义之节而为臣下者。下流多谤议。仆以口五臣本作“此”字。语遇遭此祸，终言己不足以荐士。重为乡党所戮辱也。善本无“戮”字。笑，以污辱先人，亦何面目复上父母之善本无“之”字。丘墓乎？虽累百世，垢弥甚耳！是以肠一日而九迴，居则忽忽若有所亡，出则不知其所往。每念斯耻，汗未尝不发背沾衣也！身直为闺阁之臣，阉官。宁得自引出也。善本有“于”字。深藏岩穴邪！故且从俗浮沈，与时俯仰，以通其狂惑。今少卿乃教以推贤进士，【眉批】此书大旨总是却少卿“推贤进士”之教，故四字为一篇纲领，始终亦自相应。无乃与五臣本无“与”字。仆私心剌谬戾也，误也，五臣本从系。乎？今虽欲自雕琢，曼美也。辞以自饰，无益于俗，不信，祇善本作“适”。足取辱耳。要之，死日然后是非乃定。书不能悉意，五臣本有“故”字。略陈固陋。谨再拜。